AF549489

Christian Haasz

People-Shooting – Menschen auf besondere Art fotografieren

Kamera zwangsläufig zu besseren Bildern führt. Aber vielleicht bringt das neue Gimmick ja doch einen Kreativitätsschub? Immerhin verspricht die Werbung genau das. Wenn die Fotografie Ihr Haupthobby ist und Sie das Freizeitbudget für Fototechnik ausgeben können – warum nicht? Es gehört eben zu den meisten Hobbys, dass man sich auch in Sachen Ausrüstung weiterentwickelt. Kein enthusiastischer Modellbauer wird sich mit einem einzigen Auto- oder Flugmodell zufriedengeben. Und Sie müssen sich auch nicht mit einer einfachen Kamera begnügen, die Sie mal vor fünf Jahren gekauft haben. Neuere Technik ist allerdings nicht immer sinnvoll. Ich benutze zum Beispiel weder Funkblitzauslöser noch WLAN-Verbindungen zwischen Kamera und Computer – für meine Zwecke im Studio unter Druck ist das alles noch zu langsam –, aber es ist unbestreitbar, dass leistungsfähigere Sensoren mit höherer Auflösung und besserem Rauschverhalten zu qualitativ besserem Fotomaterial führen.

Das Handwerk lernen

Technik und Trends sind wichtig, aber ohne solide Basis im Benutzen der Kamera bringt das ganze Gespür für Trends nichts. Die Grundlage jeder Art von Porträtfotografie ist das kreative Handwerk. Gestaltung durch Licht und Farben, Blende, Verschlusszeit, Perspektive und Brennweite – diese Faktoren für feine Fotos müssen in Fleisch und Blut übergehen. Gerade in der Porträtfotografie gibt es auch bei Profis viele Glückstreffer. Zu differenziert ist die Gestaltung eines Porträts, und zu wichtig sind manchmal Kleinigkeiten, die man beim Shooting nur schwer wahrnimmt. Ein Blick, eine Geste, ein einfallender Sonnenstrahl – viel ist planbar, das Tüpfelchen auf dem i sind aber situative Faktoren, auf die man nur mit viel Erfahrung und eben auch manchmal etwas Glück reagieren kann. Je ausgeprägter die handwerkliche Erfahrung, desto kreativer kann man auf Unvorhergesehenes reagieren.

Lernen Sie Ihre Kamera kennen, informieren Sie sich über Grundlagen der fotografischen Bildgestaltung, probieren Sie von den Ideen anderer Fotografen ausgehend etwas Neues aus und entwickeln Sie Ihre Fähigkeiten, um spontan auf Unvorhergesehenes reagieren zu können. Sehen Sie sich an, wie andere Fotografen Licht setzen bzw. vorhandenes Licht einsetzen. Machen Sie nach, kopieren Sie und blicken Sie dabei über den vorgegebenen Horizont hinaus. Auch in der Fotografie wird man aus Erfahrung klug. Und da es im Internetzeitalter millionenfach Bilder und Vorbilder zu finden gibt, ist es heute einfacher denn je, aus Vorhandenem seinen eigenen Stil zu entwickeln.

Kein spontanes Selfie, aber doch ein Selbstporträt – der Unterschied liegt in der Vorbereitung und der Planung.

ISO 100 | Brennweite 80 mm | Blende 8.0 | Belichtungszeit 1/125 s

Christian Haasz

People-Shooting – Menschen auf besondere Art fotografieren

Verlag: BILDNER Verlag GmbH
Bahnhofstraße 8
94032 Passau
http://www.bildner-verlag.de
info@bildner-verlag.de
Tel.: +49 851-6700
Fax: +49 851-6624

ISBN: 978-3-8328-0354-4

Covergestaltung: Christian Dadlhuber
Redaktion und Lektorat: Ulrich Dorn
Layout und Gestaltung: Nelli Ferderer
Autor: Christian Haasz
Herausgeber: Christian Bildner

Fotos auf dem Cover: Christian Haasz

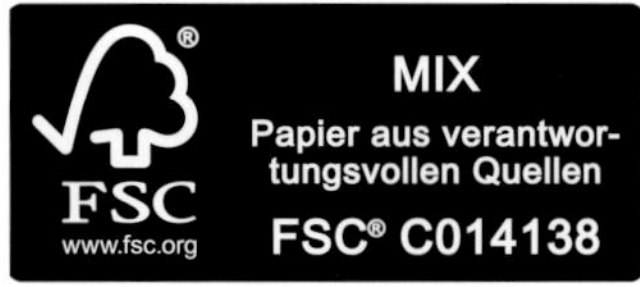

Das FSC®-Label auf einem Holz- oder Papierprodukt ist ein eindeutiger Indikator dafür, dass das Produkt aus verantwortungsvoller Waldwirtschaft stammt. Und auf seinem Weg zum Konsumenten über die gesamte Verarbeitungs- und Handelskette nicht mit nicht-zertifiziertem, also nicht kontrolliertem, Holz oder Papier vermischt wurde. Produkte mit FSC®-Label sichern die Nutzung der Wälder gemäß den sozialen, ökonomischen und ökologischen Bedürfnissen heutiger und zukünftiger Generationen.

Wichtige Hinweise

Vorwort

Wie es scheint, ist die Fotografie seit einigen Jahren in der Mitte der Gesellschaft angekommen. Nicht unbedingt wegen der massenhaften Verbreitung von Digitalkameras, sondern vielmehr aufgrund der noch massenhafteren Verbreitung von Handys. Deren Fotofunktionen sind genauso gut oder besser als die von Kompaktkameras. Außerdem kann man mit ihnen telefonieren. Mit den Handys, meine ich. Und raten Sie mal, welche Motive mit dem Handy (und anderen Fotogeräten) am meisten geknipst werden! Richtig – Porträts.

Immer das Gleiche

Das Web und die privaten Social-Media-Kanäle werden geradezu geflutet mit Porträts und Selfies. Und wie das so ist, wenn man etwas ständig vor der Nase hat – irgendwann wird es einfach langweilig. Wen interessiert schon noch das neueste Bildchen eines C-Promis an einer x-beliebigen Location, die auch schon Tausende Male geknipst wurde?

Und doch bleibt man manchmal an einem Gesicht hängen. Weil man es erkennt, weil es irgendwie schräg ist, weil es hinter der nächsten Ecke im Web mehr verspricht oder – und deshalb müssen Sie dieses Buch lesen – weil es auf irgendeine Weise eine gute Fotografie ist.

Geschmack und Stil

Angesagter Stil ändert sich ständig, früher nach ein paar Jahren, heutzutage eher schon im Monatsrhythmus. Was gerade angesagt ist, findet man in den aktuellen Onlinemedien. Vor einiger Zeit war die erste Adresse noch Facebook, jetzt sollte man sich eher bei Instagram umschauen. Dann gibt es noch 500px, fotocommunity sowie die model-kartei. Werbung und Fernsehen transportieren aktuelle Schönheitsbilder, die klassischen Printmedien im Glamourgenre sind ideal, um zu sehen, welche Fotos und Set-ups sich gerade die jüngere Generation wünschen könnte. Falls Sie Porträts von Ihren pubertierenden Kindern oder Amateurmodels aus dem Umkreis machen, sollten Sie die Trends kennen. Ob man sämtliche aktuellen Trends realisieren kann, ist eine andere Frage, wer jedoch zum Spaß fotografiert und nicht auf kalkulatorische Faktoren achten muss, kann für die Umsetzung einer außergewöhnlichen Shooting-Idee auch mal ein wenig mehr Aufwand betreiben.

Stolperfalle Technik

Viele Amateurfotografen kaufen sich bei jeder Gelegenheit neue Ausrüstung. Vermutlich glauben zwar die allerwenigsten, dass eine teurere

Kamera zwangsläufig zu besseren Bildern führt. Aber vielleicht bringt das neue Gimmick ja doch einen Kreativitätsschub? Immerhin verspricht die Werbung genau das. Wenn die Fotografie Ihr Haupthobby ist und Sie das Freizeitbudget für Fototechnik ausgeben können – warum nicht? Es gehört eben zu den meisten Hobbys, dass man sich auch in Sachen Ausrüstung weiterentwickelt. Kein enthusiastischer Modellbauer wird sich mit einem einzigen Auto- oder Flugmodell zufriedengeben. Und Sie müssen sich auch nicht mit einer einfachen Kamera begnügen, die Sie mal vor fünf Jahren gekauft haben. Neuere Technik ist allerdings nicht immer sinnvoll. Ich benutze zum Beispiel weder Funkblitzauslöser noch WLAN-Verbindungen zwischen Kamera und Computer – für meine Zwecke im Studio unter Druck ist das alles noch zu langsam –, aber es ist unbestreitbar, dass leistungsfähigere Sensoren mit höherer Auflösung und besserem Rauschverhalten zu qualitativ besserem Fotomaterial führen.

Das Handwerk lernen

Technik und Trends sind wichtig, aber ohne solide Basis im Benutzen der Kamera bringt das ganze Gespür für Trends nichts. Die Grundlage jeder Art von Porträtfotografie ist das kreative Handwerk. Gestaltung durch Licht und Farben, Blende, Verschlusszeit, Perspektive und Brennweite – diese Faktoren für feine Fotos müssen in Fleisch und Blut übergehen. Gerade in der Porträtfotografie gibt es auch bei Profis viele Glückstreffer. Zu differenziert ist die Gestaltung eines Porträts, und zu wichtig sind manchmal Kleinigkeiten, die man beim Shooting nur schwer wahrnimmt. Ein Blick, eine Geste, ein einfallender Sonnenstrahl – viel ist planbar, das Tüpfelchen auf dem i sind aber situative Faktoren, auf die man nur mit viel Erfahrung und eben auch manchmal etwas Glück reagieren kann. Je ausgeprägter die handwerkliche Erfahrung, desto kreativer kann man auf Unvorhergesehenes reagieren.

Lernen Sie Ihre Kamera kennen, informieren Sie sich über Grundlagen der fotografischen Bildgestaltung, probieren Sie von den Ideen anderer Fotografen ausgehend etwas Neues aus und entwickeln Sie Ihre Fähigkeiten, um spontan auf Unvorhergesehenes reagieren zu können. Sehen Sie sich an, wie andere Fotografen Licht setzen bzw. vorhandenes Licht einsetzen. Machen Sie nach, kopieren Sie und blicken Sie dabei über den vorgegebenen Horizont hinaus. Auch in der Fotografie wird man aus Erfahrung klug. Und da es im Internetzeitalter millionenfach Bilder und Vorbilder zu finden gibt, ist es heute einfacher denn je, aus Vorhandenem seinen eigenen Stil zu entwickeln.

Kein spontanes Selfie, aber doch ein Selbstporträt – der Unterschied liegt in der Vorbereitung und der Planung.

ISO 100 | Brennweite 80 mm | Blende 8.0 | Belichtungszeit 1/125 s

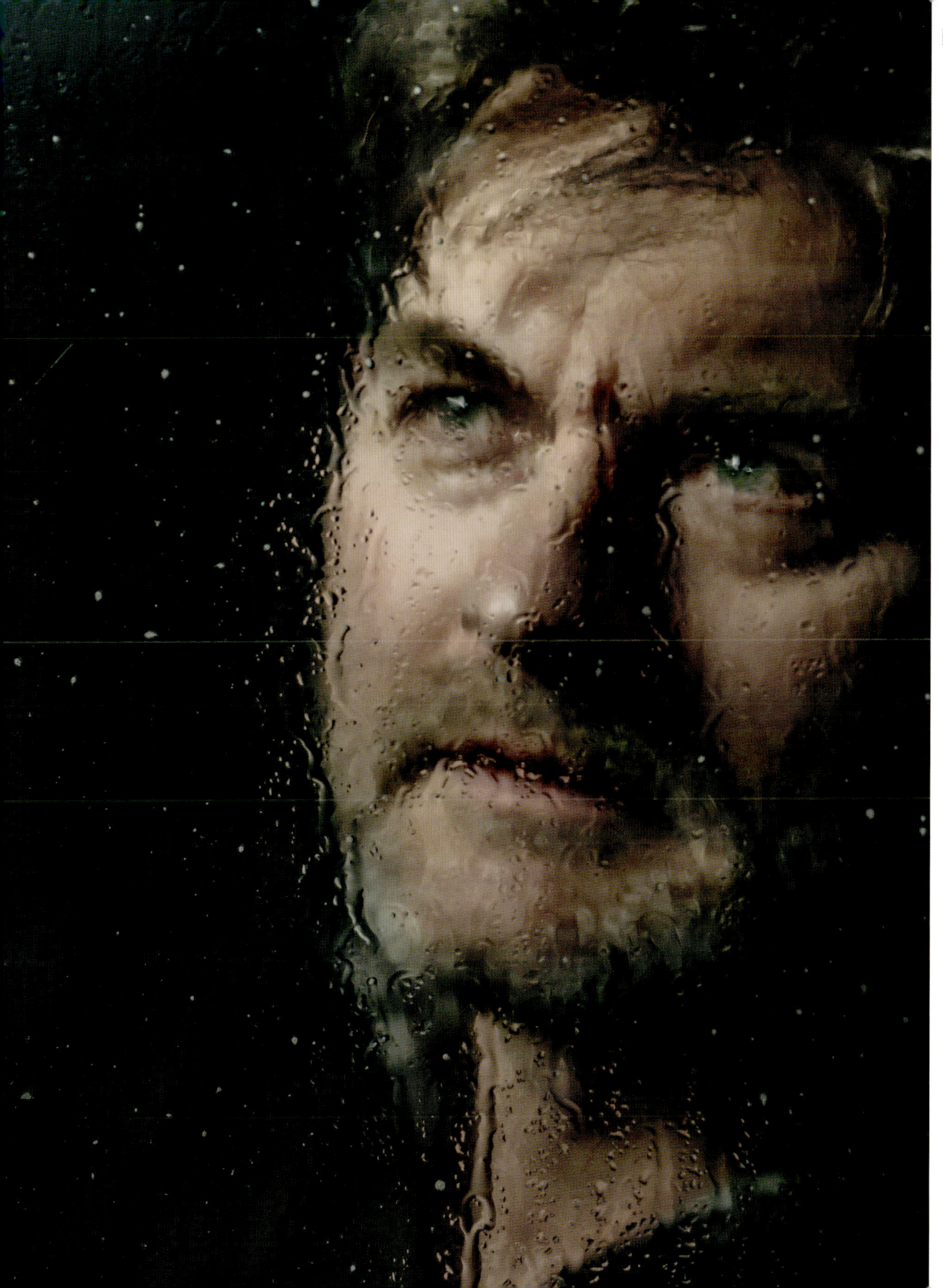

Inhalt

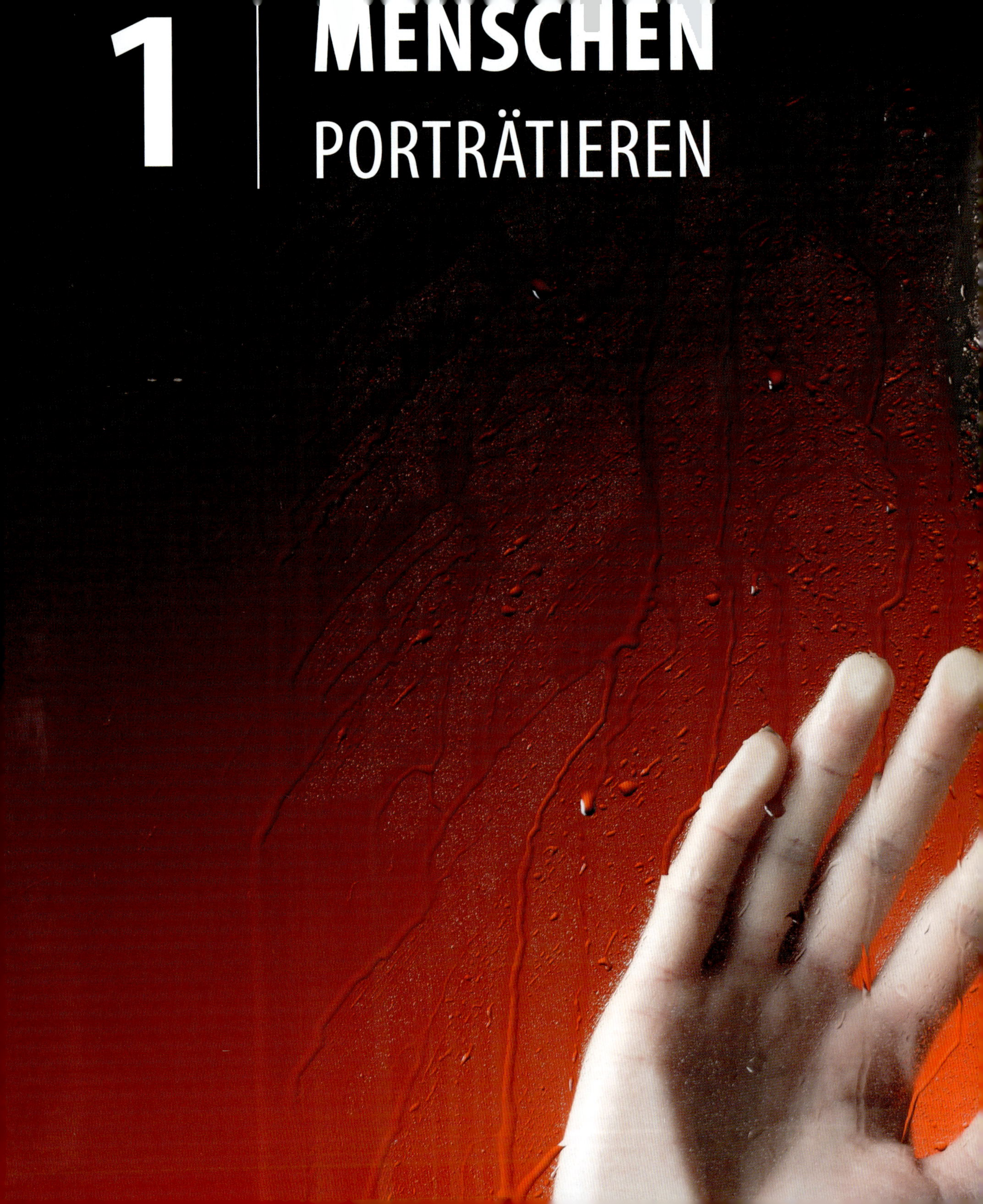

1 MENSCHEN PORTRÄTIEREN

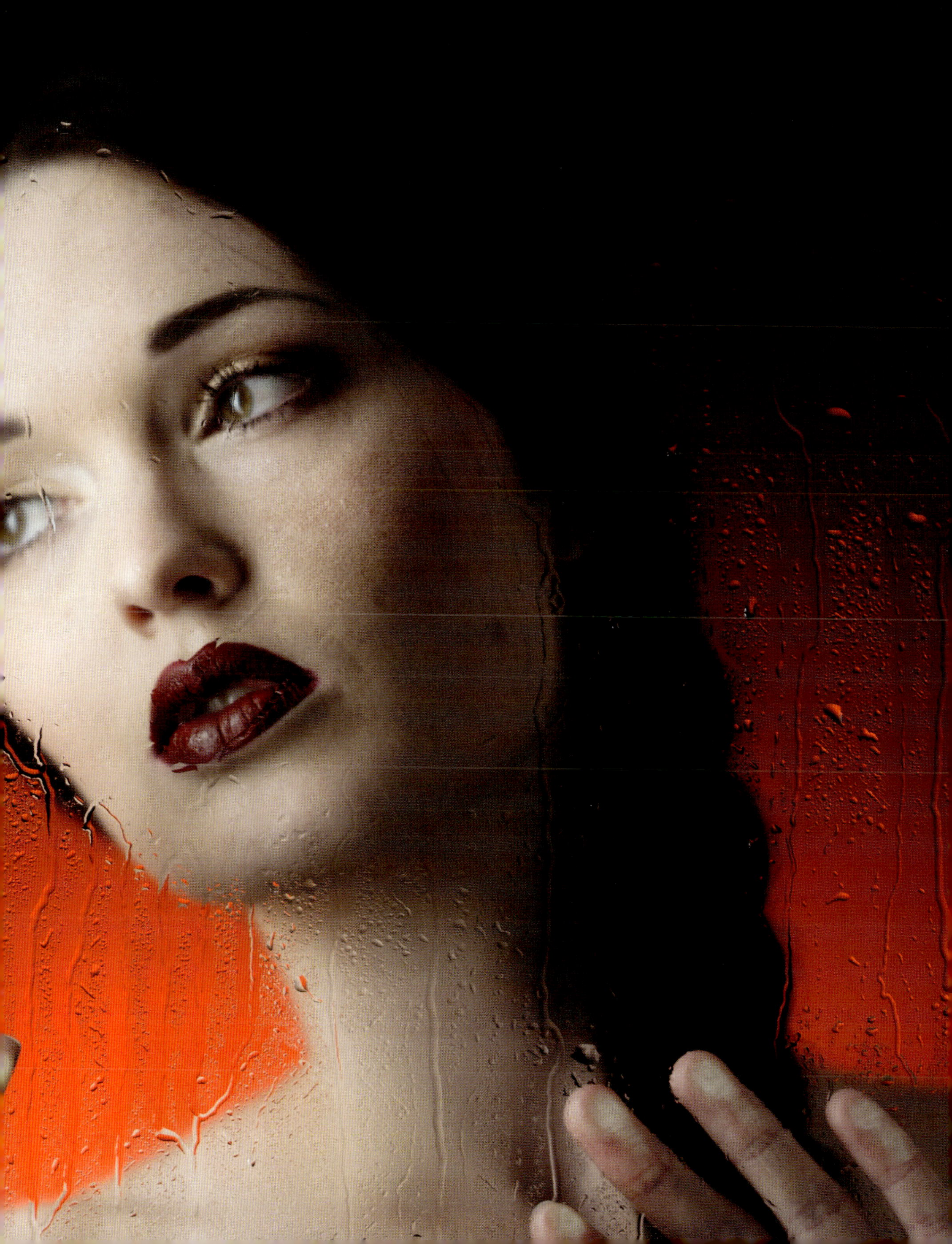

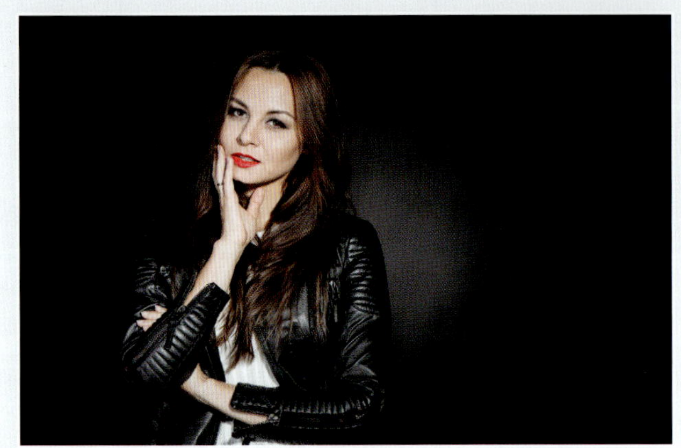

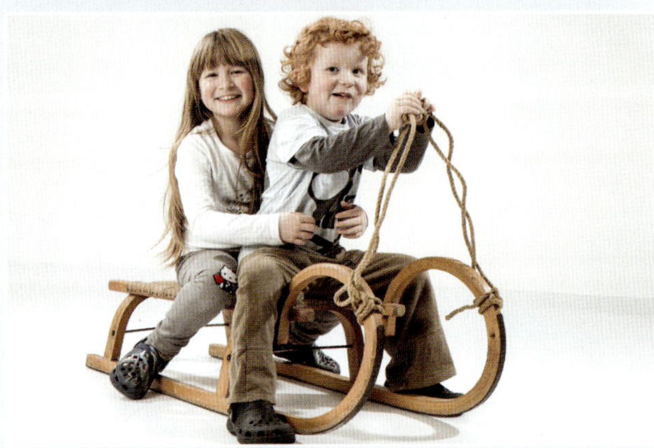

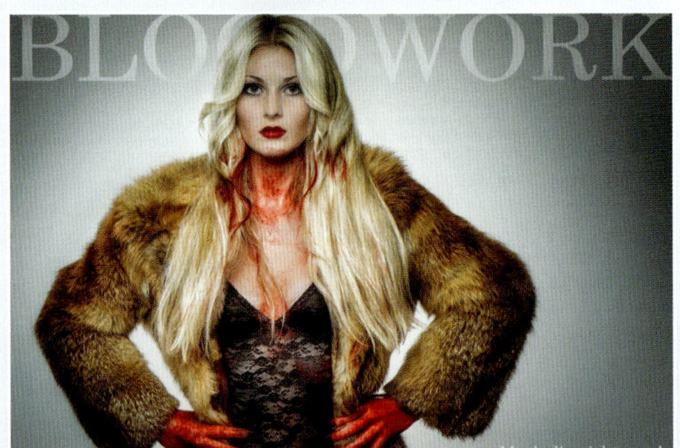
BLO
WORK

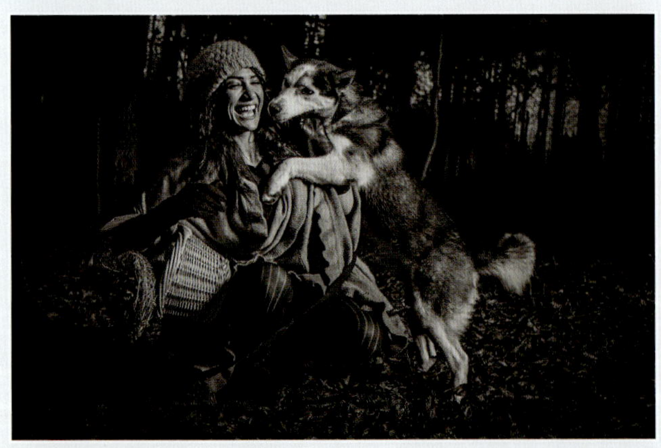

1

Menschen porträtieren

Menschen machen Bilder schon seit ihrer frühesten Menschheitsgeschichte. Von sich selbst und von anderen. Höhlenmalereien und Skulpturen beweisen, dass es dem Menschen wichtig ist, Abbilder von sich und seiner Umgebung für die Nachwelt zu hinterlassen. Warum das so ist? Es gibt sicher viele Antworten, die man in der psychologischen oder kunsthistorischen Literatur finden kann. Aber hilft uns die Antwort darauf, warum wir uns selbst gern abbilden, weiter, um besser zu fotografieren? Begnügen Sie sich am besten einfach mit dem Fakt, dass Menschen sich und andere Menschen künstlerisch in Bildern und Plastiken festhalten. Vielmehr sollten wir uns überlegen, wie wir es schaffen, unseren Bildern mehr Lebendigkeit und Persönlichkeit zu verleihen.

Fotografen mit digitaler Kamera haben gegenüber einem Höhlenmaler, einem Bildhauer der Antike oder einem Maler der Renaissance e ein paar wichtige Vorteile auf ihrer Seite. Wir haben zum Beispiel über das Internet unendlich viele Lernquellen zur Verfügung und müssen unser Handwerk nicht zwangsläufig von einem oder einigen wenigen Meistern erlernen. Wir können unser Werk schnell der ganzen Welt zugänglich machen. Und wir können uns in extrem kurzer Zeit weiterentwickeln. Es dürfte klar sein, dass all diese vermeintlichen Errungenschaften tiefschwarze Schattenseiten haben. Und leider gibt es darüber hinaus auch noch einen gravierenden Nachteil gegenüber den alten Meistern: die Verführung durch Schnelllebigkeit und dadurch letztlich künstlerische Oberflächlichkeit.

Inflationäres Selfie-Bombardement

Das Bedürfnis des Menschen nach Abbildungen seiner selbst hat in den letzten Jahren eine neue Qualität erreicht: Selfies. In jeder noch so verrückten und nicht auszudenkenden Lebenslage – man liest immer mal wieder von Leuten, die beim Selfie-Schießen ums Leben gekommen sind – hat irgendwer die Idee, mit seinem Handy ein Selbstporträt anzufertigen, um es im

Früher machten Künstler Selbstporträts – heute macht jeder ständig Selfies. Natürlich geht es nicht bei jedem Schnappschuss um Kunst. Aber wenn man über die reine Dokumentation momentanen Spaßes hinausgeht, kann man anhand von Selbstporträts eine Menge lernen.

ISO 100 | Brennweite 105 mm | Blende 8 | Belichtungszeit 1/100 s | rechteckig aufgehängte Softbox | Aufheller weiße Wand

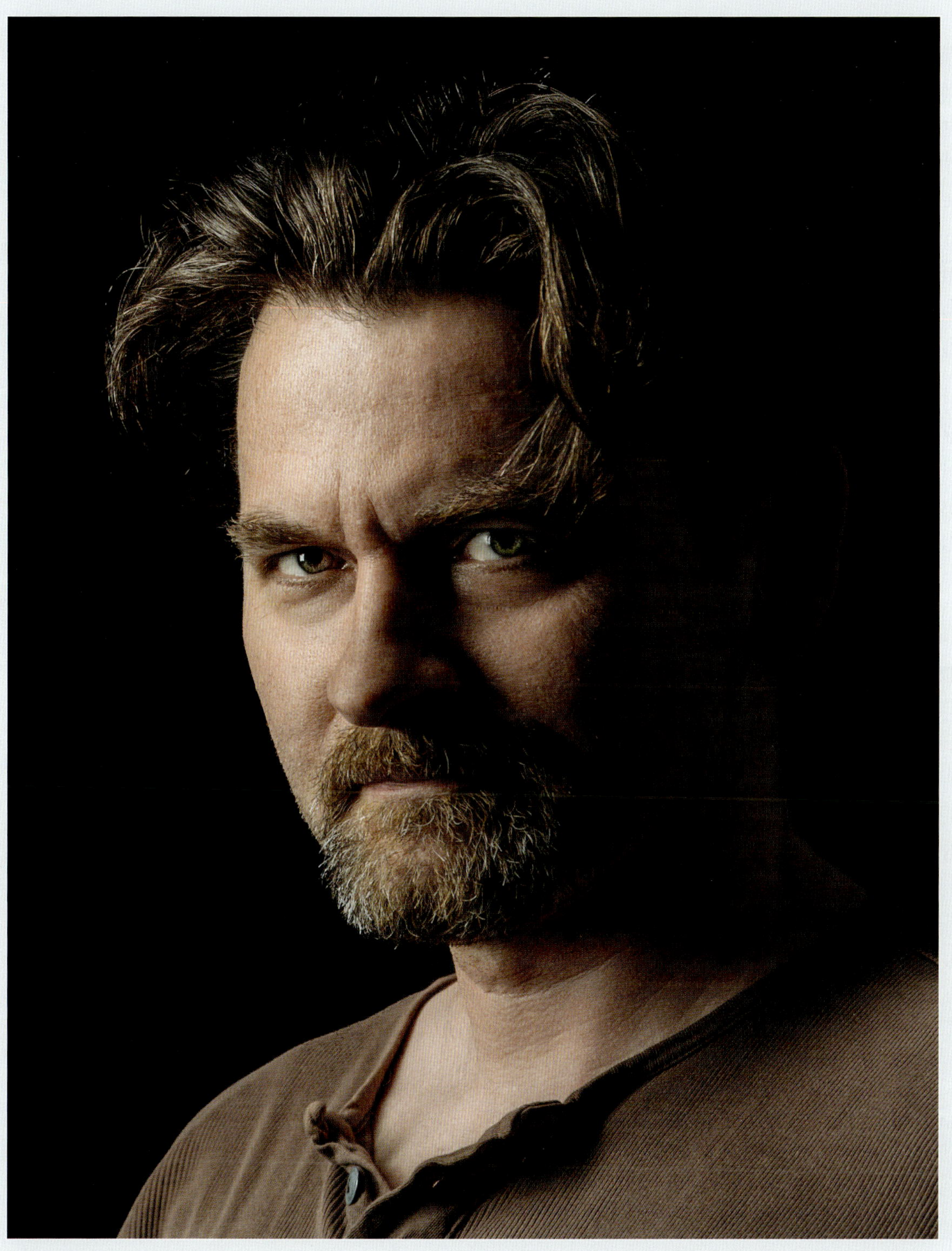

Web zu teilen. Gerade der Upload ins Internet erweitert den alten Begriff des Selbstporträts ganz entscheidend, da die Verbreitung eines Selbstporträts in den sozialen Netzwerken immer auch ein Statement und ein Status-Update ist. Aber ebenso wie Maler jahrhundertelang mit ihren Selbstporträts etwas von sich zeigen und dies der Nachwelt hinterlassen wollten, ist auch ein Selfie im Prinzip dazu geeignet, einen Aspekt der Persönlichkeit zu erfassen und quasi zu konservieren. Die Frage ist nur: Welches der täglich millionenfach veröffentlichen Selfies hat eine echte Bedeutung für die kulturell interessierte Menschheit?

Nutzlose Kommentare

Ein großes Problem des Internets im Allgemeinen und sozialer Netzwerke und Fotoforen im Besonderen ist, dass thematische Foren vor allem durch simple Lügen am Laufen gehalten werden. Wer was Nettes schreibt, kriegt vermutlich was Nettes zurück. Ehrliche und fundierte Kritik, die auch die Schwächen eines Fotos anspricht, ist nicht gerade eine Ware, mit der man seinen sozialen Status im Web erhöht. Betrachtet man die vielen Kommentare und die vielen Fotos in den vielen Foren, kommt man zwangsläufig zu dem Schluss, dass diese

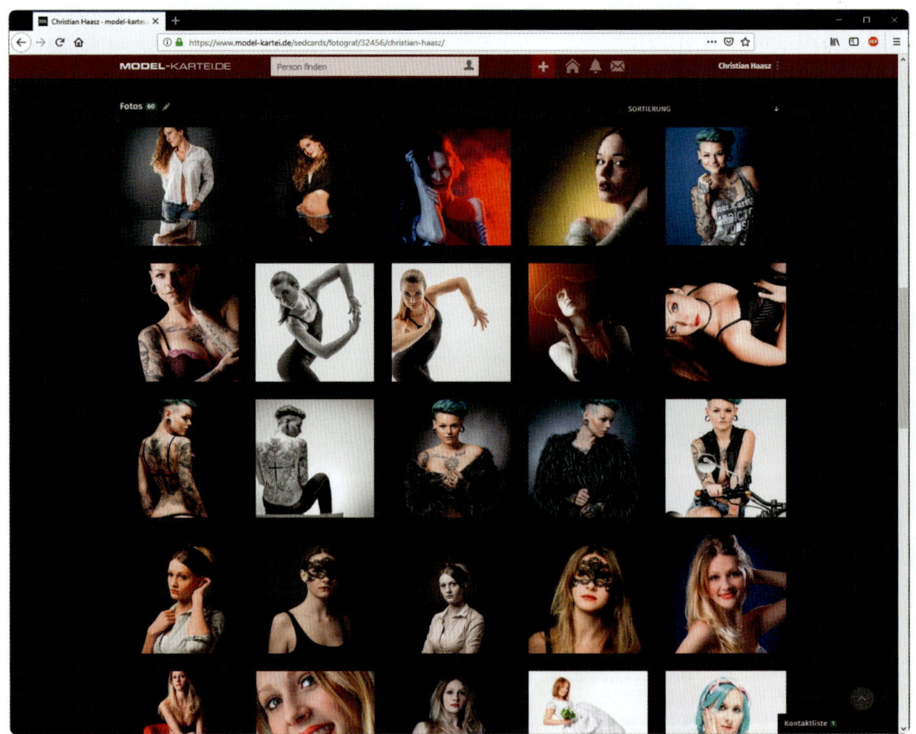

Der Vorteil von Fotocommunitys liegt darin, dass man schnell Gleichgesinnte und Models findet, mit denen man arbeiten kann. Der Nachteil: Die meisten Kommentare drehen sich um Selbstbeweihräucherung und Lobhudelei.

Wertungen ebenso sinnlos sind wie die meisten Bewertungen bei Amazon.

Die teilweise lobhudelnden Kommentare unter grottenschlechten Fotos tragen natürlich nicht mal im Ansatz dazu bei, dass sich der Fotograf oder die Fotografin weiterentwickelt. Im Gegenteil. Es wird eine vermeintliche Qualität der Aufnahmen vorgegaukelt, die einen davon abhält, sich objektiv mit seinen Bildern auseinanderzusetzen. Sollte man daher komplett auf die Veröffentlichung in der fotocommunity, in der model-kartei und so weiter verzichten?

Nein, natürlich nicht. Aber man sollte versuchen, sich vom Wohlwollen der anderen Fotografen unabhängig zu machen. Und man sollte lieber mal um einen gezielten Kommentar oder um die Meinung desjenigen bitten, dessen darstellerische Qualität man selbst beeindruckend findet.

Malerei ist mehr wert

Vermutlich haben sich zu der Zeit, als die Fotografie mit der Malerei zu konkurrieren begann, manche Künstler ähnliche Gedanken gemacht und ihre Gegenwart ebenso skeptisch gesehen, wie ich das nun tue. Wie kann eine Fotografie den gleichen künstlerischen Wert haben wie ein handwerklich und konzeptuell perfekt ausgearbeitetes Porträt in der Malerei? Nun, zuerst einmal sind nicht alle gemalten Porträts nur deswegen bemerkenswert, weil sie gemalt wurden. Und dementsprechend sind nicht alle fotografischen Porträts grundsätzlich weniger wert als ein Ölgemälde oder ein Aquarell, nur weil die Fotografie schneller und unmittelbarer entsteht.

Denkt man den Gedanken der künstlerischen Qualität konsequent weiter, ergeben sich für das eine wie für das andere bestimmte Merkmale, die erfüllt sein müssen, um aus dem Bild eines Menschen ein beeindruckendes Porträt zu machen – unabhängig vom jeweiligen Medium. Insofern braucht sich niemand mit seinen Porträts zu verstecken, nur weil die Bilder mit einer Digitalkamera entstanden sind.

Tolle Bilder ohne Pixelzählerei

Während die Pixelzähler unter den Fotografen vor allem technische Daten im Kopf haben und dabei in der Regel kein vernünftiges Porträt zustande bringen – es liegt in der Natur der Sache, dass ein Blinder keine Farben erklären kann –, stellt sich für den kreativen Fotografen die Frage, ob und wie viel Einfluss die rein technische Bildqualität auf seine Arbeit haben darf. Konkret: Wenn man ein Foto unter miesen Lichtbedingungen aufnimmt, das Bild gerade so nicht verwackelt, in den Farben und Kontrasten flau und auf Pixelebene furchtbar verrauscht ist, muss man darüber nachdenken,

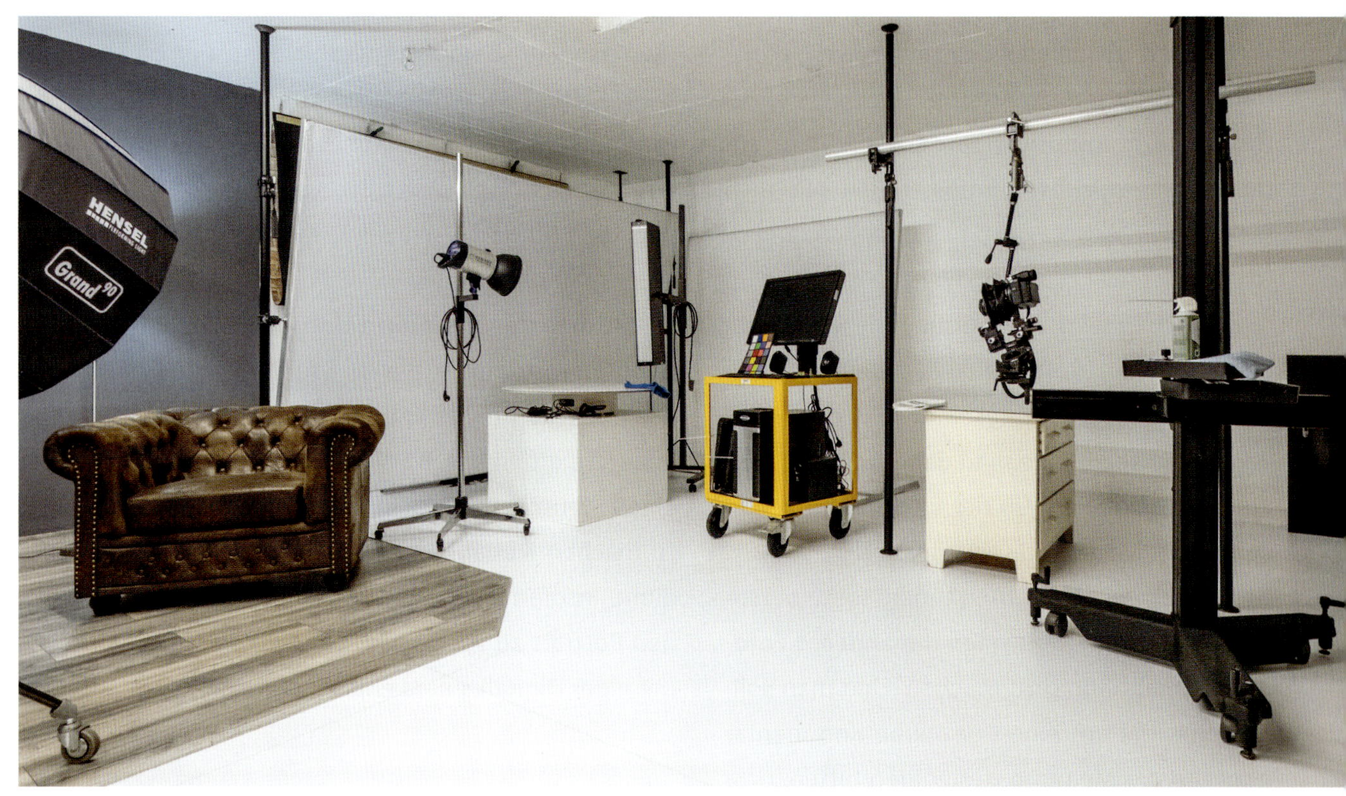

Wer glaubt, eine mordsteure Kamera samt kompletter Studioausrüstung sei die einzige Grundlage für gute Porträts, hat keine Ahnung von Fotografie. Und wer glaubt, ohne vernünftiges Equipment könnte man jederzeit nur mit dem Sinn für Bildgestaltung und Kreativität High-End-Porträts schaffen, irrt auf ähnliche Weise. Erst das Zusammenspiel von Technik und Kreativität auf hohem Niveau führt zu herausragenden Bildern, und auch das nicht beliebig und zu jeder Zeit.

ob man das Foto noch als großes Werk feiern kann, selbst wenn Ausdruck und Bildkomposition perfekt waren. Meine klare Antwort darauf: Nein! Denn eine gute Fotografin bzw. ein guter Fotograf muss beide Aspekte seiner Arbeit, den technischen und den gestalterischen, perfekt beherrschen. Das bedeutet auch, die passende Ausrüstung für seine Aufnahmen zu verwenden und die Motive technisch richtig auszuleuchten – es sei denn natürlich, die mangelhafte technische Bildqualität ist Teil eines schlüssigen und nachvollziehbaren Konzepts. Im Fall technischer Unzulänglichkeiten sollten Sie durchaus mal bei einem Pixelzähler nachfragen/nachlesen, was man gegen Bildrauschen, flaue Farben und schlecht differenzierten Kontrast tun kann. Aber vermeiden Sie es auf jeden Fall, technische Daten und das neueste Zubehör zu einem Fetisch zu erheben. Die Fixierung auf das neueste Kameramodell, den tollsten Kameragurt, das praktischste Fernauslösegerät lenkt Sie davon ab, worum es in der Porträtfotografie eigentlich geht: um Menschen.

Was zeigt ein Porträt?

Porträts lügen ja eigentlich immer irgendwie. Eine Fotografie entsteht immerhin in einem Bruchteil einer Sekunde, man friert also nur einen winzigen Augenblick der Wirklichkeit ein. Was lässt sich in einer Hundertstelsekunde schon zeigen? Emotionen, die Seele? Oder einfach nur eine zuvor für den Zweck vorbereitete Oberfläche? Im Grunde arbeiten alle Fotografen, die sich mit Menschen beschäftigen, auf Augenblicke hin und hoffen darauf, dass einer der Augenblicke beim Porträtieren genau der eine, entscheidende ist und sie im richtigen Moment auf den Auslöser drücken. Was macht dann aber ein gutes Porträt aus, bei dem man als Betrachter das Gefühl hat, etwas von dem Menschen vor der Kamera zu erfahren?

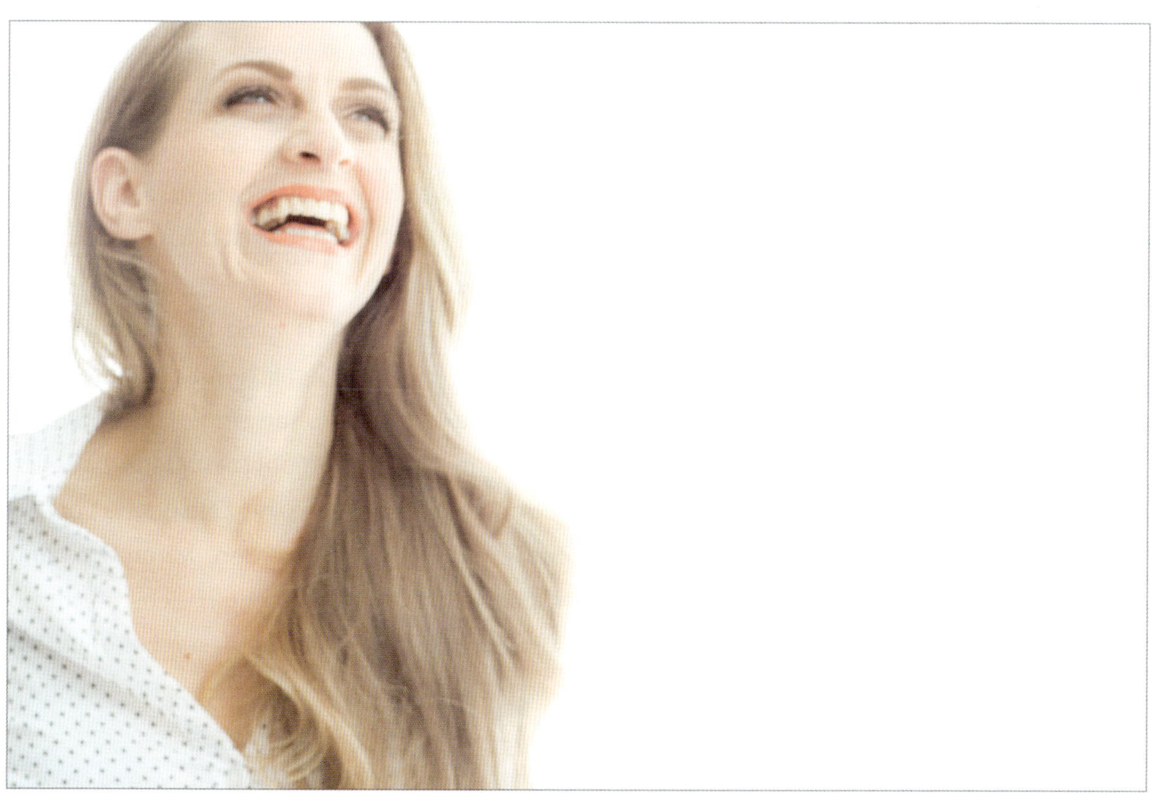

Manchmal kommt es nicht auf technische Perfektion an, sondern allein auf den Ausdruck. Die Aufnahme ist zwar nicht perfekt scharf, das Lachen aber so umwerfend, dass alles andere nicht ins Gewicht fällt.

ISO 100 | Brennweite 85 mm | Blende 5.6 | Belichtungszeit 1/100 s

Als Fotograf hat man einige Mittel an der Hand, um bestimmte Stimmungen und Illusionen zu erzeugen. Das beginnt bei der Kleidung des Menschen, geht weiter über Make-up und Frisur, den Hintergrund bzw. die Kulisse und endet natürlich beim Licht.

Aber auch die Wahl der Kamera sowie die der technischen Merkmale wie Brennweite, Empfindlichkeit und Verschlusszeit tragen zur Gestaltung eines Porträts bei. Wenn der Fotograf mit seinem Handwerkszeug nun aber bewusst gestalten und im Prinzip beliebig festlegen kann, was vor seiner Kamera geschieht, bedeutet das aber auch, dass man keinem Porträt vertrauen darf. Man kann den Menschen vor der Kamera im Grunde als leere Leinwand sehen, die der Fotograf mit seinen Mitteln bearbeitet, um eine bestimmte Wirkung zu erzielen. Immer vorausgesetzt, der porträtierte Mensch spielt mit und macht, was der Fotograf verlangt.

Künstliche Posen

Ein Beispiel aus dem Fotografenalltag: Eine Mutter kommt mit ihrem süßen etwa fünfjährigen Mädchen kurz vor Weihnachten ins Studio. Es geht natürlich um Porträts, die für Oma und Opa gedacht sind. Die Mittel des Fotografen bestehen nun darin, einen hellen, himmels- oder wolkengleichen Hintergrund zu verwenden, viel Licht von vorn aufs Gesicht sowie von hinten auf die Haare zu setzen und das Mädchen dazu zu bringen, verträumt in die Kamera zu sehen.

Die Realität sieht jedoch fernab des Porträts völlig anders aus. Das Mädchen ist genervt und offensichtlich überfordert mit der schrecklichen Situation. Mama ist ebenso genervt, da man für den Porträttermin nur eine halbe Stunde Zeit eingeplant hat, sich das Mädchen aber bereits beim Hairstyling nicht sonderlich kooperativ verhält. Die Stimmung wird also immer angespannter und hektischer.

Man kann sich vorstellen, wie es dann weitergeht. „Jetzt lach doch mal! Ist doch für Oma und Opa. Die wollen dich doch lieb lachen sehen!" Es ist ein Segen, dass mein Porträtfoto – das übrigens am Ende ziemlich gut geworden ist – nur rund 1/1000 Sekunde eingefangen hat (die Abbrennzeit des Studioblitzes). Denn hätte ich Porträts gemacht, die eine Zeitspanne von ein paar Minuten zeigen würden, wären Oma und Opa an diesem Weihnachten sicher nicht so glücklich und zufrieden gewesen beim Anblick

Sieht man hier eine junge Frau mit Persönlichkeit oder ein Stereotyp? Wie schafft man es, den Menschen vor der Kamera zu zeigen und nicht bloße Maske und Abziehbild?

ISO 250 | Brennweite 45 mm | Blende 2.0 | Belichtungszeit 1/125 s

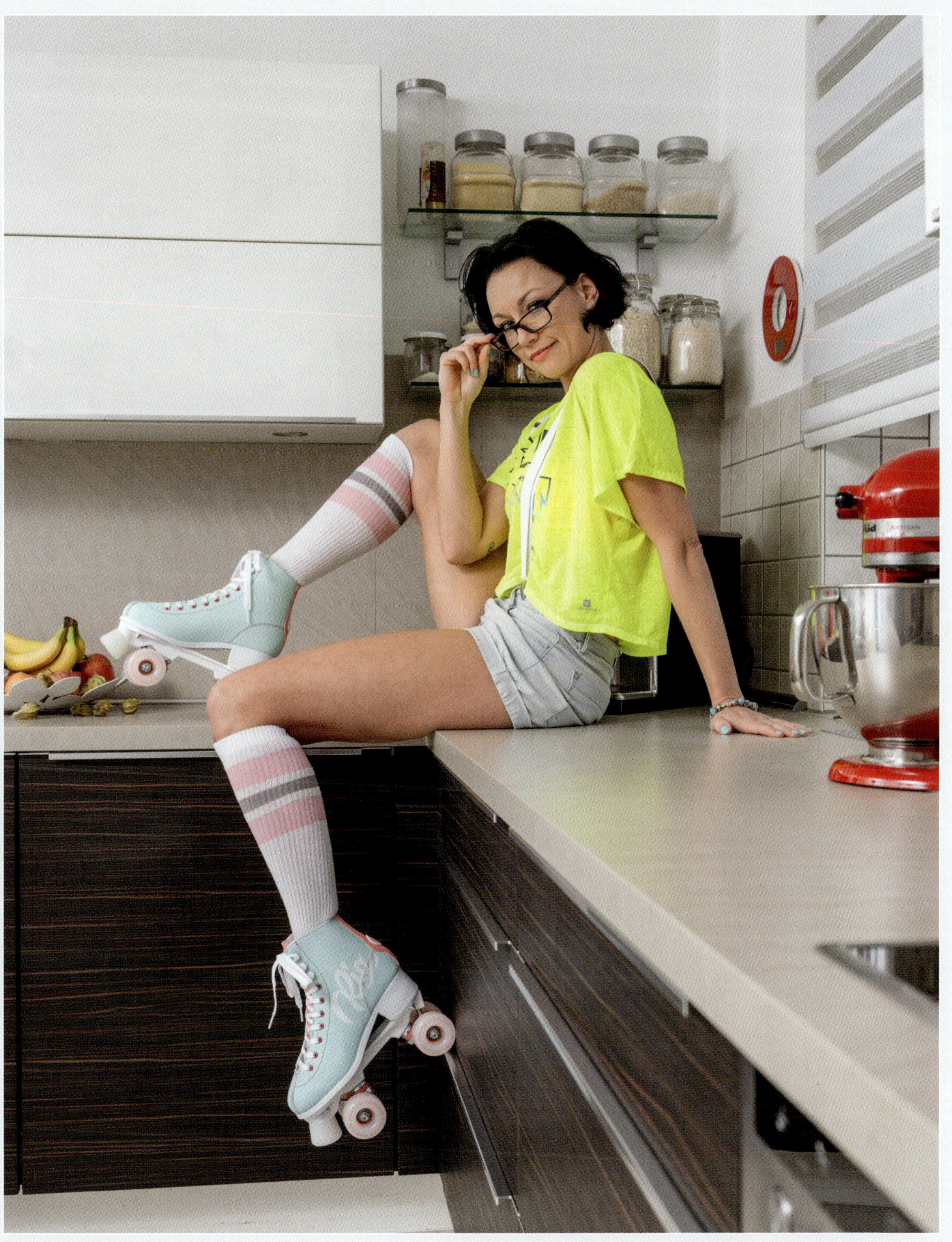

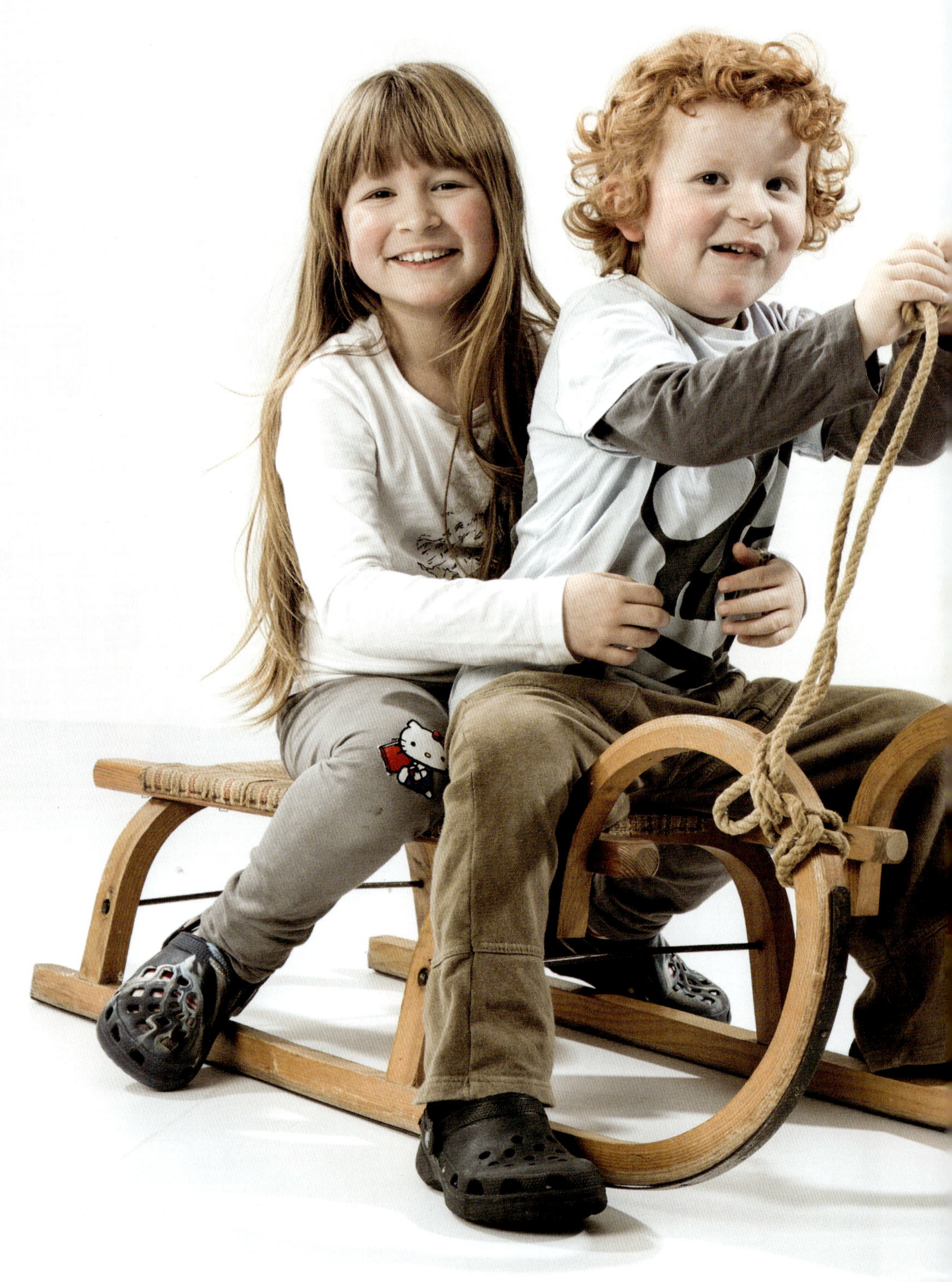

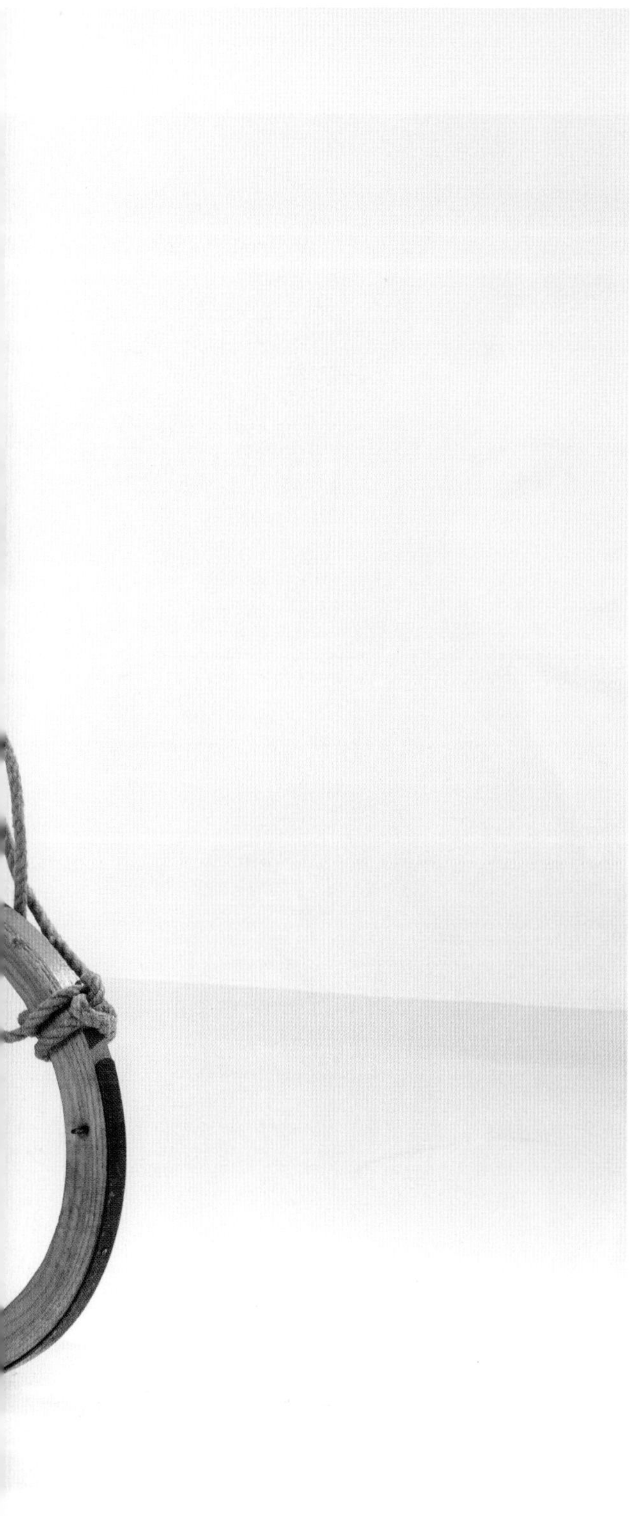

ihrer süßen Enkelin. Als Fotograf muss man mit seiner Zeit haushalten und die richtigen Augenblicke erwischen. Und ab und zu muss man die Mama bitten, draußen vor der Tür zu warten.

Weniger ist mehr

Eine wichtige Faustregel in der Fotografie lautet, dass man sich auf wenige, dafür aber bedeutsame Details konzentrieren sollte. Dadurch bietet man dem Betrachter ein eindeutiges Ziel seiner Aufmerksamkeit. Das trifft natürlich auch und ganz besonders auf die Porträtfotografie zu. Je klarer ein Bild durch Pose, Blick, Licht, Farben und Schärfe strukturiert und aufgebaut ist, desto eher findet das Auge den inhaltlichen Kern eines Porträts. In einer Hinsicht darf es beim Porträtieren aber durchaus etwas mehr sein: Machen Sie lieber zu viele als zu wenige Fotos!

Denn nach meiner Erfahrung findet man den einen entscheidenden „Augen-Blick" des Porträtmodels oft erst beim Sichten und Aussortieren der Aufnahmen einer Session. Man kann so viel planen, wie man will – wenn der eine Blick,

Die beiden hatten Spaß beim Fotografieren, was man auch deutlich sieht. Würde man versuchen, zwei Kinder gleichzeitig zu einem gekünstelten Lächeln zu bewegen, müsste man schon viel Glück oder große Fähigkeiten in Photoshop haben, um die gewünschten Aufnahmen hinzubekommen.

ISO 100 | Brennweite 60 mm | Blende 13 | Belichtungszeit 1/100 s

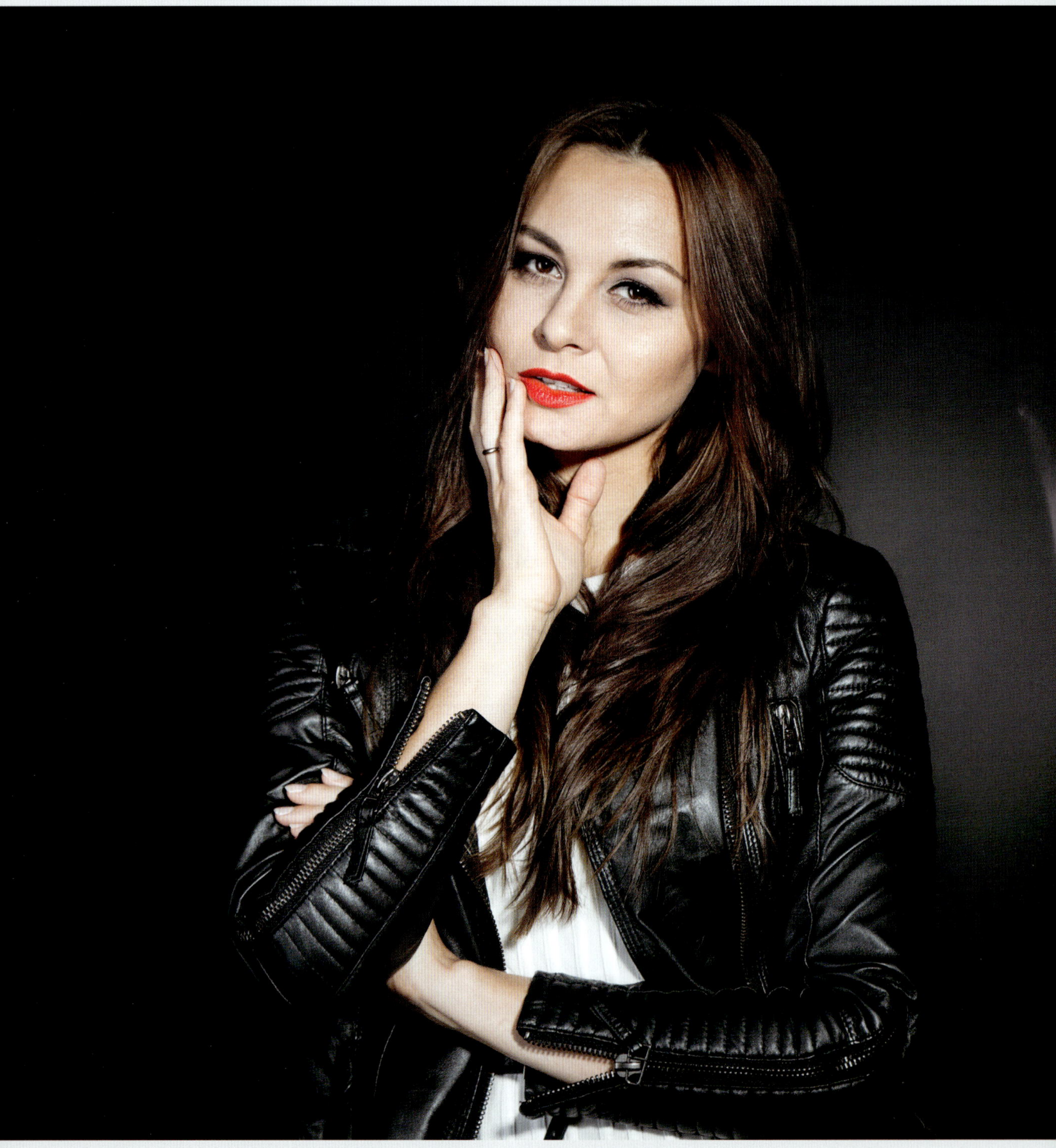

die eine Pose nicht dabei ist, hat die Session zwar Spaß gemacht und war vielleicht ganz nett, künstlerisch jedoch war sie praktisch wertlos.

Bildkontrolle ist wichtig, aber …

… während man in der kommerziellen Porträtfotografie die Bildanzahl während einer Fotosession natürlich so gering wie möglich hält – immerhin muss man aus kalkulatorischer Sicht den zeitlichen Aufwand bei der Nacharbeit in Grenzen halten und möglichst nur diejenigen Fotos schießen, die sich auch verkaufen lassen –, sollte man bei einem eher künstlerischen Porträtprojekt weder auf die Uhr noch auf den Bildzähler schielen. Während einer Session zeigt der schnelle Blick aufs Display lediglich, ob eine Aufnahme korrekt belichtet und halbwegs gut gestaltet ist. Die emotionale Tiefe eines Fotos erkennt man erst dann, wenn man es auf dem Monitor in hoher Auflösung begutachtet.

Es ist immer dieser eine Blick, der fasziniert. Wenn jemand tiefgründige Blicke beliebig produzieren kann, dürfte in der Porträtsession eigentlich nichts schiefgehen. Anna ist vor der Kamera Profi und konnte fast nach Belieben die Emotionen zeigen, die ich mir während der Fotosession gewünscht hatte.

ISO 100 | Brennweite 100 mm | Blende 8.0 | Belichtungszeit 1/160 s

Nun könnte man einwerfen, dass man schließlich mit einer modernen Kamera und einem Computer direkt in den Rechner z. B. nach Lightroom oder Capture One fotografieren und die Bilder sofort auf dem Monitor ansehen kann. Das klappt nach meiner Erfahrung tatsächlich, jedoch nur mit mehr oder weniger professionellen Models, die auch nach dem Drücken des Auslösers ihre Pose hundertprozentig beibehalten. Denn darum geht es ja bei der sofortigen Bildkontrolle am Computer – man möchte, je fortgeschrittener der fotografische Prozess ist, anhand der letzten Aufnahme nur noch kleine Details in Pose, Licht und Gestaltung verändern, um eine weitere Aufnahme zu machen.

Die meisten Menschen, die es nicht gewohnt sind, minutenlang regungslos vor der Kamera zu sitzen, sind damit überfordert. Deshalb erhöhen eine relativ schnelle Arbeitsweise und eine große Bildanzahl die Wahrscheinlichkeit eher, ein wirklich gutes Porträt aus einer Session zu ziehen. Und mehr dürfte in der künstlerischen Porträtfotografie auch nicht das Ziel sein – eine oder zwei wirklich gute Aufnahmen aus einer einstündigen Session mit verschiedenen Licht- und Set-up-Experimenten ist eine zufriedenstellende Ausbeute.

Ablauf einer Fotosession

Hier ein Tipp für eher fortgeschrittene Fotografen zum Ablauf einer Fotosession: Richten Sie das Set-up (Hintergrund, Accessoires, Licht) ein, fotografieren Sie eine Serie von Aufnahmen und kontrollieren Sie dann erst die Bilder am Rechner zusammen mit dem Porträtmodel. Besprechen Sie die Aufnahmen und versuchen Sie, mit bestimmten Posen und Perspektiven weiterzumachen.

Gefühle auf Knopfdruck

Wenn Sie in erster Linie mit Amateuren vor der Kamera arbeiten, gehört tatsächlich auch etwas Glück dazu, ein berührendes Porträt zu schießen. Allerdings kann man dem Glück auf die Sprünge helfen, wenn man mit Regieanweisungen arbeitet und den Menschen vor der Kamera dazu bringt, ganz bestimmte Gedanken oder Gefühle in seiner Haltung und im Blick umzusetzen. Sagen Sie doch einfach mal: „Schau bitte so in Gedanken versunken wie möglich!" Oder fordern Sie Ihr Model auf, traurig, verschmitzt, berührt, vergeistigt zu schauen.

Beim Lachen wird es schon schwieriger, wie Sie vermutlich aus eigener Erfahrung wissen. Menschen scheinen zu glauben, dass sie beim Lachen mehr von ihrer Persönlichkeit preisgeben als bei einem finsteren oder nachdenklichen Gesichtsausdruck. In der Tat ist Lachen einladend, während ein grimmiger Gesichtsausdruck eine unsichtbare Barriere aufbaut. Ihr Fotomodel kann sich also hinter einem grimmigen Gesichtsausdruck verstecken. Das kann gerade am Anfang einer Session helfen, dem Model ein wenig Selbstvertrauen zu geben. Außerdem gewöhnt man sich so schneller an die Situation, vor der Kamera zu sitzen und etwas von der eigenen Persönlichkeit zu zeigen.

Gespielte Emotion

Fordert man ein Fotomodel auf, eine bestimmte Emotion zu zeigen, entspricht die Darstellung dann der Persönlichkeit des Models? Die Emotion ist natürlich gespielt. Aber der Ausdruck könnte so sein, als fühlte das Model gerade tatsächlich diese verlangte Emotion. Sagt man als Fotograf dann noch die Wahrheit? Oder ist die Frage nicht eigentlich müßig, wenn man in kontrollierter Studioumgebung arbeitet oder eine geplante Porträtsession im Wald abhält? Was zählt, ist schließlich das Ergebnis, im besten Fall also ein berührendes Porträt. In diesem Sinne: Fotografen sind Lügner, aber nette!

Menschen zu fotografieren, ist Kunst

Ein Porträt spiegelt idealerweise einen bestimmten Aspekt der Persönlichkeit vor der Kamera wider. Wie fängt man diesen Aspekt ein? Wie schafft es der Fotograf, die Persönlichkeit bzw. einen interessanten Aspekt zu entdecken und schließlich in einem Porträt zu zeigen?

Je nachdem, wer vor der Kamera steht – ob man als Fotograf eine persönliche Beziehung zu dem Menschen vor der Kamera hat, ob es sich um eine Persönlichkeit des öffentlichen

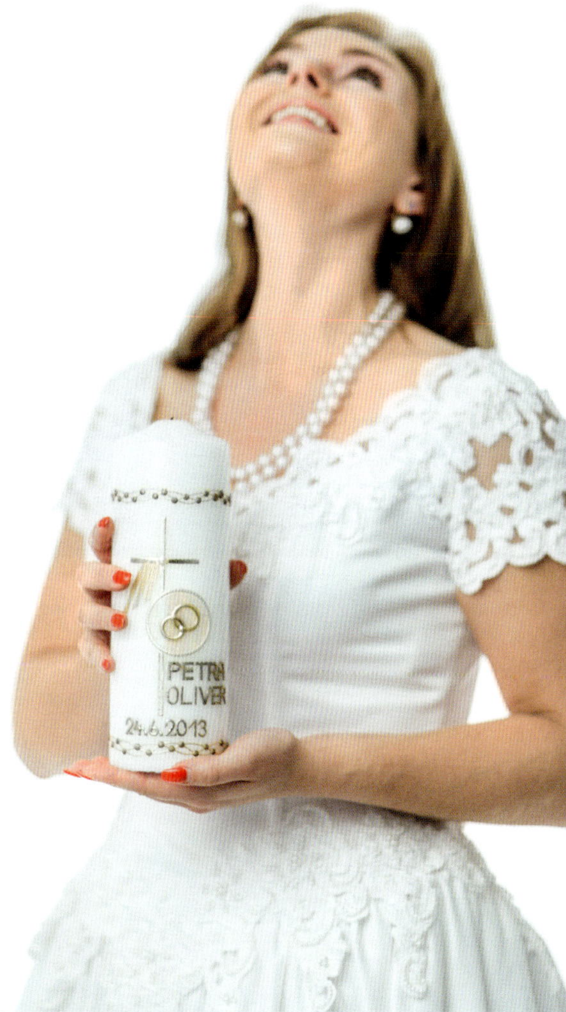

Freude ist so eine Emotion, die wohl die meisten Menschen vor der Kamera nicht ganz spontan spielen können. Manchmal hilft es, ein bestimmtes Accessoire wie hier die Kerze einzusetzen, um dem Porträtmodel etwas in die Hand zu geben, an dem es sich im wahrsten Sinne des Wortes festhalten kann.

ISO 200 | Brennweite 85 mm | Blende 4.0 | Belichtungszeit 1/120 s

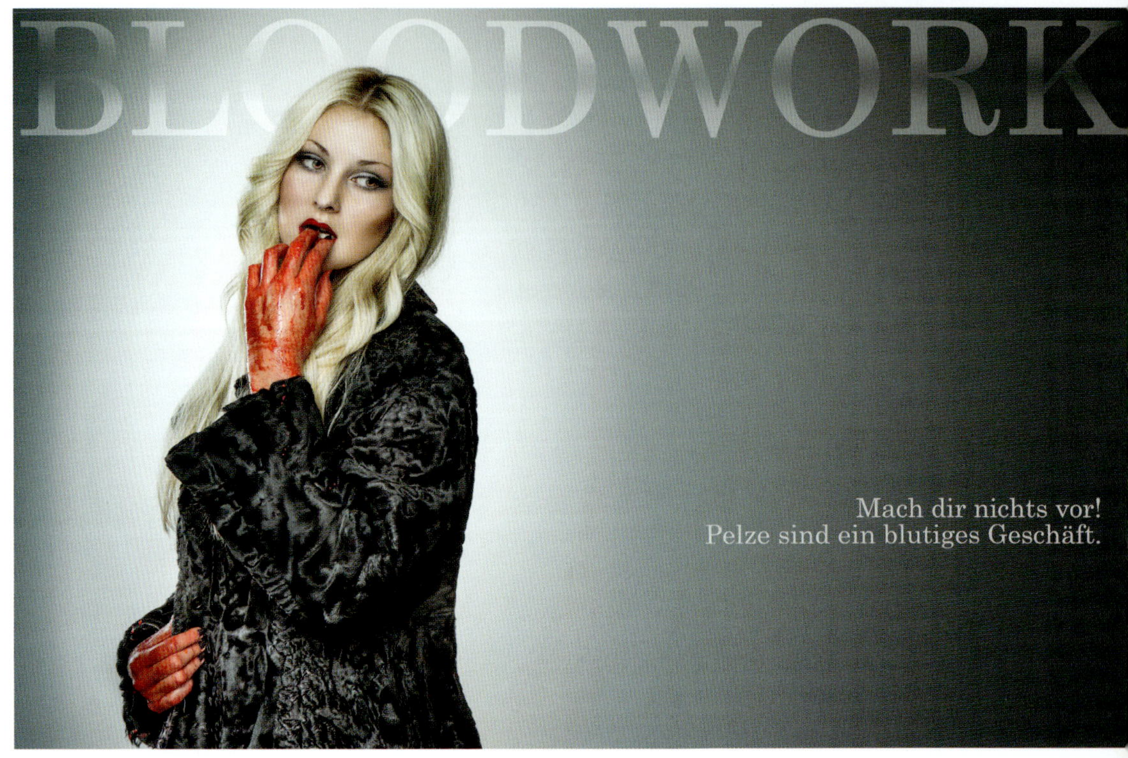

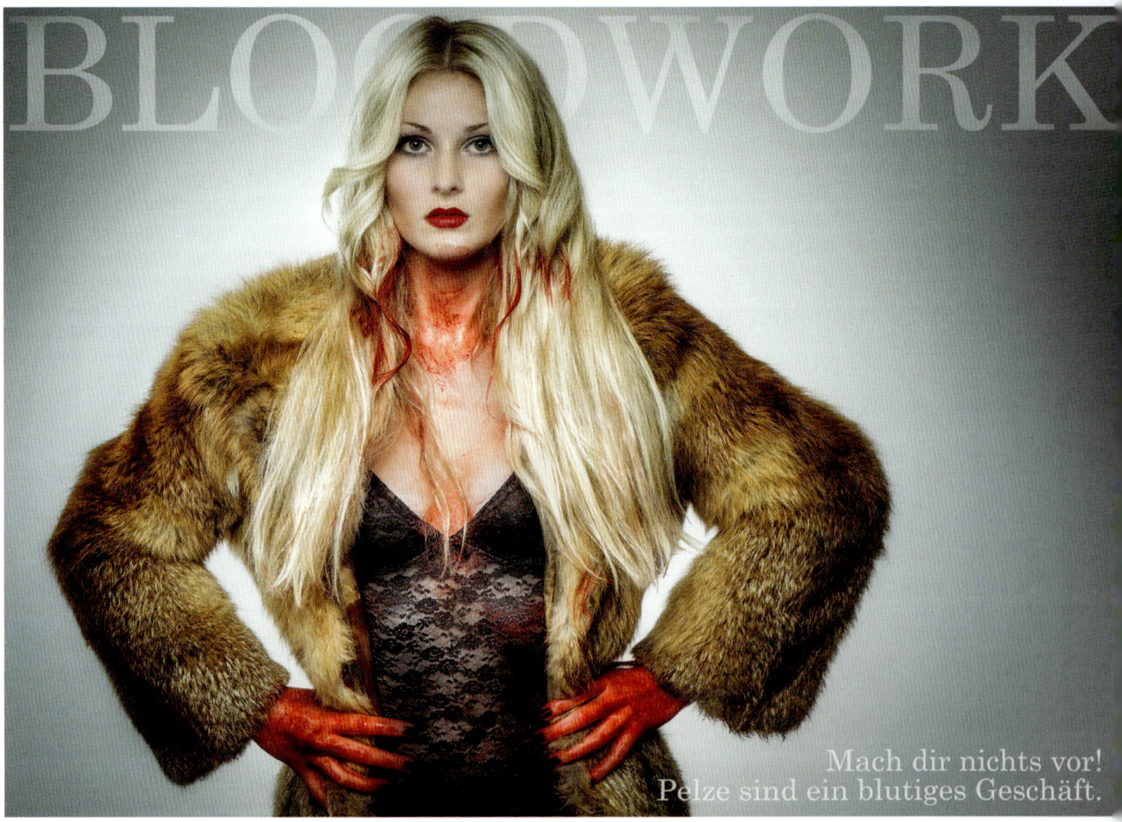

BLOODWORK
Mach dir nichts vor!
Pelze sind ein blutiges Geschäft.

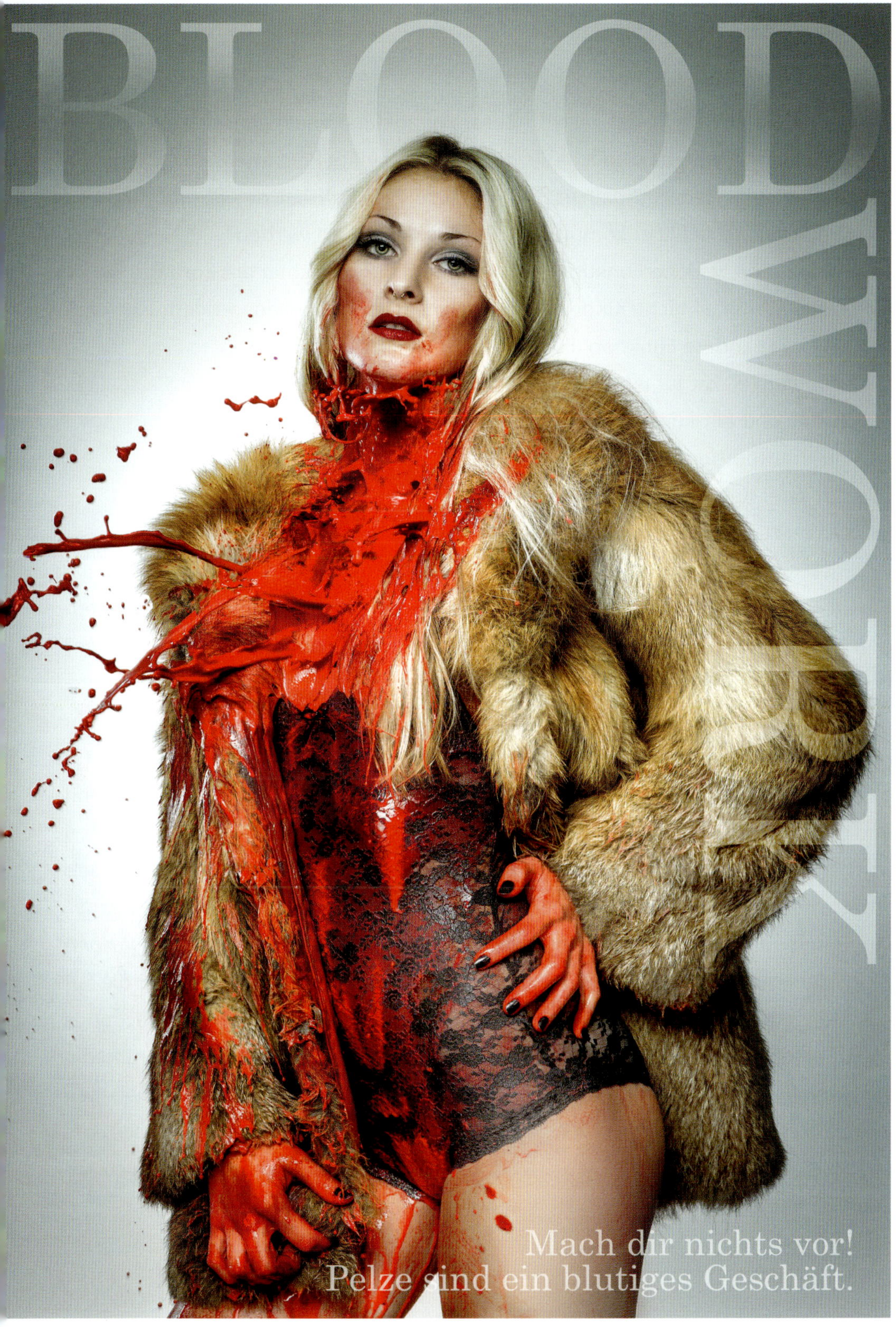

Hier dürfte jedem auf den ersten Blick klar sein, welchem Sinn und Zweck die Porträts dienen. Wenn man vor der Session einen klaren Plan und eine ungefähre Vorstellung von den Ergebnissen hat, spart man sich viel Zeit und Nerven.

Lebens handelt oder ob er/sie einem völlig unbekannt ist –, muss man unterschiedliche Wege von höflich distanziert bis kumpelhaft witzig einschlagen. Und schließlich kommt es natürlich auch darauf an, welche Funktion das Porträt haben soll. Weihnachtliche Kinderporträts haben eine ganz andere Funktion als ein Porträt, das auf einem Plakat für eine politische Wahl erscheint. Und ein künstlerisches Porträt, das auf die Transportierung von Dramatik, Erotik, Freude oder Gelassenheit abzielt, muss man völlig anders angehen als ein Passbild.

Alle Porträts haben jedoch unabhängig von ihrer jeweiligen Intention eines gemeinsam – den durch die kurze Verschlusszeit bedingten Augenblick, in dem alles passieren muss, was ein Porträt ausmacht. Selbst wenn der Aufruf zum Grinsen nur zu einer halben Sekunde Lächeln führt und der Fotograf diesen einen Augenblick erwischt, kann das schon genügen, damit die Porträtsession zu einem Erfolg wird. Natürlich kann es sein, dass sich das Lächeln verkniffen anfühlt. Aber wenn dieser eine Augenblick des Lächelns auf dem Foto die Illusion schafft, der porträtierte Mensch hätte sich in diesem Moment wohlgefühlt und wollte dem Betrachter etwas von seinem Glück zeigen, hat man als Fotograf alles richtig gemacht. Obwohl man eigentlich gelogen hat.

Zusammengefasst, muss man sich also folgende Fragen vor einer Porträtsession stellen:

- Welche Funktion hat das Porträt, und wie soll es präsentiert werden?
- Wer sind die Betrachter des Porträts?
- Welche Gefühle sollen ausgedrückt werden?
- Soll ein bestimmter Aspekt der Persönlichkeit gezeigt werden?

Menschen für Fotos finden

Treiben Sie sich auch in Communitys im Internet herum, die sich um die Fotografie drehen? Dann finden Sie dort schnell Gleichgesinnte, Models und Bildbearbeiter mit ähnlichen Interessen. Die verschiedenen Tummelplätze für Fotografen bieten endlose Möglichkeiten, mit anderen in Kontakt zu treten. Eine der ersten Adressen für den Kontakt zu Amateurmodels ist die model-kartei unter *www.model-kartei.de*. Auch die fotocommunity – *www.fotocommunity.de* – ist ein guter Startpunkt für die Suche. Und natürlich findet man auf Facebook etliche Gruppen, die sich mit Themen rund um Fotografie und Models beschäftigen. Daneben sind Instagram und 500px Anlaufstellen, um Fotografen und Models zu finden und sich Anregungen für eigene Projekte zu holen.

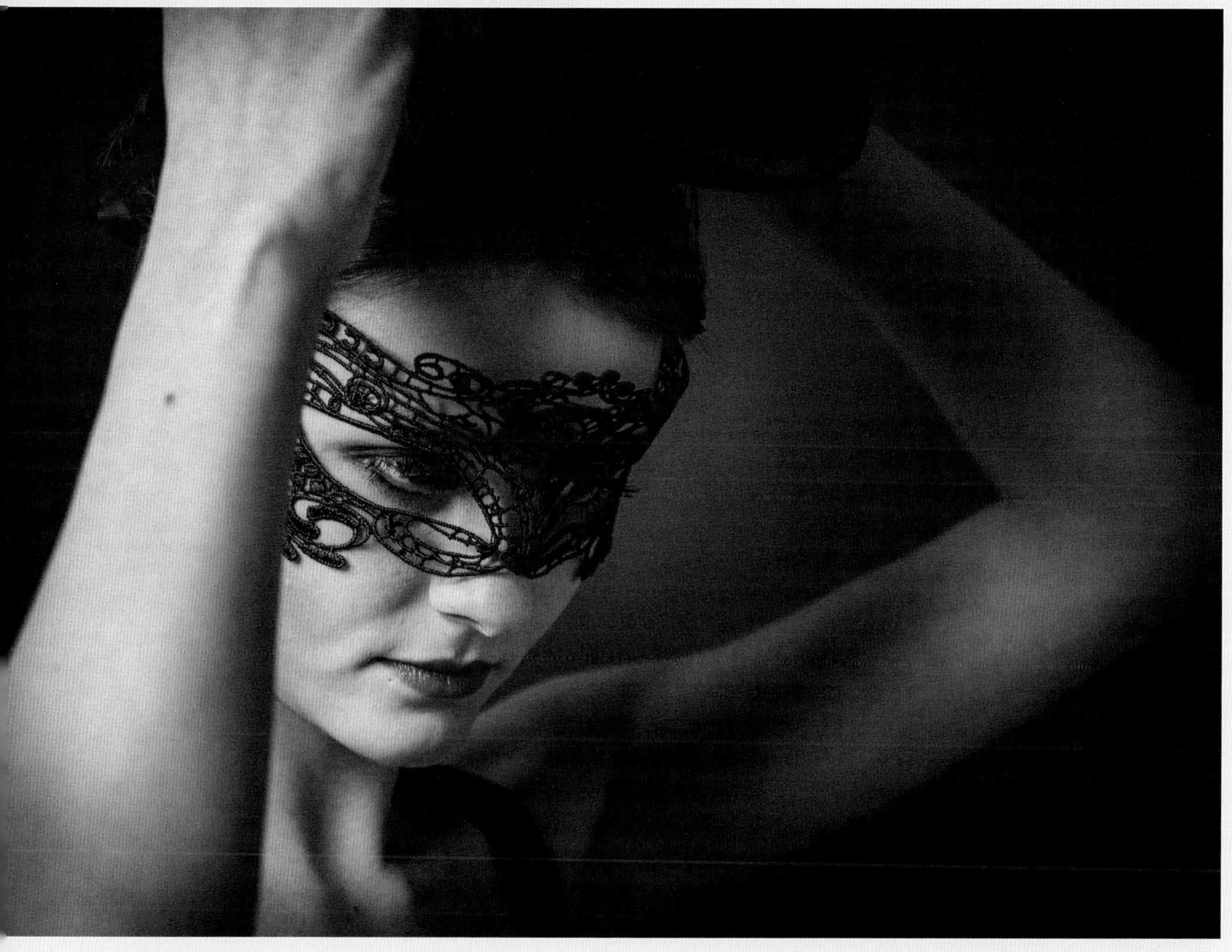

Marlene kam über die model-kartei auf mich zu, um eine Serie von Bildern zu machen, die sie für die Eigenwerbung als Amateurmodel verwenden konnte.

ISO 100 | Brennweite 95 mm | Blende 5.6 | Belichtungszeit 1/180 s

Starke Porträts als Anregungen

Versuchen Sie, sich an Fotografien anderer zu orientieren, um Ihre eigenen Ideen zu entwickeln oder bereits vorhandene weiterzuentwickeln. So lernt man am schnellsten, den eigenen Horizont zu erweitern. Viele beeindruckende Porträts zeigen Menschen und Gesichter, die bestimmten Stereotypen entsprechen. Alte, kantige Männer, Frauen, die vom Leben gezeichnet sind, romantisch leuchtende Mädchen mit Blumenkränzen im Haar, Kinder mit tiefsinnig wirkenden Blicken – eigentlich hat man das ja alles schon mal gesehen. Aber gerade solche Klassiker sind es wert, dass man sie selbst ebenfalls ausprobiert und die eigenen Fotos dann mit denen vergleicht, die schon oft gelikt wurden.

Schauen Sie sich mal in Ihrer Lebensumgebung nach Gesichtern um, die für Porträts interessant sein könnten. Sie müssen, da Sie viele Gesichter vermutlich schon kennen, ganz bewusst die Augen offen halten und versuchen, den Alltag auszublenden. Denn viele Menschen aus der unmittelbaren Umgebung sieht man vielleicht täglich und übersieht dabei das Potenzial, das in einem Gesicht, einem Lächeln oder einem Zornausbruch steckt. Versuchen Sie, die Menschen um sich herum mit den Augen des Fotografen zu betrachten und nicht mit den Augen des Vaters oder der Mutter, der Freundin oder des Freundes, des Verwandten oder Bekannten.

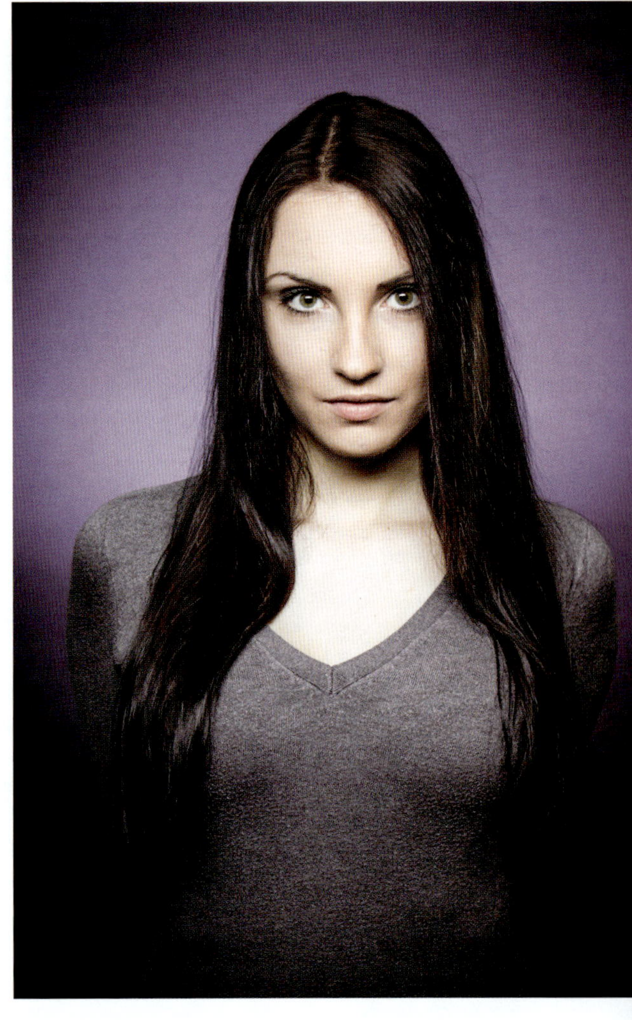

Sophia ist ein Amateurmodel mit großem Potenzial, das ich über die model-kartei kennengelernt habe. Während eines dreistündigen TFP-Shootings entstanden mit sechs verschiedenen Outfits rund 400 Aufnahmen.

ISO 100 | Brennweite 44 mm | Blende 8.0 | Belichtungszeit 1/160 s

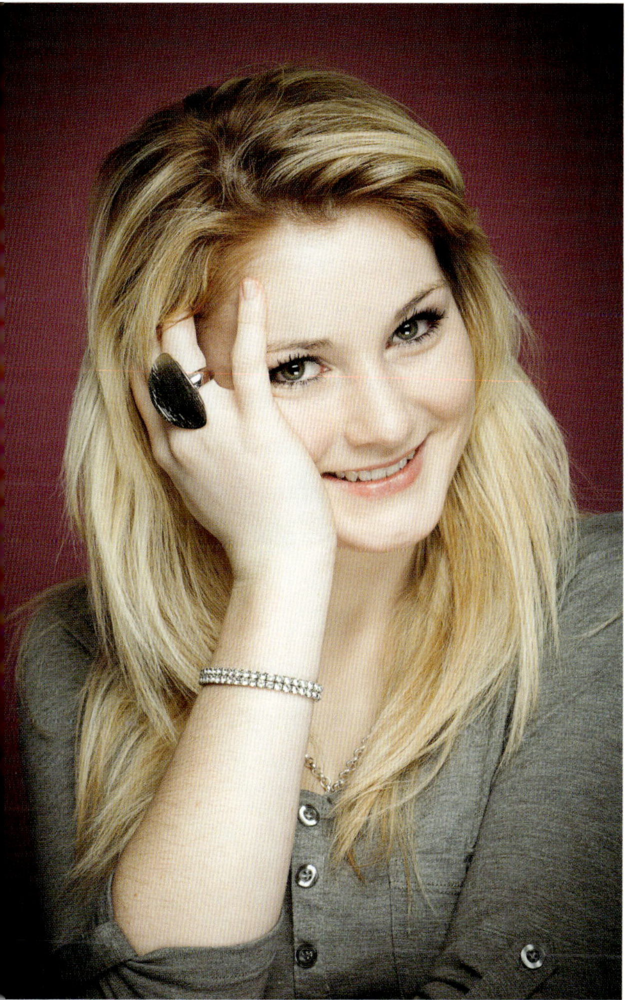

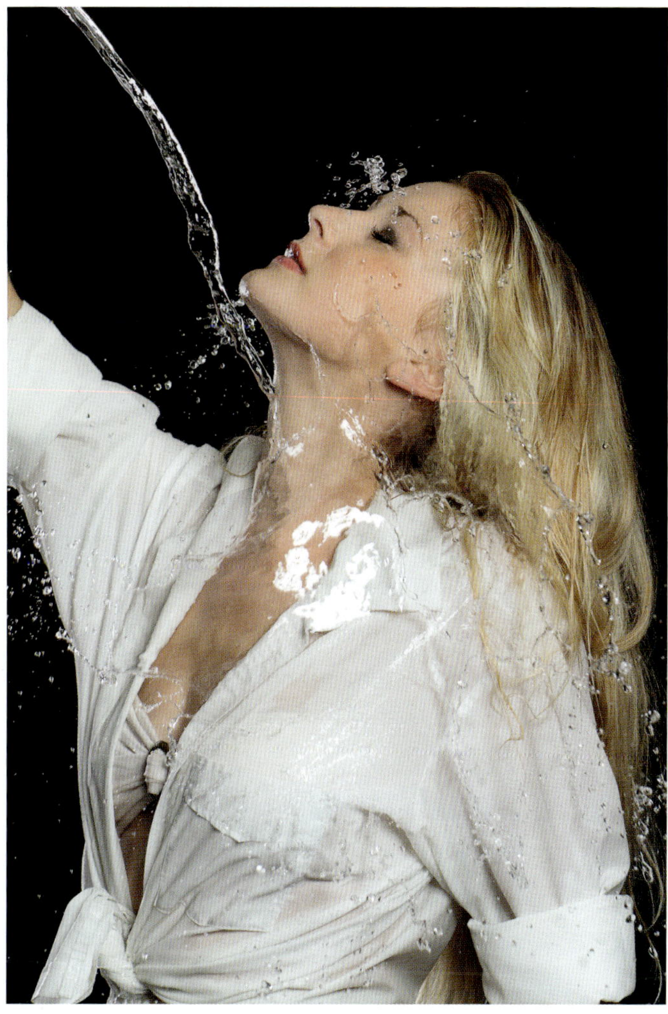

Teresa ist eine junge Frau aus meiner Nachbarschaft, die ich nun schon ein paarmal für Projekte gewinnen konnte. Man sollte immer danach Ausschau halten, ob nicht in der persönlichen Umgebung Menschen sind, die für Porträts infrage kommen.

Leute ansprechen

Es ist jedes Mal eine spannende Erfahrung, wie sich die Chemie zwischen dem Fotografen und einem Model entwickelt. Sobald man sich nach den üblichen Kontakten via Web oder Smartphone in der realen Welt gegenübersteht und die Hand gegeben hat, erahnt man erst wirklich, mit wem man es zu tun hat. Das gilt natürlich für beide Seiten. Je öfter man mit zuvor fremden Menschen arbeitet, desto entspannter wird man an die Situation herangehen. Machen Sie sich deshalb anfangs keine allzu großen Gedanken über Ihre Nervosität oder Unsicherheit – das geht fast jedem so. Immerhin ist man, sofern man noch relativ wenig Erfahrung in der Porträtfotografie hat, erst mal unsicher und möchte so wenig wie möglich falsch machen. Das gilt natürlich wieder für Models wie für Fotografen gleichermaßen.

Für den Anfang Bekannte

Versuchen Sie zu Beginn, entweder mit Bekannten, Freunden oder Verwandten zu arbeiten, die jede Nervosität verzeihen. Oder – wenn es denn ein neues Gesicht sein muss – Sie wenden sich an ein erfahreneres Model, das auch explizit mit Einsteigern arbeitet. In der Regel weisen die Models auf ihren Sedcards im Internet darauf hin, ob sie auch mit Anfängern arbeiten würden oder ob ihre Ansprüche höher liegen. (Es heißt übrigens wirklich Sedcard bzw. Sed-Card und nicht Setcard/Set-Card; der international verwendete Begriff ist Comp-Card.) Nach den ersten Shootings und mit zunehmender Erfahrung werden Sie lockerer und entspannter an die Sache herangehen und auch mit unbekannten und unerfahrenen Models ein paar gute Porträts zustande bringen.

Überall Topmodels

Ein großes Problem bei der Suche nach einem Model für Porträtfotos kann daraus resultieren, dass sich heute praktisch jeder Mann und jede Frau, der oder die schon mal vor der Kamera gestanden hat, Model nennt. Wenn jemand als Model auftritt, sagt das leider absolut nichts darüber aus, ob sich jemand selbstständig in Pose stellen, setzen oder legen kann. Im schlimmsten Fall haben Sie ein arrogantes, stocksteifes und von sich völlig überzeugtes Model vor der Kamera, das darauf wartet, dass Sie ihm auf den Millimeter genau sagen, was es zu tun hat. Und sich dann hinterher noch über den mäßigen Ausdruck der Porträts beschwert.
Leider gibt es keine Garantie dafür, dass ein Model auf seiner Sedcard die Wahrheit über sich sagt – erfahren, sicher beim Posing, fröhlich und locker, trainiert, ernsthaft etc. Am ehesten kann man sich noch an den Kommentaren anderer Fotografen orientieren, die bereits mit dem Model gearbeitet haben.

Immer locker bleiben

Wenn die Beteiligten an einem Foto-Shooting nicht entspannt sind, wird es mit guten Porträts eher schwierig werden. Ausnahmen sind natürlich kommerzielle Shootings, bei denen Gage fließt. Sofern man mit einem Profimodel arbeitet, das für ein bestimmtes Motiv gebucht und dafür bezahlt wird, darf man als Fotograf verlangen, dass die Session auch dann gut läuft und Ergebnisse bringt, wenn man sich nicht leiden kann. Fotografiert man aber im privaten Rahmen oder mit einem Amateurmodel, hilft nichts so sehr wie ein wenig Humor, um die Situation zu entkrampfen.

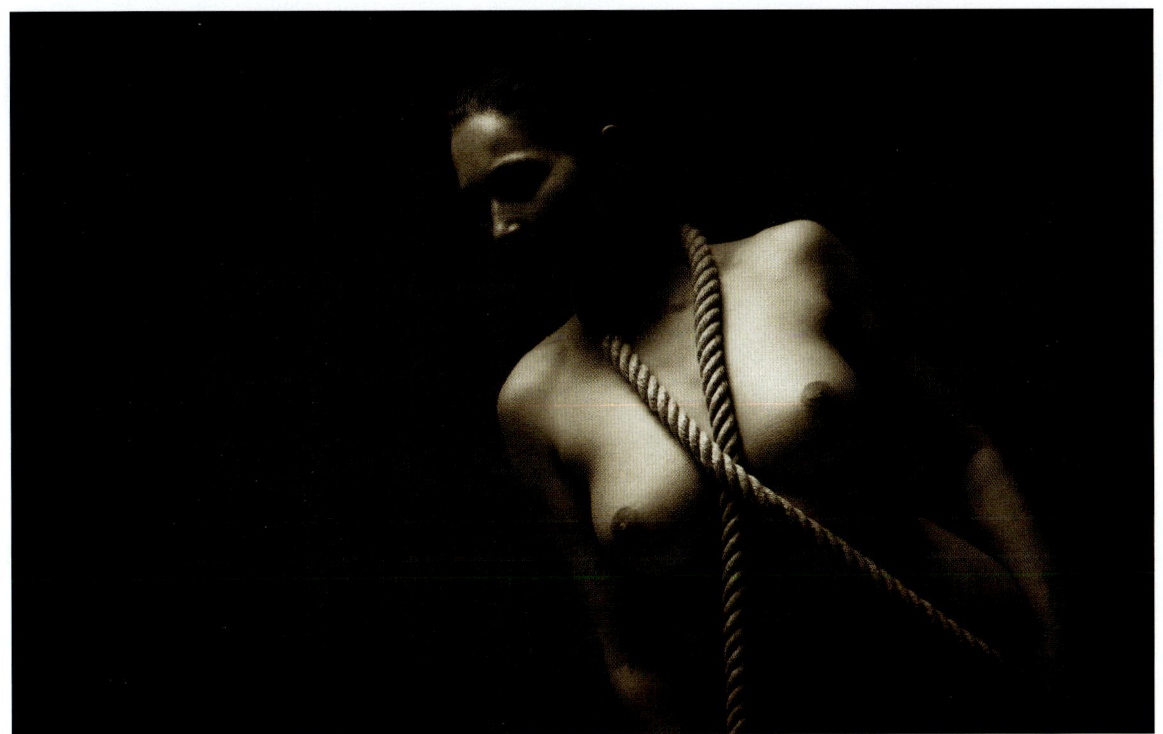

Wenn eine erste Session gut gelaufen ist, sollte man versuchen, mit dem Model in Kontakt zu bleiben. Denn mit der Zeit werden die Fotos durch das sich entwickelnde Vertrauensverhältnis immer besser. Mit Johanna habe ich über Jahre hinweg gearbeitet und immer wieder tolle Fotoprojekte umgesetzt.

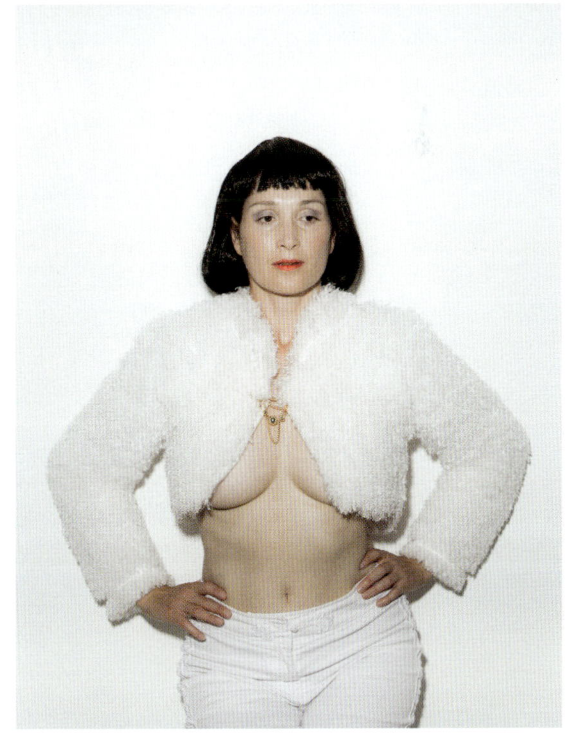

Zumindest am Anfang einer Fotosession sind Amateurmodels oft noch ein wenig zurückhaltend und bedürfen mehr oder weniger freundlicher Motivation durch den Fotografen. Reden Sie also, fragen Sie, was das Gegenüber in seiner Modelkarriere schon so erlebt hat, was es beruflich macht, was es in seiner Freizeit anstellt. Sobald Sie ein gemeinsames Thema finden – bei mir sind es oft die eigenen Kinder –, ergeben sich die Gesprächsthemen von ganz allein. Und dann klappt es auch mit dem lockeren Posing.

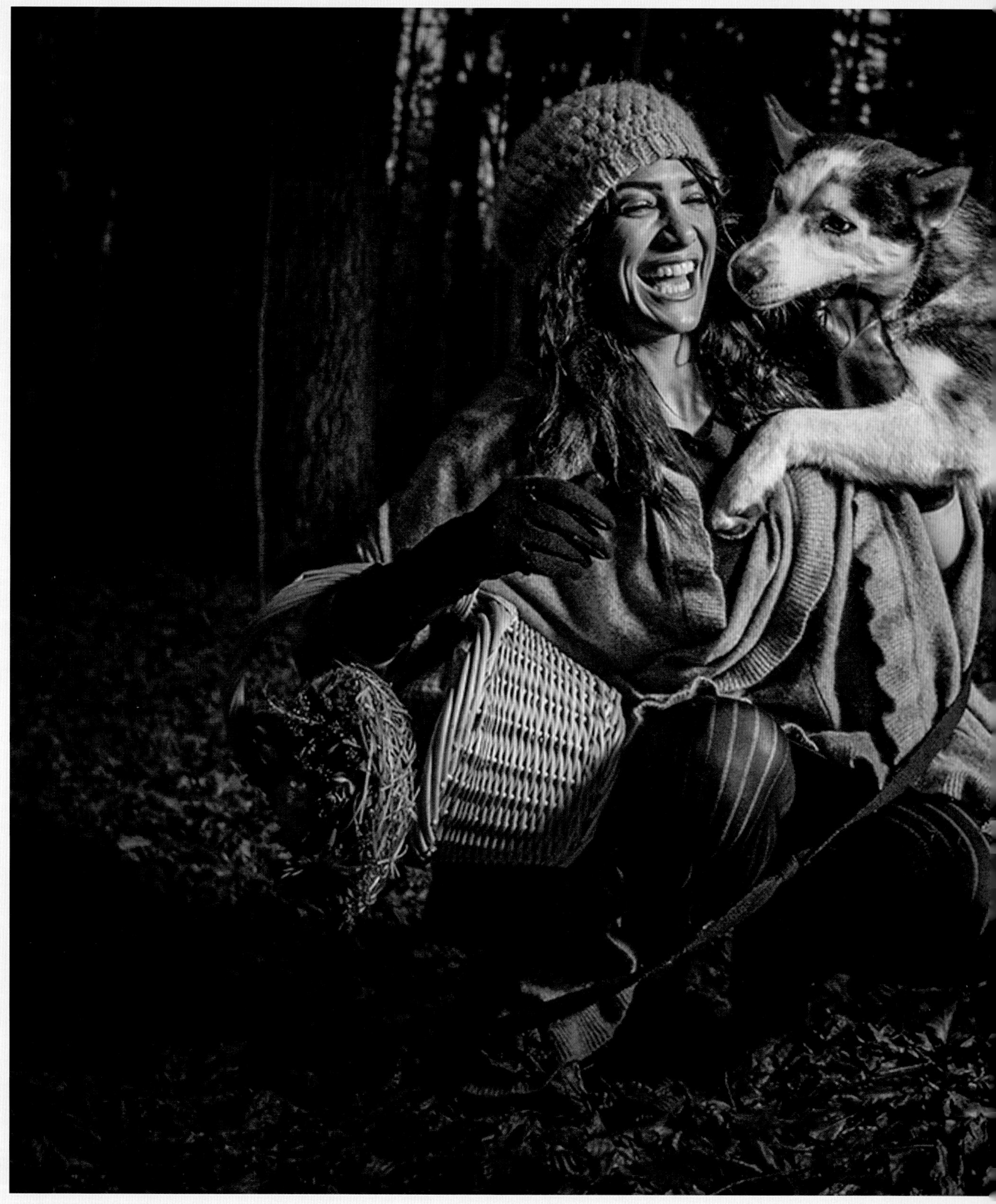

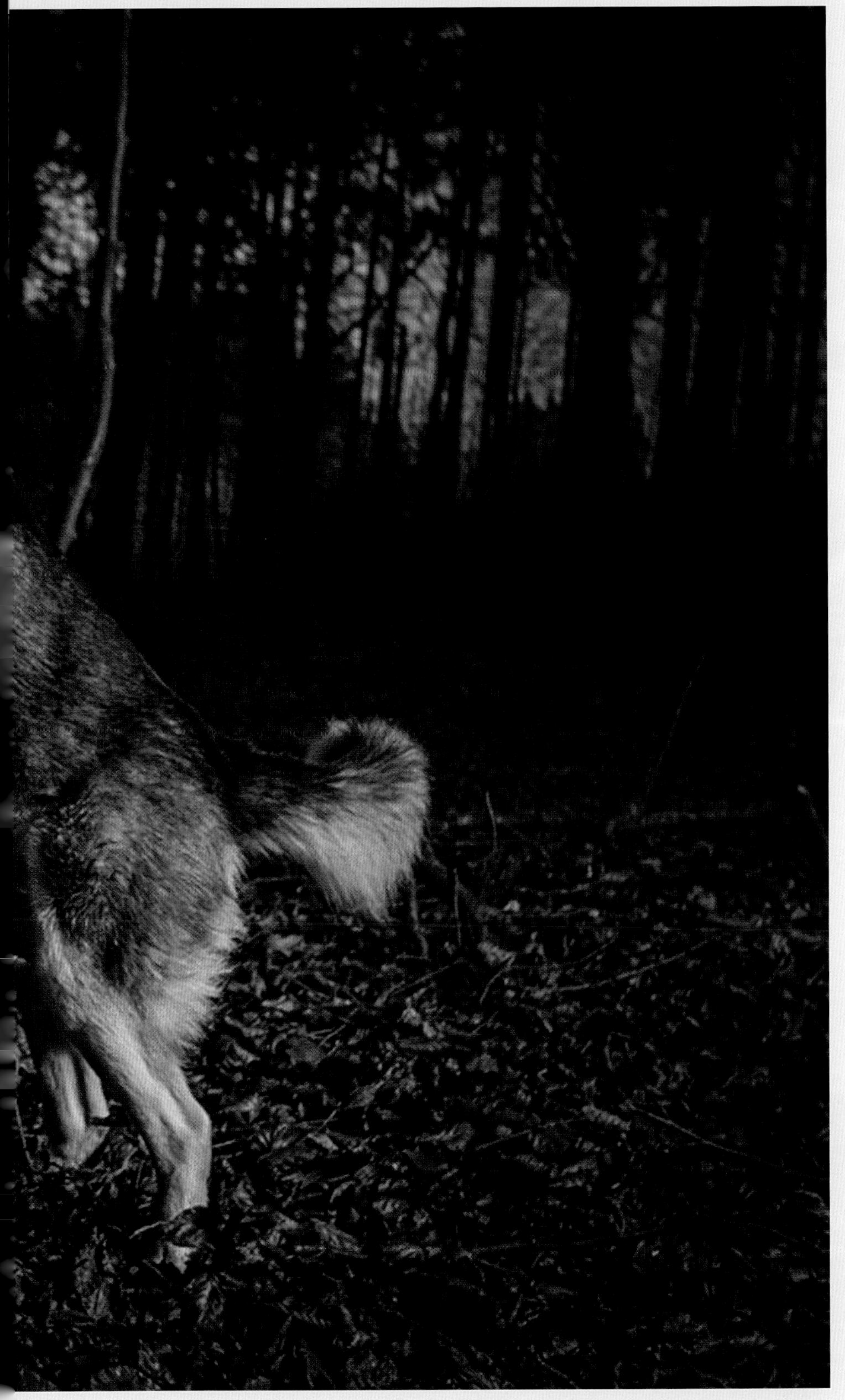

Teresa ist ausgebildete Schauspielerin, die ein paar Dörfer weiter wohnt und bei der ich im Grunde jederzeit für Shootings nachfragen kann. Im Fall des Rotkäppchen-Shootings kam sie allerdings auf mich zu, da sie ihren jungen Husky inszenieren wollte.

ISO 200 | Brennweite 50 mm | Blende 5.6 | Belichtungszeit 1/100 s | mobile Blitzanlage mit zwei Blitzköpfen für Hauptlicht (vorn rechts aus Kamerasicht) und Effektlicht von hinten links

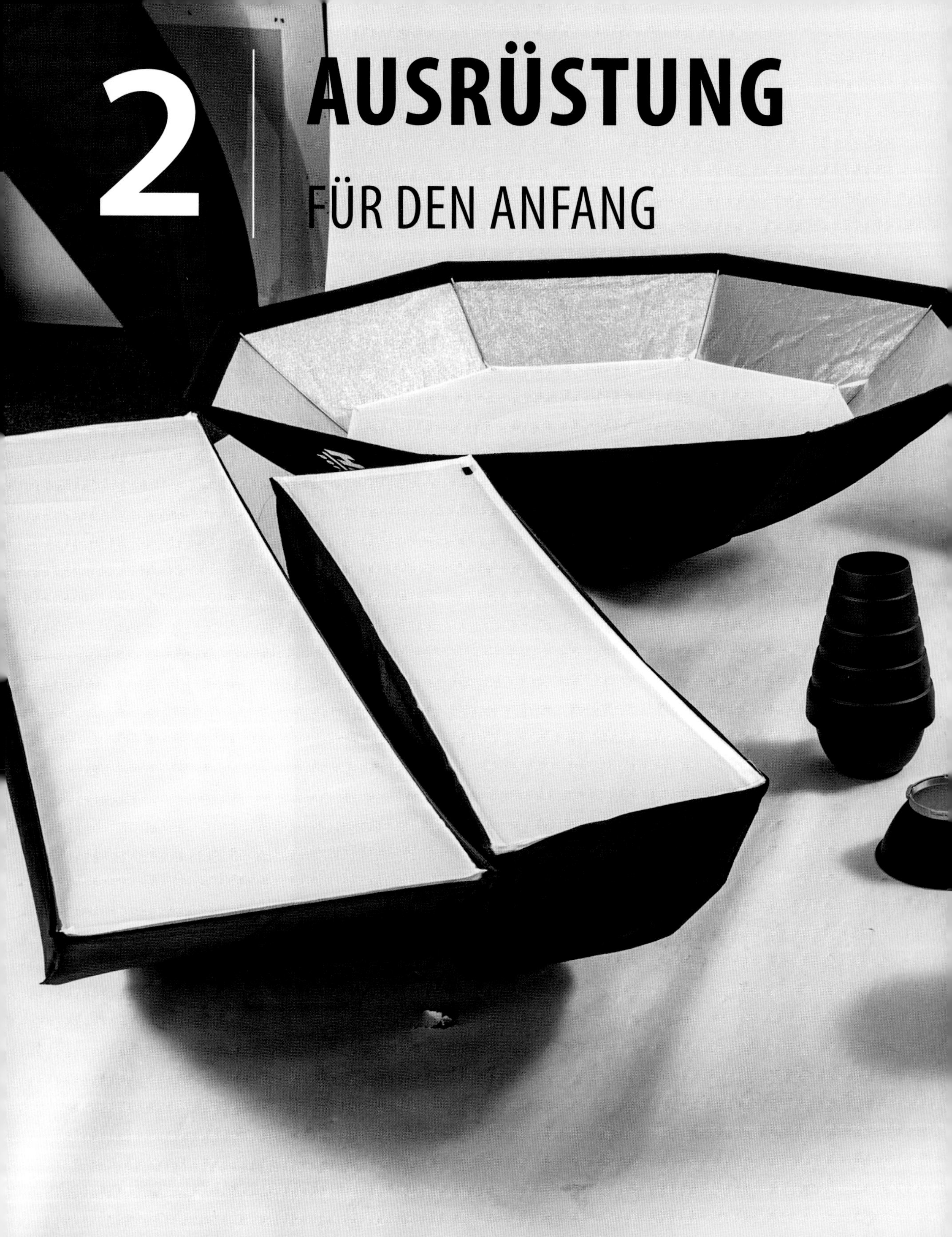

2 AUSRÜSTUNG

FÜR DEN ANFANG

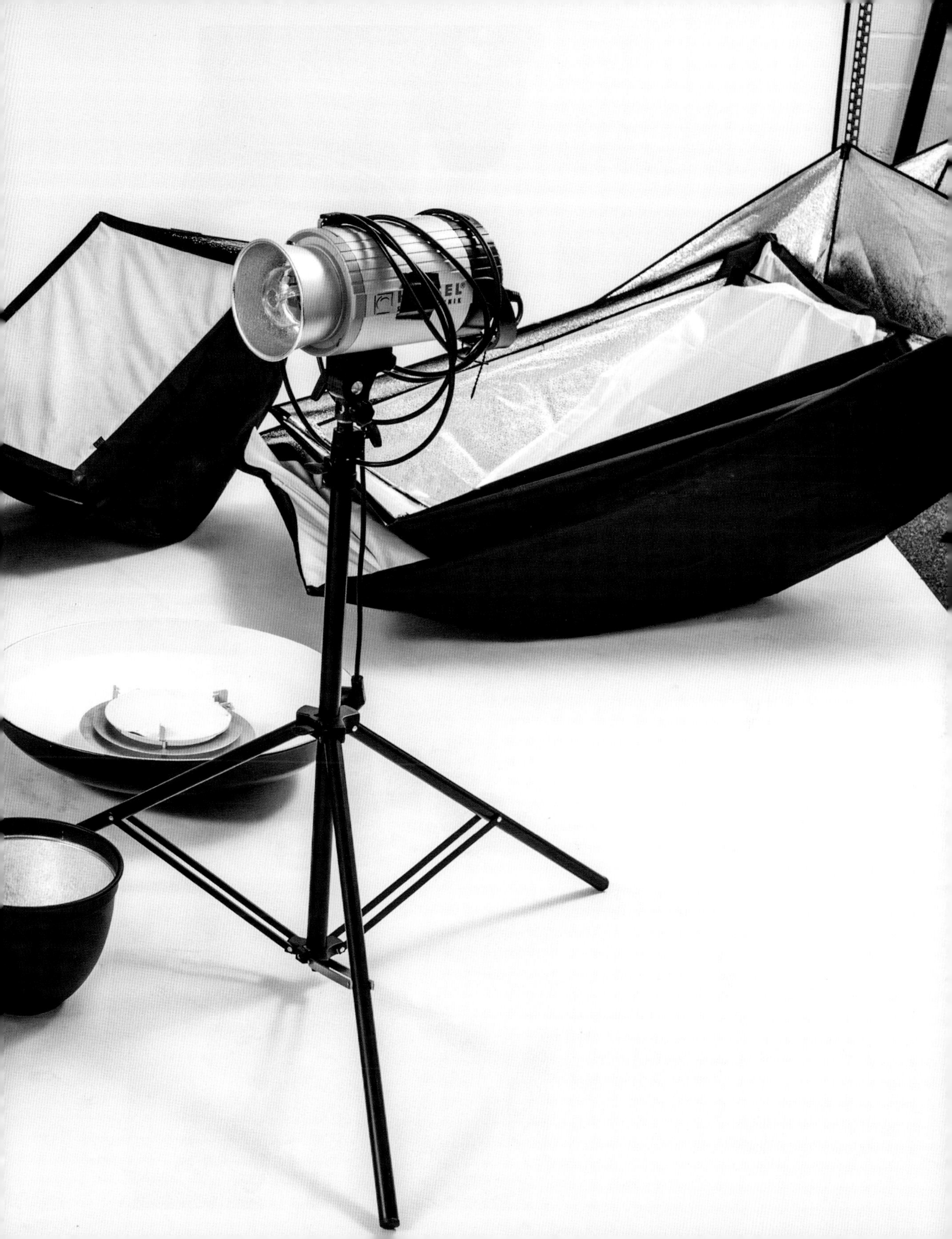

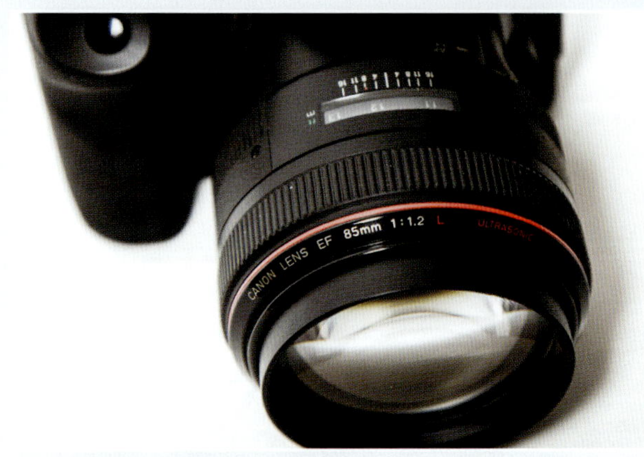
CANON LENS EF 85mm 1:1.2 L

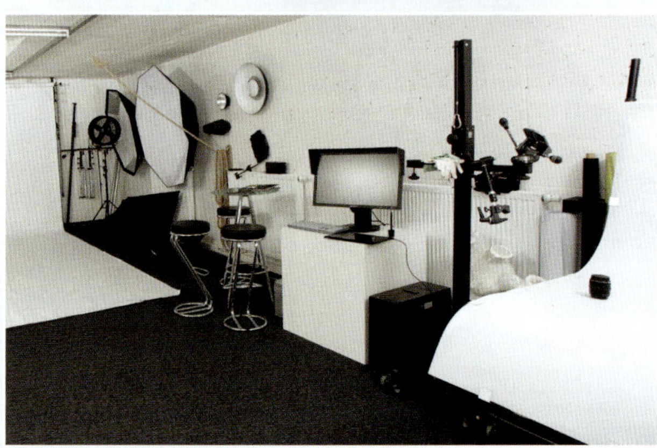

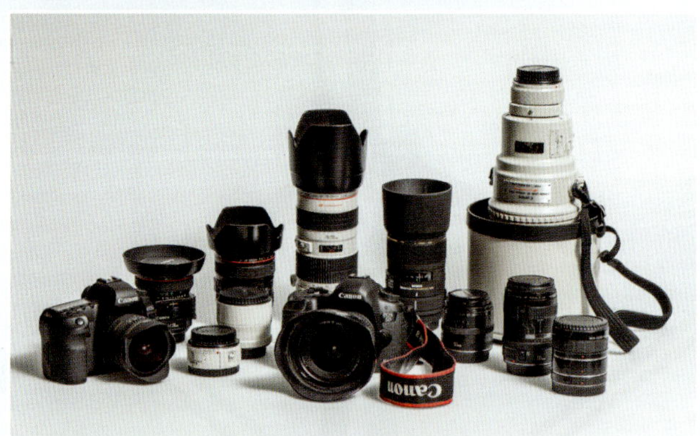
Canon

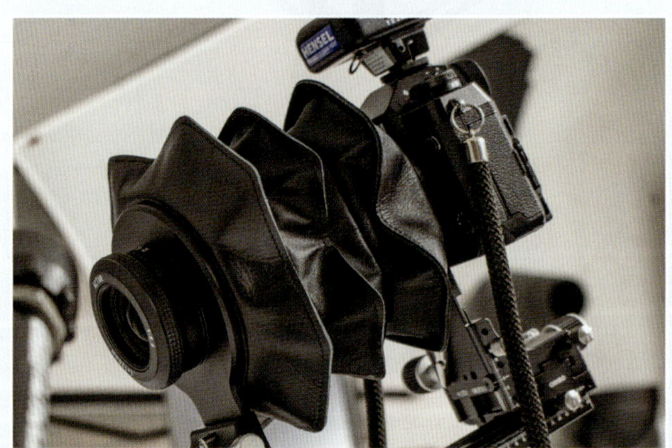
HENSEL

2

Ausrüstung für den Anfang

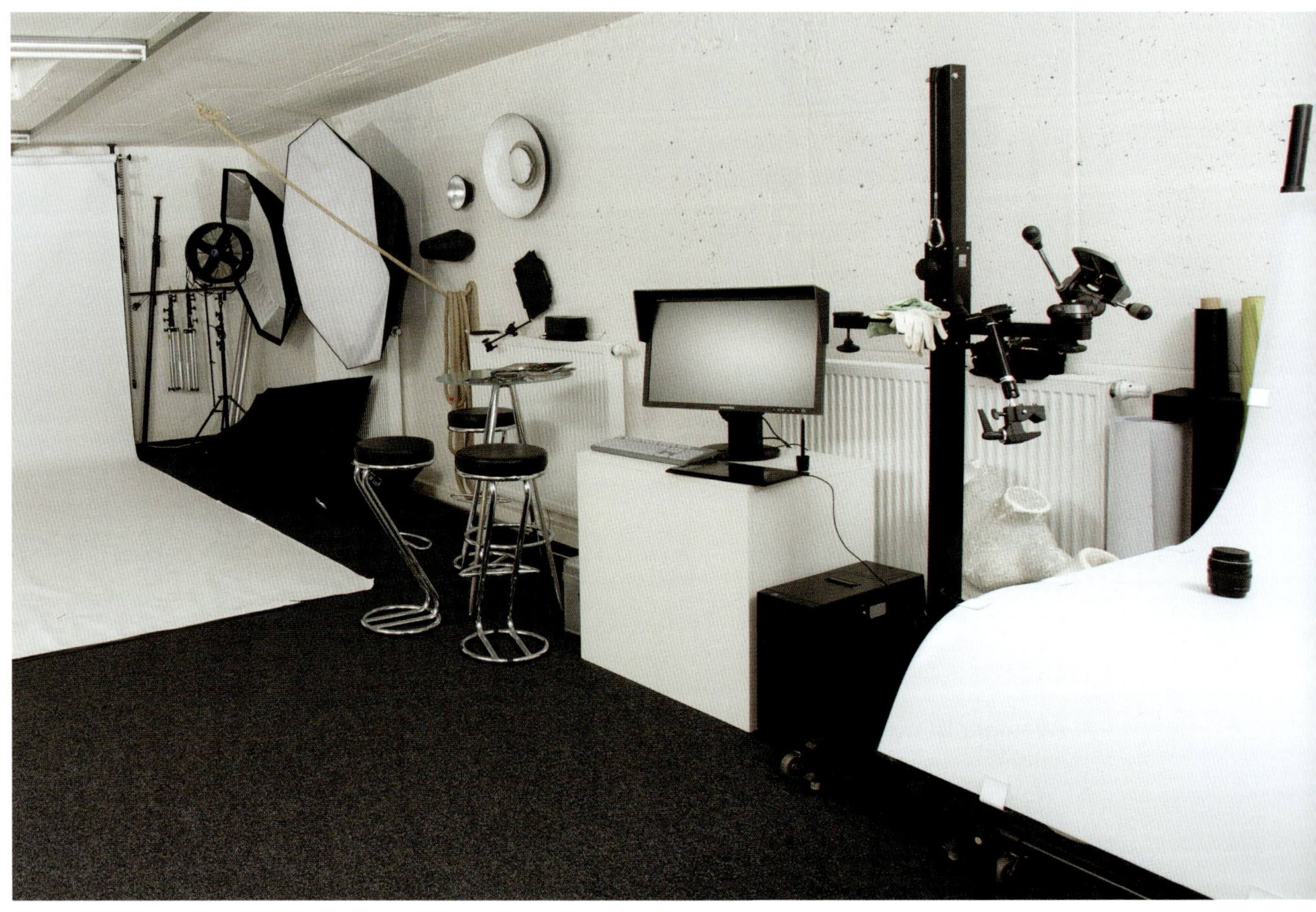

Meine Ausrüstung ist im Laufe der Jahre von einer Grundausstattung ausgehend enorm angewachsen. Allerdings ist sie mit zunehmender Erfahrung und den Ansprüchen entsprechend, die meine Kunden an die Ergebnisse stellen, immer größer geworden. Neben der Kamera, zwei Objektiven und Aufsteckblitz ist eine kleine, erweiterbare Blitzanlage sicher nicht die schlechteste Idee.

Fotografie kann ohne die richtige Ausrüstung ziemlich frustrierend sein. Als Einsteiger fallen einem die technischen Beschränkungen und Mängel in der Bildqualität nicht besonders auf. Mit zunehmender Erfahrung sieht man in den eigenen Aufnahmen bei der Kontrolle am Rechner aber immer mehr Probleme, die nicht auf die fotografischen Fähigkeiten, sondern auf mangelhafte Ausrüstung zurückzuführen sind.

Weniger ist mehr!

Besonders deutlich erkennt man die Probleme unter anderem anhand von unzureichender Bildschärfe, Farb- und Geometriefehlern durch nicht perfekte Objektive sowie Bildrauschen wegen eines nicht so guten Sensors oder nicht optimaler Signalverarbeitung. Dazu kommen Unzulänglichkeiten durch billige Lampen oder Blitzgeräte oder verwackelte Aufnahmen wegen instabiler Stative, um nur ein paar Problemfelder zu nennen. Aber keine Sorge – mit der Zeit und Ihrer Erfahrung verbessert sich Ihre Ausrüstung mit jedem Zukauf.
Aber Vorsicht – versuchen Sie nicht, mit Ihrem Equipment zu beeindrucken! Denn Models sind kritischer gegenüber Dampfplauderern geworden und machen daher nicht mehr jeden Unsinn mit, nur weil da ein dickes Objektiv an der Kamera hängt. Und dies wiederum führt letztlich zu besseren Bildern, weil die Fotografen sich mehr Mühe bei der Konzeptionierung geben müssen und sich weniger auf die Wirkung ihrer Ausrüstung verlassen können.

Welche Kamera? Welches Objektiv?

Wer Porträts machen möchte, benötigt dazu im Grunde nicht viel mehr als seine Kamera und ein Standardobjektiv. Da es den meisten Fotografen aber um weit mehr geht als einfach darum, ein paar hübsche Bilder von Menschen zu machen, sollten Sie Ihre Ausrüstung doch ein wenig kritischer unter die Lupe nehmen. Nicht jedes Objektiv ist für Porträts gleichermaßen geeignet. Nicht jede Kamera hilft dabei, ein Gesicht vor dem Hintergrund freizustellen. Ein paar technische Hintergründe:

Abbildungsmaßstab, Blende, Schärfentiefe

Grundsätzlich gilt: Je größer die Anfangsöffnung (Blende) eines Objektivs, desto leichter kann man mit Schärfe und Unschärfe im Bild gestalten. Je größer die Blendenöffnung (= kleiner Blendenwert wie z. B. f/1.4), desto schneller verschwimmt der Hintergrund in Unschärfe. Die Anfangsöffnung hängt natürlich vom Objektiv ab. Weit verbreitet sind Objektive mit der Anfangsöffnung von f/2.8, f/4 und f/5.6. Es gibt jedoch auch Festbrennweitenobjektive mit noch größerer Anfangsöffnung von z. B. f/1.2, f/1.4 oder f/1.8.
Ein weiterer Faktor bei der Gestaltung mit Schärfe-Unschärfe-Verläufen ist der Abbildungsmaßstab. Und der hängt von der Sensorgröße ab. Der Abbildungsmaßstab sagt aus, in welchem Maßstab ein Objekt auf dem Sensor abgebildet wird. Ein Maßstab wäre z. B. 10:1, wenn ein Objekt mit zehn Zentimetern Breite einen Zentimeter auf dem Sensor einnehmen würde.

Wiederum einfach ausgedrückt: Je größer der Sensor, desto kleiner der mögliche Abbildungsmaßstab und desto größer die mögliche Hintergrundunschärfe (= geringe Schärfentiefe). Man kennt das ja aus der Makrofotografie: Wenn ein winziges Motiv sehr groß, also nahezu im Maßstab 1:1 auf dem Sensor abgebildet wird, ist die Umgebung komplett unscharf. Zusammengefasst also für die Porträtfotografie: Sie brauchen für große Gestaltungsspielräume eine Kamera mit großem Sensor und dazu ein gutes Objektiv mit großer Anfangsöffnung. Verwenden Sie ein gutes Zoomobjektiv, sind Sie flexibel beim Bildausschnitt. Generell noch besser als Zoomobjektive sind in Sachen Bildqualität (Schärfe, Farben, Auflösung) Objektive mit einer festen Brennweite.

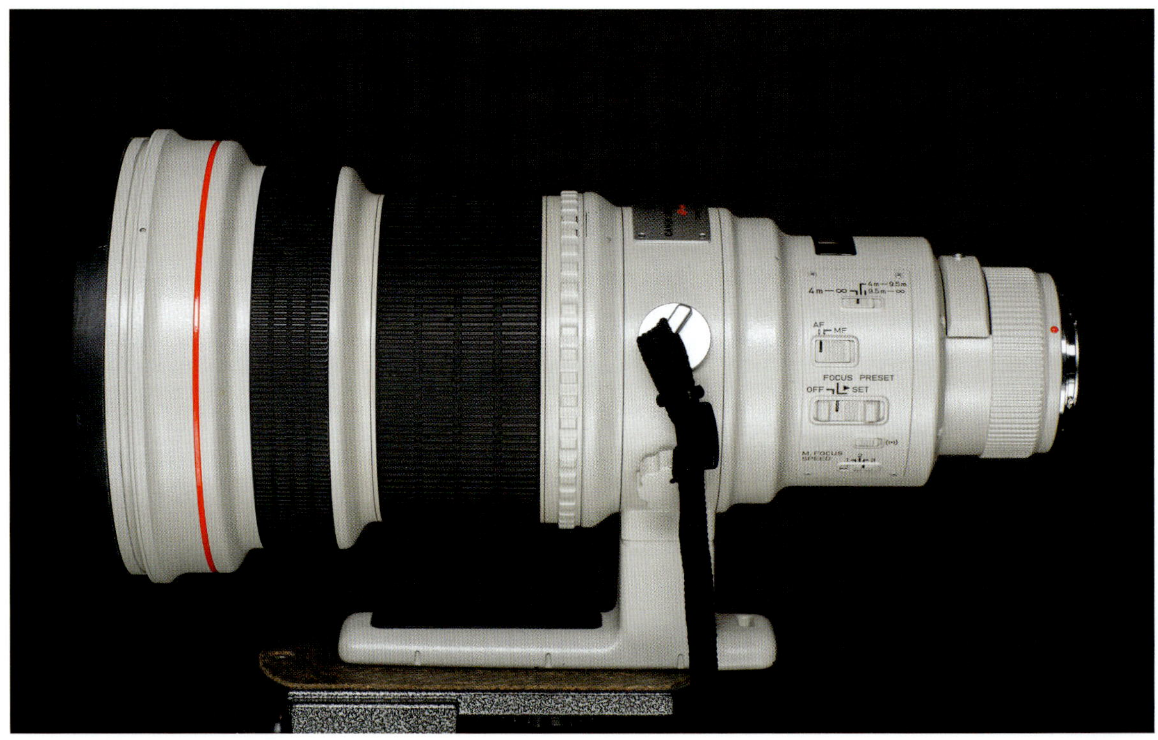

Das Objektiv ist groß, teuer und sagenhaft gut. Aber reicht das, um tolle Fotos zu machen? Wenn Sie keine Ahnung haben, wie Sie aus den Möglichkeiten einer guten Ausrüstung genau das herausholen können, was Sie für ein kreatives Porträt brauchen, bringt die ganze Investition nichts. Daher mein dringender Rat: Kaufen Sie sich eine gute Kamera, aber achten Sie noch mehr auf die Qualität Ihres Objektivs. Denn der Kamerabody ist irgendwann alt, die Objektive aber bleiben.

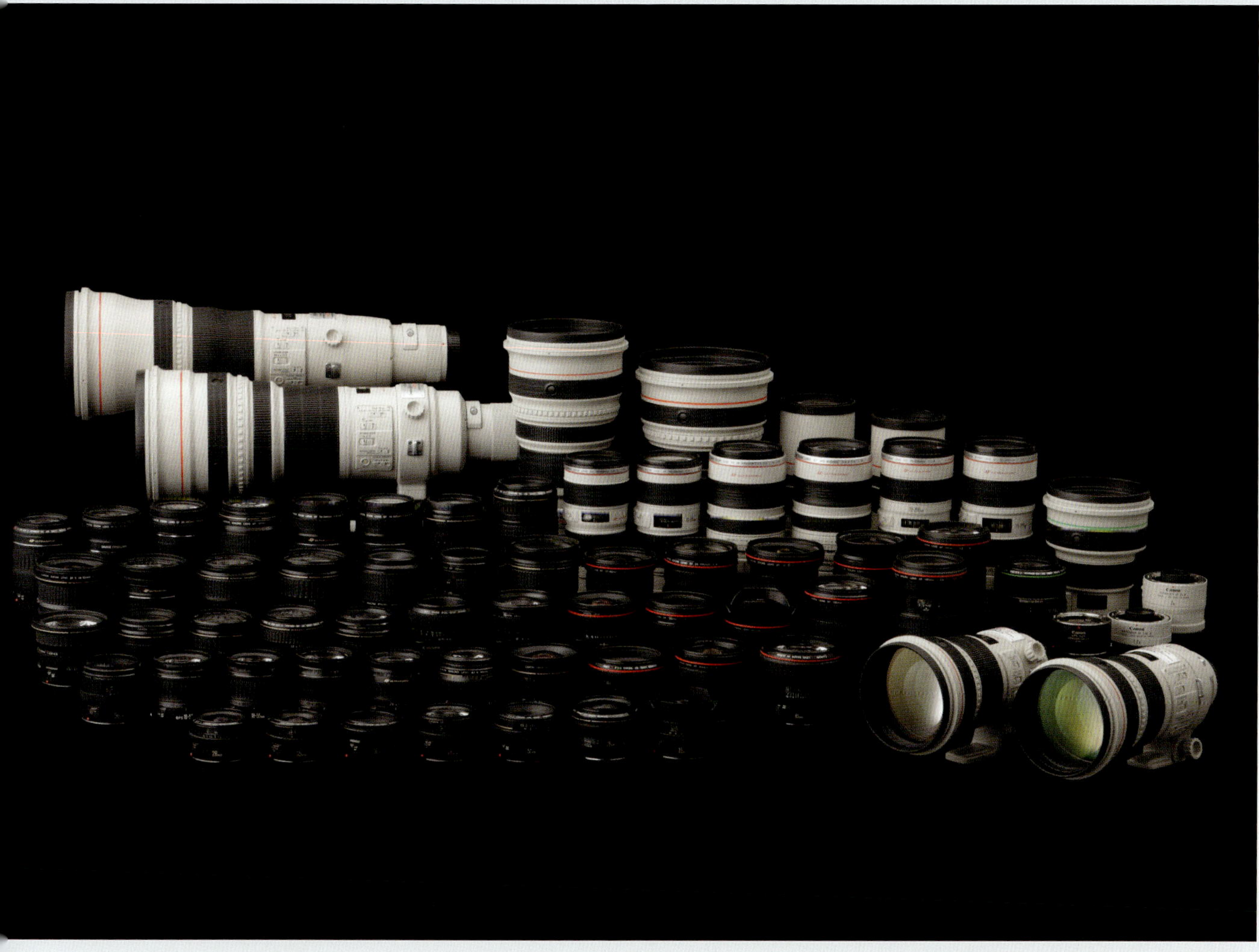

Alle großen Kamerahersteller haben Objektive für jede erdenkliche Situation im Programm. Und wenn Sie bei Ihrem Hersteller nichts finden, lassen sich Fremdobjektive oft mittels Adapter an die eigene Kamera anbringen. Die für die Porträtfotografie so wichtige leichte Telebrennweite mit großer Anfangsöffnung lässt sich allerdings bei jedem Hersteller in sehr guter Qualität finden.

Crop-Faktor und Kleinbildäquivalent

Die Kamerahersteller geben bei Kameras mit Four-Thirds- und APS-C-Sensor immer einen Crop-Faktor(auch als Formatfaktor bezeichnet) an, der ausdrückt, wie sich der Bildausschnitt einer bestimmten Brennweite im Vergleich zum analogen Kleinbildformat (Vollformat) verändert. Hierbei taucht auch der Begriff „kleinbildäquivalente Brennweite" auf, die nichts anderes ist als der Formatfaktor – das Ergebnis aus der tatsächlichen Brennweite und dem Crop-Faktor bezogen auf das Kleinbildformat von 24 × 36 mm.

- Canon-Kameras mit APS-C-Sensor haben den Crop-Faktor 1,6.
- Fujifilm- und Nikon-Kameras mit APS-C-Sensor haben den Crop-Faktor 1,5.
- Olympus- und Panasonic-Kameras mit mFT-Sensor haben den Crop-Faktor 2.

Hier einige Umrechnungsbeispiele:

- Fotografieren Sie mit einer Canon mit APS-C-Sensor und einer 23-mm-Festbrennweite, entspricht das bei einem Crop-Faktor von 1,6 einer Brennweite von 36,8 mm an einer Kleinbildkamera.
- Fotografieren Sie mit einer Fujifilm oder einer Nikon mit APS-C-Sensor und einer 23-mm-Festbrennweite, entspricht das bei einem Crop-Faktor von 1,5 einer Brennweite von 34,5 mm an einer Kleinbildkamera.
- Fotografieren Sie mit der Olympus oder Panasonic mit Four-Thirds-Sensor und einer 23-mm-Festbrennweite, entspricht das bei einem Crop-Faktor von 2 einer Brennweite von 46 mm an einer Kleinbildkamera.

Der Vergrößerungsfaktor zur Abbildung eines weit entfernten Motivs bleibt natürlich gleich, lediglich der Bildausschnitt wird kleiner. Im Grunde genommen verlieren Sie also durch die Verwendung eines Objektivs an einer digitalen Spiegelreflexkamera sogar einiges an Bildinformation am Rand – was übrigens bei Objektiven, die mit Abschattungen und Unschärfe im Randbereich zu kämpfen haben, kein großer Nachteil sein muss, da der Sensor die schlechter abgebildeten Ränder gar nicht erst erfasst.

Brennweiten für Porträts

Mal abgesehen von extremen Weitwinkel- und Telebrennweiten kann man mit fast jeder Brennweite von 35 bis 150 mm Porträts schießen. Natürlich kann man auch mit niedrigeren und höheren Brennweiten spielen, für den Anfang ist der genannte Bereich aber sicher sinnvoller. Welche Brennweiten sind nun konkret zu empfehlen? Und warum?

50 mm – die Normalbrennweite

Der Blickwinkel eines 50-mm-Objektivs (Vollformat, sprich Kleinbildäquivalent) entspricht dem menschlichen Blickwinkel. Fotos, die man mit einer 50-mm-Linse schießt, wirken eher natürlich und dokumentarisch. Gerade bei Porträts kann man mit dieser Brennweite die Distanz zwischen dem Porträtierten und dem Betrachter eines Bilds stark beeinflussen. Der Blick in die Kamera kann hier Wunder wirken. An einer APS-C-Kamera zeigt ein 50-mm-Objektiv den Betrachtungswinkel wie ein 80-mm-Objektiv an einer Vollformatkamera. Um also an der APS-C-Kamera die 50-mm-Wirkung hinzubekommen, müssen Sie hier mit ca. 35 mm arbeiten.

85 mm – die klassische Porträtbrennweite

Fotografieren Sie häufig Porträts von Einzelpersonen oder Gruppen, sollte Sie sich überlegen, hierfür spezielle Objektive zu kaufen. Gerade bei Einzel- oder Doppelporträts sieht der Betrachter besonders kritisch auf die Aufnahmen und ist in der Lage, auch kleinste Bildfehler wie zum Beispiel Verzerrungen zu entdecken. Die 85 mm sind an einer Vollformatkamera die klassische Porträtbrennweite, da die Proportionen hier ein wenig verdichtet und Menschen sehr vorteilhaft gezeigt werden. In Kombination mit einer geöffneten Blende lässt sich der Hintergrund wundervoll in Unschärfe ausblenden. An einer APS-C-Kamera hat die 85-mm-Optik einen Bildwinkel wie ein 135-mm-Objektiv an einer Vollformatkamera. Man benötigt für die 85-mm-Wirkung also ein Objektiv mit 50 bis 55 mm.

Zoomobjektive für längere Brennweiten

Mit einem guten Telezoom mit z. B. 70 bis 200 mm Brennweite hat man viele Möglichkeiten, passende Bildausschnitte festzulegen und die Bildwirkung durch verschiedene Brennweiten zu beeinflussen. Je lichtstärker das Telezoom ist, desto eher kann man aus der Hand mit vorhandenem Licht fotografieren. Gerade in der Porträtfotografie bei vorhandenem Licht ist ein Bildstabilisator von Vorteil, wenn man bei wenig Licht aus der Hand fotografiert.

Seite 54: Der Klassiker im Objektivsegment für Kameras mit Vollformatsensor: 85 mm. Mit dieser oder einer etwas längeren Brennweite sehen Porträts perspektivisch unverzerrt und natürlich aus.

ISO 100 | Brennweite 85 mm | Blende 5.6 | Belichtungszeit 1/160 s

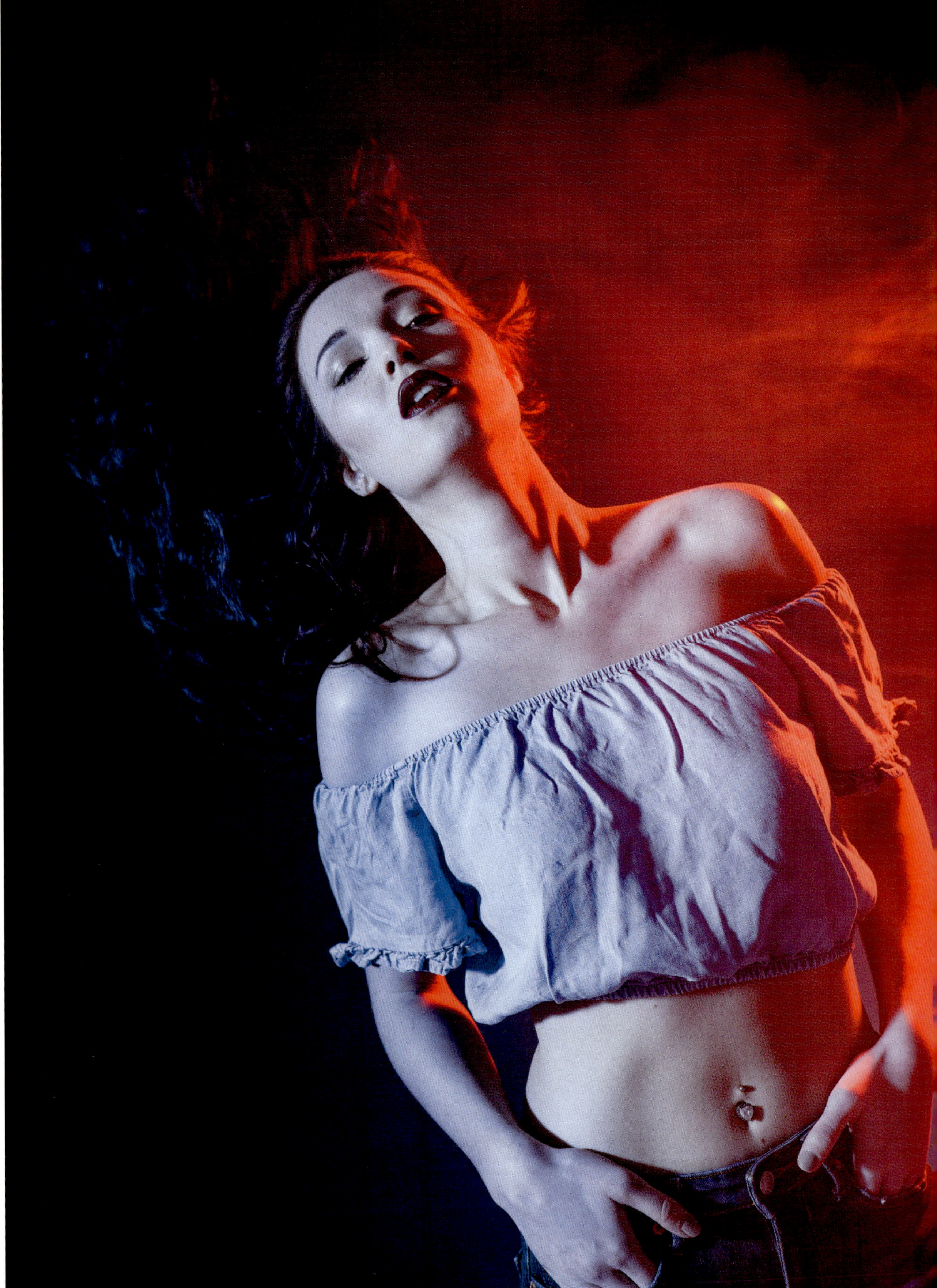

Erweiterte Grundausstattung

Neben Kamera und Objektiv kann man natürlich eine ganze Menge Geld ausgeben, um die fotografischen Möglichkeiten zu erweitern. Dass nicht alles, was im Fachhandel angeboten wird, in der Porträtfotografie sinnvoll ist, versteht sich von selbst. Es gibt jedoch ein paar Dinge, die einen großen Nutzen haben können, wenn man sich erst einmal an sie gewöhnt hat.

Zum Aufhellen ein Aufsteckblitz

Direkt ins Gesicht zu blitzen, ist meistens keine gute Idee. Der Aufsteckblitz wird in der Porträtfotografie üblicherweise als Aufhellblitz verwendet. Vor allem bei Porträts, die bei Tageslicht geschossen werden, ist der Aufhellblitz sinnvoll. Die Lichtleistung wird dabei im Vergleich zum vorhandenen Licht sehr reduziert und genügt gerade, um zu harte Schatten aufzuhellen sowie einen Lichtpunkt in den Augen zu erzeugen.

Moderne Kameras steuern den Blitz im Aufnahmemodus für Porträts (Szenen- oder Motivprogramm *Porträt*) vollautomatisch, sodass man sich auch beim Fotografieren im Freien und bei Sonnenlicht um hart ausgeleuchtete Blitzköpfe keine großen Sorgen zu machen braucht. Fotografieren Sie im Dunkeln, ist der Aufsteckblitz manchmal die einzige Lösung, um wenigstens korrekt belichtete Bilder zu erhalten – wobei die Fotos dann schnell wie Disco-Schnappschüsse aussehen. Aber auch das kann ja ganz interessant sein, wenn man die Blitzbelichtung mit etwas längerer Verschlusszeit kombiniert.

Sobald Sie sich ein wenig eingehender mit dem Aufsteckblitz beschäftigen, erkennen Sie sicher bald auch die Möglichkeiten der Technik des indirekten Blitzens. Hierbei wird der Reflektor des Blitzes an die Decke oder an eine Wand gerichtet, um das Licht sanft zu streuen – eine Technik, die bei Porträts extrem effektvoll sein kann, um eine weichere Ausleuchtung und damit sanftere Licht-Schatten-Verläufe hinzubekommen.

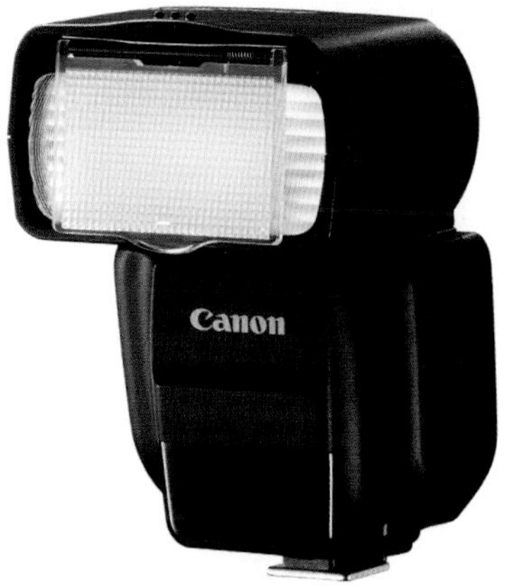

Aufsteckblitze sollten dreh- bzw. schwenkbar sein, damit man indirekt gegen Decken und Wände blitzen kann. Für Außenaufnahmen ist es manchmal sinnvoll, die Blitzleistung manuell steuern zu können. Dann kann man genau die Lichtmenge erzeugen, die man zum dezenten Aufhellen benötigt, ohne dass das Blitzlicht die natürliche Lichtstimmung zerstört. (Foto: Canon)

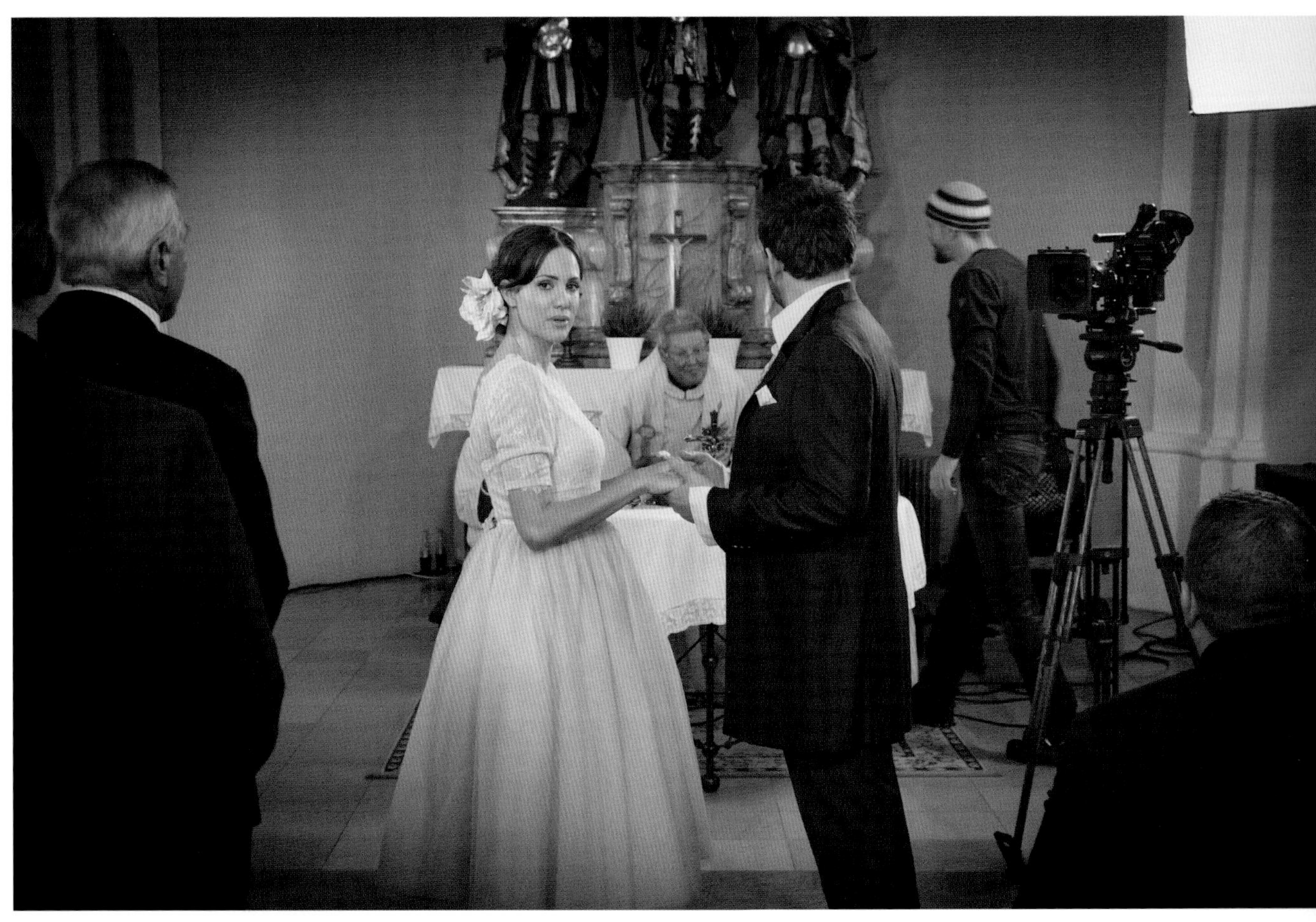

Der Aufsteckblitz wirkt nicht als Hauptlicht, da die Lichtstimmung bei den Dreharbeiten in der Kirche sowieso sehr ausgewogen war. Er bringt allerdings ein wenig Licht in die Schatten vorn und lässt die Augen der Braut erstrahlen.

Blitze über Funk fernsteuern

Beim Thema Blitzen haben sich in den letzten Jahren viele weitere Möglichkeiten ergeben, um Porträts kreativ zu gestalten. Eine der wichtigsten Möglichkeiten besteht darin, mehrere Blitze über Funk oder Infrarot entfesselt zu steuern. Entfesselt bedeutet, dass der Aufsteckblitz nicht direkt mit der Kamera verbunden ist und man somit die Lichtrichtung beliebig verändern kann.

Um solche Set-ups mit einem oder mehreren Aufsteckblitzgeräten zu realisieren, gibt es im Fachhandel Auslöser, die je nach Geräteklasse entweder nur das Auslösesignal oder die gesamte Kommunikation zwischen Kamera und

Aufsteckblitz übertragen. Alternativ dazu lassen sich mit vielen modernen Kameras die Aufsteckblitze der jeweiligen Hersteller entfesselt steuern, sodass man nicht auf Zusatzgeräte von Dritttherstellern angewiesen ist. Wer sich für dieses Thema interessiert, findet hier ein weites Feld für tolle Experimente.

Reflektoren – extrem hilfreich

Reflektoren sind dazu da, Schatten aufzuhellen (weiß, silber- oder goldfarben) bzw. Schatten zu erzeugen (schwarz). Man braucht sie draußen im Sonnenlicht ebenso wie im Studio. Von kleinen Faltreflektoren, die man unterwegs dabeihaben kann, bis zu großen Reflektoren im Alurahmen ist im Fachhandel für jeden Bedarf etwas zu bekommen. Für den Anfang sinnvoll sind runde Faltreflektoren, die mit mehreren Oberflächen (in den Farben Gold, Silber, Weiß, Schwarz) geliefert werden. Aber auch eine einfache Styroporplatte (vorn weiß, hinten mit Dispersionsfarbe schwarz bemalt) ist als Reflektor gut geeignet und kostet nicht die Welt.

Vielseitige Reflektoren: Die goldene Oberfläche erzeugt warme Hauttöne und kann vor allem bei warmem Sonnen-/Tageslicht sehr dezent eingesetzt werden, um Schatten aufzuhellen. Silberne und weiße Oberflächen reflektieren Licht farblich neutral.

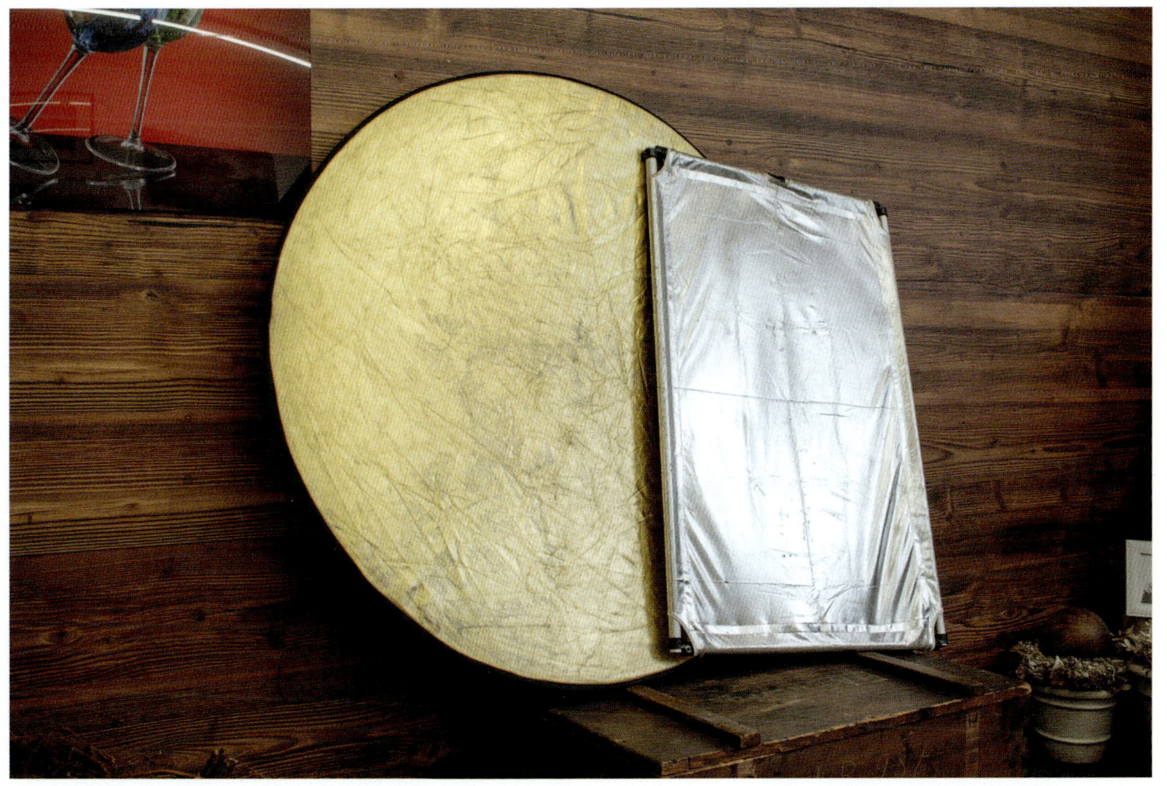

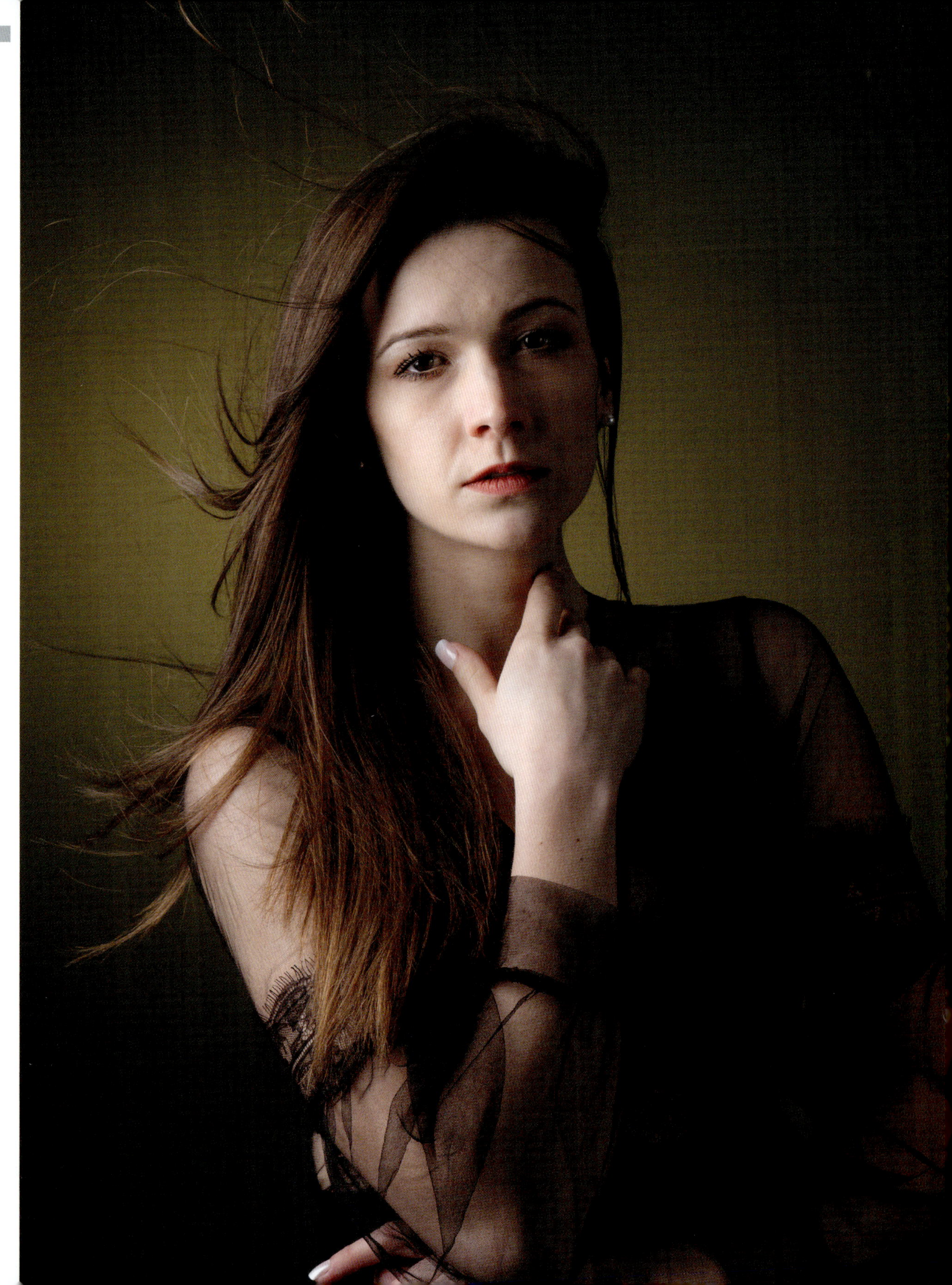

Günstige Lichtsets für Einsteiger

Wenn Sie sich Gedanken über die Ausrüstung im eigenen Studio machen, werden Sie vermutlich irgendwann über die Set-Angebote stolpern, die mehrere Lichter samt Stativen und Lichtformern enthalten. Es spricht nichts dagegen, sich eine Grundausstattung für die Porträtfotografie zu kaufen. Der Vorteil: Alle Teile des Sets sind aufeinander abgestimmt, und Sie können das Set später leicht erweitern. Zwei Blitzgeräte samt Stativen und zwei oder drei verschiedenen Lichtformer sollten für den Anfang und die ersten Porträts genügen.

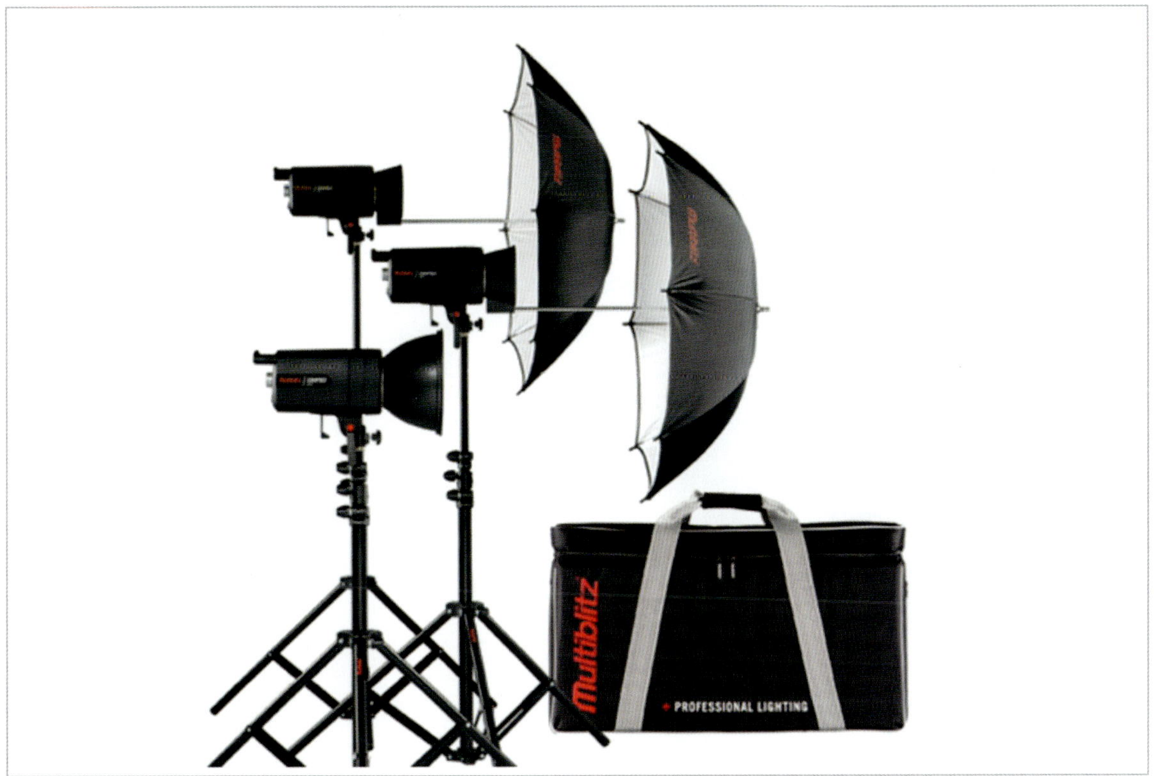

Welchem Hersteller Sie den Vorzug geben, hängt von Ihrem Budget und vermutlich den Empfehlungen von anderen Fotografen ab. Ich arbeite von jeher mit Hensel, da die Geräte bisher sehr zuverlässig und robust waren. Allerdings bezahlt man die Zuverlässigkeit natürlich entsprechend.

Links: Um die Schatten auf der rechten Seite (aus Kamerasicht) etwas abzumildern, wurde hier eine große weiße Fläche im Abstand von ca. 1,5 m aufgestellt.

ISO 400 | Brennweite 65 mm | Blende 8.0 | Belichtungszeit 1/60 s

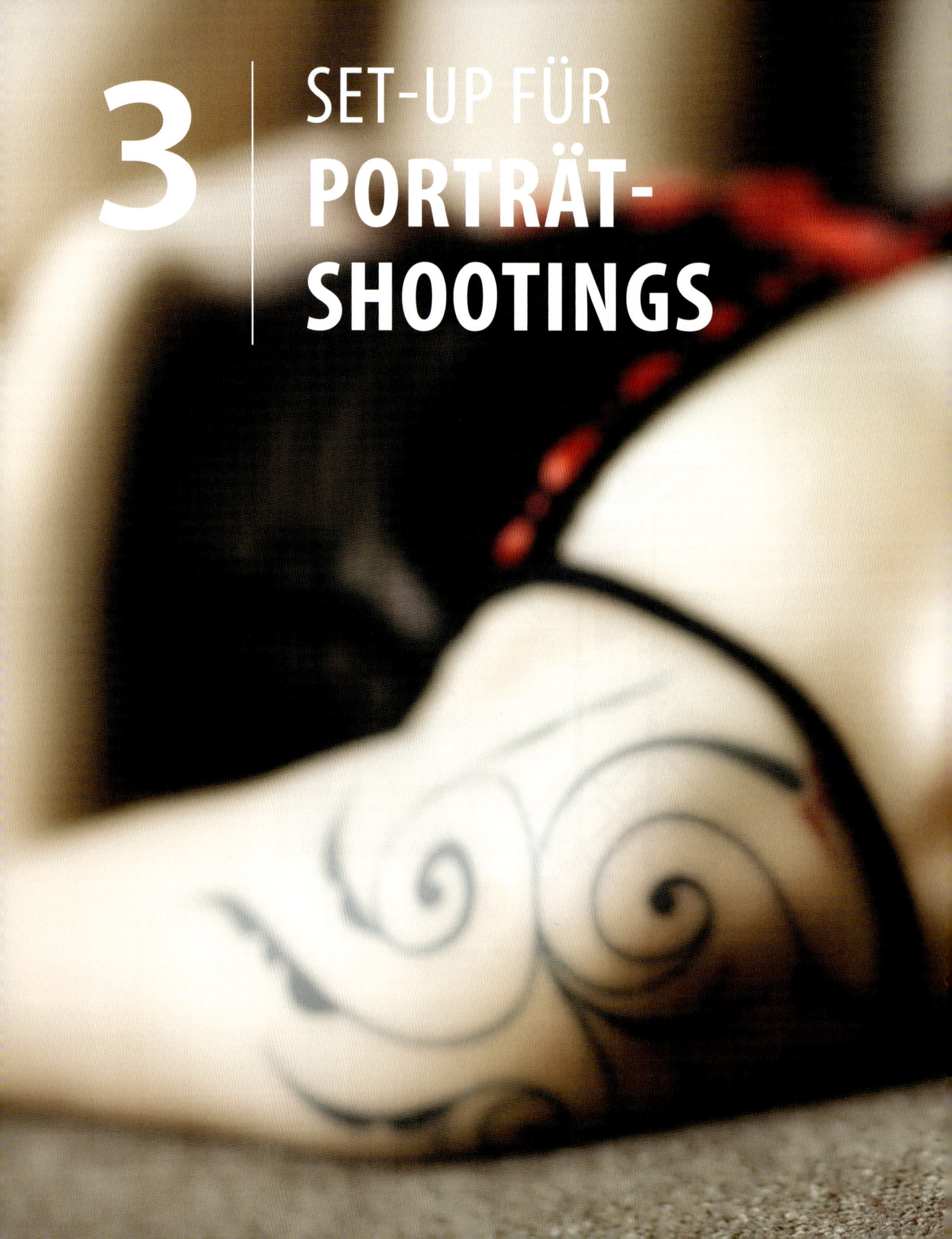

3 SET-UP FÜR PORTRÄT-SHOOTINGS

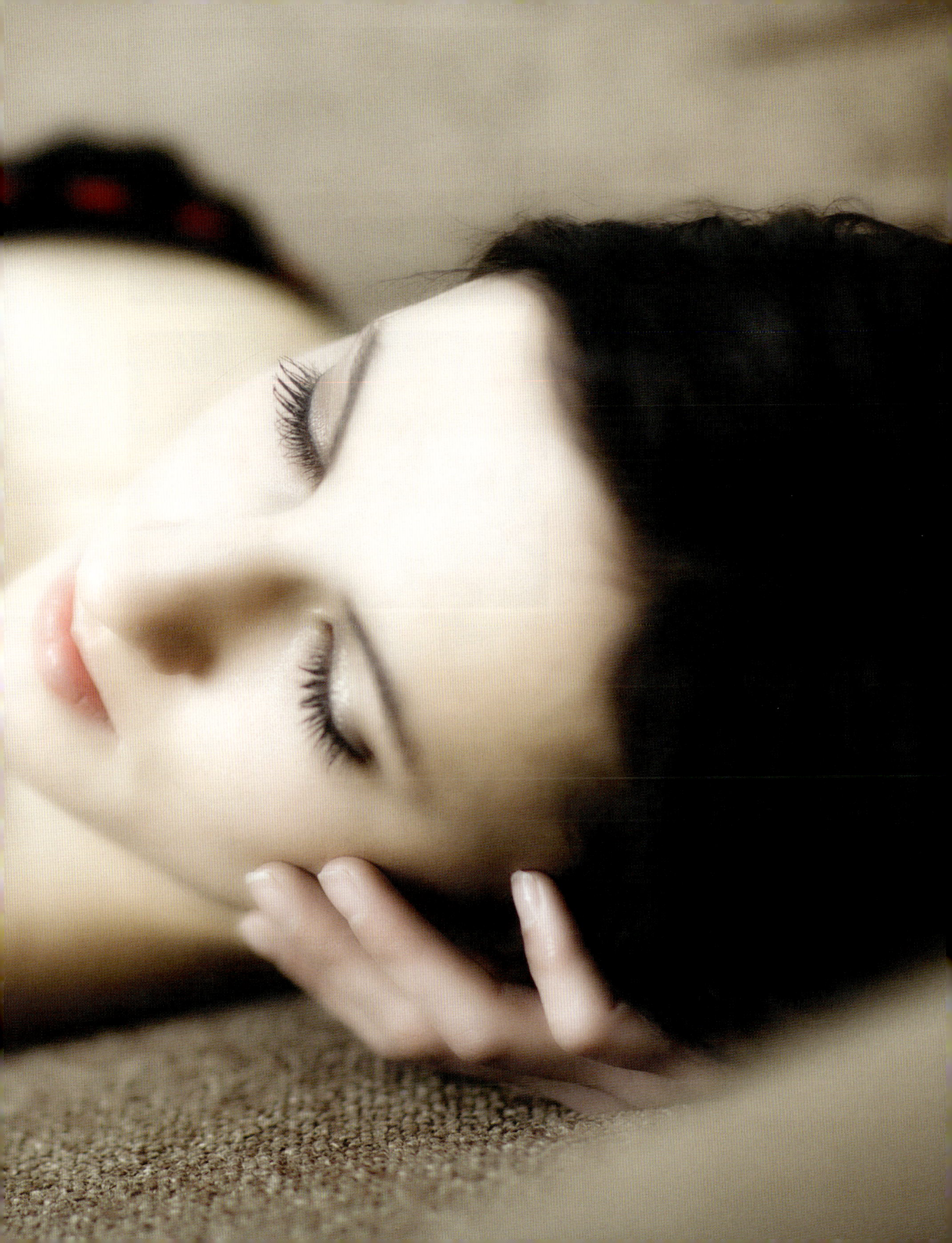

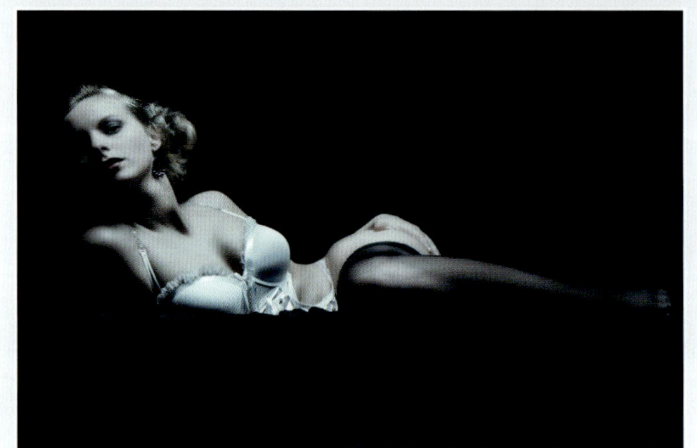

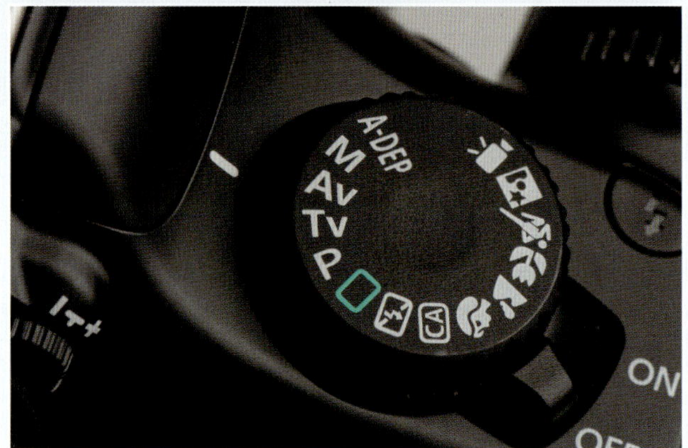
A-DEP
M
Av
Tv
P
CA
ON

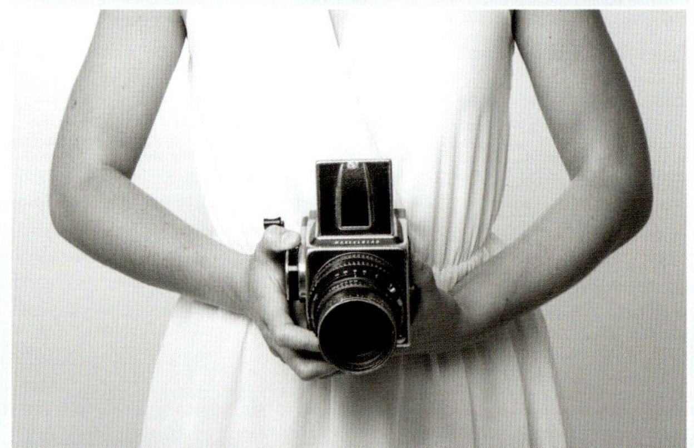

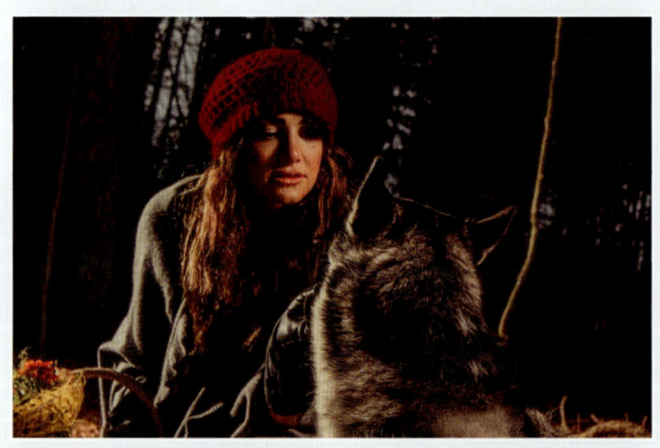

3

Set-up für Porträt-Shootings

Ihre Kamera-Objektiv-Kombination stellt Ihnen eine riesige Menge an verschiedenen Einstellungen und Set-ups zur Verfügung. Die wichtigsten Faktoren für die Bildgestaltung sind die Blende, die Brennweite und die Verschlusszeit. Über diese drei Faktoren sollten Sie Bescheid wissen und sie grundlegend festlegen, bevor Sie mit einem Porträt beginnen. Blende und Verschlusszeit sind zusammen mit der Empfindlichkeit (ISO), die aber keinen unmittelbaren Einfluss auf die Bildgestaltung hat, abhängig vom Umgebungslicht.

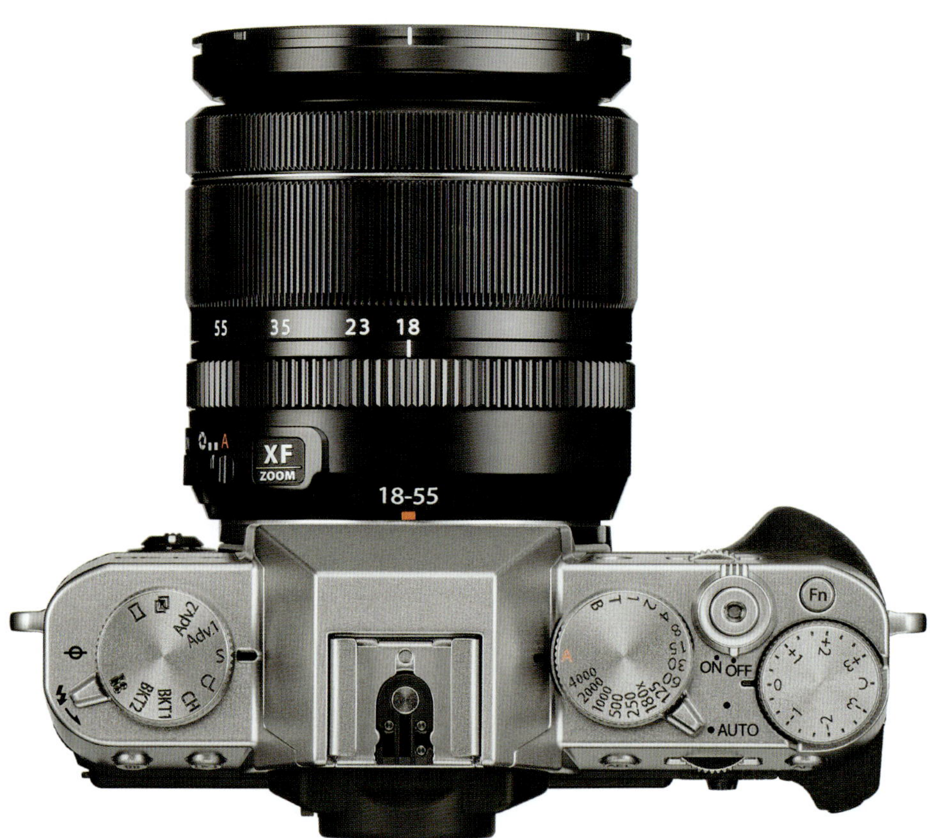

Ob spiegellose Systemkamera (das Bild zeigt die Fujifilm X-T30), Spiegelreflexkamera oder gar eine Kompakte – die grundlegenden Abläufe beim Fotografieren sind immer gleich. Die Belichtung wird automatisch oder manuell über Blende, Verschlusszeit und Empfindlichkeit (ISO) gesteuert, die Brennweite sowie der Bildausschnitt werden festgelegt.

Die Basis einer korrekten Belichtung

Um eine korrekte Belichtung zu erhalten, müssen Blende und Verschlusszeit (bei festem ISO-Wert) zusammenpassen. Je größer die Blendenöffnung, desto kürzer die Verschlusszeit und umgekehrt. Da es bei Porträts oft auf eine Begrenzung der Schärfentiefe ankommt, legt man häufig zuerst die Blende fest und richtet die Verschlusszeit sowie den ISO-Wert nach den Erfordernissen einer korrekten Belichtung aus.

Wie Sie die Kamera letztendlich steuern, welches Aufnahmeprogramm Sie also wählen, hängt von Ihrer Erfahrung ab. Es gibt automatische Programme, halb automatische Programme und die manuelle Steuerung M, bei der Sie sämtliche Aufnahme- und Belichtungsfaktoren direkt beeinflussen können. Im Folgenden finden Sie einen Überblick über die wichtigsten Programme und Parameter, die für technisch perfekte Aufnahmen wichtig sind.

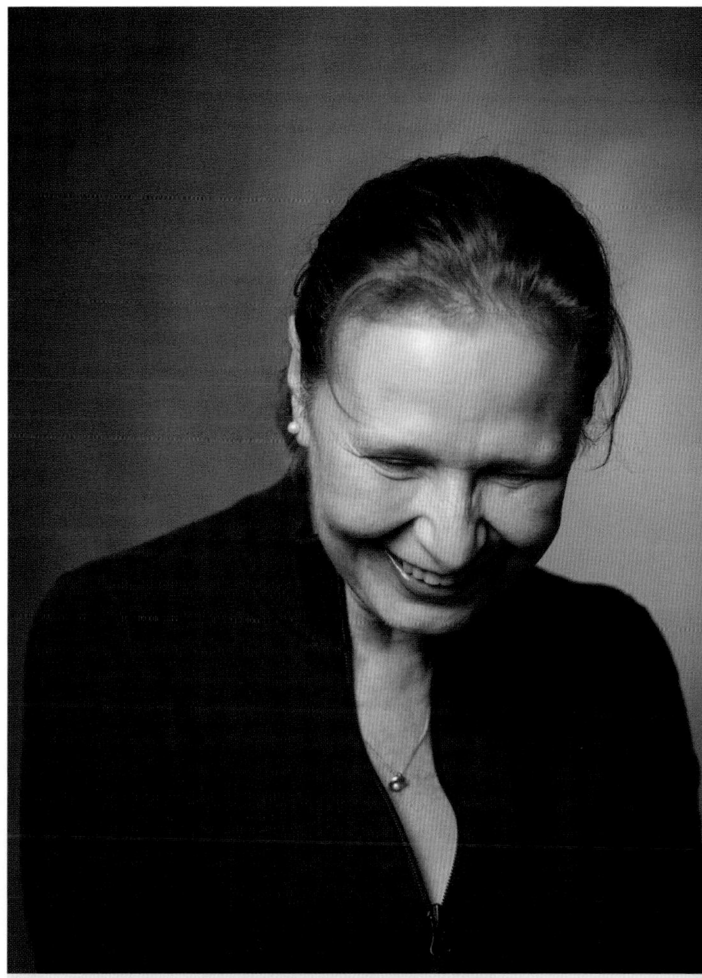

Einer der wichtigsten Gestaltungsfaktoren in der Porträtfotografie ist die Blende. Je offener die Blende, desto geringer die Schärfentiefe. Hier wurde mit Blende 2.8 fotografiert.

ISO 100 | Brennweite 65 mm | Blende 4.0 | Belichtungszeit 1/125 s

Aufnahmemodi auf dem Programmwahlrad

An einer digitalen Spiegelreflexkamera, einer spiegellosen Systemkamera oder einer hochwertigeren Kompakten gibt es üblicherweise ein Programmwahlrad mit mehr oder weniger vielen Symbolen für die verfügbaren Aufnahmemodi. Sie können wählen zwischen Kreativprogrammen und Motivprogrammen. Bei Kreativprogrammen wie Zeitautomatik (Av oder A) oder Blendenautomatik (Tv oder S) können Sie praktisch alle für die Belichtung wichtigen Faktoren beeinflussen.

Mit den Motivprogrammen wie dem für Porträts wählt die Kamera die für den gewählten Motivbereich sinnvollen Einstellungen automatisch aus. Das betrifft sowohl die für die Belichtung relevanten Parameter wie Blende, Verschlusszeit und ISO-Wert als auch Einstellungen z. B. für die Serienbildgeschwindigkeit, die Wahl des Autofokusmessfelds oder den Kamerablitz. Wenn Sie sich also ganz auf die Bildgestaltung eines Porträts konzentrieren möchten, ist das Motivprogramm *Porträt* bestens geeignet.

An die Grenzen des Programms stoßen Sie, wenn Sie bewusst in die Gestaltung von Schärfentiefe und Bewegungseffekten eingreifen möchten. Blende und Verschlusszeit lassen sich nur mit den Kreativprogrammen so festlegen, dass ganz bestimmte fotografische Effekte erzielt werden können. Ebenfalls tabu sind Aufnahmen mit Studioblitzgeräten, denn die Kamera ermittelt die Belichtungswerte anhand des vorhandenen Lichts, das Studioblitzlicht wird in die Analyse nicht mit einbezogen.

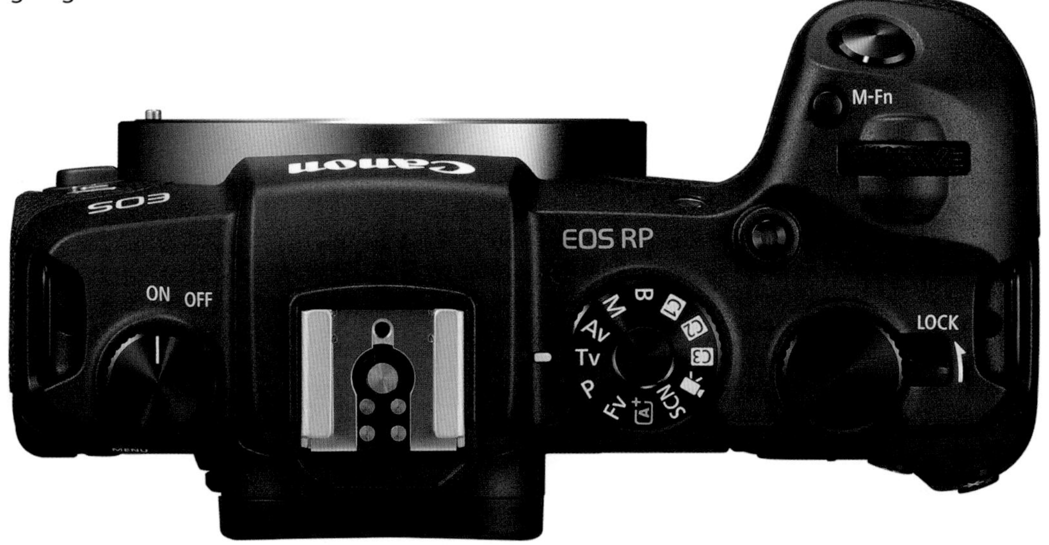

Jede Kamera (das Bild zeigt die Canon EOS RP) besitzt ein Programmwahlrad (im Bild Mitte rechts), mit dem Sie eine Reihe spezieller Aufnahmemodi einstellen können. Für den Anfang sind die Vollautomatik oder die Motivprogramme gut, später werden Sie sicher eher mit den halb automatischen Aufnahmemodi (P, Av oder A, Tv oder S) oder direkt im manuellen Aufnahmemodus M arbeiten.

Das Motivprogramm Porträt

Stimmt das Vorurteil, dass man mit einem automatischen Belichtungsprogramm wie dem Motivprogramm *Porträt* nur banale Schnappschüsse machen kann? Stimmt es dann auch, dass Profis nie das Motivprogramm *Porträt* verwenden würden?

Zweimal ein klares Nein. Denn erstens kommt es gerade bei Aufnahmen von Menschen nicht so sehr auf die technische Ausgestaltung, sondern vielmehr auf den Augenblick und die See le eines Bilds an, und zweitens gibt es auch im Leben eines Profis viele Situationen, in denen man einfach nur froh ist, schnell auftauchende und sofort wieder verschwindende Motive so gut wie möglich zu erwischen.

Zugegeben, die meisten Profis dürften sich bei einer Reportage etwa einer Hochzeit in der Kirche oder einer Kommunionsfeier eher auf die Programmautomatik (P) verlassen. Doch ab und zu, wenn es um schnelle Abfolgen ausschließlich menschlicher Motive geht, kommt vielleicht auch das Motivprogramm *Porträt* zum Einsatz – sofern die Kamera ein solches Programm überhaupt hat. Denn viele Profikameras beschränken sich auf die manuellen und semimanuellen Programme und verzichten ganz auf Motivprogramme.

Man schaltet also die Kamera ein, visiert sein Motiv an und achtet dabei ausschließlich auf die Bildgestaltung. Dann drückt man auf den Auslöser und kann sich in den meisten Fällen darauf verlassen, dass die Belichtung inklusive Weißabgleich automatisch funktioniert. Und wenn man nach den ersten Aufnahmen feststellt, dass die Bilder generell zu hell oder zu dunkel werden, kann man immer noch über die Belichtungskorrekturfunktion eingreifen.

Das Motivprogramm im Einsatz

Immer wenn Sie Menschen vor der Kamera haben, sollten Sie kurz über das Motivprogramm *Porträt* nachdenken. Ist der Mensch das Hauptmotiv und möchten Sie ihn gegenüber dem Rest des Bildinhalts herausheben, können Sie es mit dem Motivprogramm versuchen. Denn eine moderne Kamera wird dann Gesichter erkennen, entsprechend den Fokus auf einen oder mehrere Menschen legen, die Hautfarbe optimieren und den Hintergrund so weit wie möglich unscharf verschwimmen lassen.

Grundvoraussetzung für den optimalen Einsatz des Motivprogramms *Porträt* ist natürlich, dass die Kamera den oder die Menschen überhaupt erkennt. Würden alle mit dem Rücken zur Kamera stehen, könnte die Kamera die für ein Gesicht typische Aufteilung von Augen, Nase und Mund nicht erfassen. Gerade die Fokussierung würde dann zum Glücksspiel werden.

Wenn die Lichtsetzung im Studio mit Dauerlicht (also nicht mit Blitz) erfolgt, kann man auch mal das Motivprogramm für Porträts einsetzen.

ISO 100 | Brennweite 50 mm | Blende 10 | Belichtungszeit 1/60 s

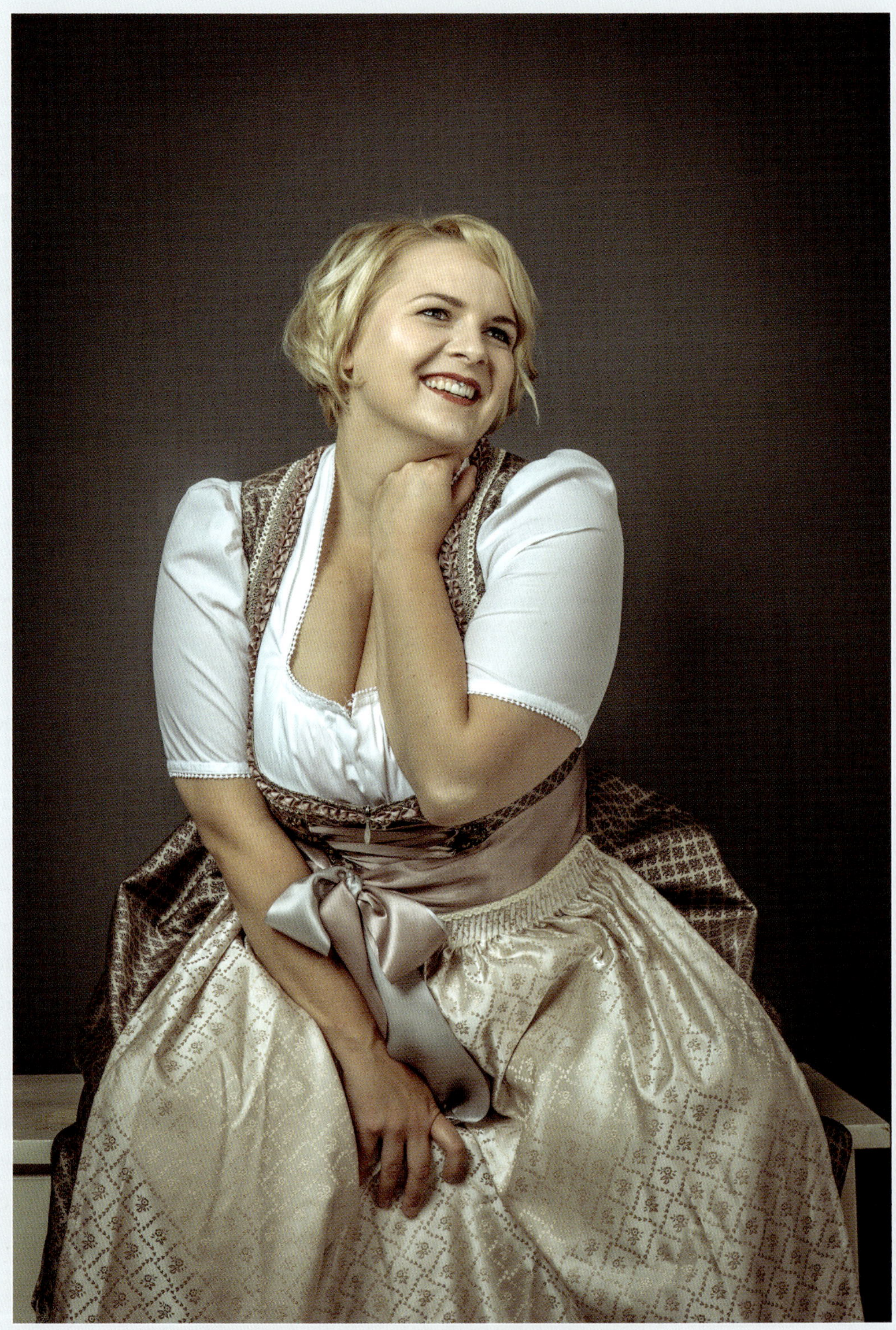

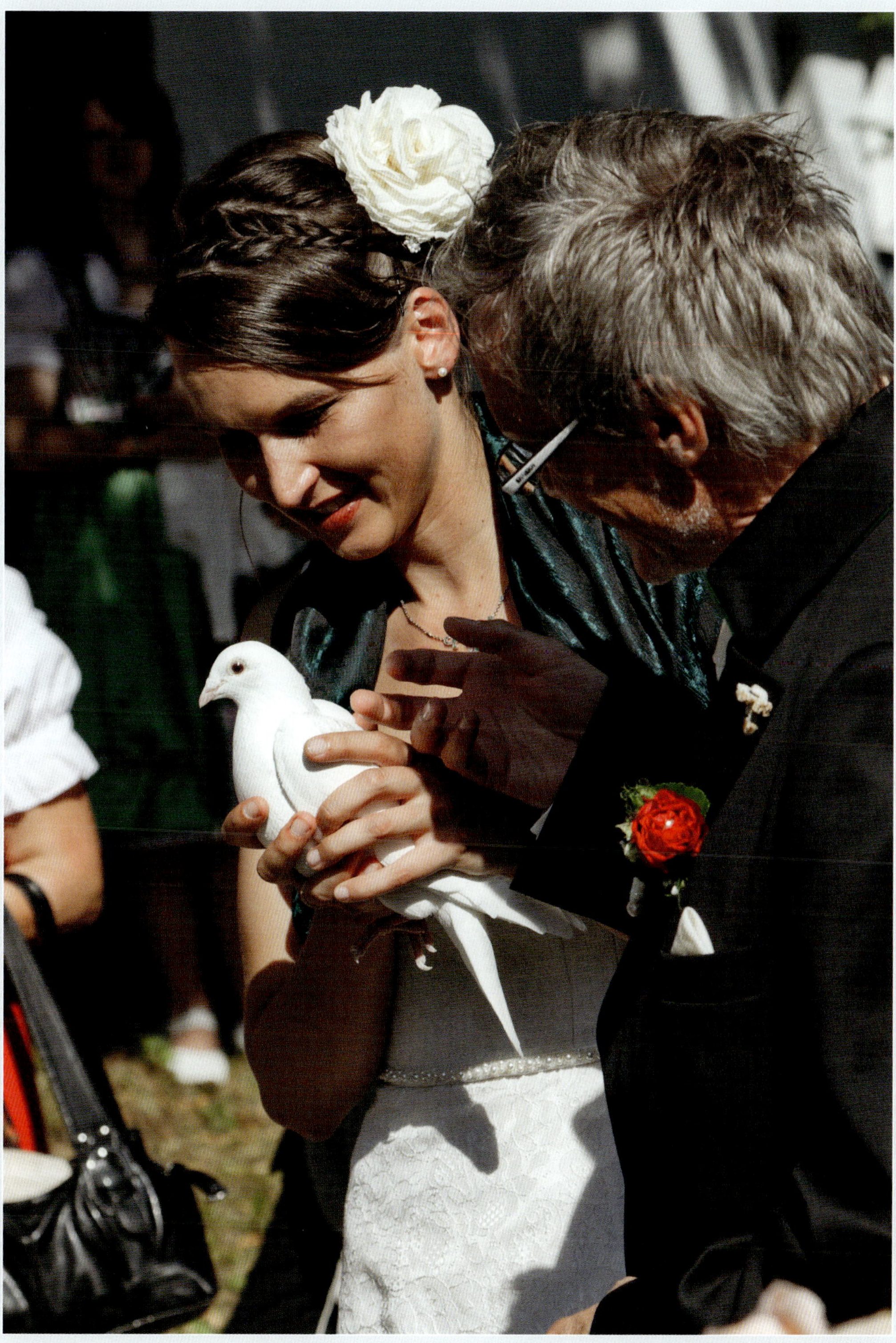

Hier kann der Autofokus problematisch werden, wenn Sie die Schärfe z. B. bewusst auf die Taube setzen möchten. In der Regel stellt die Kamera auf dasjenige Objekt scharf, das der Kamera am nächsten ist, in diesem Fall also auf den Bräutigam im Vordergrund.

ISO 200 | Brennweite 105 mm | Blende 8.0 | Belichtungszeit 1/800 s

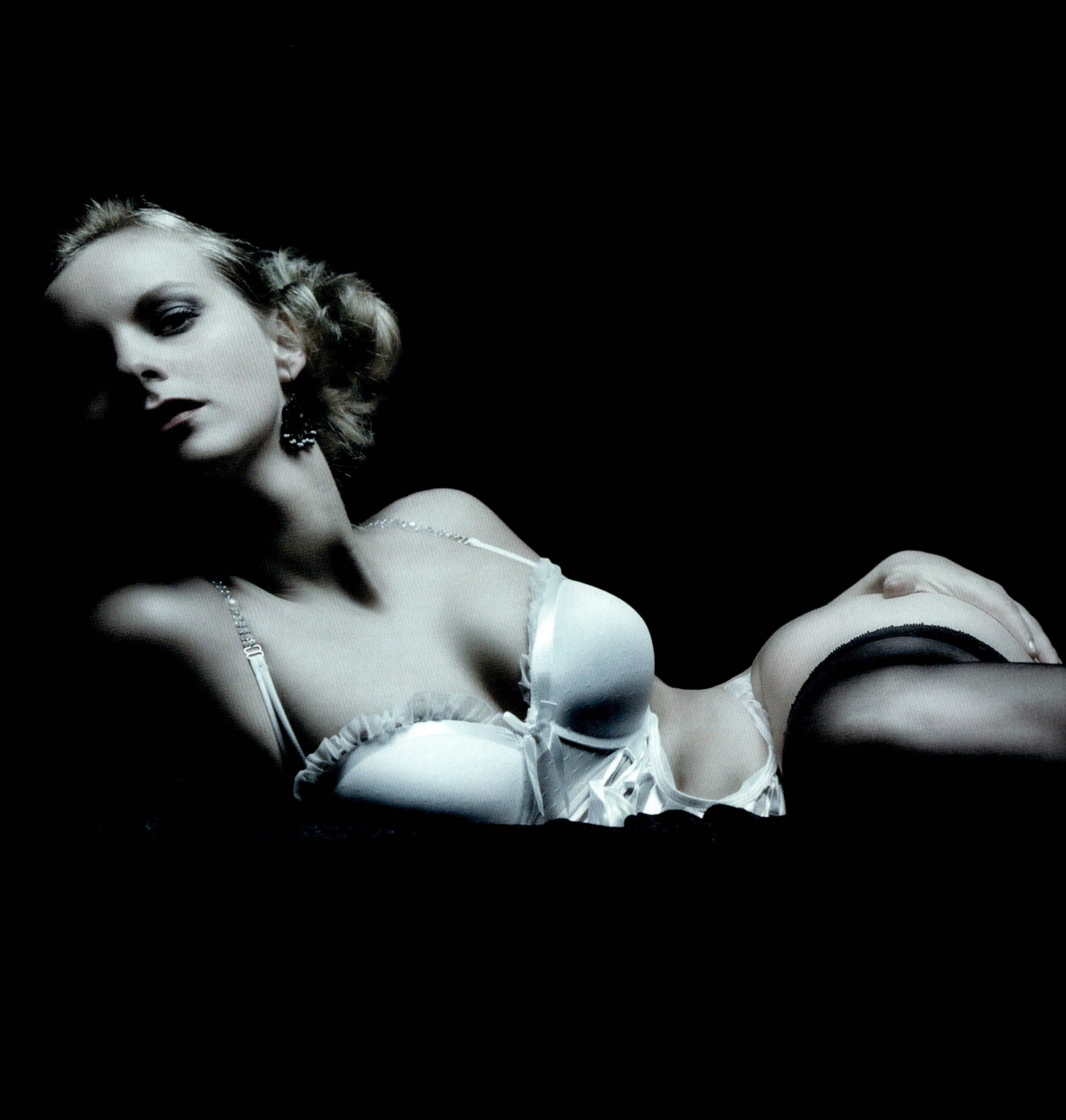

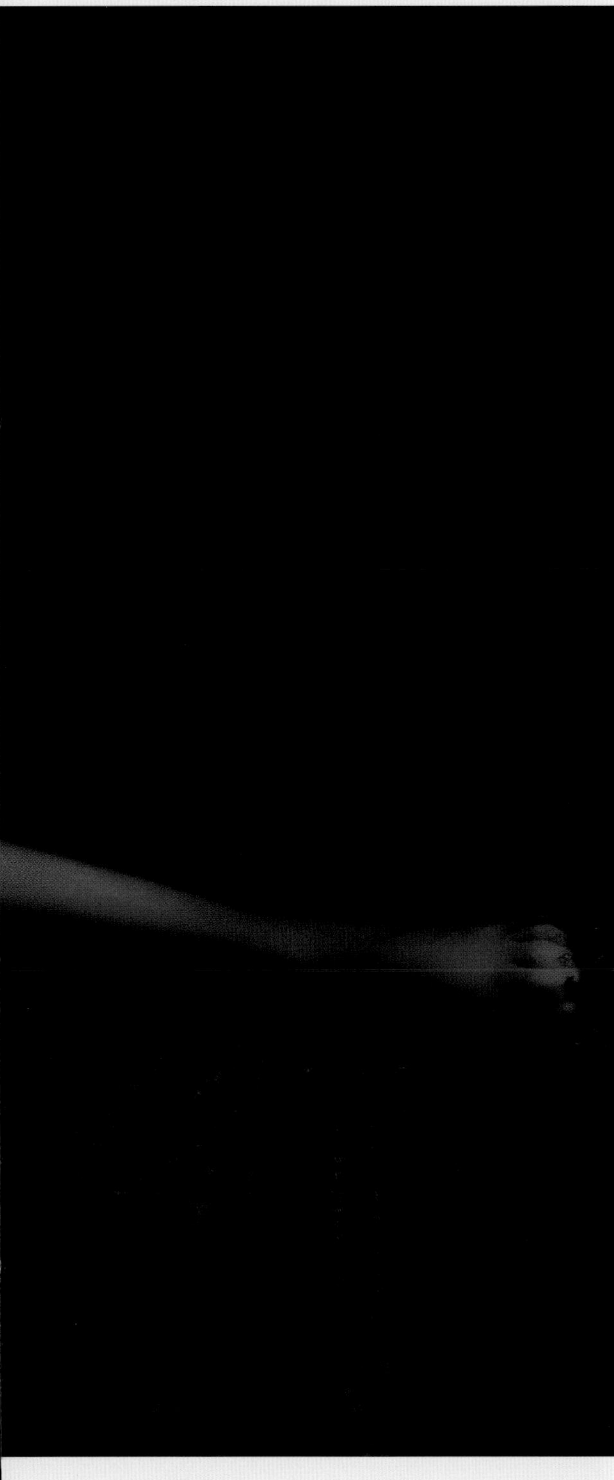

Problematisch wird es auch, wenn sich Menschen bewegen. Ist die Kamera, wie z. B. die Modelle von Canon, durch ihr Autofokussystem in der Lage, zwischen statischen und sich bewegenden Motiven automatisch zu unterscheiden, wird sie auch zügigere Bewegungen in die Fokussierung mit einkalkulieren. Gibt es keinen solchen Autofokusmodus, müssen Sie den Fokus manuell so einstellen, dass er Bewegungen verfolgt.

Im Folgenden gehe ich davon aus, dass Sie wie bei einem klassischen Porträt Menschen fotografieren, die in die Kamera sehen und sich nicht bewegen. Denn dafür ist das Motivprogramm *Porträt* prädestiniert.

Einzelpersonen unproblematisch

Bilder von Einzelpersonen in hellem Licht, die sich nicht zu weit von der Kamera entfernt befinden, sind für das Motivprogramm *Porträt* natürlich kein Problem. Sie visieren die Person an, tippen den Auslöser zum Fokussieren an und drücken ihn schließlich, wenn die zu fotografierende Person bereit ist, ganz durch.

Das Motivprogramm für Porträts funktioniert auch im Studio – allerdings nur dann, wenn Sie mit Dauerlicht arbeiten. Setzen Sie hingegen Blitzlicht ein, würde sich die Kamera bei der Belichtungsmessung nur am vorhandenen Licht orientieren, und die deutlich höhere Blitzleistung würde zu komplett überbelichteten Bildern führen.

ISO 100 | Brennweite 73 mm | Blende 4.5 | Belichtungszeit 1/100 s

Durch die modernen Mechanismen zur Gesichtserkennung findet die Kamera die Person auch dann, wenn sie sich nicht in der Bildmitte befindet. Besitzen Sie eine ältere Kamera oder gibt es Schwierigkeiten bei der Gesichtserkennung, zielen Sie mit der Kamera direkt auf das Gesicht des Menschen, halten den Auslöser nach dem Fokussieren halb gedrückt und schwenken die Kamera dann so, dass die Bildgestaltung passt.

Da sich die Kamera die Fokussierung merkt, solange Sie den Auslöser halb gedrückt halten, ist auch das Fotografieren eines Menschen möglich, der sich nicht in der Bildmitte befindet. Weil man Porträts nicht nur bei hellem Tageslicht unter optimalen Bedingungen schießt, kann eine moderne Digitalkamera im *Porträt*-Programm auch ungünstige Lichtverhältnisse und schwierige Farbsituationen erkennen. Steht z. B. die Sonne im Hintergrund (Gegenlicht), würde Ihr Motiv mit großer Wahrscheinlichkeit sehr dunkel gegen den hellen Hintergrund abgebildet werden. In diesem Fall muss die Kamera den Blitz aktivieren und das Motiv aufhellen.

Alternativ können Sie mit einem Reflektor wie einer weißen Styroporplatte oder einem Faltreflektor aus dem Fachhandel aufhellen. Lenken Sie einfach das Sonnenlicht mithilfe des Reflektors auf Kopf und Körper Ihres Models. Der Kontrast zwischen Hinter- und Vordergrund wird dadurch so verringert, dass beide Motivbereiche korrekt belichtet sind. Fotografieren Sie einen Menschen in einem wenig beleuchteten Innenraum, wird die Kamera die Empfindlichkeit (ISO) erhöhen und/oder den Blitz aktivieren, damit Ihre Bilder nicht verwackeln.

Wollen Sie trotz ungünstiger Lichtverhältnisse nicht mit Blitzlicht arbeiten, um die Lichtstimmung nicht zu zerstören, können Sie den Kamerablitz möglicherweise deaktivieren. Vermutlich benötigen Sie dann aufgrund der längeren Belichtungszeit ein Stativ. Ob das Abschalten des Blitzes im Motivprogramm *Porträt* bei Ihrem Kameramodell möglich ist, können Sie dem Handbuch entnehmen.

Mehr Menschen machen Probleme

Das Motivprogramm *Porträt* funktioniert dann optimal, wenn Sie einen Menschen mehr oder weniger formatfüllend abbilden. Das bedeutet, Sie haben das Gesicht bzw. den Oberkörper des Menschen groß im Sucher, sind also nicht weit vom Motiv entfernt bzw. fotografieren mit Telebrennweite. Möchten Sie mehrere Menschen in einem Foto zeigen, sollten Sie sich dabei auf eine Hauptperson konzentrieren.

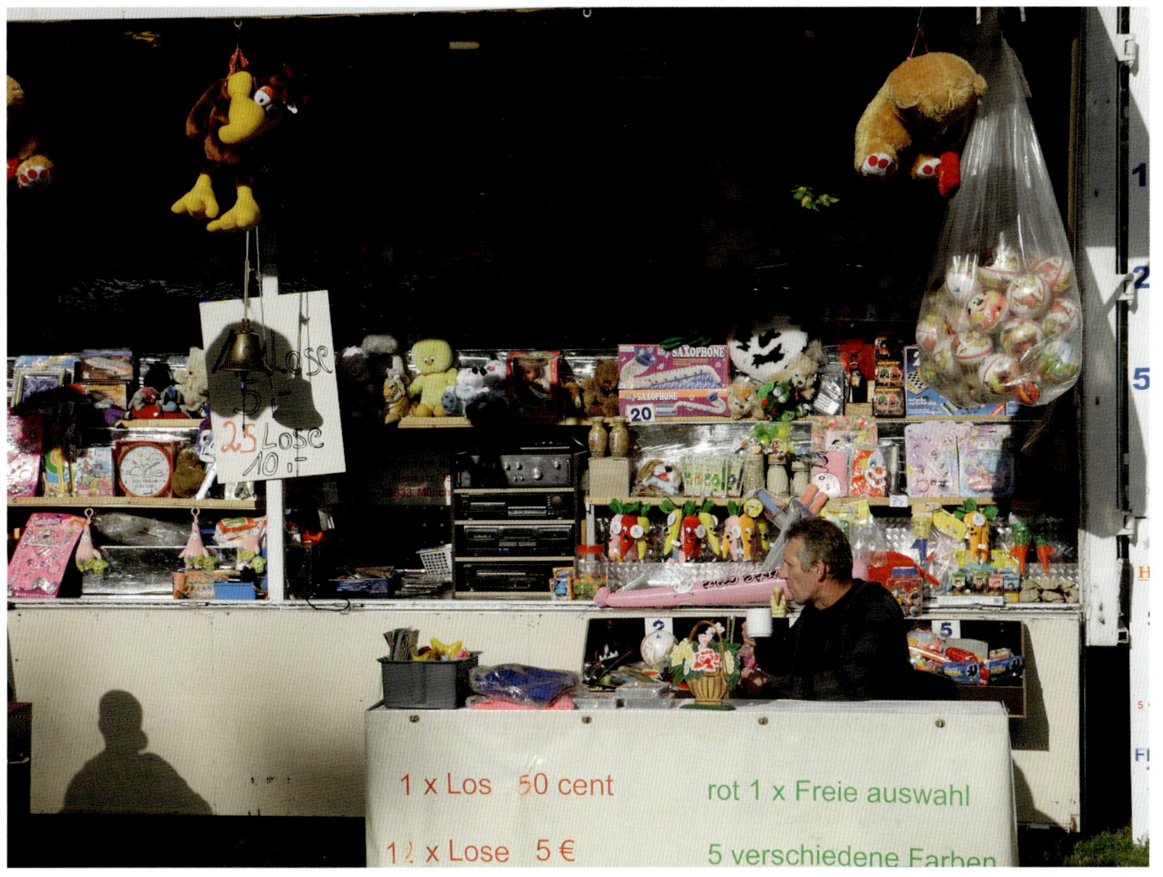

Keine Chance für das Motivprogramm *Porträt*: ein Mensch, die nicht zur Kamera blickt, und viele andere ablenkende Motivdetails – so was klappt nicht mit dem Porträtprogramm.

Problematisch ist bei mehreren Menschen vor allem die Fokussierung. Eine moderne Digitalkamera zeigt, nachdem der Fokus eingestellt wurde, über aufleuchtende Indikatoren im Sucher, auf welchen Motivbereich scharf gestellt wurde. Sie tippen also den Auslöser an, die Kamera stellt auf das der Kamera am nächsten stehende Motiv oder Gesicht (bei aktivierter Gesichtserkennung) scharf, und der entsprechende Indikator im Sucher leuchtet kurz auf. Leuchtet der falsche Indikator und hat die Kamera auf einen Bereich scharf gestellt, der nicht stimmt, müssen Sie den Vorgang wiederholen.

Zielen Sie dann am besten mit dem mittleren AF-Feld auf eine Person, halten Sie den Auslöser gedrückt (Fokus wird gespeichert) und schwenken Sie, falls die Kamera nun richtig fokussiert hat, zurück im Sinne der gewünschten Bildgestaltung. Alles andere wie Blende, Verschlusszeit, Weißabgleich und Empfindlichkeit erledigt nun wieder die Kamera.

Eine Alternative zum Fokussieren per Autofokus ist das manuelle Scharfstellen. Deaktivieren Sie dazu den Autofokus, indem Sie den entsprechenden Schieber oder Schalter an der Kamera bzw. dem Objektiv auf MF oder M (manueller Fokus) stellen, und drehen Sie dann den Entfernungsring am Objektiv zum Scharfstellen manuell.

Belichtungswerte automatisch ermitteln

Sobald Sie an Ihrer Kamera das Motivprogramm *Porträt* eingeschaltet haben, ermittelt diese die Belichtungswerte beim Antippen des Auslösers automatisch. Da es aber etliche Kombinationen aus Blende, Verschlusszeit und Empfindlichkeit gibt, die zu einer korrekt belichteten Aufnahme führen, muss die Kamera bestimmte Prioritäten setzen. Im Fall des Motivprogramms *Porträt* geht es zunächst darum, nicht zu verwackeln. Eine relativ lange Verschlusszeit wie z. B. 1/15 Sekunde scheidet daher auf jeden Fall aus.

Der zweite wichtige Faktor ist die Blende. Für einen unscharfen Hintergrund, der nicht vom Hauptmotiv ablenkt, priorisiert die Kamera eine große Blendenöffnung wie z. B. f/2.8 oder f/4. Welche Blendenöffnung möglich ist, hängt natürlich vom verwendeten Objektiv ab. Liegt die Lichtstärke der Linse bei f/5.6, kann die Kamera auch keine größeren Öffnungen auswählen.

Der dritte Faktor für die Belichtung ist die ISO-Empfindlichkeit. Je niedriger der Wert, desto weniger rauscht es in den Aufnahmen. Für Porträts, wie auch für die meisten anderen Motive, wird die Kamera also möglichst niedrige ISO-Werte einstellen. Und falls doch einmal eine Erhöhung der Empfindlichkeit für verwacklungsfreie Bilder nötig ist, nimmt jede Digitalkamera nach der Aufnahme mit dem Programm *Porträt* eine automatische Rauschunterdrückung vor, die von der Höhe des ISO-Werts abhängig ist. Zwar gehen dabei winzige Details verloren, diese Art der automatischen Bildkorrektur ließe sich aber nur beim Einsatz von RAW-Dateien ausschließen bzw. nachträglich am Computer steuern.

Programmautomatik P

Was für den Amateur die Vollautomatik, ist für den Profi die Programmautomatik. Beiden Programmen gemeinsam ist, dass die Kamera selbstständig die Werte für Blende, Verschlusszeit und ISO-Wert einstellt, nachdem Sie den Auslöser angetippt haben. Der gravierende Unterschied besteht jedoch darin, dass man mit der Programmautomatik Zugriff auf sämtliche Kameraeinstellungen hat, die in der Vollautomatik verborgen bleiben.

Das Fotografieren selbst läuft ähnlich ab: Sie schalten die Kamera ein, visieren ein Motiv an und drücken auf den Auslöser. Der Fotograf kümmert sich um Perspektive und Standort sowie um die Brennweite und beachtet gleichzeitig die Lichtverhältnisse, während die Kamera die grundlegenden Belichtungswerte beisteuert. Profis lieben die Programmautomatik vor allem in Reportagesituationen wie Trauungen oder Abschlussbälle, bei denen sehr schnell sehr viele Bilder geschossen werden müssen und man nicht dazu kommt, für jedes Bild die Belichtungseinstellungen zu überprüfen.

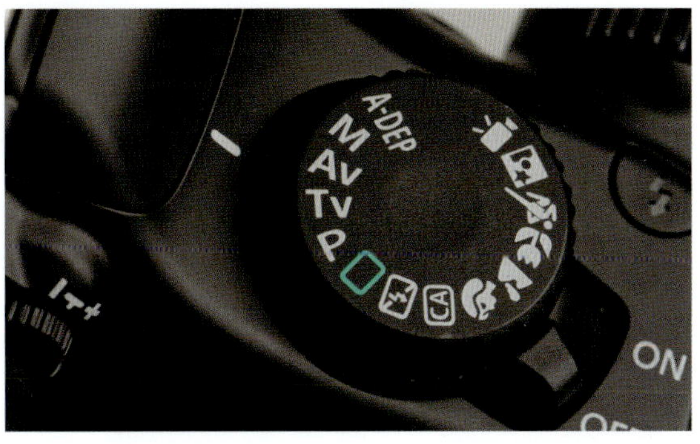

Auf dem Programmwahlrad zeigt sich die Programmautomatik als großes P.

Ist die Programmautomatik aktiv, entscheidet die Kamera zwar grundsätzlich über Blende und Verschlusszeit, Parameter wie Empfindlichkeit, Blitz und Blitzleistung, Weißabgleich sowie viele weitere Einstellungen können Sie ganz nach Belieben und den Anforderungen an ein Motiv entsprechend variieren. Ist der Autofokus durch den Schieberegler am Objektiv aktiviert, muss man sich nicht um die Fokussierung kümmern. Die Kamera stellt auf das am nächsten befindliche Motiv automatisch scharf, und Sie können auslösen.

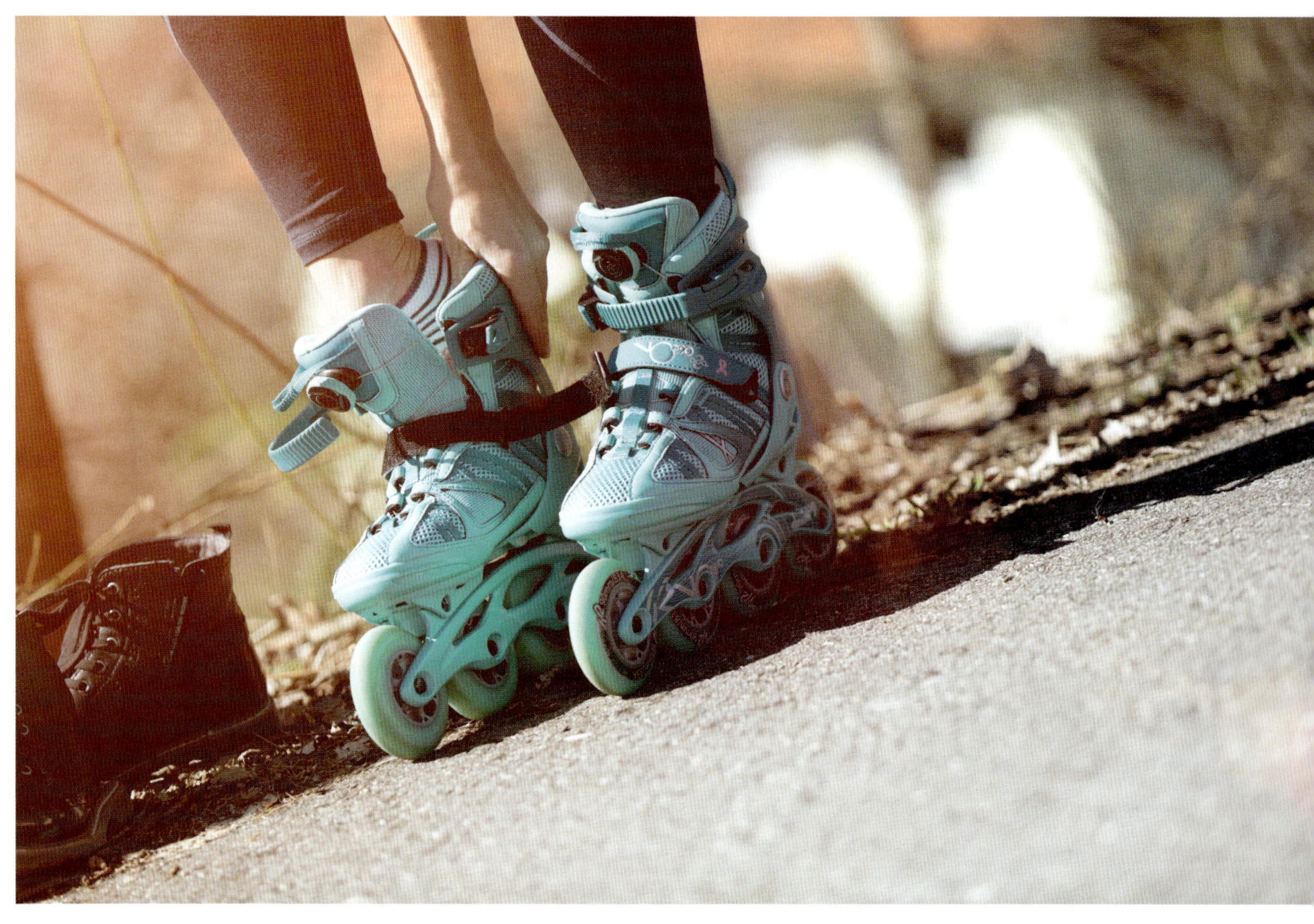

Mit der Programmautomatik hat man bei Bedarf Einfluss auf sämtliche Kameraeinstellungen, kann sich aber auch mal ganz auf sein Motiv konzentrieren. Man kann zum Beispiel einfach mal draufhalten und abdrücken, das Motiv dann kontrollieren und die Belichtungswerte anpassen. Hier wurde die Blende weiter als von der Programmautomatik vorgeschlagen geöffnet, um den Hintergrund noch deutlich unschärfer werden zu lassen.

ISO 200 | Brennweite 105 mm | Blende 2.8 | Belichtungszeit 1/320 s

Einflussnahme auf die Belichtungswerte

Die Programmautomatik (P) ist das einfachste der halb automatischen Programme, zu denen auch die Zeitautomatik (A/Av) und die Blendenautomatik (T/Tv/S) gehören. Eine Kamera ermittelt mit der Programmautomatik (P) die Belichtungswerte beim Antippen des Auslösers automatisch. Aber da es eine ganze Reihe an Kombinationsmöglichkeiten von Blende, Verschlusszeit und Empfindlichkeit (ISO) gibt, die alle zu einer korrekt belichteten Aufnah-

me führen, sollte man nach dem Antippen des Auslösers im Sucher oder auf dem Display kontrollieren, welche Zeit-Blende-Kombination die Kamera ausgewählt hat.
Gegebenenfalls müssen Sie im Sinne der gewünschten Bildgestaltung die Werte gegeneinander verschieben. Denn das Interessante an der Programmautomatik ist: Sie können nach dem Antippen des Auslösers mit einem Einstellrad die Werte für Blende und Verschlusszeit parallel verschieben. Wenn die Kamera eine Blende von f/5.6 vorschlägt, Sie aber mehr Schärfentiefe benötigen, drehen Sie am entsprechenden Wahlrad so lange, bis z. B. Blende f/16 erscheint. Dadurch wird die Verschlusszeit verlängert, und Sie müssen wiederum darauf achten, dass die Zeit nicht zu lang wird.
Lange Verschlusszeiten können zu Verwacklungen oder Bewegungsunschärfe führen. Eine sinnvolle Zeit-Blende-Kombination berücksichtigt die Verwacklungsgefahr ebenso wie die Tatsache, dass die meisten Objektive erst bei leichtem Abblenden die maximale Bildqualität liefern. Haben Sie ein Objektiv mit der Lichtstärke von f/2.8, sollte die Kamera in der Programmautomatik mindestens Blende f/5.6 einstellen, um eine bessere Abbildungsleistung zu gewährleisten. Liegt die passende Verschlusszeit im für Verwacklungen ungefährlichen Bereich von z. B. 1/60 Sekunde und kürzer, hat die Programmautomatik gut gearbeitet.
Achtet die Kamera außerdem noch darauf, den ISO-Wert möglichst niedrig anzusetzen, weil das durch hohe ISO-Werte bedingte Bildrauschen stört, können Sie sich ganz auf Ihre Motive konzentrieren.

Mögliche Belichtungsoptimierung

Wenn es um starke Kontraste geht, z. B. bei Landschaftsaufnahmen mit hellem Himmel oder bei Porträts mit hellem Hintergrund, helfen auf Wunsch automatische Funktionen zur Belichtungsoptimierung. Die Funktionen heißen z. B. *D-Lighting* (Nikon) oder *Tonwert Priorität* (Canon). In der Vollautomatik werden solche Funktionen automatisch aktiv, in der Programmautomatik kann man sie bei Bedarf zu- oder abschalten. Der Sinn solcher Belichtungsoptimierer liegt üblicherweise darin, in hellen Bereichen noch Detailzeichnung zu bekommen. Diese Funktionen verarbeiten kameraintern helle Bereiche anders als dunkle und legen letztlich ein durch die Kamerasoftware optimiertes Bild auf der Speicherkarte ab.
Stellen Sie sich das Foto einer Braut im weißen Kleid vor. Bei solchen Aufnahmen ist es wichtig, möglichst viel Detailzeichnung im Brautkleid zu erhalten. Hierbei helfen die Automatismen, die sich allerdings nur auf JPEG-Dateien auswirken. Einen ähnlichen Effekt kann man durch die Verwendung von RAW-Daten erzielen, die man dann später am Computer optimiert. Diese Option steht Ihnen mit der Programmautomatik natürlich ebenso offen wie der Standard JPEG.

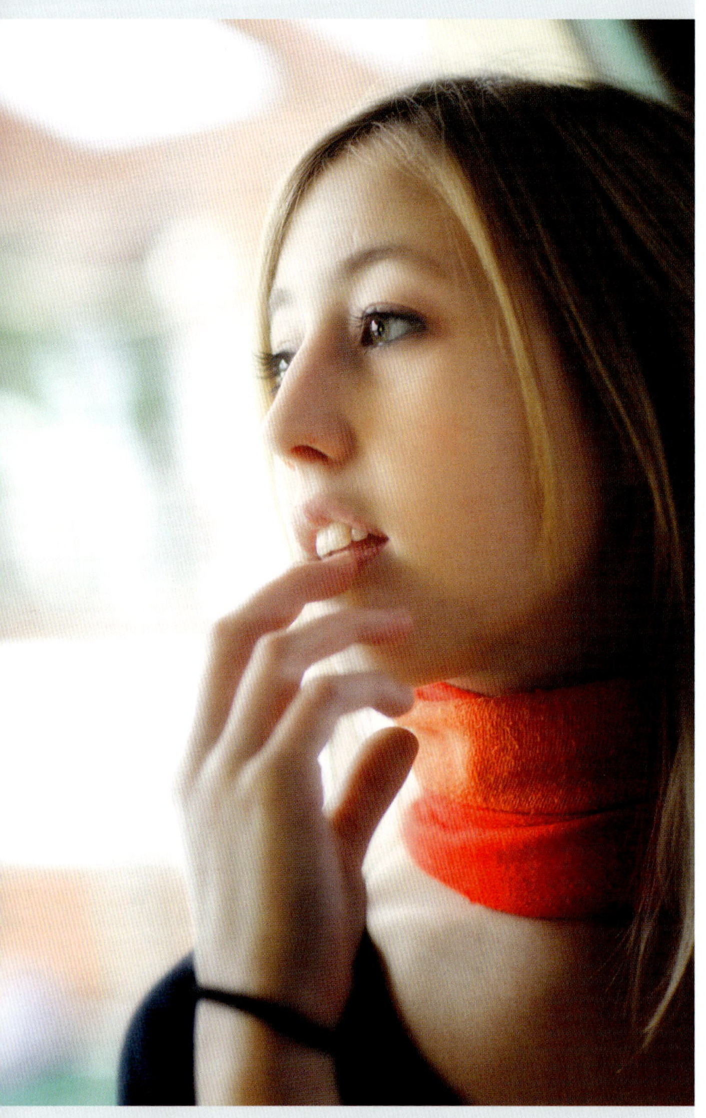

Auch Bilder im Gegenlicht kann man mit der Programmautomatik ausprobieren, allerdings sollte man sie sofort nach der Aufnahme kontrollieren. Hier hat die Kamera einen hohen ISO-Wert von 800 bei offener Blende (f/2.8) und relativ langer Verschlusszeit (1/40 Sekunde) gewählt. Die Weichzeichnung, die gut zum feinen Rauschen durch den hohen ISO-Wert passt, kommt übrigens vom Spezialobjektiv Canon EF 135/2.8 SF (Soft Focus). Mit dem Objektiv kann man den Grad der Weichzeichnung manuell steuern.

ISO 800 | Brennweite 85 mm | Blende 2.8 | Belichtungszeit 1/40 s

Kontrolle über die ISO-Empfindlichkeit

Je hektischer die Situation, desto weniger möchte man sich um aufnahmetechnische Details kümmern. Dazu bietet jede aktuelle Digitalkamera eine ISO-Automatik an, mit der man der Kamera die Wahl des notwendigen ISO-Werts überlässt. Je kleiner der ISO-Wert, desto feiner die Details, je höher der Wert, desto stärker das Bildrauschen. Die Kamera wird also immer einen möglichst kleinen ISO-Wert wählen, wenn die ISO-Automatik aktiv ist. In der Programmautomatik haben Sie natürlich volle Kontrolle über die Empfindlichkeit. Sie müssen lediglich entscheiden, wie wichtig Ihnen der Faktor Bildrauschen ist.

Stellen Sie dann entsprechend entweder einen festen Wert ein, der für eine korrekte Belichtung ausreicht, oder überlassen Sie es der ISO-Automatik, die Empfindlichkeit festzulegen. Wenn Ihre Kamera die Möglichkeit bietet, einen maximalen ISO-Wert für die Automatik zu definieren, sollten Sie den passenden Menübefehl suchen. Haben Sie zuvor ausprobiert, ab welchem ISO-Wert das Bildrauschen für Sie zu extrem wird, legen Sie einfach ein Maximum fest, das die Kamera nicht überschreiten darf.

Manuell belichten mit M

Die hohe Kunst der Fotografie erreicht man nicht mit einem vollautomatischen Schnappschussprogramm. Nein, man muss die Aufnahmeparameter mit dem Gedanken ans angestrebte Ziel ganz bewusst festlegen. Blende, Verschlusszeit, Empfindlichkeit sind nur die wichtigsten Faktoren. Es gibt noch viel mehr.

Muss ein Spitzenbild mit dem manuellen Aufnahmeprogramm entstanden sein? Ganz sicher nicht. Denken Sie nur mal an actiongeladene Sportfotos! Viele Fotografen vertrauen in Bezug auf die Belichtung ganz ihrer Kamera und arbeiten mit der Blendenautomatik. Kurze Verschlusszeit festlegen, Empfindlichkeit auf AUTO, und die Blende wird durch die Kamera gesteuert. Dadurch bleibt viel mehr Spielraum für die Steuerung des Autofokus, die Bildgestaltung und das Warten auf den passenden Moment.

Und wie sieht's bei den Hochzeitsprofis aus? Auch hier gibt es Möglichkeiten jenseits des manuellen Aufnahmeprogramms M, da man bei einer Hochzeit oft schnell reagieren muss, sich die Lichtverhältnisse oft ändern und keine Zeit bleibt, die Belichtungswerte exakt manuell einzustellen. Die Programmautomatik (P) soll bei Hochzeitsfotografen ja ganz beliebt sein, manchmal auch die Blendenvorwahl und die Zeitautomatik, um mit der bewusst geöffneten Blende eine traumhafte Hintergrundunschärfe zu erzeugen. Wozu also das manuelle Aufnahmeprogramm?

Ganz einfach: für Bildgestaltung und Belichtungssteuerung ohne Zeitdruck oder unter länger gleichbleibenden Lichtverhältnissen. Und im Studio. Und bei der kreativen Blitzlichtfotografie. Und, und, und …

Manuell geht fast immer

Egal mit welcher Kamera Sie fotografieren – die allermeisten Digitalen besitzen ein Aufnahmeprogramm für die manuelle Belichtungssteuerung, und dieses Programm wird immer mit dem Buchstaben M bezeichnet. Sofern Sie dennoch eine Kamera oder ein anderes Aufnahmegerät besitzen, das keine manuelle Belichtung vorsieht, sind die Informationen zum Einsatz des Programms sowieso nicht interessant.

Im Klartext: Fotografieren Sie sorglos mit einer sehr einfachen Schnappschussknipse oder Ihrem Handy, wäre das Aufnahmeprogramm M zu kompliziert und würde am Einsatzzweck des Schnappschießers vorbeigehen. Ich gehe also davon aus, dass Sie eine Kamera mit manueller Belichtungssteuerung einsetzen. Ob es sich dabei um eine Kompakte, eine Bridge- bzw. Systemkamera oder eine DSLR handelt, spielt für den Einsatz der manuellen Belichtungssteuerung absolut keine Rolle.

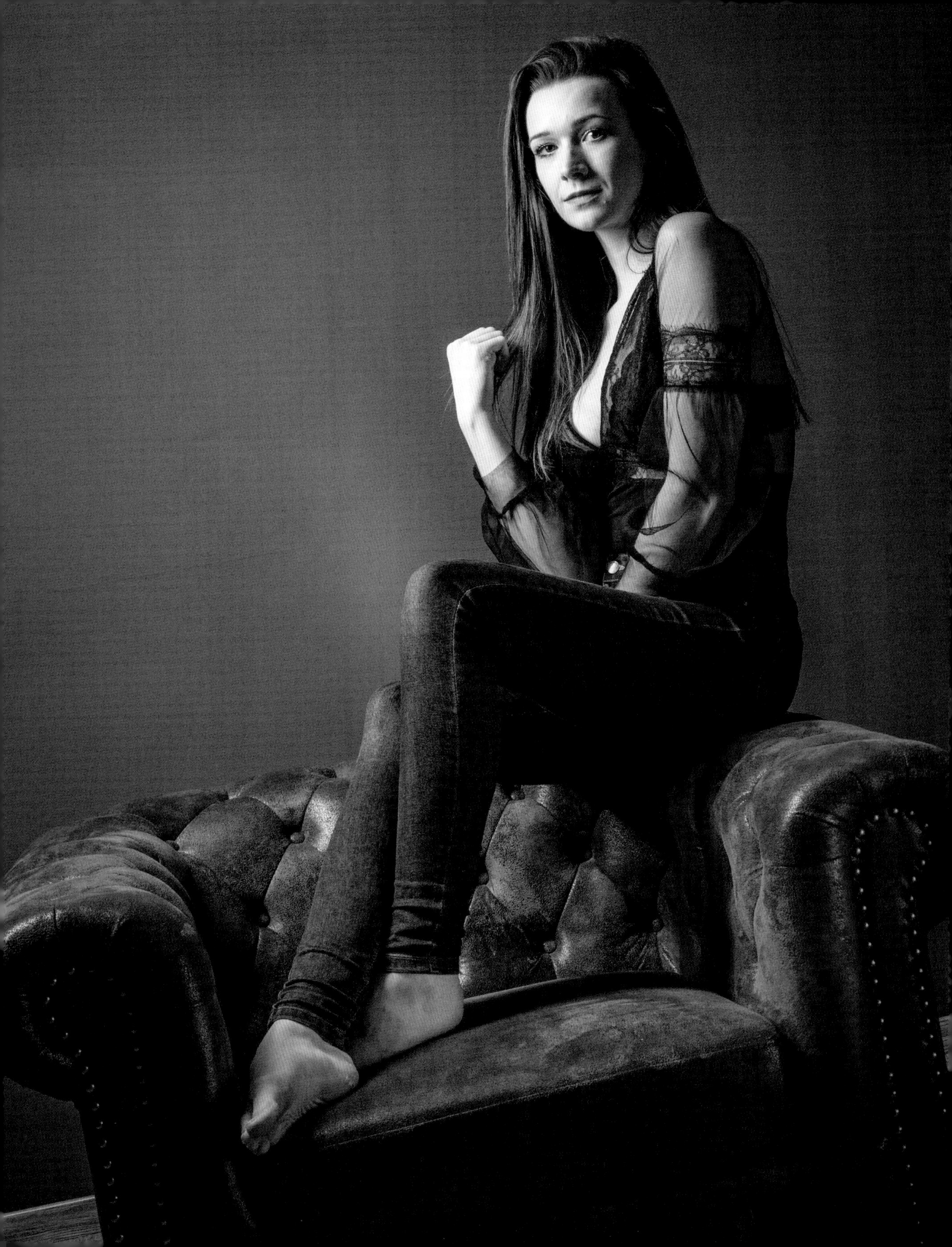

Machen Sie, wenn Sie sich noch nie an den manuellen Aufnahmemodus M herangetraut haben, gleich mal einen kleinen Versuch: Schalten Sie Ihre Kamera ein und stellen Sie das Programmwahlrad auf M bzw. aktivieren Sie (bei Kompaktkameras) das Aufnahmeprogramm M über den dafür vorgesehenen Knopf. Halten Sie dann, ohne irgendetwas zu verstellen, die Kamera vor ein beliebiges Motiv und drücken Sie den Auslöser. Bei 90 % aller Fotografen, die diesen kleinen Test jetzt mitmachen, liegt das Ergebnis der Belichtung mehr oder weniger daneben, die Bilder sind also zu hell oder zu dunkel oder zu verwackelt oder unscharf.

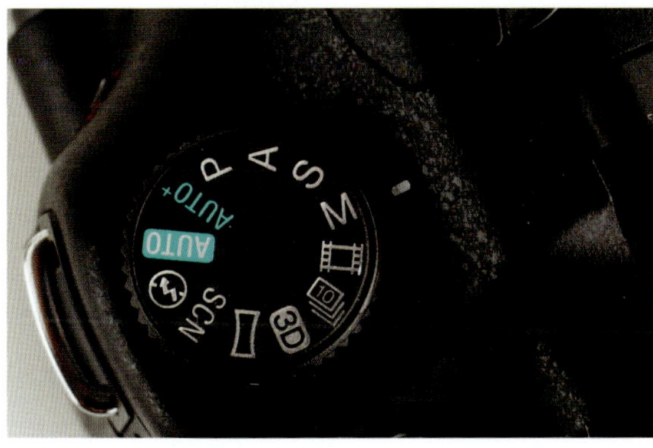

Das M auf dem Wahlrad ist bei fast jeder Spiegelreflex- oder Systemkamera vorhanden.

Links: Im Studio geht nichts über das manuelle Aufnahmeprogramm M. Hier stellt man Blende, Verschlusszeit und Empfindlichkeit manuell ein und belässt die Einstellungen bei gleichbleibenden Lichtverhältnissen dann auch so.

ISO 400 | Brennweite 65 mm | Blende 5.6 | Belichtungszeit 1/60 s

Aber keine Sorge: Mit ein paar Handgriffen kommen Sie schnell zur korrekten Belichtung. Und mit ein wenig Hintergrundwissen zur Bildgestaltung werden Ihre Fotos darüber hinaus sogar noch zu echten Hinguckern.

Alle Parameter im Griff

Mit dem Aufnahmeprogramm M öffnet sich für den blutigen Anfänger quasi die Büchse der Pandora. Alles, was man aus technischer Sicht beim Fotografieren falsch machen kann, liegt in unmittelbarer Griffweite. Jede kleine Stolperfalle, von der man im schlimmsten Fall noch nie zuvor gehört hat, ist bereit, zuzuschnappen. Während die automatischen Motivprogramme praktisch alle Aufnahmeparameter für Sie festlegen, haben Sie mit dem manuellen Aufnahmeprogramm ebenso wie mit den halb automatischen Aufnahmemodi Blendenautomatik, Zeitautomatik und Programmautomatik deutlich mehr Einfluss auf die Bildergebnisse.

Die Blende ist für den gestalterisch wichtigen Aspekt der Schärfentiefe verantwortlich, mit der richtigen Verschlusszeit kann man Verwacklungen vermeiden oder Wischeffekte erzeugen. Dazu kommt die Empfindlichkeit (ISO), die bei zu hohen Werten Bilder verrauschen lässt. Außerdem lassen sich die Farben über den Weißabgleich verändern, die Fokussierung kann durch die Wahl des richtigen (oder falschen) Autofokusmodus beeinflusst werden und die Belichtungsmessung mithilfe einer von mehreren Messmethoden.

Wenn dann noch Blitzlicht, Bildstile, automatische Rauschunterdrückung, Serienbilder oder Belichtungsreihen ins Spiel kommen, muss man schon ein wenig mehr Zeit einplanen, um all die Faktoren für eine richtig gute Aufnahme unter einen Hut zu bringen.

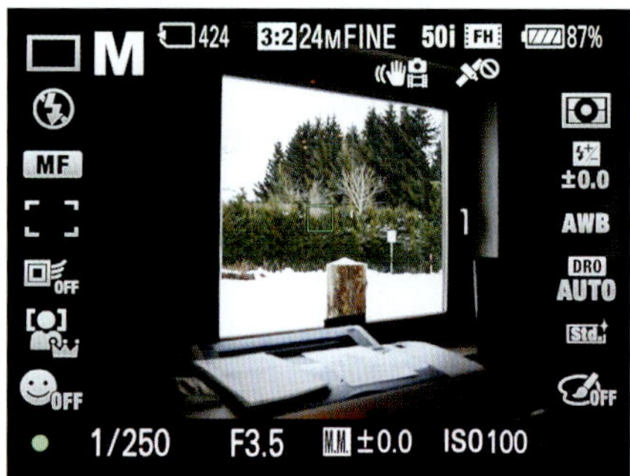

Neben der Belichtungssteuerung hat man im manuellen Aufnahmemodus M Einfluss auf alle anderen Faktoren, die für korrekte Fotos wichtig sind. Dazu gehören vor allem der Weißabgleich sowie der Autofokus. Sie sollten sich mit den Anzeigen auf dem Display Ihrer Kamera nach und nach vertraut machen, da die meisten der Symbole mit der Zeit und zunehmender Erfahrung immer wichtiger werden.

Schnelle Kontrolle der Belichtungswerte

Haben Sie an Ihrer Digitalkamera den Aufnahmemodus M aktiviert, die passende Brennweite eingestellt und sich um die grundlegende Bildgestaltung durch die richtige Perspektive der Kamera gekümmert, ermittelt das Gerät nach dem Antippen des Auslösers die Belichtungswerte. Richtig, auch im Modus M werden die Belichtungswerte ermittelt, damit die Kamera Ihnen im Sucher oder auf dem Display einen Hinweis darauf geben kann, ob Sie mit den gerade eingestellten Werten richtig liegen oder nicht.

Nehmen wir an, an der Kamera sind Blende 11, 1/60 Sekunde und ISO 100 eingestellt, typische Werte für eine Tageslichtsituation. Praktisch jede Kamera zeigt auf dem Display auf Wunsch die Belichtungswerte zur schnellen Kontrolle an. Falls die Werte gerade nicht angezeigt werden, suchen Sie nach der passenden Taste, meistens mit der Bezeichnung INFO oder DISP. Drücken Sie die Taste so oft, bis auf dem Display die Belichtungswerte eingeblendet werden.

Wenn die verwendeten Werte nun zu einer Fehlbelichtung führen würden und damit zu helle oder zu dunkle Bilder entstünden, blinken bei manchen Kameras die Werte für Blende und Verschlusszeit auf. Andere Kameramodelle haben eine mehrstufige Belichtungsstufenanzeige mit einer Markierung, die im Idealfall in der Mitte steht. Steht die Markierung weit links oder rechts, werden die Fotos falsch belichtet. Fotografieren Sie mit Livebild, zeigt

Rechts: Motive mit schwieriger Belichtung wie diese High-Key-Aufnahme erfordern exakte Bildkontrolle. Im manuellen Aufnahmeprogramm werden einzelne Belichtungsfaktoren je nach Gestaltungsidee angepasst.

ISO 100 | Brennweite 85 mm | Blende 11 | Belichtungszeit 1/125 s

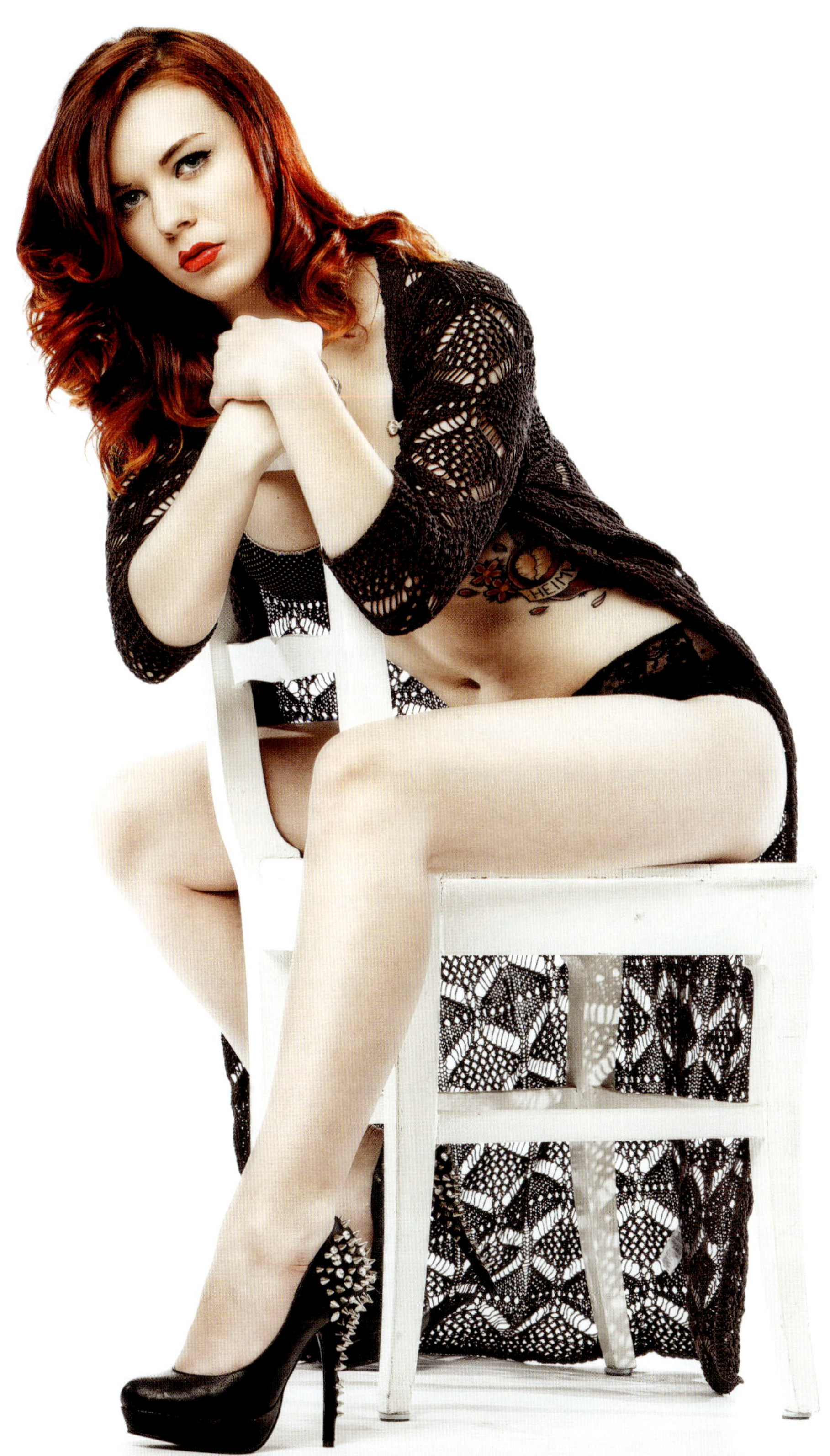

Ihre Kamera auf Wunsch auf dem Display auch die zu erwartende Belichtung. Sie sehen also auf dem Monitor jederzeit, ob das Motiv zu hell oder zu dunkel belichtet wird.

Sollte Ihr Monitor die Belichtungssimulation nicht anzeigen, versuchen Sie, im Handbuch der Kamera herauszufinden, ob sich diese Option in den Kameramenüs versteckt. Erst wenn Sie wissen, wie Sie die Informationen zur Belichtung richtig interpretieren, können Sie die Werte entsprechend Ihren Anforderungen an Belichtung und Gestaltung anpassen. Wie Sie sicher vermuten, gibt es nun etliche Kombinationen aus Blende, Verschlusszeit und Empfindlichkeit, die zu einer richtigen Belichtung führen. Und hier kommt die Bildgestaltung ins Spiel. Sie müssen sich im Klaren darüber werden, wie Sie Ihr Motiv zeigen möchten und welche Mittel Sie für einen bestimmten Zweck einsetzen wollen.

Motive verstehen

Worauf kommt es bei der Fotografie besonders an? Wie oben schon gesagt, haben Sie viele gestalterische und etliche technische Möglichkeiten, ein Motiv in einem Foto zu zeigen. Geht es um Porträts, wird die Schärfentiefe für einen unscharfen Hintergrund meistens reduziert, bei Bewegungen kommt es auf kurze Verschlusszeiten an, um nicht zu verwackeln. Fotografieren Sie Menschen nachts mit langer Verschlusszeit bei indifferenten Lichtverhältnissen und mehreren Lichtquellen (z. B. Feuerwerk), müssen Sie sich an die richtigen Werte herantasten. Mit der manuellen Belichtung können Sie in jeder Situation etliche Werte-Paare (Blende, Verschlusszeit) bzw. -Triple (Blende, Verschlusszeit, ISO) durchprobieren, bis der gewünschte Effekt erzielt ist.

Welche Brennweite?

Planen Sie Kopf-Brust-Porträts, liegt die dafür typische Brennweite bei ca. 85 mm (Kleinbildäquivalent). Mit der moderaten Telebrennweite wird die Tiefenausdehnung des Kopfs optisch verdichtet. Die Proportionen wirken sehr natürlich, das Gesicht wird ohne Verzerrungen wahrgenommen, wie sie für kürzere Brennweiten typisch sind. Außerdem reduziert man mit leichter Telebrennweite und offener Blende (z. B. f/2.8 oder f/4) die Schärfentiefe.

Rechts: 85 mm sind in der Porträtfotografie mit Vollformatkamera der ideale Ausgangspunkt. Etwas kürzere oder längere Brennweiten sind natürlich auch möglich. Für Porträts ideale Zoomobjektive haben einen Brennweitenbereich von ca. 70 bis 200 mm und dabei eine hohe Anfangsöffnung von f/2.8 oder f/4.

ISO 400 | Brennweite 90 mm | Blende 8.0 | Belichtungszeit 1/60 s

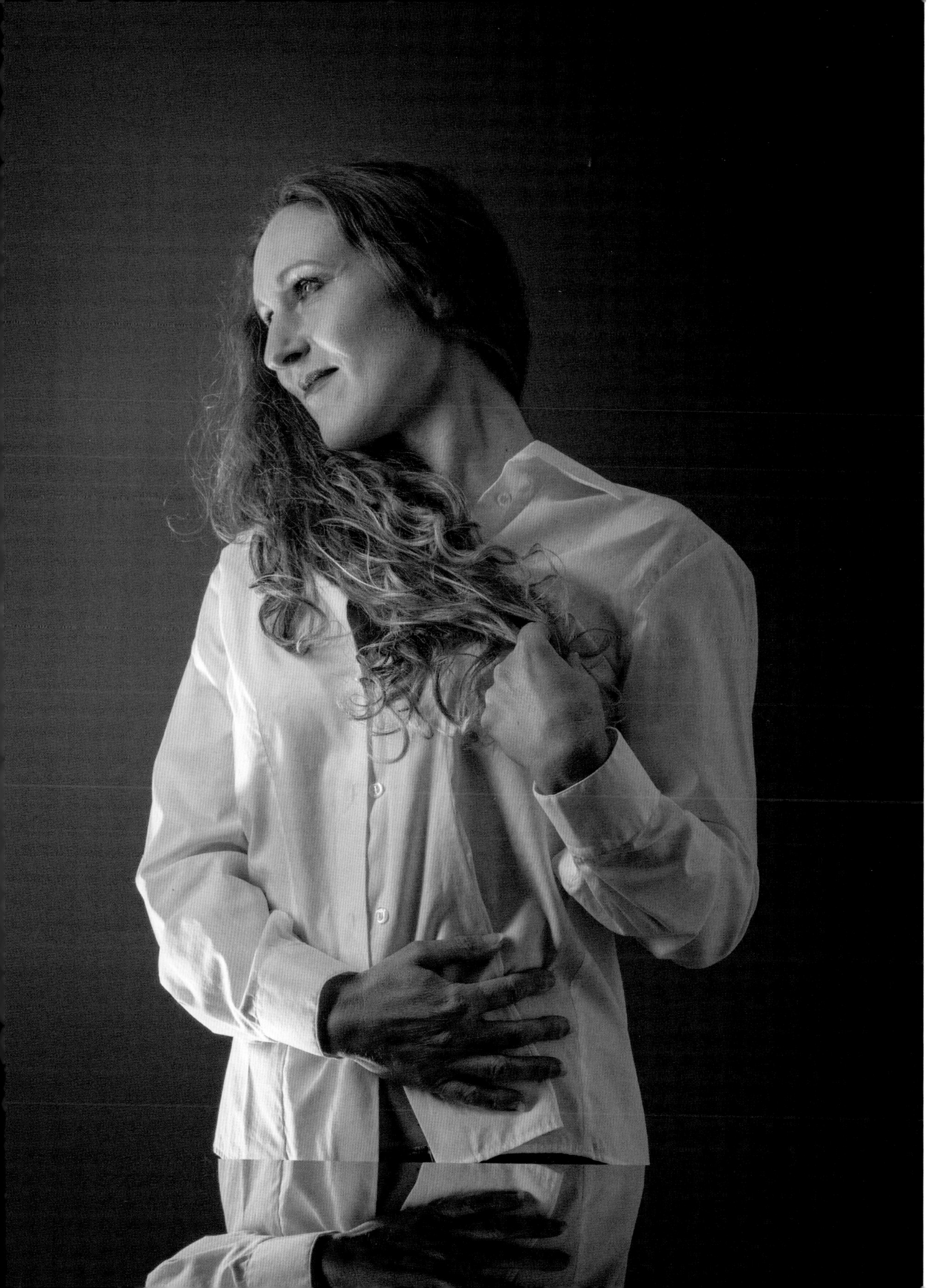

Fokussiert man auf die Augen, sind sie scharf im Bild zu sehen, während der Hintergrund in Unschärfe verschwimmt.

Je nach Perspektive kann man schon Körperbereiche wie die Schultern oder die Haare unscharf zeigen, was den Blick des Betrachters noch intensiver auf die Augen und das Gesicht lenkt. Neben der leichten Telebrennweite, die für Porträts typisch ist, spricht natürlich nichts dagegen, mit einem Zoomobjektiv ausgestattet auch andere Brennweiten auszuprobieren. Lediglich auf sehr kurze Weitwinkel sollte man verzichten, da Menschen bei kurzem Abstand zur Kamera eher skurril rüberkommen. Vielleicht ist gerade das jedoch Ihre Absicht.

Richtige Farben durch Weißabgleich

Mit der Kamera können Sie jederzeit festlegen, wie der Weißabgleich die Farben eines Motivs verändert. Die korrekte Farbwiedergabe funktioniert durch den automatischen Weißabgleich in der Regel sehr zuverlässig. Die Kamera analysiert die Farben eines Motivs und stellt den zur vorherrschenden Farbtemperatur passenden Korrekturfaktor automatisch ein. Probleme gibt es immer dann, wenn verschiedene Lichtquellen mit unterschiedlichen Farbtemperaturen ein Motiv beleuchten. Hier können Sie entweder eine der verfügbaren Weißabgleichsvoreinstellungen oder auch den manuellen Weißabgleich verwenden.

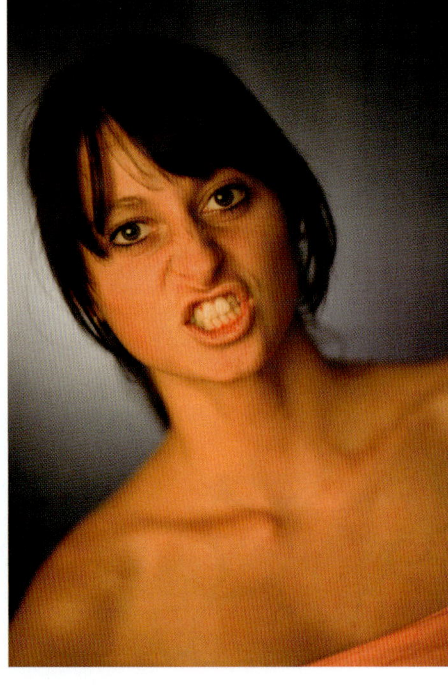

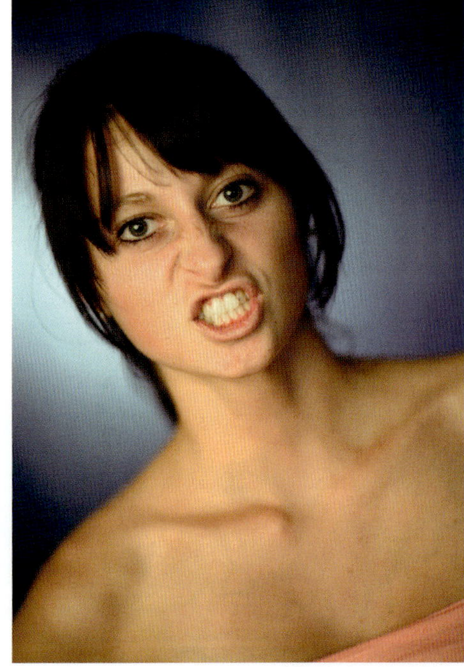

Diese Studioaufnahme wurde mit Baustrahler und falschem Weißabgleich aufgenommen. Zwar lässt sich der Weißabgleich im Nachhinein korrigieren, ein perfektes Bild wird daraus aber nicht mehr.

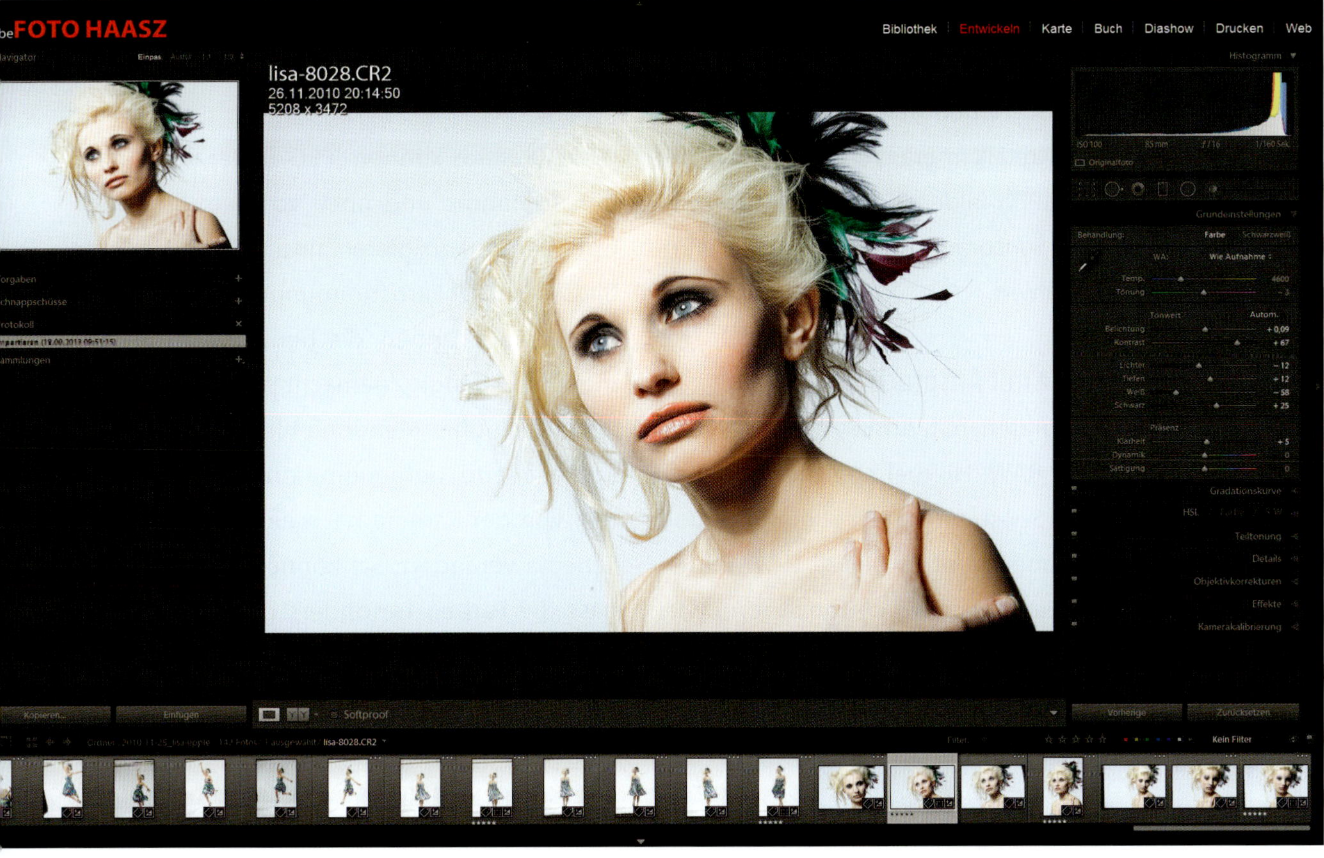

Wenn Sie sich ernsthaft mit der Fotografie auseinandersetzen, kommen Sie nicht um das RAW-Format herum. Mit dieser Art des digitalen Negativs holt man das volle Potenzial aus einem Digitalbild heraus. Im Bild ist der Platzhirsch unter den RAW-Entwicklungsprogrammen zu sehen – Adobe Lightroom. Es gibt noch ein paar andere wie SilkyPix oder Capture One, die auch ihre Vorzüge haben. Am besten probieren Sie erst mal alle Entwickler aus, bevor Sie einen kaufen.

Dateiformate für beste Bildqualität

Sie sollten den Unterschied zwischen JPEG und RAW kennen. Denn wenn Sie mit einem der halb manuellen Aufnahmeprogramme oder mit manueller Belichtungssteuerung M Einfluss auf bestimmte Aufnahmeparameter nehmen möchten, eröffnen Sie sich mit RAW-Daten alle Möglichkeiten bei der Nachbearbeitung.

JPEG, der Standard

Standard für jede aktuelle Digitalkamera ist jedoch das Dateiformat JPEG (*Joint Photographic Experts Group*). JPEG-Bilder sind auf jedem Computer, Smartphone oder Tablet problemlos darstellbar. Das Format lässt sich komprimieren, um Speicherplatz zu sparen, das allerdings je nach Kompressionsfaktor auf Kosten der Bildqualität. Neben der Kompressionsrate bietet eine Digitalkamera verschiedene Auflösungen für JPEG-Bilder, Sie können also zwischen voller Sensorauflösung und kleineren Bildmaßen wählen.

RAW für Leute mit Anspruch

Das für Fotografen mit Anspruch wichtigere Format heißt RAW. Hierbei speichert die Kamera die vom Sensor erfassten Bildinformationen (Pixel) nahezu unbearbeitet. RAW-Bilder werden mit speziellen RAW-Konvertern wie Lightroom oder Capture One entwickelt. Sie können dabei Faktoren wie Belichtung, Kontrast, Farben, Rauschunterdrückung und so weiter stark beeinflussen. Der große Vorteil von RAW-Daten liegt darin, dass Sie ein Maximum an Bildqualität aus Ihren Aufnahmen herausholen können.

Veränderungen und Korrekturen an JPEG-Dateien führen je nach Intensität der Korrektur immer zur Verschlechterung der Bildqualität (Schärfe, Tonwertverteilung etc.). Wenn Sie Schnappschüsse ohne Anspruch auf perfekte Bildqualität machen, können Sie natürlich auch JPEG-Bilder speichern lassen, wobei jedes Bild hinsichtlich Tonwertverteilung, Farbe, Rauschen und Schärfe automatisch optimiert wird. Wollen Sie das nicht, stellen Sie als Bildformat RAW ein.

Bildbearbeitung per Kamera

Viele Kameras können JPEG-Bilder direkt nach der Aufnahme und noch vor dem Speichern optimieren, korrigieren und mit bestimmten Bildstilen oder Farbstimmungen versehen. Solche Veränderungen, die bei JPEG-Fotos nicht mehr rückgängig gemacht werden können, lassen sich über Menübefehle auswählen. Alle anschließend aufgenommenen Motive werden von der Kamera nach einem bestimmten Schema verändert. Sie können z. B. festlegen, dass die Farben besonders gesättigt werden (für Landschaften) oder die Kamera automatisch Schwarz-Weiß-Bilder speichert.

Welche Arten der internen Bildbearbeitung zur Verfügung stehen, ist je nach Kameramodell unterschiedlich. Wichtig zu wissen: Interne Bildbearbeitung wirkt sich nur auf JPEG-Bilder unwiderruflich aus. RAWs lassen sich zwar auch ähnlich verarbeiten, diese Veränderungen können aber mit dem passenden Programm jederzeit rückgängig gemacht werden.

Eine einfache Schwarz-Weiß-Umwandlung beherrscht praktisch jede Digitalkamera. Das Handbuch Ihrer Kamera verrät Ihnen weitere Möglichkeiten der internen Bildbearbeitung. Üblicherweise gehen diese Effekte aber nicht über einfache Anwendungen z. B. zum Weichzeichnen oder über Farbspielereien hinaus.

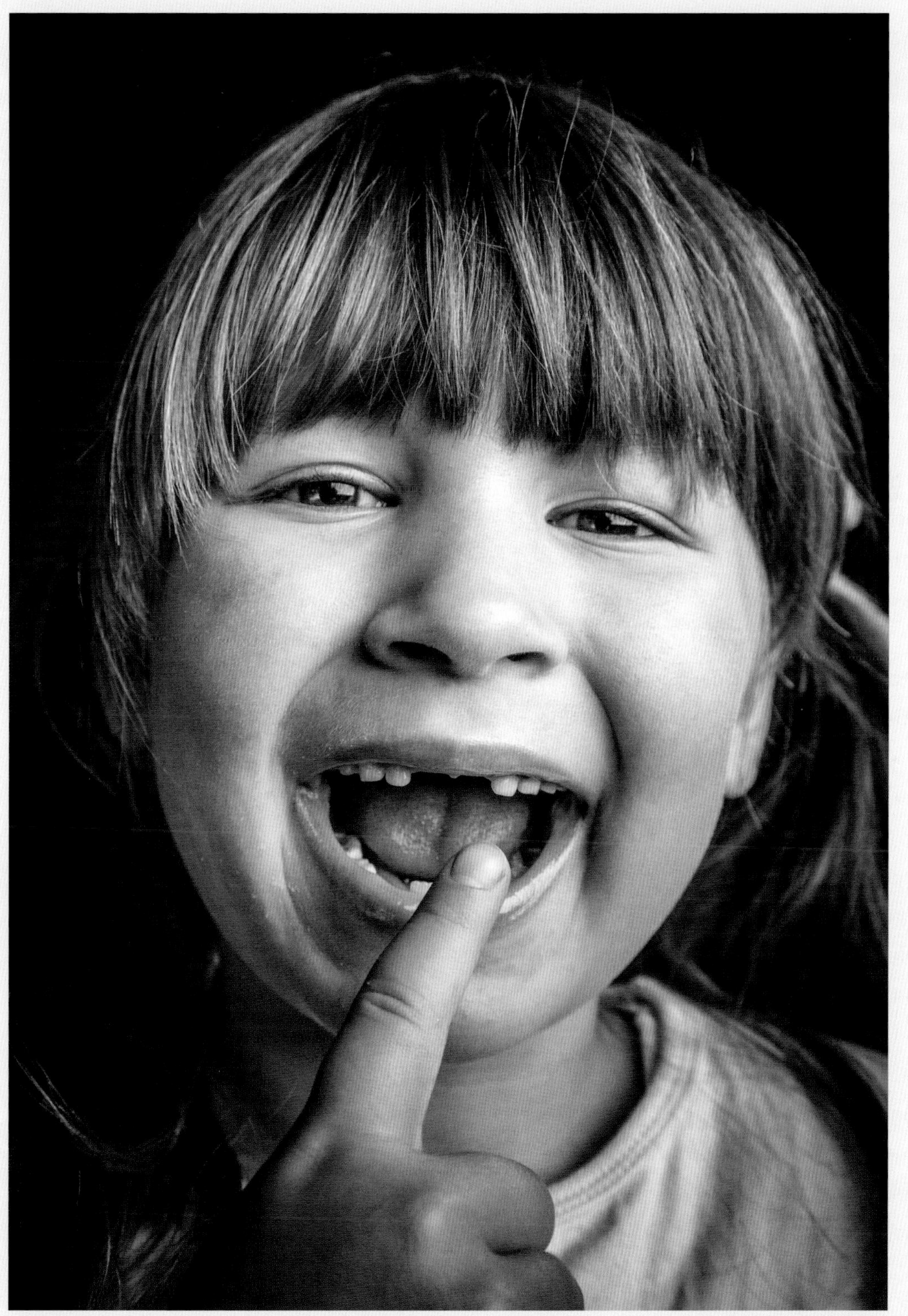

Richtige Belichtungsmessung

Jede Kamera hat eine bestimmte Anzahl an Messfeldern, die über den gesamten Sucherbereich verteilt sind. Um die richtigen Belichtungswerte zu ermitteln, werden die einzelnen Messwerte auf verschiedene Arten miteinander in Beziehung gesetzt. Die Anzahl der Methoden variiert je nach Kameramodell. Die ausgewählte Messmethode bestimmt, wie die Werte der einzelnen Messfelder zueinander gewichtet werden. Wenn Sie mit einem halb manuellen Programm oder im manuellen Aufnahmemodus arbeiten, sollten Sie die verfügbaren Messmethoden und deren Wirkung kennen, wenn Ihnen beim Fotografieren auffällt, dass die Motive zu dunkel oder zu hell sind.

Standardmethode ist die Mehrfeldmessung. Hier wird einfach ein Mittelwert aus sämtlichen Messwerten gebildet. Das heißt, jeder Bereich im Sucher wird bei der Ermittlung der Belichtungswerte gleich berücksichtigt. Man kann sich vorstellen, dass bei Motiven mit sehr vielen hellen oder dunklen Bereichen die Bilder dementsprechend zu hell oder zu dunkel werden.

Fortschrittlicher sind die mittenbetonte Integralmessung, die Selektivmessung und die Spotmessung. Allerdings erfordern diese Methoden deutlich exakteres Arbeiten. Sie müssen sehr genau wissen, anhand welcher Motivbereiche Sie die Belichtungswerte ermitteln wollen und müssen – vor allem bei der Spotmessung. Oft werden Sie die Messwertspeicherung verwenden. Dies ist ein Feature, das in den professionelleren Aufnahmeprogrammen wie z. B. der Programmautomatik zur Verfügung steht.

Kamera- und Aufsteckblitz

Wenn Sie in einem der Aufnahmemodi P, A/Av, S/Tv oder M arbeiten, müssen Sie den Blitz bewusst steuern. Jede Kamera kann auf Wunsch automatisch blitzen, Sie müssen diese Automatik aber manuell aktivieren, z. B. indem Sie den integrierten Kamerablitz ausklappen oder einen entsprechenden Menübefehl aufrufen. Während in der Vollautomatik der Blitz dann aktiviert wird, wenn die Kamera es für nötig hält, sollten Sie mit den professionelleren Aufnahmeprogrammen die Motivsituation vor dem Auslösen hinsichtlich des Lichts einschätzen. Wenn Sie den Auslöser antippen und die Belichtungswerte entweder zu verrauschten oder zu verwackelten Bildern führen, muss der Blitz dazukommen.

In der Programmautomatik, der Blendenautomatik, der Zeitautomatik etc. haben Sie zudem Einfluss auf fortschrittlichere Blitzfunktionen wie das Blitzen auf den 2. Verschlussvorhang (für realistische Lichtspureneffekte bei sich bewegenden Motiven in der Nacht), die Blitzleistungskorrektur (wenn das Blitzlicht zu intensiv ist) oder die manuelle Blitzsteuerung. Standardfunktionen wie die Reduktion des Rote-Augen-Effekts sind verfügbar, können bei Bedarf aber auch abgeschaltet werden.

Besonders interessant in den professionellen Aufnahmeprogrammen: Sie können den Blitz auch bei hellem Tageslicht als Aufhellblitz verwenden, indem Sie die Blitzleistung nach unten korrigieren. Dadurch gibt der Blitz weniger Leistung ab, als die Belichtungsmessung eigentlich ergeben würde. Motive in der Nähe bekommen also etwas Licht ab, die Farben werden strahlender, und die Wirkung des Sonnenlichts wird nicht allzu sehr durch das Blitzlicht gestört.

Fokussierung und Autofokusmodi

Wenn die Autofokusfunktion durch den entsprechenden Schalter aktiviert ist, stellt die Kamera nach dem Antippen des Auslösers automatisch scharf. Sie visieren also das Motiv an, drücken den Auslöser halb durch, und das Motiv wird korrekt fokussiert. Mit der Programmautomatik erhalten Sie einige Möglichkeiten, auf die Arbeitsweise des Autofokussystems Einfluss zu nehmen.

Sie können den AF-Modus an Ihre Motive anpassen, Sie können die AF-Messfelder einzeln oder in Gruppen (je nach Kameramodell) aktivieren und deaktivieren, Sie können sogar die Tasten an der Kamera über Individualfunktionen so umprogrammieren, dass der Autofokus beispielsweise nicht durch den Auslöser, sondern durch eine andere Taste gestartet wird. Jede moderne Kamera bietet Autofokusmodi für statische oder sich bewegende Motive.

Der AF-Modus für statische Motive ist Standard, hierbei wird einmal scharf gestellt, und Sie können auslösen. Wird ein sich bewegendes Motiv mit der Kamera verfolgt, muss die Schärfe permanent nachjustiert werden. Mit der Programmautomatik können Sie dazu den Autofokusmodus manuell aktivieren.

Probleme macht der Autofokus, wenn sich unterschiedlich weit entfernte Motive überlappen oder Sie z. B. auf die spiegelnde Brille oder auf die Haare eines Models scharf stellen möchten. In dem Fall sollten Sie manuell fokussieren. Sie müssen den entsprechenden Regler am Objektiv auf M/MF stellen und die Schärfe über den Schärfering am Objektiv festlegen.

4 IM STUDIO FOTOGRAFIEREN

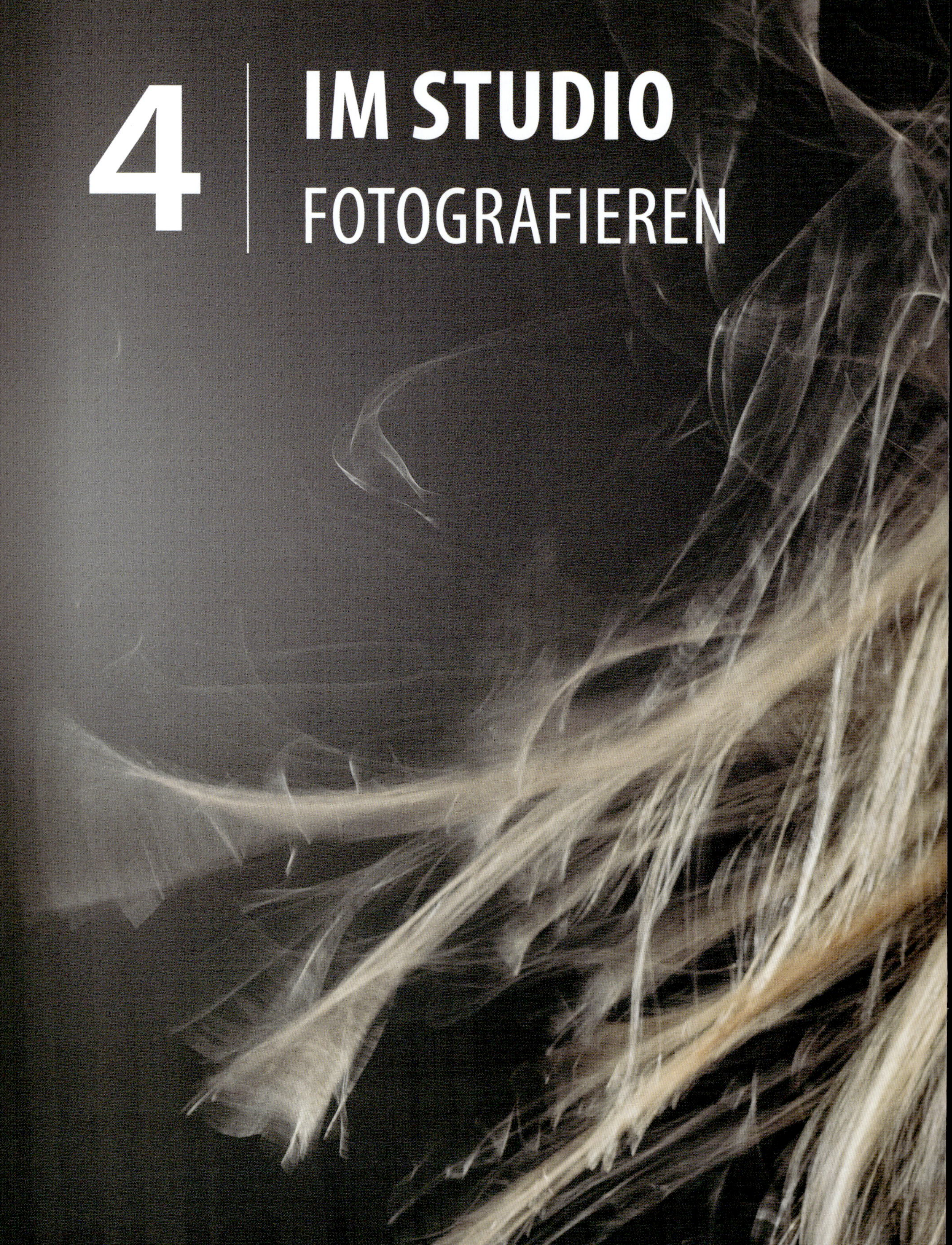

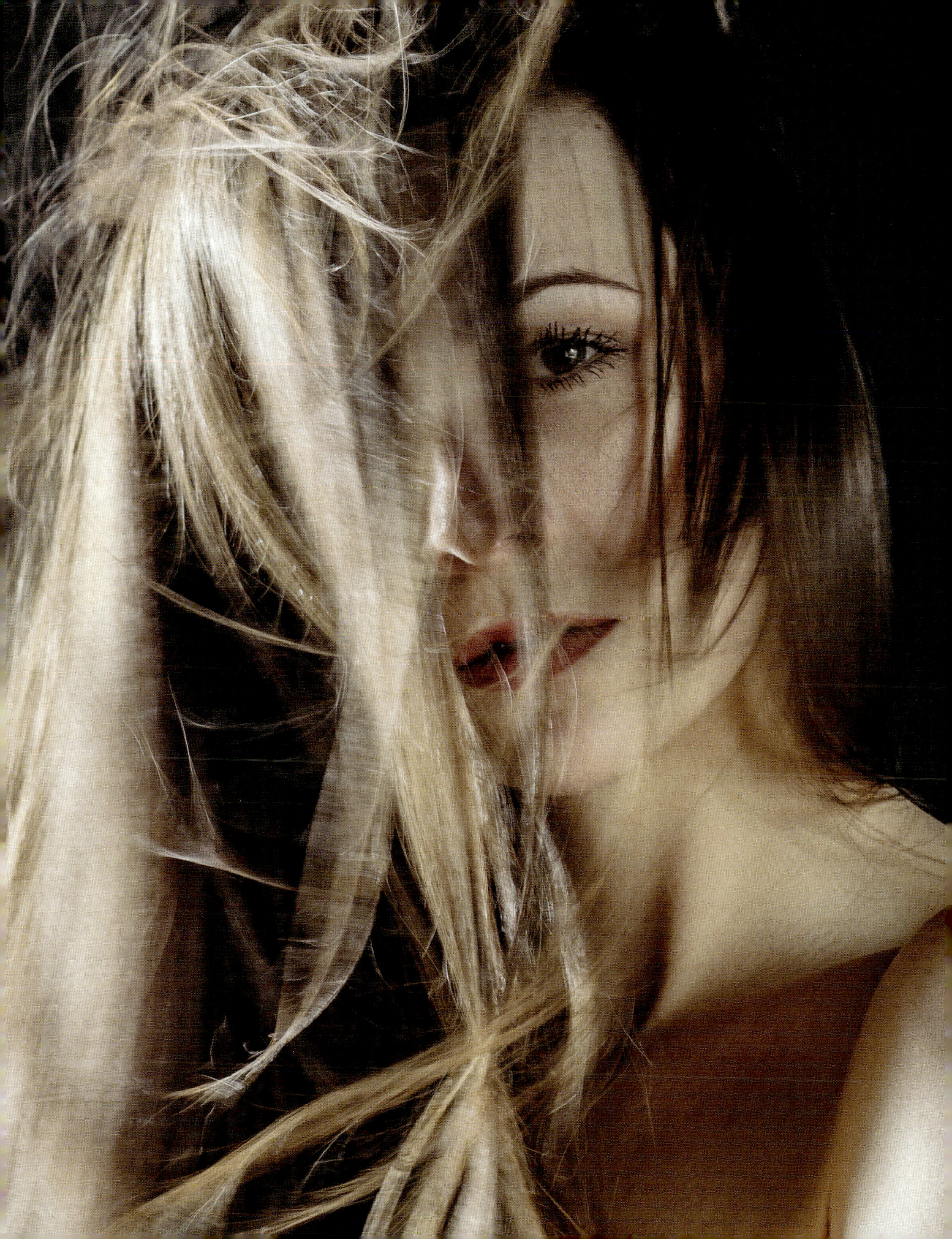

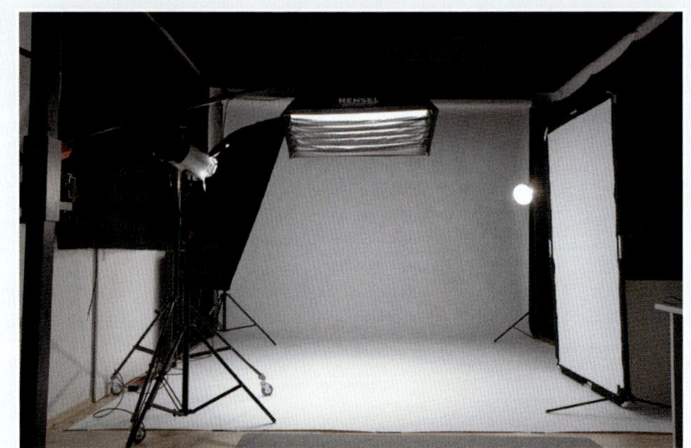

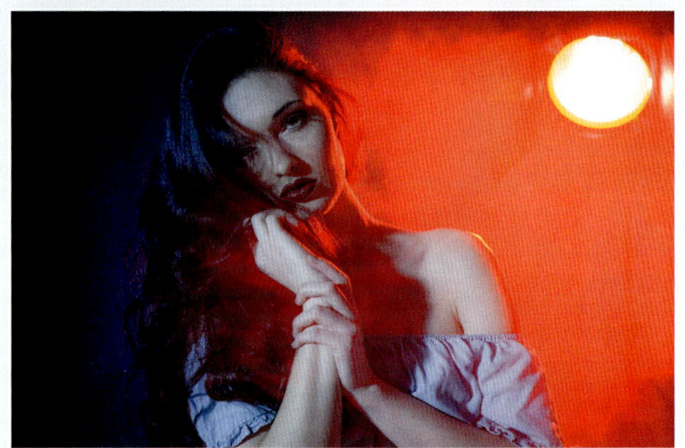

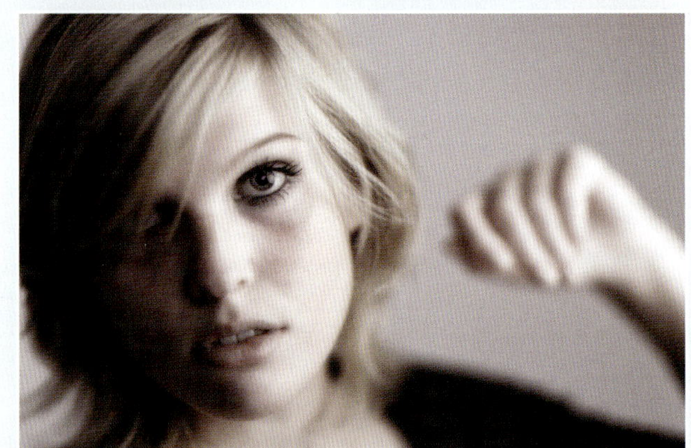

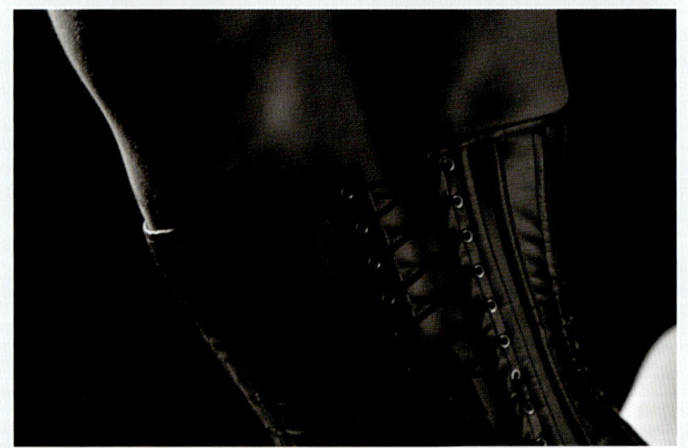

4

Im Studio fotografieren

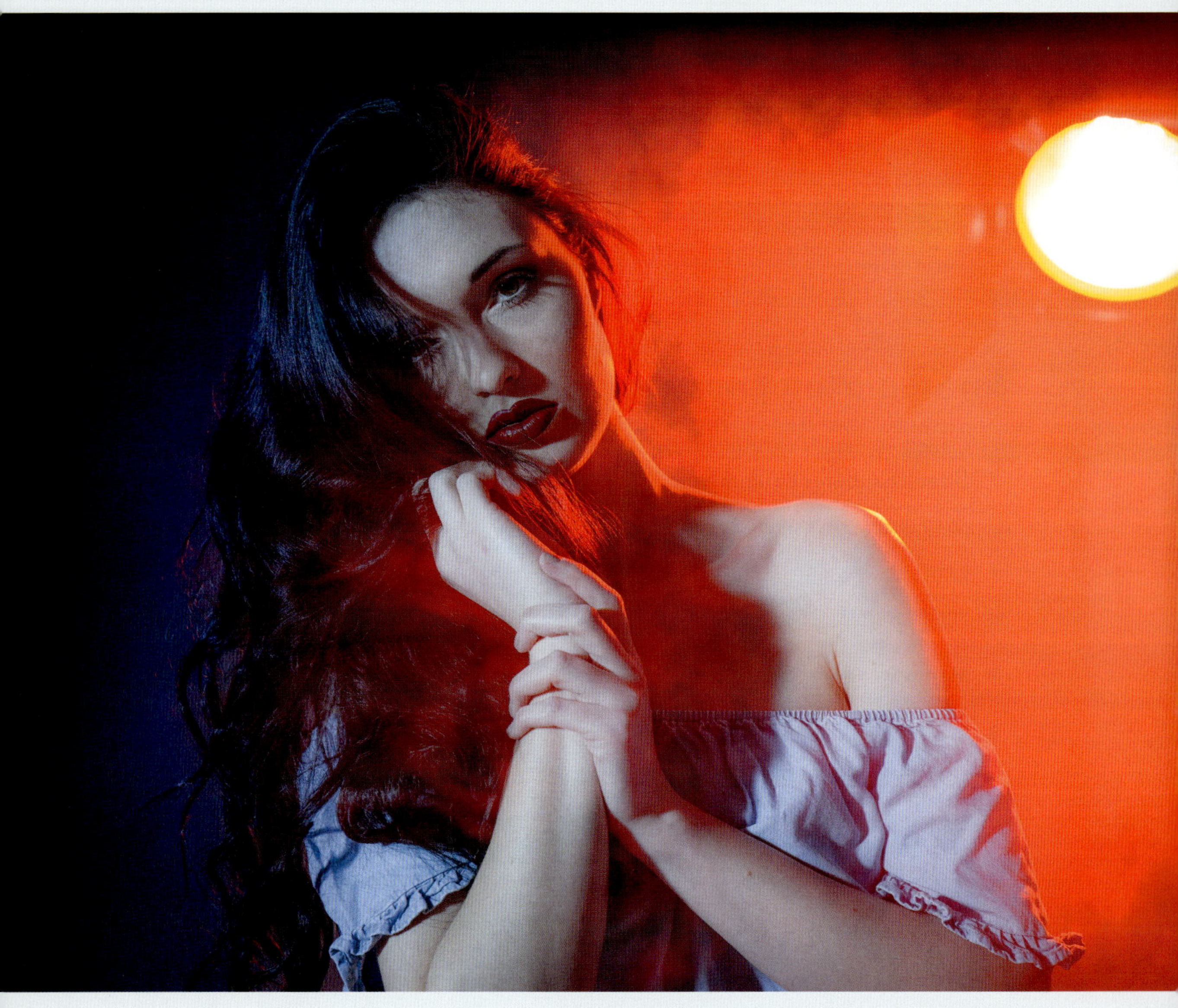

Mit zwei Lampen und ein paar Farbfolien ist man schon sehr gut ausgestattet, um die ersten Versuche im eigenen Fotostudio zu machen.

ISO 100 | Brennweite 64 mm | Blende 5.6 | Belichtungszeit 1/60 s

Muss man mit mindestens vier Blitzgeräten samt verschiedenen Lichtformern, einem Hintergrundsystem samt Kartonrollen und Stoff, einer Windmaschine sowie einer Dekoplastiksäule anfangen, um tolle Porträts zu machen? Wenn man so manchem Amateurfotografen oder Zubehörhändler zuhört, könnte man das glauben. Aber keine Sorge, so funktioniert die Branche eben. Man möchte den potenziellen Kunden etwas verkaufen, das viel verspricht, aber nur mit gewisser Erfahrung wirklich zu besseren Bildern führt.

Eine gute Lichtquelle samt Stativ und Auslöser genügt für etliche Bildstile in der Porträtfotografie völlig – was nicht heißt, dass man zusätzliche Ausrüstung nicht sinnvoll einsetzen könnte. Aber bitte nicht von Anfang an einen Haufen Equipment anschaffen, das dann nur unbenutzt in der Ecke steht, weil man nicht weiß, was man damit eigentlich tun soll. Sie werden mit Sicherheit irgendwann an einen Punkt kommen, an dem Sie sich das eine oder andere Stück Technik wünschen. Erst dann ist die Zeit gekommen, die Kreditkarte zu zücken.

Überschaubares Equipment

Wenn Sie einen Menschen im eigenen Studio fotografieren, setzen Sie nicht auf die Wirkung Ihrer Beleuchtungsanlage. Setzen Sie nur ein, was Sie für das Porträt benötigen! Kein Licht zu viel, keinen schrill-aufdringlichen Hintergrund – und sei er auch noch so trendy –, wenn er nicht zum geplanten Porträt passt. Räumen Sie das Studio so weit wie möglich aus und auf, um eine entspannte Atmosphäre zu erzeugen. Das totale Chaos aus Equipment, Requisiten und Computern zeigt eher, dass Sie planlos sind. Und wenn Sie im Studio eine wenig bekleidete Person fotografieren, sorgen Sie für die passende Raumtemperatur. Eine Mutter mit Baby, schon geboren oder noch im Bauch, wird nie wieder zu Ihnen kommen, wenn Mama oder Säugling frieren.

Der Fehler, den die meisten (männlichen) Amateure zu Beginn ihrer Karriere machen, ist immer der gleiche. Man lässt sich durch die Ausrüstung von deren Sinn ablenken und begeistert sich mehr für seine Blitzgeräte, Kameras, Objektive und Hintergründe als für den Menschen, der fotografiert werden soll. Deshalb der wichtigste Rat gleich zu Beginn: Verwenden Sie immer nur das an Equipment, was für eine Aufnahme und die Umsetzung einer Bildidee nötig ist. Alles andere stört und lenkt

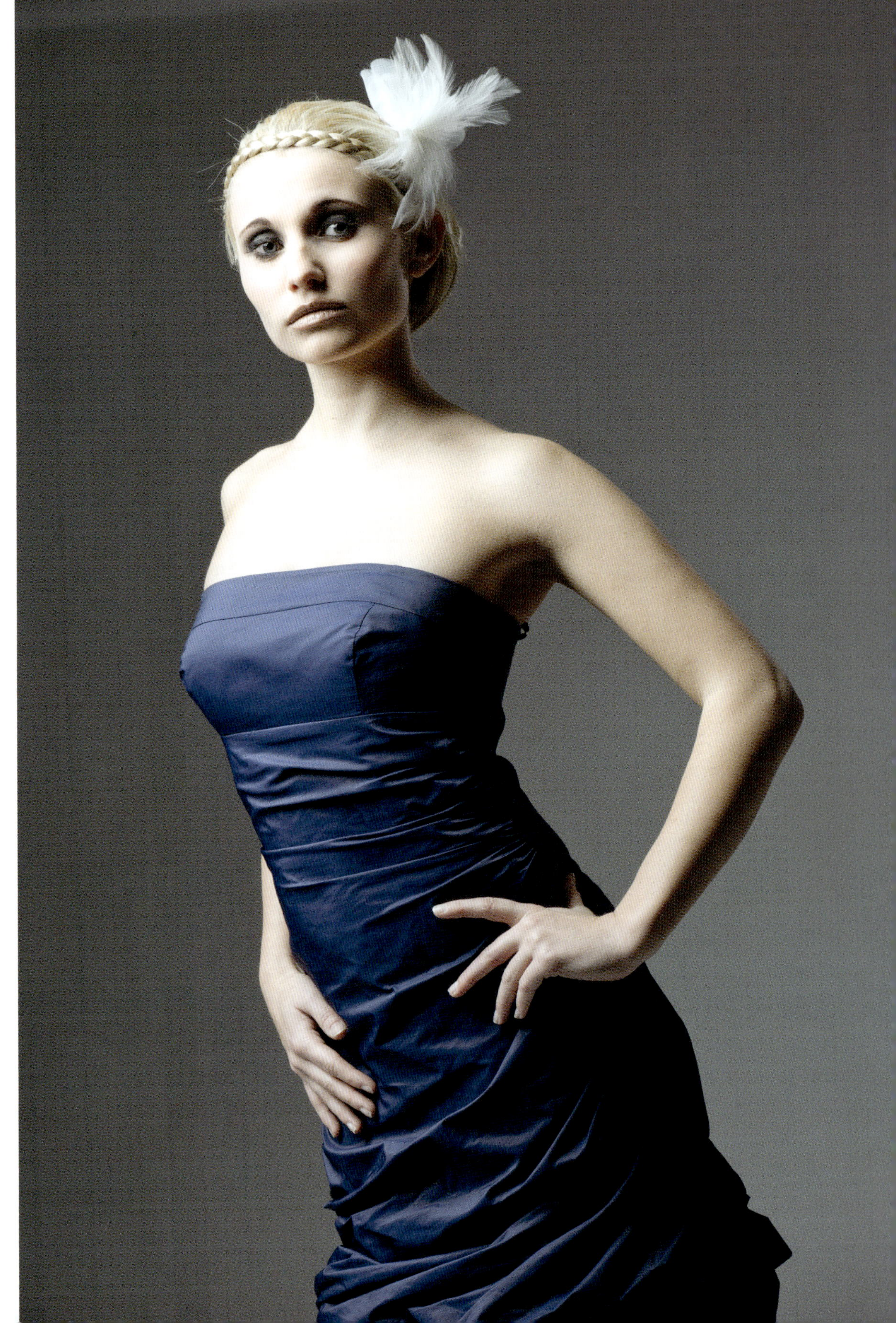

ab. Sie werden früher oder später an einen Punkt kommen, an dem Sie zusätzliche Ausstattung benötigen. Und wenn es nicht gerade um einen kommerziellen Auftrag im fünfstelligen Bereich geht, der am nächsten Tag bei der Werbeagentur liegen muss, ist dann sicher noch genug Zeit, die Ausrüstung aufzustocken.

Mehr Erfahrung, mehr Ausrüstung

Ihre Ausrüstung sollte mit den Aufgaben wachsen. Machen Sie gern Porträts Ihrer Familie im Freien, reicht eine Kamera mit halbwegs lichtstarkem Objektiv, am besten mit leichter Telebrennweite. Die meisten Kompaktkameras sind für Porträts ganz gut geeignet, bauartbedingt ist aber die Schärfentiefe in den Fotos im Vergleich zu SLR-Bildern viel größer (kleiner Sensor – große Schärfentiefe). Das heißt, der Hintergrund wird bei gleichem Abstand zwischen Kamera und Motiv deutlich schärfer sein, als wenn Sie ein Porträt mit einer Spiegelreflexkamera fotografieren, die einen viel größeren Sensor hat.

Interessieren Sie sich ernsthaft für die Porträtfotografie und möchten ins Studio, werden Sie um eine spiegellose System- oder eine Spiegelreflexkamera nicht herumkommen. Im Studio dann benötigen Sie zumindest eine künstliche Lichtquelle. Haben Sie nicht gerade ein Tageslichtstudio mit flexibel zu verdunkelnden Fensterflächen, muss Licht von einem Blitzgerät oder einer Studiolampe kommen. Sonst ist es zu finster für Porträts. Ein paar Deckenlampen oder ein Baustrahler sind für gute Porträts nur sehr bedingt ausreichend.

Mit einem Blitzgerät haben Sie schon viele Möglichkeiten und können sehr flexibel an eine Situation herangehen. Sie können die Entfernung zum Model ändern und damit sowohl die Härte der Schatten als auch die Lichtmenge steuern, Sie können den Einfallswinkel variieren (Schattenrichtung), und Sie können die Lichtleistung verändern (wenig Licht – offene Blende – unscharfer Hintergrund). Wenn Sie nun noch mit verschiedenen Hintergründen oder Accessoires wie z. B. Möbeln experimentieren, haben Sie eine Weile zu tun, um alle Möglichkeiten eines einfachen Aufbaus auszuschöpfen.

Licht verändern mit Lichtformern

Gerade in der Porträtfotografie kommt es entscheidend auf das Licht und dessen Charakter an. Klingt schwammig, ist aber ein konkretes Problem, das man kreativ lösen muss. Großflächige Lichtformer wie Softboxen oder Durchlichtschirme erzeugen weiches Licht und weiche Schatten, Lichtformer mit kleiner

Der Hintergrund ist eigentlich weiß, hat aber für diese Aufnahmen einfach kein direktes Licht abbekommen. Daher wird er grau.

ISO 100 | Brennweite 85 mm | Blende 16 | Belichtungszeit 1/160 s

Künstliche Lichtquellen

Wenn nicht genug Tageslicht zum Fotografieren da ist, brauchen Sie Kunstlicht. Beginnend bei den ersten Magnesiumblitzen, die man nur noch aus Filmen und dem Museum kennt, bis zu den heutigen systemkonformen Blitzgeräten zum Aufstecken sind die kleinen und großen Lichtspender immer benutzerfreundlicher geworden. Unter den Begriff des Kunstlichts fällt jedoch nicht nur elektrisch erzeugtes Licht von Blitzgeräten, Lampen und Scheinwerfern, sondern auch z. B. der Schein von Feuer. Jede dieser Lichtquellen lässt sich für kreative Zwecke einsetzen, wobei sich elektrisch erzeugtes Licht im Heimstudio natürlich gezielter steuern lässt.

Bis vor einigen Jahren gab es ausschließlich Zusatzblitzgeräte, bei denen der Fotograf sehr genau wissen musste, aus welcher Entfernung und mit welchen Kameraeinstellungen er fotografiert. Man musste sich mit Formeln zur Berechnung von Motivabstand und notwendiger Lichtmenge herumplagen. Inzwischen nehmen vollautomatische Blitzgeräte dem Fotografen alle manuellen Berechnungen ab und sorgen selbstständig für die perfekte Ausleuchtung. Jeder kamerainterne Blitz kommuniziert so effizient mit der Digitalkamera, dass in fast allen fotografischen Situationen richtig belichtete Bilder entstehen. Es gibt nur ein paar Ausnahmen, wie etwa überstrahlte Köpfe im Vordergrund, rote Augen oder der Tunneleffekt beweisen.

Auch (Heim-)Studioblitze haben im Hinblick auf einfache Bedienung und Leistung einen großen Sprung nach vorn gemacht. Unter anderem gibt es Studioblitzgeräte, die sich schon per App mit dem Smartphone steuern lassen. Ebenfalls verändert haben sich die technischen Eigenschaften von Dauerlichtquellen wie Studiolampen oder Scheinwerfern, deren Hauptvorteil darin liegt, dass man eine Szene perfekt arrangieren kann und schon vor dem Abdrücken sieht, wie Licht und Schatten fallen. Heute gibt es neben den älteren Halogenlampen Geräte mit LEDs, die dimmbar sind und deren Farbtemperatur sich anpassen lässt. Wer nicht nur fotografiert, sondern auch filmt, wird mit diesen modernen Studiolichtern sicher glücklicher werden als mit Blitzgeräten, die immer ein gewisses Maß an Einarbeitung und Erfahrung erfordern.

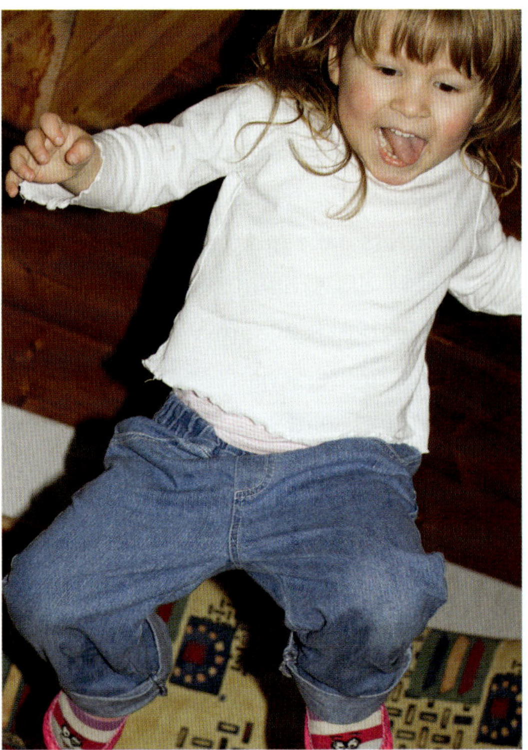

Das harte Licht eines Aufsteckblitzes kann dazu führen, dass Gesichter überstrahlen oder harte, meistens ziemlich hässliche Schlagschatten entstehen.

Abstrahlfläche wie Spots oder Tuben richten das Licht mehr oder weniger klar aus. Je kleiner die Abstrahlfläche, desto härter die Schatten. Aber auch das Licht von eigentlich weichen Lichtformern kann man richten, indem man Wabenfilter bzw. Louvers einsetzt. Diese gitterartigen Hilfsmittel sind schwarz und verhindern eine zu große Streuung.

Neben den Klassikern wie Schirmen, Softboxen, Striplights (sehr schmalen Softboxen), Spots und Reflektoren gibt es noch Beauty-Dishes mit relativ großer Abstrahlfläche und weichem Licht, die für die Porträtfotografie toll geeignet sind, wenn es vor allem um Gesichter und weniger um Ganzkörperaufnahmen geht.

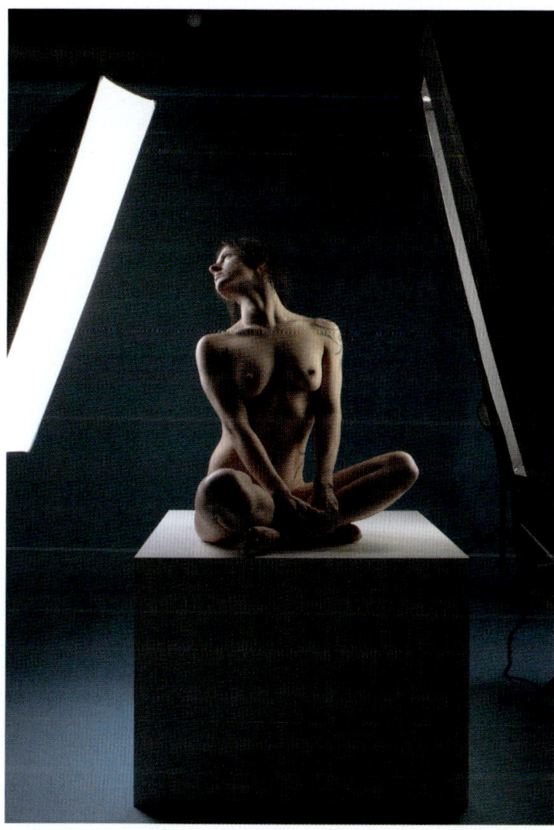

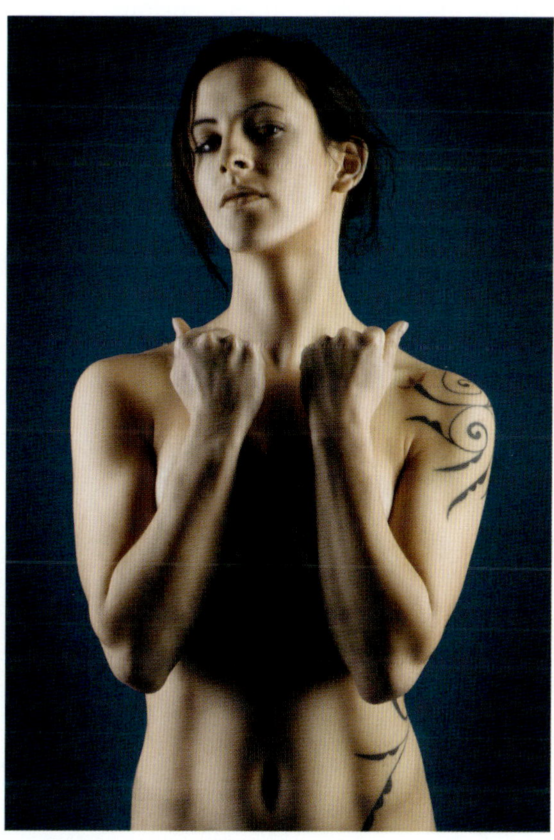

Zwei seitlich aufgestellte Lichtquellen (Striplights) erzeugen Lichtkanten um Körper und Gesicht, der mittlere Bereich bleibt dunkler.

ISO 100 | Brennweite 85 mm | Blende 9.0 | Belichtungszeit 1/100 s

Reflektoren sind wichtig und nützlich

Unbedingt zu empfehlen für die Porträtfotografie im Studio sind Reflektoren. Gerade wenn man anfangs mit nur einem Licht auskommen möchte oder muss, sind Reflektoren preisgünstige Alternativen zum Aufhellen von Schatten oder/und für dezente Lichteffekte. Reflektoren gibt es in verschiedenen Größen und Formen, Farben und Beschichtungen. Porträts werden häufig mit zusätzlichem Goldreflektor gemacht, um der Haut einen wärmeren Ton zu geben. Eine besondere Art von Reflektor wird dazu benutzt, Schatten zu verstärken. Dabei handelt es sich um schwarze Reflektoren, die Licht einfach absorbieren. Eine auf einer Seite schwarz angemalte Styroporplatte ist sehr häufig in professionellen Porträtstudios zu finden, weil sie einfach herzustellen, praktisch und effektiv ist.

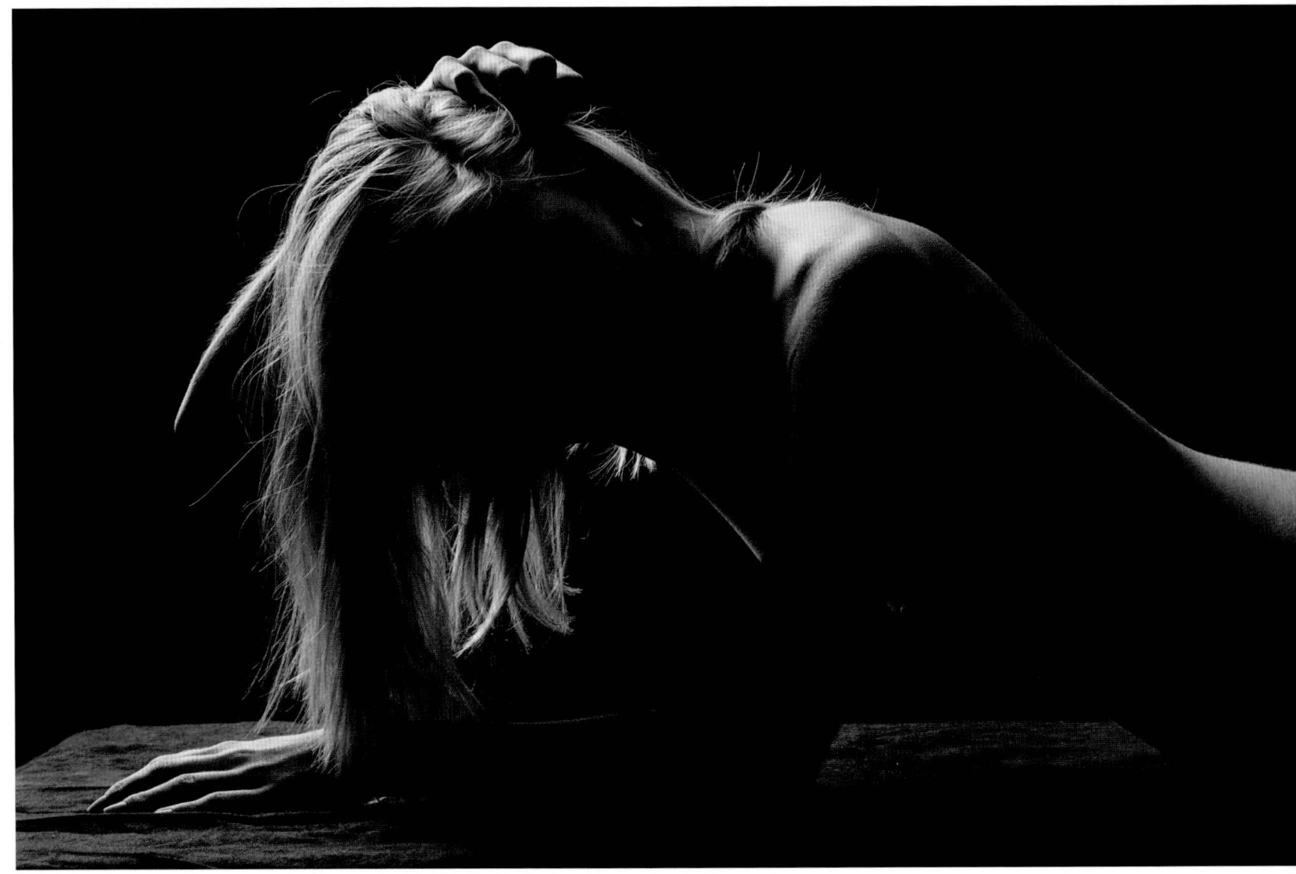

Eine große Lichtquelle von hinten erzeugt eine scherenschnittartige Kontur. Wenn man von vorne aufhellen möchte, damit man in den Schatten noch ein paar Details erkennt, bietet sich ein Reflektor an.

ISO 100 | Brennweite 82 mm | Blende 14 | Belichtungszeit 1/100 s

Manuelle Kameraeinstellungen kennen

Wer im Studio fotografiert, muss seine Kamera und die manuellen Einstellungsmöglichkeiten kennen. Sie müssen im Studio bei Blitzlicht im manuellen Modus arbeiten und die Belichtungswerte selbst festlegen. Haben Sie ausschließlich Dauerlichtquellen, kommen natürlich auch automatische oder halb automatische Programme infrage, bei denen die Kamera die Belichtungswerte automatisch festlegt. Verwenden Sie auf jeden Fall einen niedrigen ISO-Wert für minimales Bildrauschen. Entscheiden Sie sich dann für eine Blende, um die Schärfentiefe zu steuern (kleiner Blendenwert – geringe Schärfentiefe und umgekehrt).

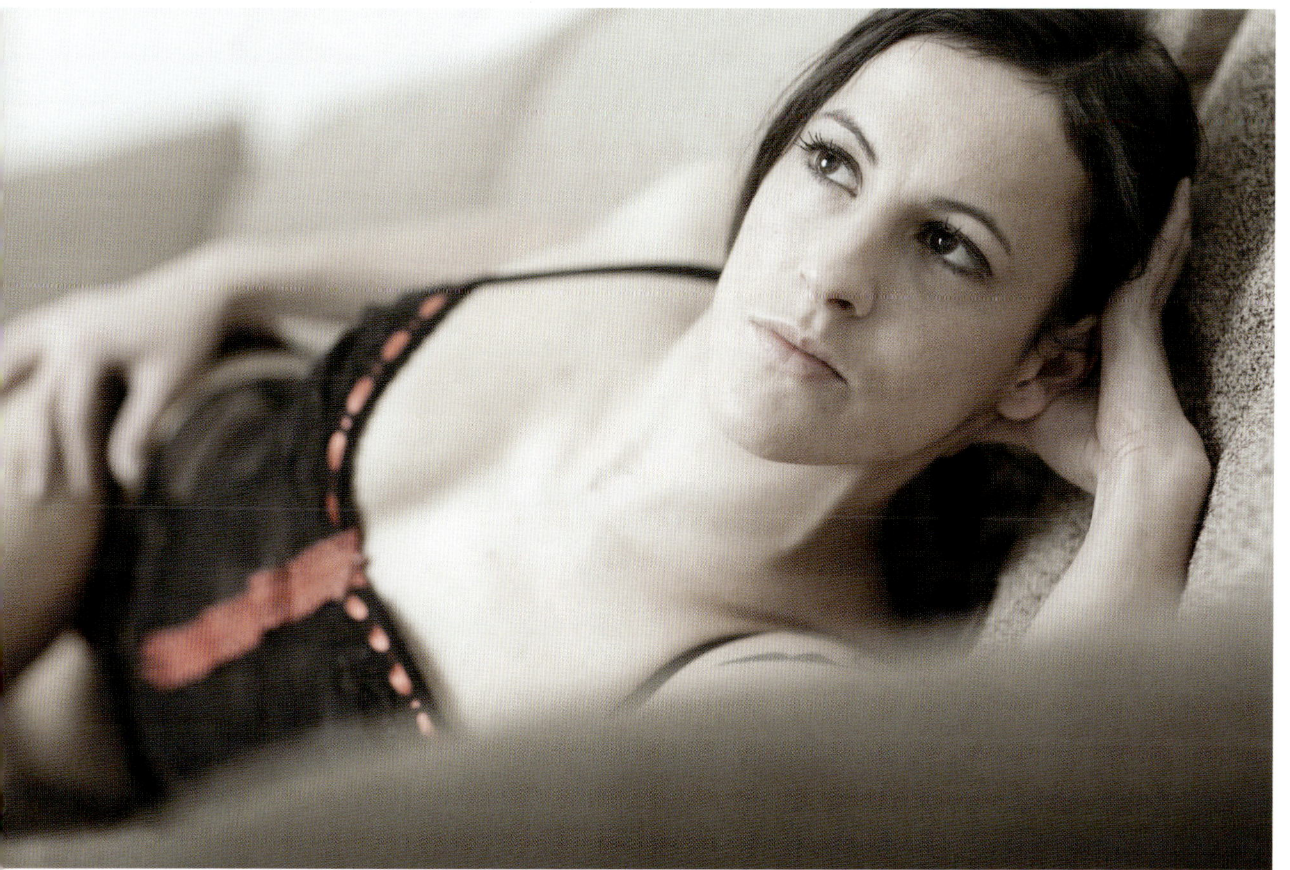

Tageslicht, das durch ein Fenster fällt, kann schon ausreichen für stimmungsvolle Fotos. Hier wurde mit offener Blende und hoher Empfindlichkeit fotografiert.

ISO 800 | Brennweite 85 mm | Blende 1.2 | Belichtungszeit 1/80 s

Porträts im Ringblitzstil

Wollen Sie auf einfache Weise Fotos von Menschen gestalten, die wie Titelbilder älterer Modemagazine wirken, benötigen Sie dazu einen hellen Raum mit weißem Hintergrund und ein Blitzgerät mit einer großen Softbox. In der Modefotografie wurden Models früher oft frontal mit einem Ringblitz mit ringförmiger Blitzröhre ausgeleuchtet. Solche Spezialblitzgeräte hellen Gesichter gleichmäßig auf und konturieren sie mit einem um den Kopf laufenden Schatten. Leider sind professionelle und leistungsstarke Ringblitze sehr teuer. Kleine Ringblitze für die Makrofotografie sind nicht stark genug, um einen ganzen Körper auszuleuchten.

Für Ihre Aufnahmen benötigen Sie eine große Lichtquelle wie eben eine große Softbox. Stellen Sie das Blitzgerät mit Softbox hinter sich auf, sodass Sie mit Ihrem Körper den inneren Bereich der Softbox abdecken. Dadurch entsteht ein ganz ähnlicher Effekt wie bei einem Ringblitz. Verfügen Sie über zwei Blitzgeräte oder Fotolampen, können Sie damit ebenfalls Stimmungen wie in der Modefotografie erreichen.

Stellen Sie dazu die beiden Geräte – am besten mit Softboxen oder Reflexschirmen – nah nebeneinander vor Ihr Model. Fotografieren Sie durch einen Spalt zwischen den beiden Lampen hindurch. Diese frontale Beleuchtung wird Ihr Model wie eine Coverschönheit aussehen lassen. Um diesen Eindruck zu vervollkommnen, sollten Sie Ihre Kamera so einstellen, dass eine leichte Überbelichtung entsteht. Die Haut des Models wird dadurch ebenmäßiger dargestellt, und Hautunreinheiten werden kaschiert.

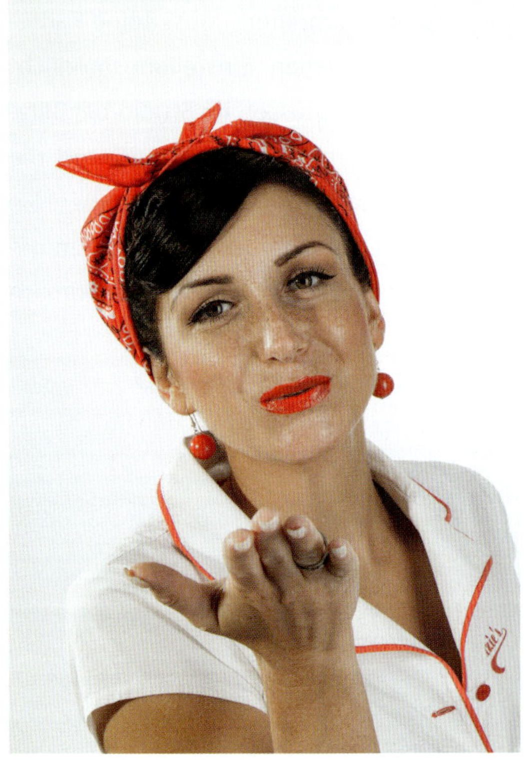

Eine große Lichtquelle von vorn, die hinter dem Fotografen steht, ist ein ideales Beauty-Licht. Hier wurde zusätzlich noch der Hintergrund mit zwei Blitzköpfen mit Normalreflektoren komplett weiß geblitzt.

ISO 100 | Brennweite 145 mm | Blende 10 | Belichtungszeit 1/125 s

Je nach Aufnahmeprogramm steuert die Kamera dann die Verschlusszeit automatisch.

Die kürzeste mögliche Verschlusszeit mit Blitzlicht wird durch die Synchronzeit der Kamera vorgegeben. Das Kamerahandbuch sagt Ihnen, welche Synchronzeit/Blitzsynchronzeit Ihre Kamera unterstützt. Üblicherweise liegt sie bei ca. 1/200 Sekunde. Diese Zeit darf nicht unterschritten werden, da ansonsten schwarze Ränder durch den einen der beiden Verschlussvorhänge im Bild erzeugt würden. Eine Verschlusszeit von ca. 1/125 Sekunde ist im Studio für Porträts üblich, damit die Bilder perfekt scharf werden. Kleiner Hinweis zur Technik: Die allermeisten Kameras arbeiten mit einem sogenannten Schlitzverschluss, bei dem beim Belichten zwei metallene Vorhänge schnell den Sensor freigeben. Fotografieren Sie mit einer älteren bzw. professionellen Studiokamera mit Zentralverschluss, ist die Blitzsynchronzeit irrelevant. Ein Zentralverschluss lässt sich beim Blitzen mit Studioblitzgeräten mit beliebigen Verschlusszeiten der Kamera verwenden.

Zum Schluss entscheidet über den Look eines Porträts noch die Brennweite, die, wie schon öfter gesagt, bei rund 85 mm (Kleinbildäquivalent) liegen darf. Und noch ein Tipp zum Weißabgleich: Da Blitzlicht üblicherweise eine Farbtemperatur von ca. 5.500 Kelvin hat, sollten Sie diesen Wert auch für den Weißabgleich der Kamera einstellen. Ist es mit Ihrer Kamera nicht möglich, einen Wert festzulegen, verwenden Sie den Weißabgleich für Blitzlicht. Sind Ihnen die Farben zu kühl, probieren Sie eine andere Voreinstellung oder die Weißabgleichsautomatik aus.

Klassische Lichtsetzung im Studio

Die Wirkung eines Porträts ist natürlich auch abhängig von Pose und Blick. Was aber ein gutes von einem perfekten Porträt unterscheidet, ist der gekonnte Einsatz von Licht. Das klassische Set-up im Porträtstudio besteht aus drei bzw. vier Lichtquellen. Dazu gehören Strahler, Blitzgeräte oder das durch ein Fenster fallende Sonnenlicht. Aber auch Reflektoren, die das Licht von Strahler oder Blitz zurückwerfen, sind Lichtquellen im weiteren Sinne.

Die wichtigsten Lichtquellen

Das wichtigste Licht ist immer das sogenannte Hauptlicht. Alle weiteren Lichter bzw. Reflektoren sind zum Aufhellen, für Nebendetails und den Hintergrund da. Neben dem Hauptlicht kommt meist eine weitere Lichtquelle ins Spiel, die als Aufheller für die Schatten dient. Das kann ein weiteres Blitzgerät oder auch ein Reflektor sein. Die dritte Lichtquelle, die auch aus mehreren einzelnen Beleuchtungsgeräten bestehen kann, sorgt für die Beleuchtung des Hintergrunds. Häufig werden einzelne Strahler

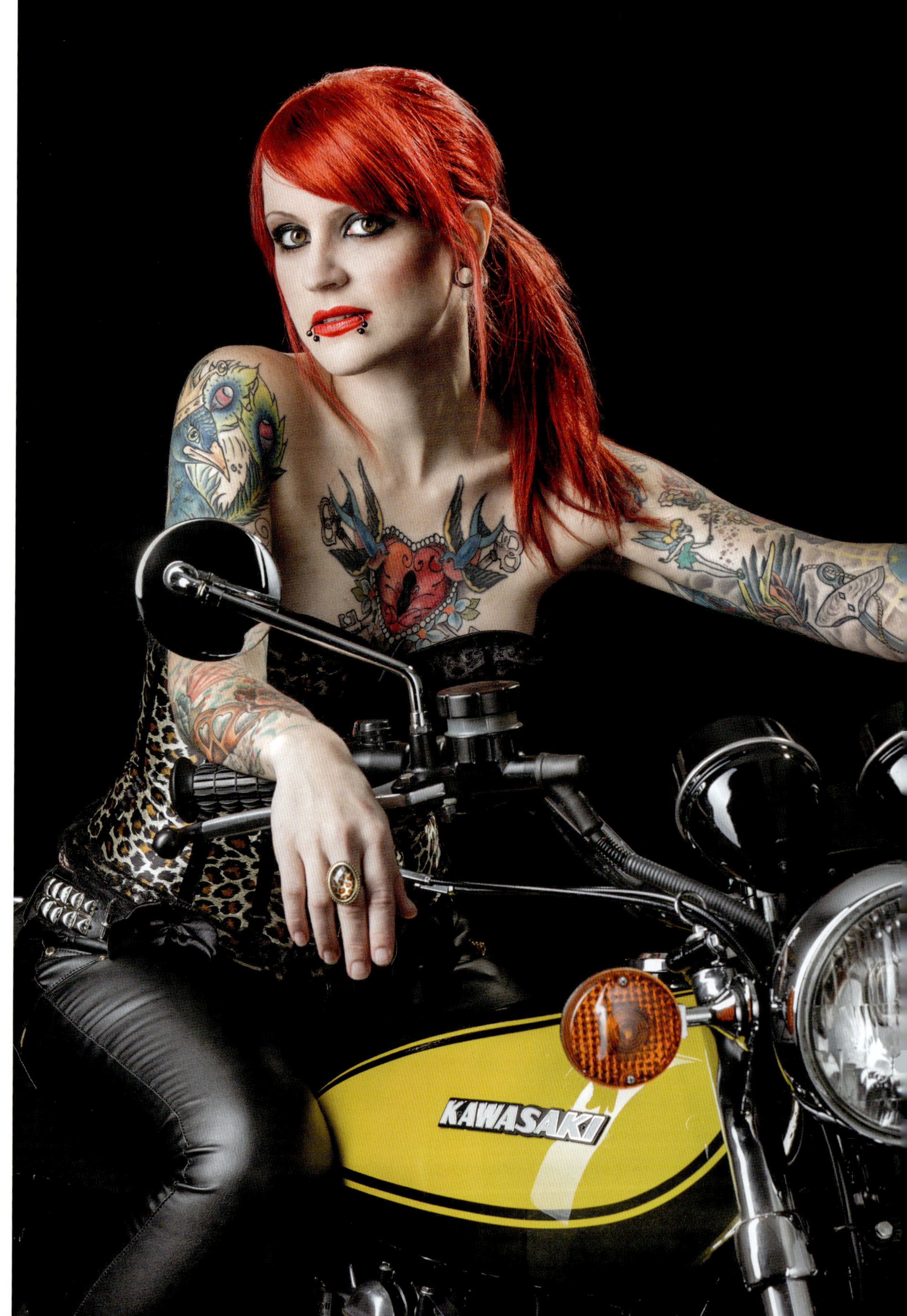
KAWASAKI

oder Studioblitze so aufgestellt, dass Helligkeitsverläufe im Hintergrund erzeugt werden. Aber auch punktförmige oder durch Gobos modifizierte Lichteffekte (z. B. Jalousien- oder Wolkeneffekte) sind möglich.

Effektlicht für mehr Plastizität

Wenn ein Porträt besonders plastisch werden soll, kann man noch eine vierte Lichtquelle einsetzen – das Effektlicht. In den eher konservativen Porträtstudios um die Ecke ist diese Art der Lichttechnik noch sehr weit verbreitet.

Ein Spot wird von hinten auf die Haare des Models gerichtet, um einen verträumten, hellen Lichtsaum um den Kopf zu erzeugen und die Haare erstrahlen zu lassen. Da dieser Lichtstil schon sehr lange verwendet wird, wirken Porträts mit Effektlicht ein wenig altmodisch, wenn das Effektlicht zu dominant ist. Dennoch, einen Versuch ist es auf jeden Fall wert, wenn Sie eine Lichtquelle übrighaben. Und schließlich muss man ja nicht unbedingt die Haare betonen, sondern kann auch anderen Bildbereichen mit ein wenig Zusatzlicht zu mehr Aufmerksamkeit verhelfen.

Das Effektlicht, ein eng abstrahlender Spot, wurde hier auf die Haare gesetzt, um den Kopf noch deutlicher vom Hintergrund zu trennen und die Haare zum Leuchten zu bringen.

ISO 100 | Brennweite 80 mm | Blende 5.6 | Belichtungszeit 1/180 s

Hartes Licht von schräg hinten

Nach wie vor ziemlich angesagt ist eine Variante des Effektlichts, bei der man es als recht deutliches Gegenlicht einsetzt. Ein oder zwei Lichtquellen – oft wird mit zwei Striplights oder Normalreflektoren gearbeitet –, die leicht nach hinten versetzt sind, erzeugen an den Seiten des Models helle Verläufe, die einen harten, kontrastreichen Look ins Motiv bringen. Wichtig hierbei ist vor allem, dass man die Lichtmenge des harten Gegenlichts exakt dosiert, damit die Helligkeitsverläufe an den Seiten nicht überstrahlen.

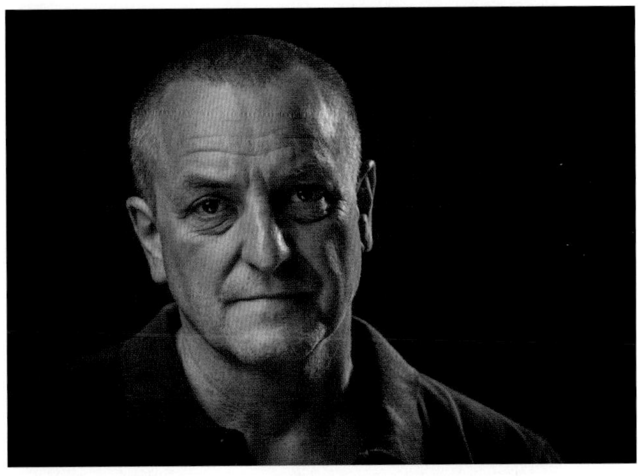

Für dieses markante Künstlerporträt wurde neben einer großen Softbox von links vorn noch ein zusätzliches Blitzgerät mit Standardreflektor von rechts hinten verwendet. Durch den harten Helligkeitsverlauf entsteht ein interessanter Kontrast zwischen linker und rechter Gesichtshälfte.

ISO 100 | Brennweite 110 mm Mittelformat | Blende 5.6 | Belichtungszeit 1/90 s

Styroporplatte positionieren

Eine weiße Styroporplatte kann man auf verschiedene Weise positionieren: entweder gegenüber der Hauptlichtquelle (Sonne), wodurch sie Licht in die Schattenpartien wirft, oder als Verlängerung der Hauptlichtquelle, also quasi neben der Sonne, um die vom Licht betroffenen Partien zu vergrößern. Und wenn Sie mehr Schatten brauchen, pinseln Sie die Rückseite der Platte einfach mit schwarzer Dispersionsfarbe an.

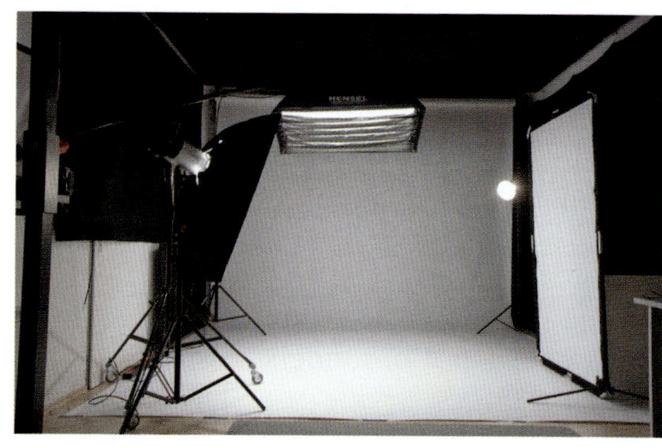

Drei Blitzgeräte mit Stativen und Lichtformern, weißer Hintergrund und Reflexwand – das ist schon die gehobene Studioausstattung für Porträts.

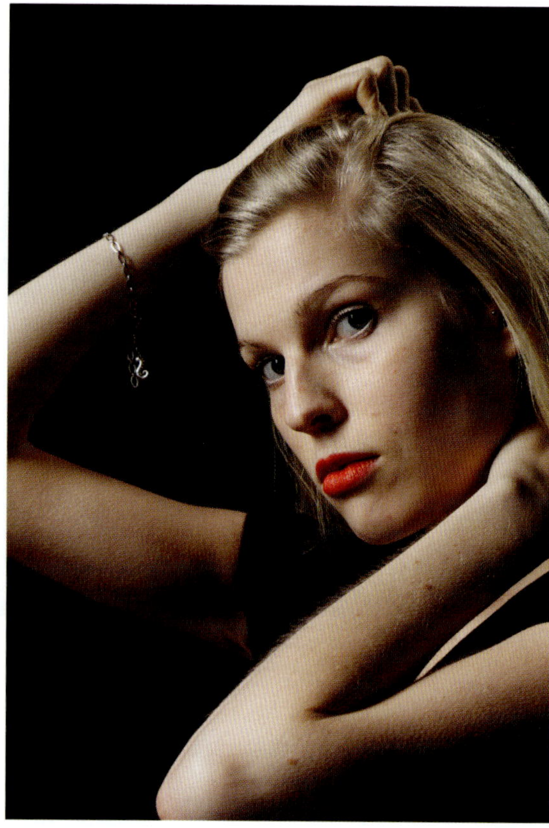

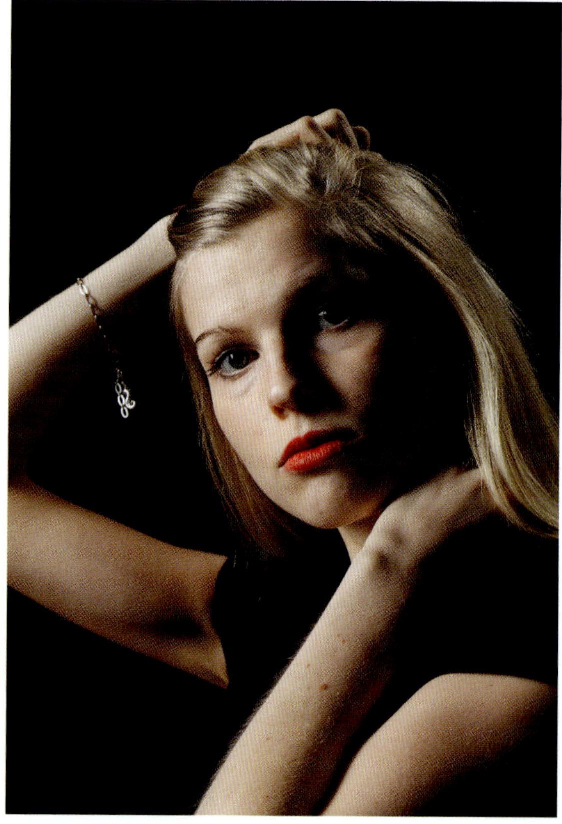

Gleiches Set-up, nur der Kopf wurde für intensivere Schatten leicht gedreht – um verschiedene Lichtstimmungen zu erzeugen, genügt es oft, einfach nur die Pose leicht zu variieren.

ISO 100 | Brennweite 85 mm | Blende 8.0 | Belichtungszeit 1/160 s

Günstiges Lichtequipment

Kein Geld für Wahnsinnsausrüstung? Macht nichts. Denn die Sonne und eine Styroporplatte genügen völlig für coole Porträts. Reflektoren sind – und das darf man durchaus in dieser Deutlichkeit so sagen – von vielen Amateuren völlig unterschätzte Wunderdinger. Sie sind leicht, billig, mit ein klein wenig Erfahrung einfach zu handhaben und bewirken ohne großen Aufwand das Gleiche wie ein Aufhellblitz mit Softbox. Der wiederum ist schwieriger zu handhaben, da man seine Leistung exakt steuern muss, um keine unnatürlich wirkende Lichtsituation zu bekommen.

Mit einer Lichtquelle arbeiten

Mit einem einzigen Licht kann man in der Fotografie wahre Wunder bewirken. Denken Sie nur mal daran, was man allein mit der Sonne als Lichtquelle alles anstellen kann. So wie sich die Sonne für ganz unterschiedliche Lichtspielereien einsetzen lässt, so kann man auch mit einer einzigen Lichtquelle viele verschiedene Arten von Fotostimmungen erzeugen.

Lichtaufbau – wie geht das?

Definiert wird der Lichtaufbau durch mehrere Faktoren: Lichtrichtung, die Größe der Lichtquelle, die Lichtstärke, die Lichtfarbe. Wenn Sie nun glauben, dass ja noch so etwas wie die Art des Lichtformers fehlt, stimmt das nur teilweise. „Eine große Softbox macht doch ein ganz anderes Licht als ein Punktstrahler", sollte man meinen – stimmt aber nicht ganz. Denn es kommt tatsächlich einzig auf die Entfernung zum Motiv und damit auf die relative Größe der Lichtquelle an.

Niemand wird bezweifeln, dass die Sonne unsere größte verfügbare Lichtquelle ist. Sie ist aber auch verdammt weit weg, weshalb sie punktartig beleuchtet und harte Schatten erzeugt. Stellt man nun eine weiße diffuse Fläche auf, um das Licht der Sonne weicher zu gestalten, vergrößert man damit die Fläche der effektiven Lichtquelle. Denn nun beleuchtet im Grunde nicht mehr die Sonne das Motiv, sondern die diffuse Fläche oder die Softbox.

Eine Softbox macht im Vergleich zu einem Normalreflektor das Licht/die Schatten nur dann weicher, wenn sie im gleichen Abstand wie der besagte Normalreflektor eingesetzt wird. Denn dann ist die Fläche der Lichtquelle relativ zum Motiv größer. Würde man im Umkehrschluss vor einen Normalreflektor eine diffuse Fläche halten, bewirkt das bei gleichem Motivabstand keinen nennenswerten Unterschied in der Licht-Schatten-Gestaltung, da sich die Größe der Lichtquelle nicht verändert.

Was kann man mit einer Lichtquelle anstellen?

Neben den oben genannten Faktoren Richtung, Farbe, Größe etc. können Sie die Lichtquelle mit ein paar Tricks noch weiter variieren. Verwenden Sie Reflektoren, lassen sich Schatten aufhellen. Nutzen Sie schwarze Flächen, kann man Schatten verstärken. Stellt man das Licht so auf, dass ein Teil der Abstrahlung den Hintergrund trifft, kann man auch hier noch einen Lichteffekt erzeugen. Oder man richtet die Lichtquelle komplett weg vom Porträtmotiv und erzeugt dadurch indirektes Licht. Je nach Abstrahlfläche – eine weiße Wand, eine farbige Decke, bunte Tücher etc. – ergeben sich völlig unterschiedliche Wirkungen.

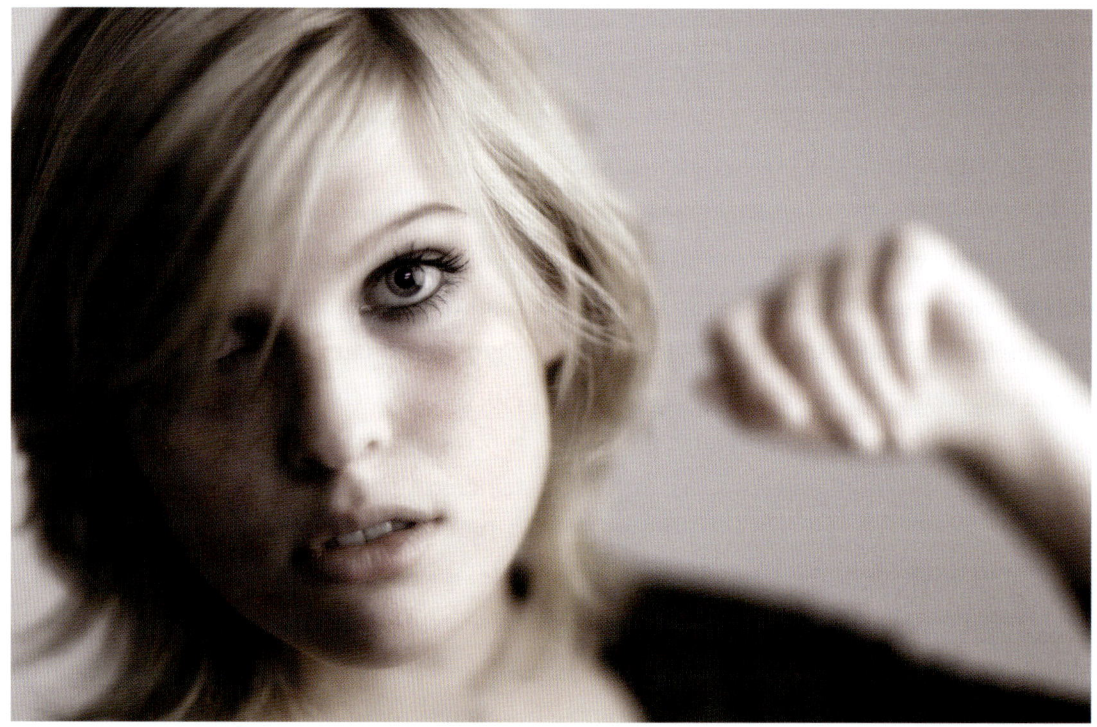

Eine einzige große Softbox genügte hier, um eine sehr weiche Stimmung zu erzeugen. Das Licht der großen Softbox (nur Einstelllicht) wurde von den weißen Wänden gestreut.

ISO 200 | Brennweite 85 mm | Blende 1.4 | Belichtungszeit 1/60 s

Dunkle Details hervorzaubern

Je nachdem, aus welcher Höhe eine Lichtquelle abstrahlt, muss man bei einem Gesichtsporträt auf Schatten unter den Augenbrauen, der Nase und dem Kinn achten. Werden die Schatten beim Einsatz eines Spots zu hart, kann man die Kontraste mit einem Aufheller von unten (Reflektor) abmildern. Wenn Sie sich nur auf das Gesicht konzentrieren, kann Ihr Model einen Reflektor selbst halten. Ansonsten benötigen Sie einen Reflektor mit Halterung – eine Klemme an einem Stativ – oder einen Assistenten, wenn Sie sich einen leisten können.

Eine Alternative ist ein Reflektor mit Griff, den Sie selbst halten können. Dabei ist der Abstand zum Model jedoch ziemlich eingeschränkt. Noch ein Tipp zum Reflektor/Aufheller: Reflektoren gibt es mit verschiedenen Beschichtungen. Eine weiße Oberfläche wirft das Hauptlicht ganz neutral zurück, Silber erzeugt eher kühle Farben, Gold dagegen warme Farbtöne. Wie Sie sich denken können, ist die Frage nach Art und Farbe eines Reflektors zum Aufhellen fast ebenso wichtig wie die Frage der Hauptlichtquelle.

Effektvolle Hintergründe

Aktuell sieht man in diversen Fotoforen vor allem Porträts vor natürlichen Hintergründen im Instagram-Stil mit interessanten Lichteffekten oder im Retrostil. Für solche Bilder muss man sich draußen nur nach interessanten Kulissen umsehen. Im Studio kann man Karton- oder Stoffhintergründe verwenden, um Farben und Strukturen ins Spiel zu bringen. Allerdings benötigt man im Studio eine ziemlich große Auswahl an künstlichen Hintergründen, um auf jeden Teint und jeden Kleidungsstil perfekt reagieren zu können. Ein Herbsttyp mit braunen Locken sieht vor rosafarbenem Kartonhintergrund katastrophal aus.

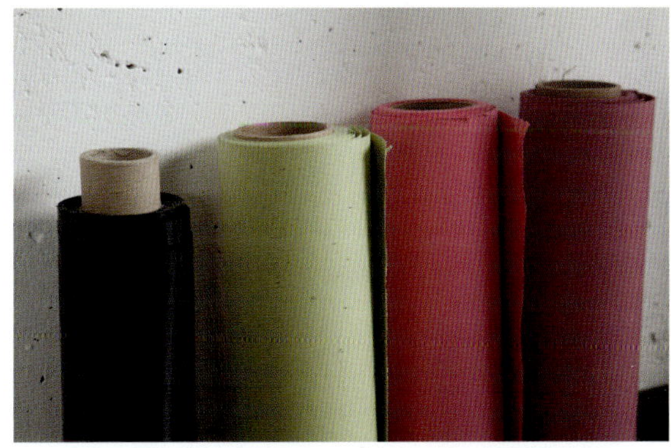

Mit einer Auswahl an Rollenhintergründen, Stoffen und Wandstrukturen ist man gut für verschiedene Modeltypen gerüstet.

Hauptlicht für den Hintergrund mit nutzen

Ein Tipp für Experimente mit nur einer Lichtquelle: Wollen Sie, dass der Hintergrund ein wenig Licht abbekommt, können Sie die Hauptlichtquelle so positionieren, dass das Licht sowohl Model als auch Hintergrund trifft. Das funktioniert natürlich nicht nur mit einer Lichtquelle, man kann ebenso eine zweite Lampe für eine Lichtkante an Gesicht und Körper hinter dem Model aufstellen und einen Reflektor verwenden, der Licht auf den Hintergrund streut.

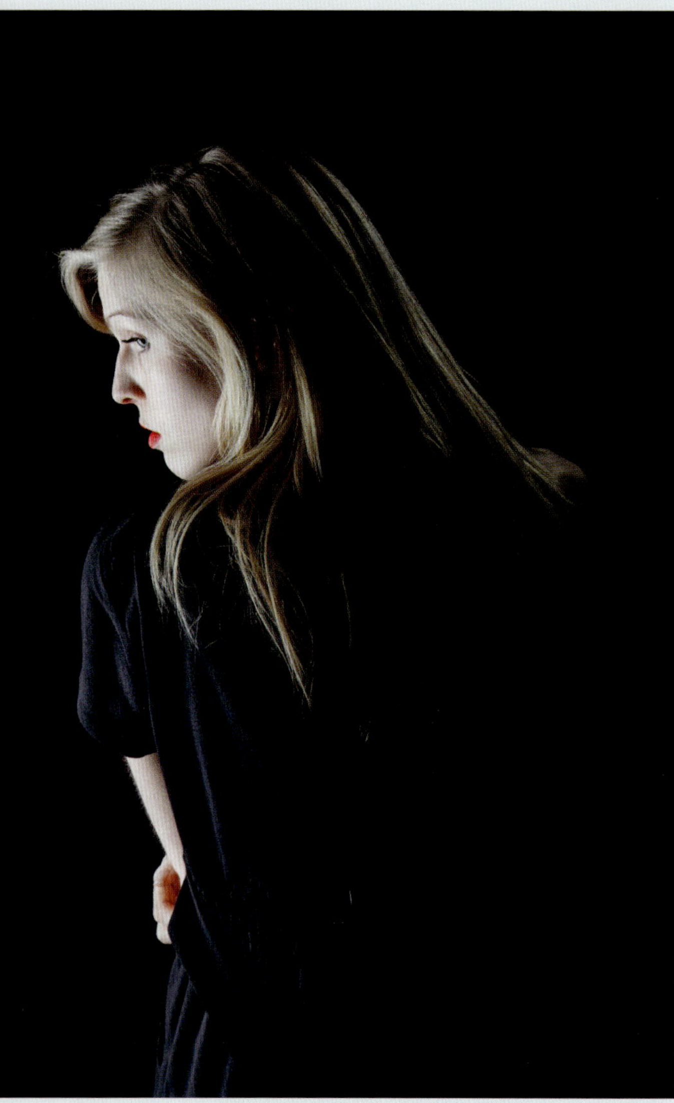

Theatralischer geht's kaum: Eine einzelne Lichtquelle (ein Striplight) von links, um dramatische Licht-Schatten-Effekte zu erzeugen.

ISO 100 | Brennweite 85 mm | Blende 14 | Belichtungszeit 1/160 s

Bildgestaltung mit einer Lichtquelle

Bei der Arbeit mit einer einzigen Lichtquelle müssen Sie sich mit weiteren Fragen zur Bildgestaltung auseinandersetzen. Wie weit ist das Model vom Hintergrund entfernt? Je kleiner der Abstand, desto mehr sieht man vom Schatten, der durch das Hauptlicht erzeugt wird. Ein Abstand von ca. zwei Metern sollte reichen, damit kein Schatten auf dem Hintergrund zu sehen ist, wenn das Licht seitlich positioniert ist. Beleuchten Sie relativ direkt von vorn, ist in normaler Studioumgebung ein Schatten auf der Wand bzw. dem Boden hinter dem Model nahezu unvermeidbar – was aber auch zur Bildgestaltung beitragen kann.

- Welche Farbe bzw. Struktur hat der Hintergrund?
- Soll der Hintergrund vom Blitzlicht mit angestrahlt werden?
- Wenn nicht, ist es vielleicht nötig, das Hauptlicht mit einer schwarzen Fläche gegen den Hintergrund abzuschirmen?
- Aus welcher Höhe kommt das Blitzlicht?
- Licht von unten sieht dramatisch bis kitschig aus, Licht von oben schattet die Augen und den unteren Kinnbereich stark ab. Seitliches Licht erzeugt harte Kontraste, Licht von hinten macht aus einem Gesicht einen dunklen Schattenriss.

- Weiterhin müssen Sie entscheiden, ob Sie mit offener Blende für wenig Schärfentiefe arbeiten möchten. Kann die Lichtleistung so weit reduziert werden, dass die Bilder trotz Offenblende nicht überstrahlen? Falls nicht, benötigen Sie eventuell einen ND-Filter für das Objektiv (Neutraldichte- bzw. Graufilter), der die Lichtmenge reduziert, die durchs Objektiv fällt.
- Und schließlich müssen Sie sich noch für eine Brennweite zwischen Tele-/Porträtbrennweite und Weitwinkel (überzogene Proportionen) entscheiden.

Sind diese Fragen beantwortet, können Sie schließlich damit anfangen, Ihr Model zu Pose und Gesichtsausdruck zu instruieren.

Mehr als eine Lichtquelle einsetzen

Während man die Möglichkeiten erkundet, die man mit einer Lichtquelle im Studio hat, ergeben sich zwangsläufig schon Situationen, in denen eine zweite, dritte oder vierte Lichtquelle ganz praktisch wäre. Der Hintergrund zu dunkel, die Schatten zu tief, ein wenig Farbe könnte nicht schaden – da hilft nur mehr Equipment weiter. Mit jeder zusätzlichen Lichtquelle verdoppeln sich allerdings auch die Probleme bzw. positiv ausgedrückt die Möglichkeiten.

Jede Lichtquelle erzeugt einen eigenen Schatten. Sind Abstand zum Motiv und Lichtleistung zweier Blitzgeräte sehr ähnlich, entstehen ähnlich dominante Schatten. Das kann in manchen Fällen ganz reizvoll sein, wenn man z. B. mit zwei seitlichen Lichtern arbeitet und dadurch einen Schatten erzeugt, der exakt durch die Mitte von Kopf und Körper läuft – was allerdings auch ziemlich seltsam aussehen kann. Geht es aber um eher natürliche Ganzkörperporträts, sehen zwei entgegengesetzt verlaufende Schatten auf dem Boden nicht so gut aus. Die Lösung des Problems besteht also darin, die Lichtleistung der Blitzgeräte aufeinander abzustimmen.

Grundregel für Lichtsetzungen

Das Hauptlicht allein sollte schon zu einer prinzipiell gut ausgeleuchteten Porträtaufnahme führen. Alle weiteren Lichter sollten den Gesamteindruck unterstützen, aber nicht grundlegend verändern. Sollen Schatten aufgehellt werden, kann man ein zweites Blitzgerät mit deutlich geringerer Leistung als das Hauptblitzgerät dazu verwenden. Muss der Hintergrund heller oder farbiger werden, kommt ein drittes Blitzgerät mit entsprechendem Aufsatz zum Einsatz. Ein Spot erzeugt einen Lichtkegel, Farbfolien vor dem Blitz färben den (am besten dunkelgrauen) Hintergrund ein. Das Hintergrundlicht kann frontal und direkt oder seitlich als Streiflicht aufgestellt werden, um den Hell-dunkel-Verlauf zu steuern. Eine vierte Lichtquelle könnte man dazu benutzen, Kopf und Körper von hinten oder oben zu beleuchten, damit sich die Form besser vom Hintergrund absetzt.

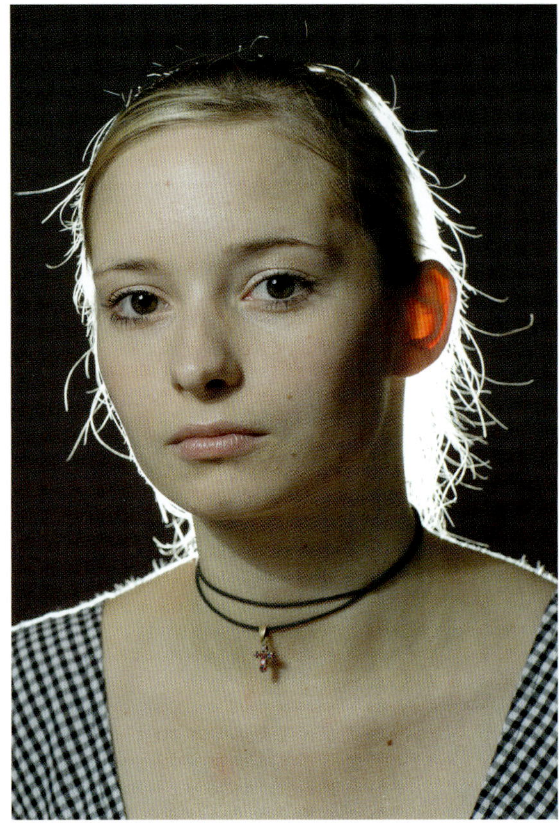

Das Effektlicht von hinten auf die Haare ist deutlich zu hell. Dank Kameravorschau ein Fehler, den man sofort beheben kann.

ISO 100 | Brennweite 85 mm | Blende 5.6 | Belichtungszeit 1/160 s

Gut, wer einen Blitzbelichtungsmesser hat und die Blitzgeräte einzeln ausmessen kann. Da wir uns aber im digitalen Zeitalter befinden, sterben Belichtungsmesser in den Amateurstudios aus, und man macht lieber ein paar Probeaufnahmen. Sehr hilfreich zur Einschätzung der Lichtsituation im Studio ist es, wenn man seine Bilder nicht nur auf dem Display der Kamera, sondern gleich am Computerbildschirm kontrolliert. Alle aktuellen Digitalkameras lassen sich per USB oder auch WLAN an einen Rechner anschließen. Sie müssen dazu nur die passende Software installieren, die den Kameras beiliegt. Der technische Begriff für das direkte Übertragen jedes Fotos auf den Computer heißt Tethered-Shooting.

Mit Farben ausleuchten

Ein ganz besonderes Feld für kreative Experimente eröffnet sich, wenn man Farbfilter ins Spiel bringt. Einen Farbfilter (farbige Filterfolie) kann man entweder vor dem Blitz- oder Lampenreflektor anbringen, oder man verwendet gleich zwei Filter – einen vor der Lichtquelle und einen mit der Komplementärfarbe vor dem Objektiv. Im ersten Fall färbt das gefilterte Licht Motive in der Nähe entsprechend ein. Fotografiert man draußen, bleibt der entfernte Hintergrund unbeeinflusst.

Der zweite Fall ist etwas komplizierter: Der Farbfilter vor dem Objektiv färbt zunächst einmal die gesamte Szene z. B. in Blau ein. Der Komplementärfilter vor der Lichtquelle, in diesem Fall Gelb oder Orange, neutralisiert die Farbe des Objektivfilters bei ausgeleuchteten Motiven in der Nähe. Das von der Lichtquelle angestrahlte Vordergrundmotiv ist also farblich mehr oder weniger neutral. Das Ganze klappt ähnlich wie mit dem Weißabgleich, den man bewusst falsch einsetzt. Fotografiert

man z. B. mit der Weißabgleichseinstellung für Kunstlicht bei Tageslicht, wird das Bild ziemlich blau. Wird dann ein Vordergrundmotiv mit farbigem Licht (Gelb, Orange) angeblitzt, wird das Blau im Vordergrund neutralisiert.
Man kann für den Hintergrund farbige Flächen verwenden, einen grauen Hintergrund farbig ausleuchten oder einen weißen einfach am Computer einfärben. Die Bildbearbeitung ermöglicht hier zwar eine große Flexibilität, aus einem schwarzen Hintergrund einen schneeweißen zu machen, sollte man jedoch nicht probieren, weil das Licht dann einfach nicht mehr stimmig wäre.

Low-Key und High-Key

Von einer Low-Key-Aufnahme spricht man, wenn der Schwerpunkt der Tonwertverteilung eines Bilds auf den Tiefen liegt. Das heißt, das Bild ist in erster Linie dunkel bis schwarz, die wenigen Lichter und Mitteltöne sind aber trotzdem vorhanden und gut definiert. Ein Low-Key-Bild ist also nicht nur einfach dunkel oder unterbelichtet, sondern deckt das gesamte verfügbare Tonwertspektrum ab. Um das zu realisieren, genügt eine einzige Lichtquelle, die aber sehr bewusst platziert und gesteuert werden muss.

Verwenden Sie z. B. einen Blitz mit schmalem Striplight von der Seite in einem ansonsten völlig dunklen Raum, wird in einem Porträt lediglich die dem Blitz zugewandte Gesichtsseite ausgeleuchtet. Die Kunst besteht nun darin, das Licht erstens der Bildidee entsprechend zu platzieren und zweitens Blitzleistung sowie Blende so aufeinander abzustimmen, dass die hellen Bildbereiche nicht überstrahlen bzw. der Hintergrund so dunkel wie möglich wird. Dass Ihr Model bei solchen Fotos, bei denen es auf eine sehr exakte Positionierung der Lichtquelle ankommt, absolut stillsitzen muss, versteht sich von selbst.
Fotos mit Schwerpunkt auf den hellen Tonwerten nennt man High-Key-Aufnahmen. Ebenso wie bei Low-Key sind solche Bilder nicht einfach nur hell oder überbelichtet. Es gibt in High-Key-Aufnahmen durchaus Schatten und dunklere Bildpartien, aber eben nur sehr dezent. Helle Bereiche, z. B. auf Haut, Kleidung oder Haaren, haben Zeichnung, man erkennt also Strukturen und Details. Die Strukturen in den wenigen Schatten sind ebenso sichtbar.
Für High-Key-Bilder benötigt man üblicherweise mehr als nur eine Lichtquelle. Der Hintergrund ist in High-Key-Aufnahmen hell bis weiß und wird im Studio mit einer oder mehreren Lampen ausgeleuchtet. Die Leistung wird

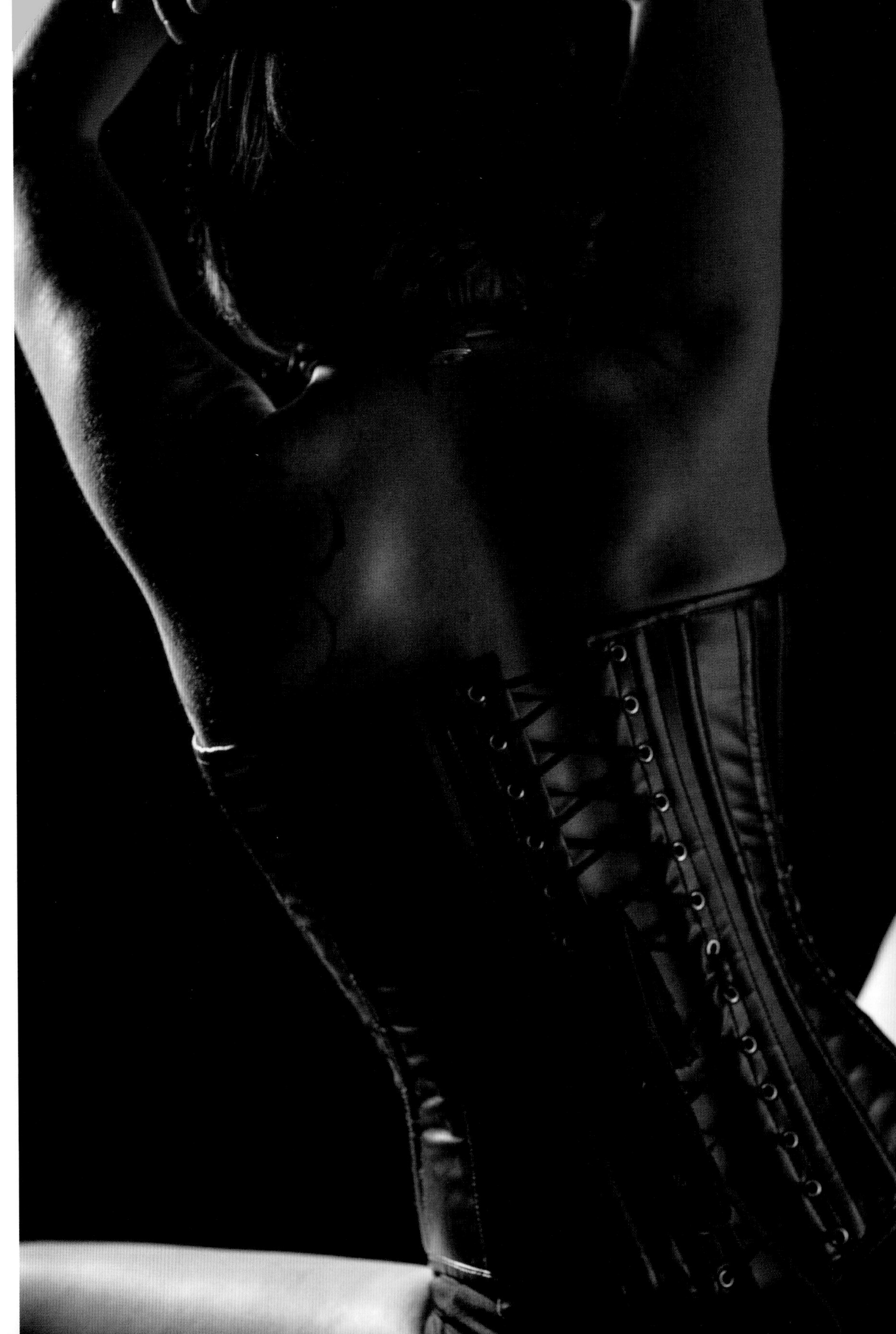

so angepasst, dass der Hintergrund etwa eine Blende heller ausgeleuchtet wird als das Model im Vordergrund. Für Gesicht oder Körper kommen ein oder mehrere weiche Lichtquellen (Softboxen, Reflex- oder Durchlichtschirme) zum Einsatz. Das hilft dabei, die dunkleren Bereiche im Bild grundsätzlich aufzuhellen.

Wie viele Blitzgeräte mit welcher Leistung nötig sind, um eine gute Ausgangsbasis für die fast unvermeidliche Bildbearbeitung herzustellen, ist nicht zu beantworten. Je größer die Fläche ist, die ausgeleuchtet werden muss, desto eher wird man zwei oder drei Lampen benötigen. Für ein Gesicht genügt vielleicht schon eine große Oktogonal-Softbox direkt von vorn, einen ganzen Körper wird man mit großen Striplights oder mehreren kleineren Softboxen ausleuchten müssen.

Günstige Ringblitze für Nahporträts

Man sieht solche Bilder immer wieder – Porträts mit ringförmigen Lichtern in den Augen. Für so etwas braucht man keinen sündhaft teuren Studioringblitz, sondern kann auch mit einem im Vergleich günstigeren Makro-LED-Ringlicht fotografieren. So ein Ringlicht kostet je nach Ausführung unter 100 Euro und liefert relativ kühles Licht bei relativ geringer Leistung. Man muss also mit offener Blende und/oder hoher Empfindlichkeit (ISO) fotografieren, um genügend kurze Verschlusszeiten zu haben. Netter Nebeneffekt der offenen Blende ist die geringe Schärfentiefe, allerdings sollte man mehrere Aufnahmen machen, da die begrenzte Schärfentiefe schnell dazu führen kann, dass die Fokusebene von den Augen auf die Nasenspitze rutscht. Kleines Problem bei den LED-Ringlichtern: Man muss mit relativ kurzer Brennweite (ca. 50 mm im Kleinbildformat) fotografieren, da bei längeren Brennweiten der Ringeffekt nicht mehr zu sehen ist – die Lichtquelle wird in den Augen dann zu einem Punkt.

Eine Lichtquelle genügt oft, wenn man Low-Key-Aufnahmen machen möchte. Auf die Position der Lichtquelle kommt es an, nicht auf die Leistung.

ISO 100 | Brennweite 85 mm | Blende 4.0 | Belichtungszeit 1/160 s

Warum Baustrahler schlecht sind

Immer wieder hört und liest man, dass man sich Blitzgeräte fürs Heimstudio sparen und stattdessen einfach mit billigen Baustrahlern arbeiten könnte. Die haben allerdings ein paar gravierende Nachteile. Erstens werden sie extrem heiß, was die Verwendung von Farbfolien oder Lichtformern (Transparentpapier) gefährlich werden lässt. Zweitens haben sie keine Anschlüsse für Softboxen, Reflektoren oder andere Standardlichtformer. Drittens ist das Spektrum (CRI – *Colour Rendering Index*) des Baustrahlerlichts im Vergleich zu Blitzgeräten oder Tageslicht extrem eingeschränkt. Das heißt, das Baustrahlerlicht ist vor allem rot, andere Wellenlängen, z. B. im Blaubereich, fehlen völlig. Der durch Baustrahler verursachte Rotstich lässt sich zwar durch einen Weißabgleich beheben, sind im Motiv jedoch satte Farben wie Blau oder Grün vorhanden, werden diese Flächen eher matt und wenig gesättigt, weil eben die entsprechenden Wellenlängen fehlen.

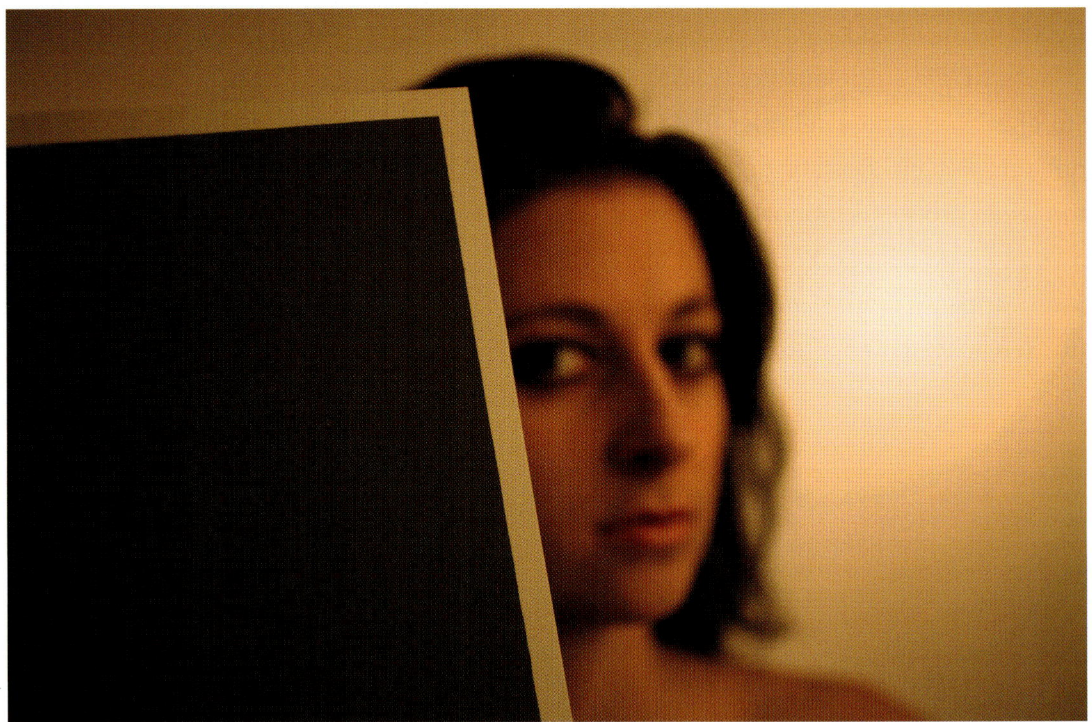

Wer mit Baustrahlern fotografiert, sollte eine Graukarte für den Weißabgleich verwenden. Dann lässt sich der Rotstich halbwegs ausfiltern.

Grundausrüstung für Studioporträts

Blitzanlage – Eine gute Grundlage für den Einstieg in die Porträtfotografie im Studio bilden Einsteigersets mit ein oder zwei Blitzgeräten (Leistung ab ca. 250 Ws) samt passendem Zubehör. Solche Einsteigersets gibt es z. B. von Walimex oder Dörr schon ab ca. 250 Euro (ein Blitzgerät, Stativ, Schirm) bzw. rund 600 Euro mit zwei Blitzen. Für professionellere Geräte von Hensel, Broncolor, Visatec oder Multiblitz muss man deutlich tiefer in die Tasche greifen, bekommt aber neben robusterer Verarbeitung auch schnellere Ladezeiten und Technik, die dem Profialltag gerecht wird. Wichtig bei allen Blitzgeräten: Sie sollten ein Einstelllicht haben, damit man vor der Aufnahme den Licht-Schatten-Verlauf kontrollieren kann.

Hintergrund – Für den Anfang genügen eine weiß gestrichene Wand und ein paar farbige Tücher völlig. Wer sich ein Studio einrichtet, sollte aber über kurz oder lang über ein Hintergrundsystem samt Rollenhintergründen aus Karton in verschiedenen Farben oder Stoffhintergründen nachdenken. Man kann dann flexibler auf verschiedene Modeltypen reagieren und entsprechend wärmere oder kältere Farben als Hintergrund verwenden. Wer keine Hintergrundhalter in Wand oder Decke dübeln will, kann sich ebenso ein mobiles Hintergrundgestänge zulegen. So kann man seine Hintergründe sogar mit nach draußen nehmen.

Zubehör – Blitzgeräte müssen ausgelöst werden. Das geschieht entweder über einen Infrarotsender, eine Kabelverbindung oder per Funk. Alternativ kann man auch ein Aufsteckblitzgerät verwenden, verändert aber dadurch mehr oder weniger die Lichtstimmung. Speziell für die Porträtfotografie sind Reflektoren, Softboxen und verschiedene Lichtformer (Beauty-Dish, Spot, Tubus etc.) sinnvoll. Anfangs sollte man zumindest einen Normalreflektor, eine Softbox und einen Reflexschirm besitzen, um einige grundlegende Lichtcharakteristika realisieren zu können. Falls Sie vor einer weißen Wand fotografieren und mit einem Hintergrundlicht arbeiten, sind Filterfolien in verschiedenen Farben sinnvoll. Dann lässt sich die Wand per Blitzlicht einfärben.

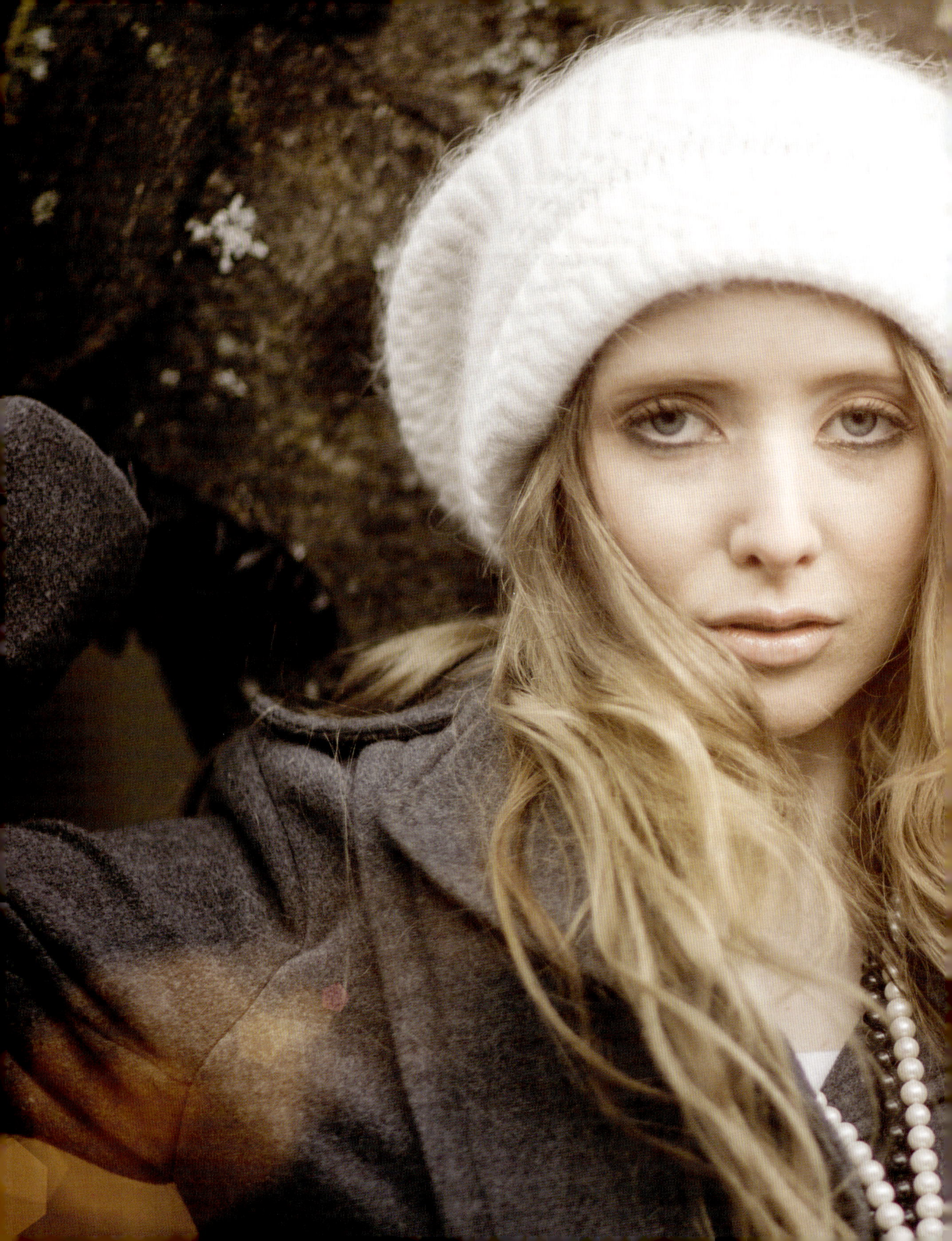

5 NATURLICHT RICHTIG NUTZEN

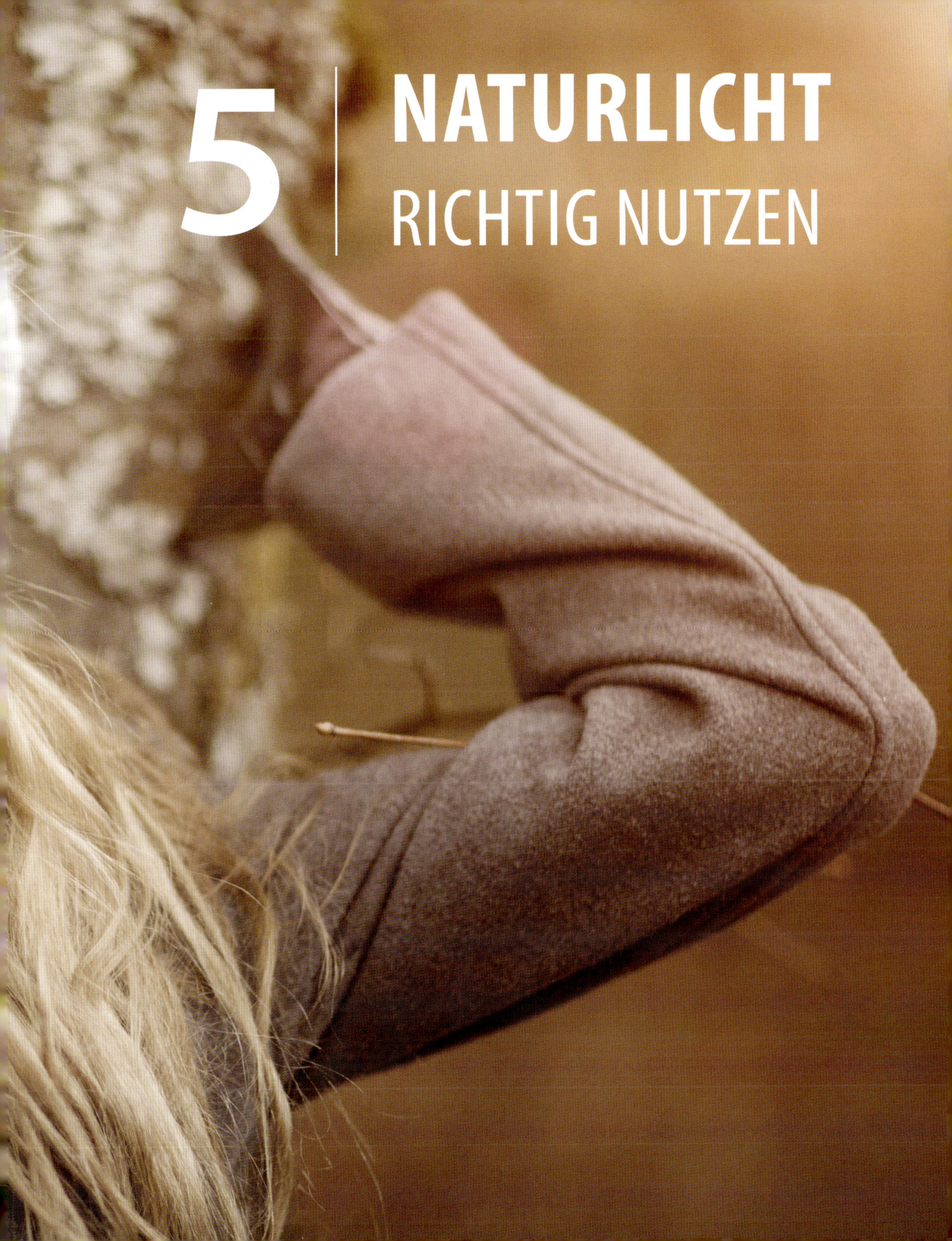

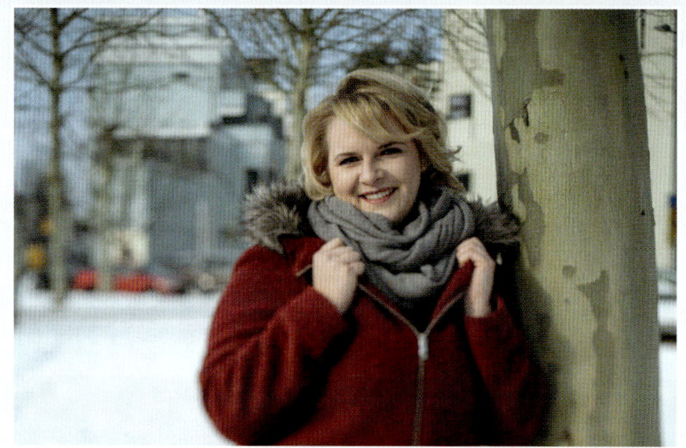

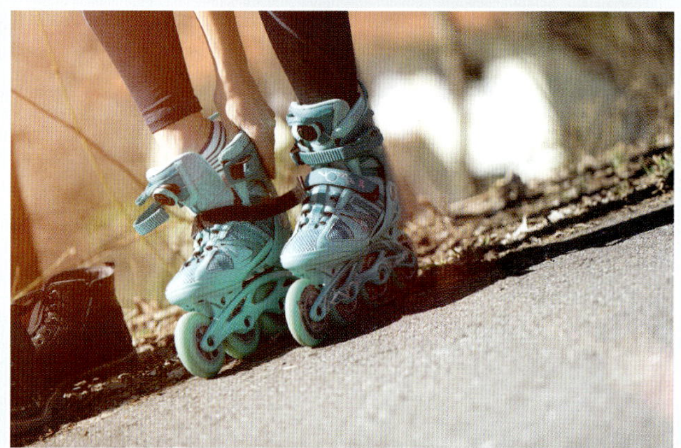

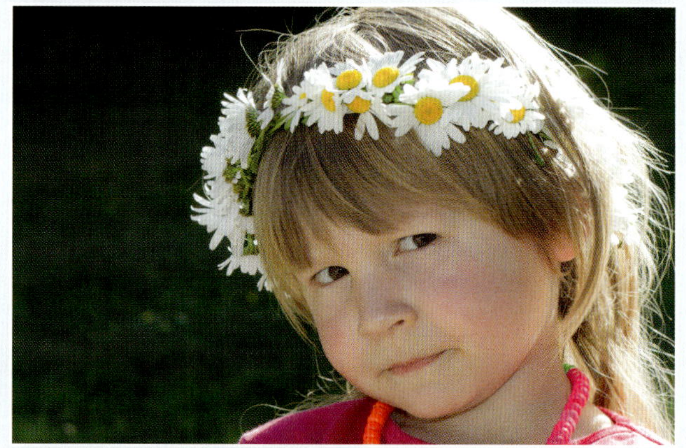

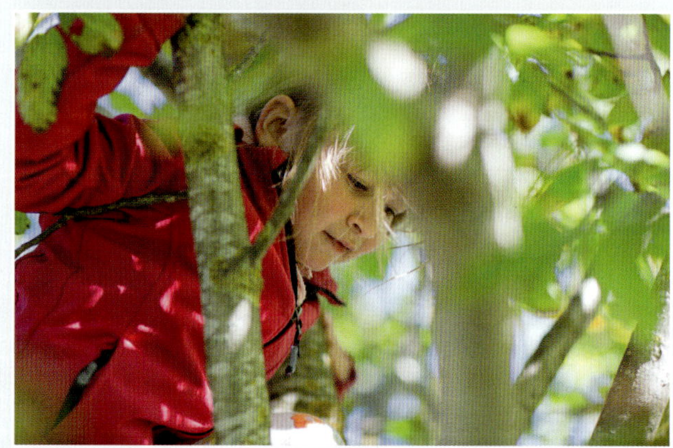

5

Naturlicht richtig nutzen

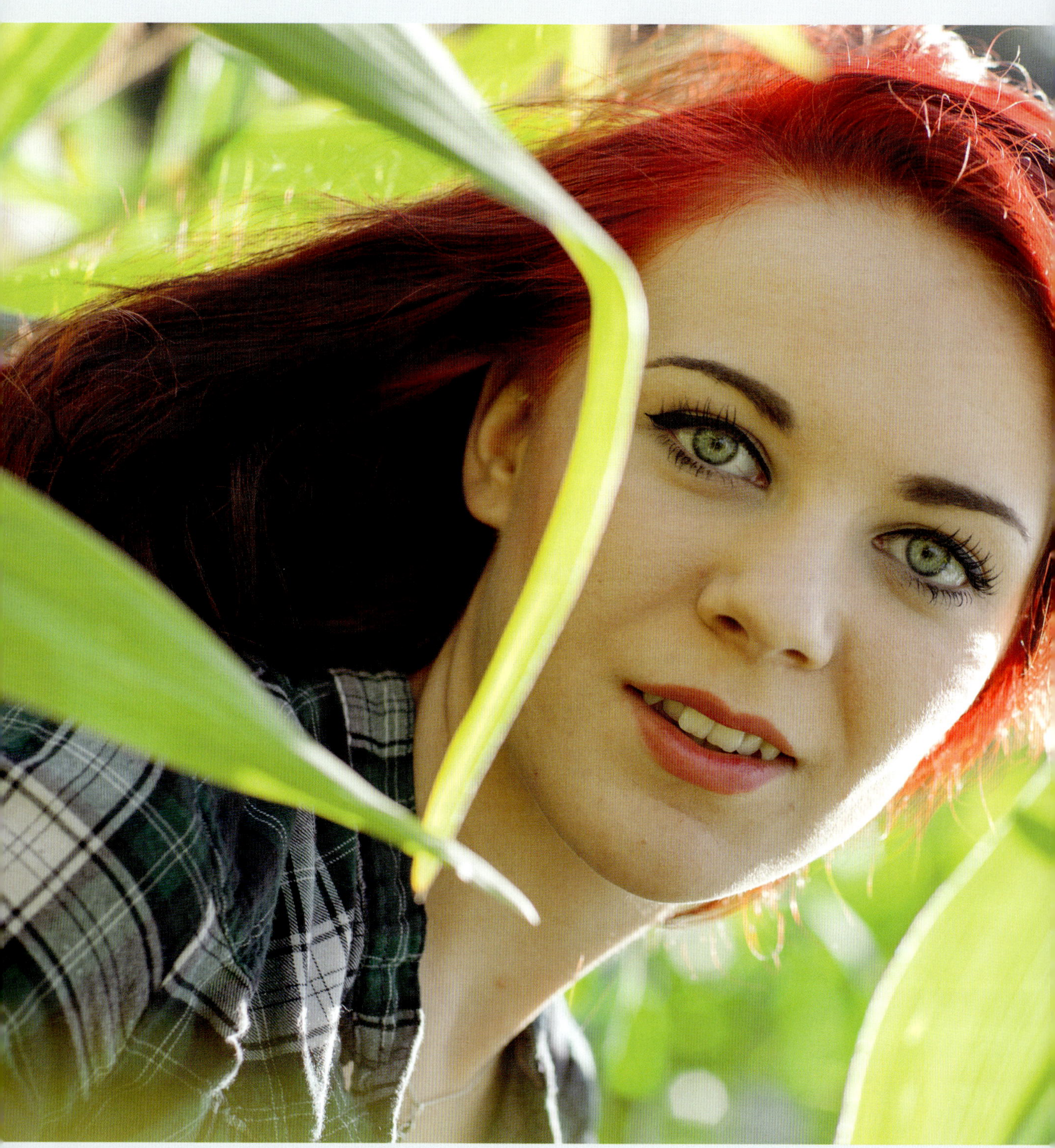

Haben Sie schon mal den Begriff Available Light gehört? Dieser Fachausdruck beschreibt den Umgang mit vorhandenem, aber nicht zwangsläufig natürlichem Licht. Am Tag draußen spendet die Sonne Licht, in der Nacht der Mond. Außerdem gibt es eine Reihe von künstlichen Lichtquellen, die, wenn man sie nicht wie Blitzgeräte oder Studiolampen steuern kann, ebenfalls unter den Begriff Available Light fallen. Ist man in Innenräumen unterwegs, fällt entweder Licht durchs Fenster, oder man hat es mit Innenraumbeleuchtung zu tun. Wie auch immer die Lichtsituation ist, Sie haben viele Möglichkeiten, das vorhandene Licht zu nutzen und kreativ zu beeinflussen.

Mein Freund, die Sonne

Es gibt einen Tipp, der für die Fotografie bei hellem Sonnenlicht wichtiger als alle anderen Hinweise ist: Suchen Sie offenen Schatten! Es gibt praktisch keine vernünftige Ausrichtung Ihres Models zur prallen Mittags- oder Nachmittagssonne hin, der zu stimmungsvollen

Sonnenschein kann schön sein für Porträts, wenn man es schafft, zu harte Schatten zu vermeiden. Die Kulisse im Maisfeld war in dieser Hinsicht herausfordernd, da man auf extrem helle Lichtflecken achten musste.

ISO 100 | Brennweite 85 mm | Blende 4.0 | Belichtungszeit 1/200 s

Bildern führt. Steht die Sonne vorn, kneift das Model die Augen zusammen, und es entsteht ein hässlicher Nasenschatten. Kommt die Sonne von der Seite, ist eine Gesichtshälfte überstrahlt, die andere im Schatten abgesoffen. Wer jetzt meint, die Sonne von hinten als Gegenlicht wäre eine gute Idee – leider auch nicht wirklich. Denn das pralle Sonnenlicht führt in den Haaren zwar zu einem Lichtsaum, der fällt aber meistens ziemlich heftig aus, sodass auch diese Möglichkeit nur mit vielen Eingriffen ins restliche Licht-Set-up zu meistern ist.

Nach Schatten Ausschau halten

Daher nochmals der Tipp: Suchen Sie sich einen offenen Schatten! Also nicht einen finsteren Kelleraufgang, sondern z. B. den Schatten eines hohen Baums, eines Carports oder eines Sonnensegels (Profis in der Modefotografie haben immer Sonnensegel oder riesige Reflektoren dabei). Gibt es so etwas nicht, erzeugen Sie mit einer transparenten Fläche (Diffusionsstoff, Reflektor mit Diffusor) einen künstlichen Schatten. Auch ein rein weißer, großer Regenschirm hat mich schon vor überstrahlten Gesichtern gerettet.

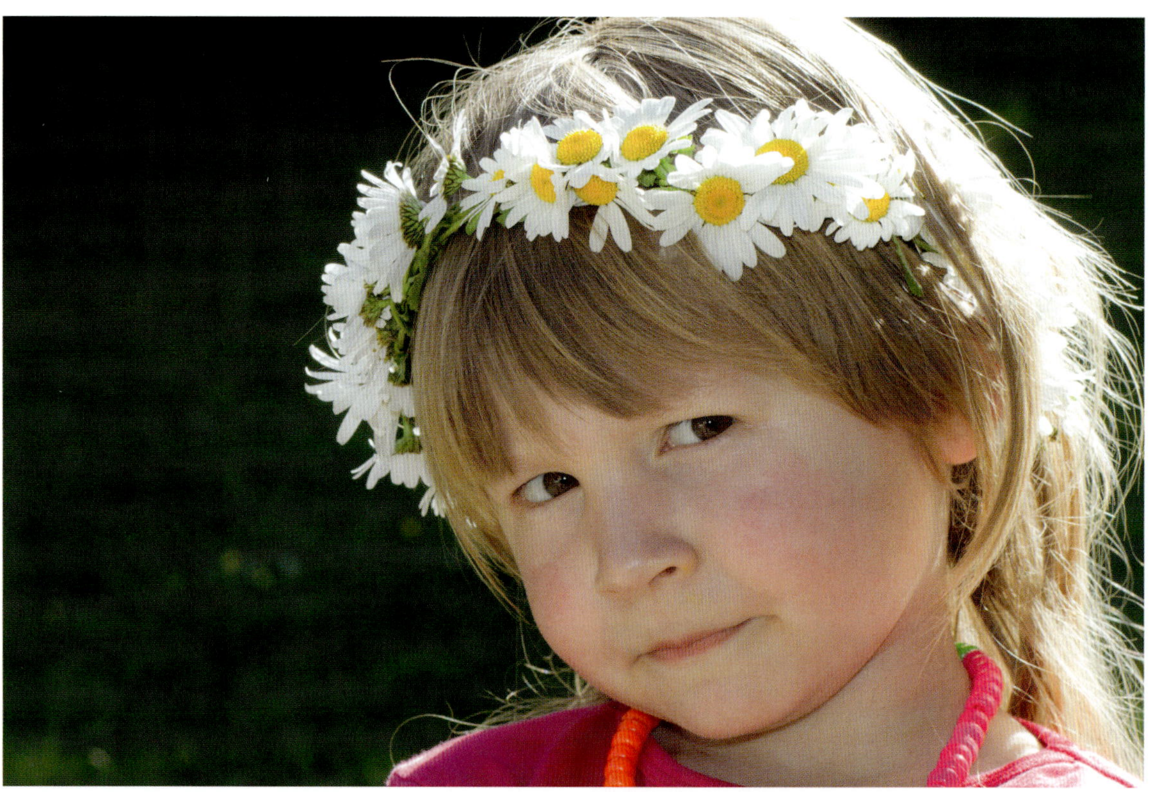

Die Aufnahme entstand zur Mittagszeit im Juni bei wolkenlosem Himmel.

Vorhandenes Licht interpretieren

Für Porträts bei natürlichem Licht ist in erster Linie eine Kamera mit lichtstarkem Objektiv sinnvoll. Mit offener Blende zu fotografieren, führt zu geringer Schärfentiefe, der Hintergrund verschwimmt in Unschärfe. Der Effekt wird umso stärker, je größer die Blendenöffnung und der Sensor der Kamera sind. Mit einem Vollformatsensor ist die Schärfentiefe noch geringer als bei einer APS-C- oder Systemkamera mit Four-Thirds-Chip.

Ein Aufsteckblitz mit schwenkbarem Reflektor ist bei Innenraumaufnahmen sinnvoll, um nicht direkt ins Gesicht des Models blitzen zu müssen. Selbst wenn genug Licht vorhanden ist, kann man das Blitzgerät mit sehr geringer Leistung betreiben, dadurch die Schatten aufhellen und Lichtreflexe in den Augen erzeugen. Zum Aufweichen von hartem Licht braucht man Diffusionsflächen, zum Aufhellen verwendet man helle Reflektoren, die es in verschiedenen Größen und Formen gibt. Für unterwegs und wenn man allein arbeitet, sind runde Faltreflektoren mit unterschiedlich beschichteten Seiten am besten geeignet. Je nach Farbe (Gold, Silber, Weiß) lässt sich Licht zum Aufhellen nicht nur reflektieren, sondern auch noch dezent einfärben.

Ein Stativ ist nicht unbedingt nötig, da viele Porträts ja gerade von der Spontaneität leben und die Porträtsessions vom Wechsel der Perspektiven. Nur wenn die Verschlusszeiten zu lang werden, weil das Umgebungslicht nicht ausreicht oder man mit sehr exakter Lichtführung und Pose experimentiert, ist ein Stativ sinnvoll.

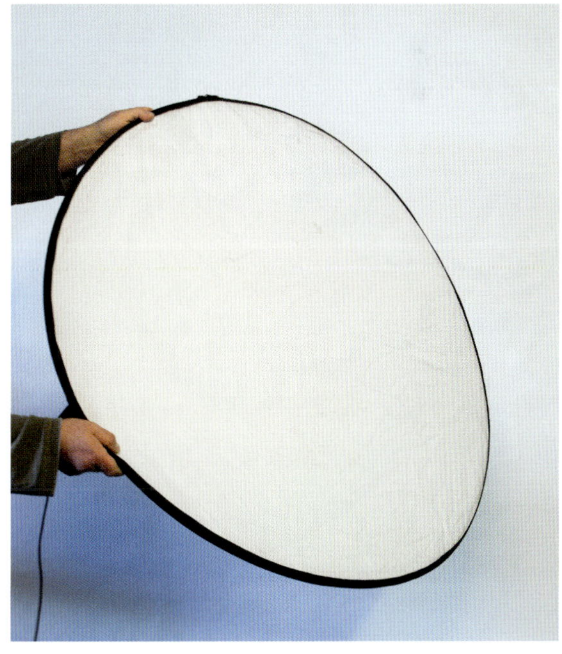

Faltreflektoren nehmen nicht viel Platz weg, sind aber beim Fotografieren draußen sehr hilfreich. Solche Reflektoren gibt es mit reflektierenden Oberflächen und auch mit Diffusionsflächen, die das direkte Sonnenlicht nur abmildern und weichere Schatten erzeugen.

Vorsicht bei mehreren Lichtquellen

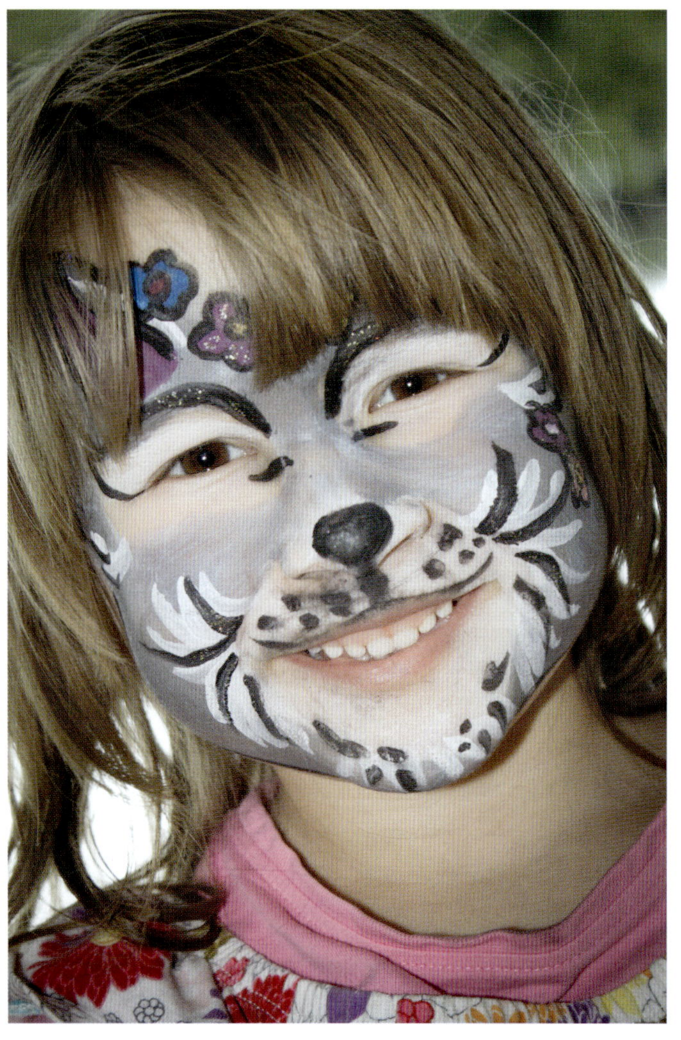

Man sieht deutlich den Einsatz des frontalen Aufsteckblitzes. Aber trotz des harten Schattens unter dem Kinn geht die Aufnahme als gelungen durch. Schließlich ging es hier nur um einen Schnappschuss.

ISO 800 | Brennweite 55 mm | Blende 5.6 | Belichtungszeit 1/40 s

Egal mit welchem Wissens- und Erfahrungsstand Sie an ein Porträt herangehen: Halten Sie sich beim Licht immer an die Regel, dass zusätzliches Licht einen Zweck erfüllen muss. Wenn Sie ein Porträt draußen im Sonnenlicht oder drinnen an einem Fenster fotografieren und die Aufnahmen gut aussehen, besteht kein Grund, weitere Lichtquellen hinzuzufügen. Erst wenn eine weitere Lichtquelle oder ein Reflektor (passive Lichtquelle) zur Qualität des Bilds beitragen, sollten Sie das Set-up ausbauen.

Diese Regel gilt sowohl in der Outdoor-Fotografie als auch – und noch viel mehr – für die Fotografie drinnen mit künstlichen Lichtquellen. Denn jede neue Lichtquelle erzeugt nicht nur Licht, sondern auch neue Schatten. Nicht umsonst wirken Bilder von Menschen meistens dann am überzeugendsten, wenn sie mit einer einzigen Lichtquelle gestaltet wurden. Was natürlich nicht heißt, dass Aufhell- und Effektlichter sinnlos wären – sofern sie dezent eingesetzt werden.

Blitzschatten vermeiden

Familien- oder Urlaubsfotos im lebensnahen Reportagestil entstehen zu allen möglichen Tages- und Nachtzeiten. Ist es zu dunkel für unverwackelte Aufnahmen, schaltet die Kamera üblicherweise den integrierten Blitz ein – wenn sie im Automatikmodus betrieben wird. Sie haben sicher schon viele Aufnahmen gesehen, denen das harte, frontale Licht des integrierten Blitzes die Stimmung geraubt hat. Überstrahlte Gesichter, extreme Schatten – so hat man eine interessante Situation bestimmt nicht in Erinnerung.

Ein Zusatzblitzgerät mit schwenkbarem Blitzkopf erhöht die Chancen, hässliche Blitzschatten zu vermeiden – vorausgesetzt, der Zusatzblitz unterstützt die wichtigsten Blitzfunktionen Ihrer Kamera, wie Rote-Augen-Reduktion, Slow-Sync und Blitzen auf den 2. Verschlussvorhang.

Wurde der Blitzkopf geschwenkt und gegen die Decke oder eine Wand gerichtet, wird das Blitzlicht gestreut und dadurch viel weicher. Reportageprofis, die sich in Innenräumen bewegen und die Chance auf gestreutes Licht haben, richten ihre Blitzgeräte immer gegen Decke und Wände.

Ein weiterer Vorteil des Zusatzblitzgeräts: Aufsteckblitze haben viel mehr Leistung als die kleinen, in die Kamera integrierten Blitzgeräte. Bei vielen integrierten Blitzen ist ab ca. drei Metern Kameraabstand Schluss (bei ISO 100), leistungsfähige Aufsteckblitze leuchten bis zu zehn Meter Abstand noch ordentlich aus. Außerdem sind sie meist mit Weitwinkelstreuscheiben ausgerüstet, wodurch auch extrem breite Ausleuchtungen bei Brennweiten unter ca. 28 mm noch funktionieren.

Lichtfarbe und -stimmung

Das Licht der Sonne beleuchtet je nach Tageszeit und Wetter die Welt in ganz unterschiedlichen Farben. Sonnenauf- und -untergänge tauchen die Umgebung in Rot und Orange. Das Tageslicht im Gebirge ist blau. An Regentagen und im Nebel sehen Farben aus, als wären sie mit einem Grauschleier überzogen. Auch Kunstlicht verursacht ganz unterschiedliche Farben von Grün (Gaslampen) bis Rot (Feuerschein), die Sie für stimmungsvolle Fotos nutzen können. Das frontale, helle Licht eines Kamerablitzes ist für das spontane Fotografieren von Lichtimpressionen jedoch ohne Vorplanung und gezielte Steuerung des Lichtverlaufs nicht geeignet, außer im Studio – da haben Sie Lichtstimmungen und Farben immer unter Kontrolle.

Lichtrichtung bewusst einsetzen

Sind Sie mit der Kamera draußen unterwegs, sollten Sie genau darauf achten, wo sich die Sonne gerade befindet, und wann immer möglich Ihren Standort zum Motiv entsprechend anpassen. Je nachdem, aus welcher Richtung das Licht auf ein Motiv fällt, lassen sich völlig unterschiedliche Eindrücke erzielen.

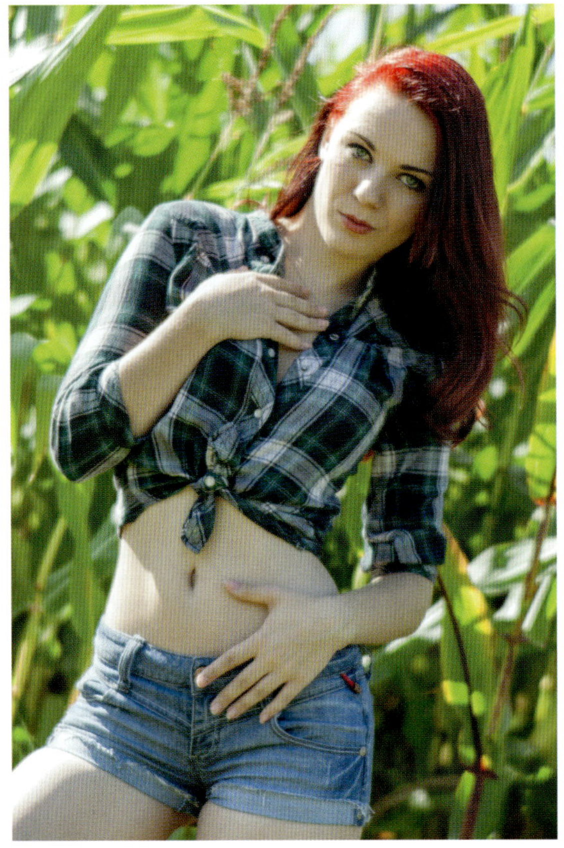

Hartes Sonnenlicht von der Seite erzeugt einen harten Licht-Schatten-Übergang und hohe Kontraste.

ISO 100 | Brennweite 135 mm Soft Focus | Blende 4.5 | Belichtungszeit 1/200 s

Licht von schräg oben

Das Licht von schräg oben entspricht der normalen Beleuchtungssituation unter freiem Himmel bei Sonnenschein. Eine Lichtart, die vertraut wirkt. Die Schatten fallen nach schräg unten. Konturen werden deutlicher herausgearbeitet, je tiefer das Licht steht. Wenn möglich, fotografieren Sie immer mit der Sonne im Rücken. Die Beleuchtung ist dann relativ ausgeglichen, und Sie haben keine Probleme mit sogenannten Blendenflecken. Scheint die Sonne mehr oder weniger direkt in das Objektiv der Kamera, entsteht auf den Fotos eine Reihe kreisrunder Blendenflecken in verschiedenen Größen und Farben. Je kürzer die Brennweite des verwendeten Objektivs, desto eher gibt es Blendenflecken.

Solche Flecken können bei Motiven, die etwa die Hitze eines Sommertags thematisieren, durchaus reizvoll sein. Sie reduzieren aber punktuell Details und die Farbsättigung und lassen sich mithilfe der Bildbearbeitung nur mit allerhöchstem Aufwand retuschieren, wenn die Flecken über detailreichen Motiven liegen. Sollte es sich nicht vermeiden lassen, in Richtung der Sonne oder einer anderen starken Lichtquelle zu fotografieren, lassen sich Blendenflecken durch den Einsatz einer Gegenlichtblende minimieren. Ebenfalls hilfreich, wenn Sie keine Gegenlichtblende für Ihre Objektive besitzen: Schatten Sie das Objektiv, so gut es geht, mit der Hand oder einem schwarzen Karton ab.

Licht am Morgen und am Abend

Für stimmungsvolle Porträts in Landschaft und Natur ist das Licht des frühen Morgens und des späten Nachmittags ideal. Seitlich einfallendes Sonnenlicht arbeitet die Strukturen deutlich

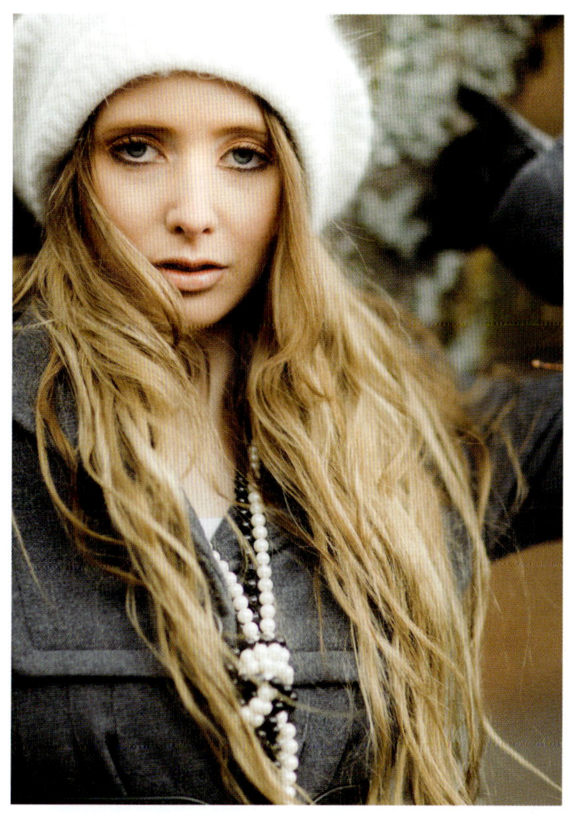

Das diffuse Sonnenlicht im Spätherbst erzeugte besonders warme Farben und eine sanft Stimmung.

ISO 100 | Brennweite 85 mm | Blende 1.4 | Belichtungszeit 1/640 s

durch kontrastreiche Licht-Schatten-Übergänge heraus. Das rötliche Licht des beginnenden und des endenden Tags taucht die Motive in warme Farben.

Licht von der Seite

Eine seitliche Beleuchtung ist für die Darstellung von Konturen optimal und verleiht jedem Motiv Dreidimensionalität. Allerdings sind Motive mit seitlichem Licht oft etwas schwierig zu belichten, da die angestrahlte Motivseite je nach Intensität der Lichtquelle extrem hell ist und die der Lichtquelle abgewandte Seite im Schatten liegt. Das kann den Sensor Ihrer Digitalkamera überfordern, weil er das vorherrschende Helligkeitsspektrum nicht erfassen kann. Sie müssen sich entscheiden, ob Sie lieber die hellen Bereiche oder die dunklen korrekt belichtet haben möchten, und die Kamera zur Belichtungsmessung auf den entsprechenden Motivteil richten.

Autoscheinwerfer und Straßenbeleuchtung

Straßenbeleuchtung und Autoscheinwerfer sowie die Beleuchtung von Gebäuden lassen sich fotografisch nutzen. Die vorhandenen Lichtverhältnisse müssen dazu analysiert und in das Foto einbezogen werden. Wenn z. B. das Licht einer Straßenlaterne für ein nächtliches Porträt ausreicht, können Sie eventuell mit hoher ISO-Empfindlichkeit fotografieren, auf den Blitz verzichten und die tatsächliche Stimmung zeigen.

Windgeschützte Standorte nutzen

Bedenken Sie, dass der Wind Ihre Kamera trotz Stativ in Bewegung versetzen kann. Digitalkameras und entsprechende Stative sind relativ leicht, und selbst wenig Wind führt schon zu verwackelten Fotos. Stellen Sie Ihre Ausrüstung also wenn nötig windgeschützt auf.

Eine Möglichkeit bei Porträts oder anderen Motiven in der Nähe besteht darin, die im Schatten liegende Seite mit einem Reflektor aufzuhellen. Dazu kann man z. B. eine Styroporplatte oder einen Spiegel verwenden, der das Hauptlicht in die Schatten hinein reflektiert.

Licht direkt von oben

Bei Licht von oben – zum Beispiel an einem heißen Hochsommertag – wirken Licht und Schatten hart. Landschaften sehen flach aus, weil die Schatten relativ klein sind. Beim Fotografieren von Personen im Freien ist das Mittagslicht ebenfalls problematisch, weil Gesichter hässliche Schatten unter Augen, Nase und Kinn erhalten.

Allerdings hat das Mittagslicht den Vorteil, dass es vom Betrachter intuitiv erkannt wird. Urlaubsfotos zur Mittagszeit in einem mediterranen Land vermitteln sehr gut die Hitze, das grelle Licht, ganz allgemein die Stimmung eines heißen Urlaubstags.

Und noch ein Gutes hat das Sonnenlicht zur Mittagszeit: Wenn Sie einen Platz im Schatten finden, ist das vorhandene Grundlicht relativ ergiebig, da das reflektierende Licht der Umgebung auch schattige Bereiche mehr aufhellt als am Morgen oder Abend. Bei der Belichtung mit Blende, ISO und Verschlusszeit haben Sie also mehr Spielraum.

Im Studio kann Licht von oben zu ausdrucksstarken Porträts führen, wenn man die Schatten ganz bewusst einsetzt.

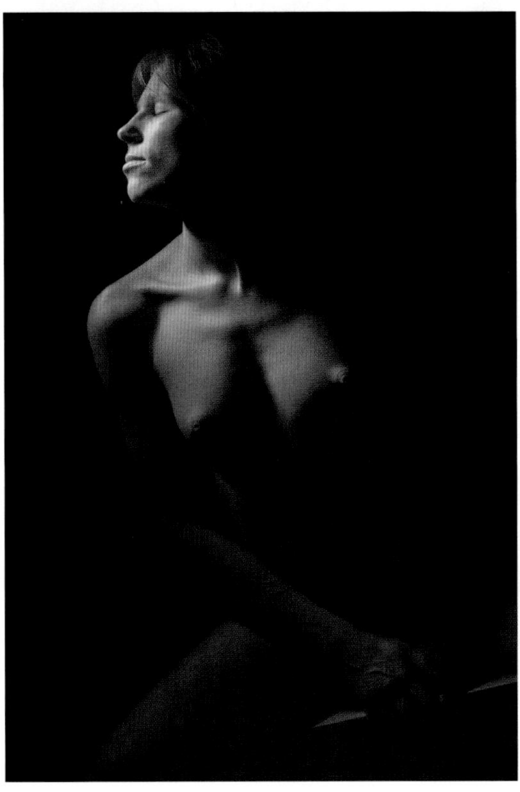

Eine von schräg oben gesetzt Lichtquelle erzeugt einen ungewöhnlichen Lichtverlauf, der die Oberfläche des Körpers sehr betont.

ISO 50 | Brennweite 85 mm | Blende 8.0 | Belichtungszeit 1/200 s

Fotos im Regen

Wenn Sie im Regen fotografieren wollen, müssen Sie ein paar Dinge bedenken. Möchten Sie Regentropfen im Flug „einfrieren", brauchen Sie Verschlusszeiten, die kürzer als 1/125 Sekunde sind. Um den Regen in Streifen zu zeigen, arbeiten Sie mit längeren Verschlusszeiten von 1/30 Sekunde und mehr. Je länger die Verschlusszeit ist, desto länger sind die von den Regentropfen gezeichneten Streifen.

Regentropfen sichtbar machen

Damit Regentropfen auf einem Foto sichtbar werden, benötigen Sie einen dunklen Hintergrund oder Flächen, auf denen die Regentropfen aufschlagen. Nehmen Sie z. B. für Wellenmuster eine Pfütze oder einen See mit ins Bild. Der Aufschlag von Tropfen auf Pflanzenblättern oder dem Lack eines Autos kann ebenfalls interessante Regenmotive erzeugen.

Königsdisziplin Gegenlicht

Eine echte Herausforderung für jeden Fotografen stellen Gegenlichtaufnahmen dar, bei denen die Hauptlichtquelle ein Motiv von hinten anstrahlt. Gelungene Gegenlichtmotive wirken besonders professionell und stimmungsvoll, sodass sich der Aufwand, sich mit den damit verbundenen Schwierigkeiten auseinanderzusetzen, auf alle Fälle lohnt. Gegenlicht wirkt gestalterisch auf zweierlei Art:

1. Es lässt zum einen massive, undurchsichtige Bereiche als dunkle, scherenschnittartige Silhouetten erscheinen und verursacht zum anderen um halb transparente und durchscheinende Motive einen hellen Lichtsaum – ein interessanter Effekt.
2. Zu den Silhouetten gibt es außerdem noch eine Alternative: Stellt man die Belichtung so ein, dass ein von hinten angestrahltes Hauptmotiv hell dargestellt wird, wird der helle Hintergrund natürlich völlig überstrahlt. Auch das kann sehr reizvoll aussehen, wenn man z. B. einen Menschen vor einem hell strahlenden Hintergrund zeigt und das Bild später am Computer noch weichzeichnet.

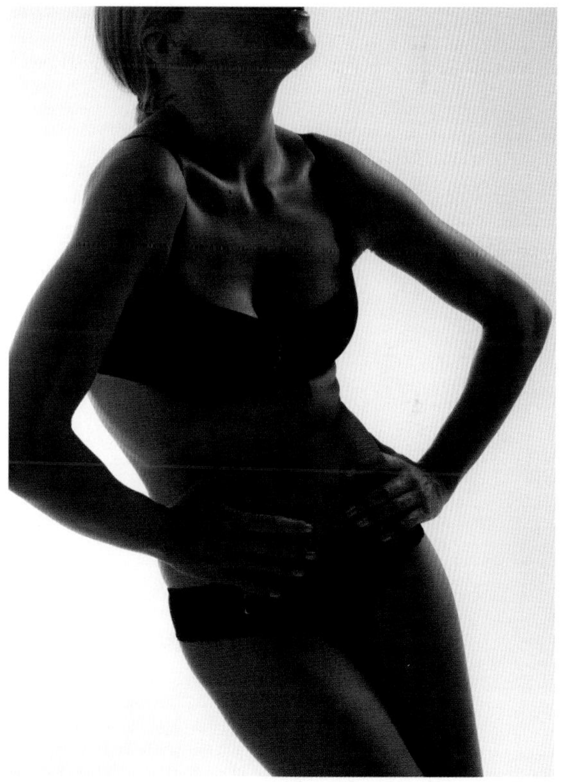

Gegenlicht kann dunkle Silhouetten erzeugen. Hier wurde das Gegenlicht einer großen, mit zwei Blitzgeräten angestrahlten Wand so eingesetzt, dass der Körper als dunkle Silhouette erscheint.

ISO 100 | Brennweite 85 mm | Blende 20 | Belichtungszeit 1/160 s

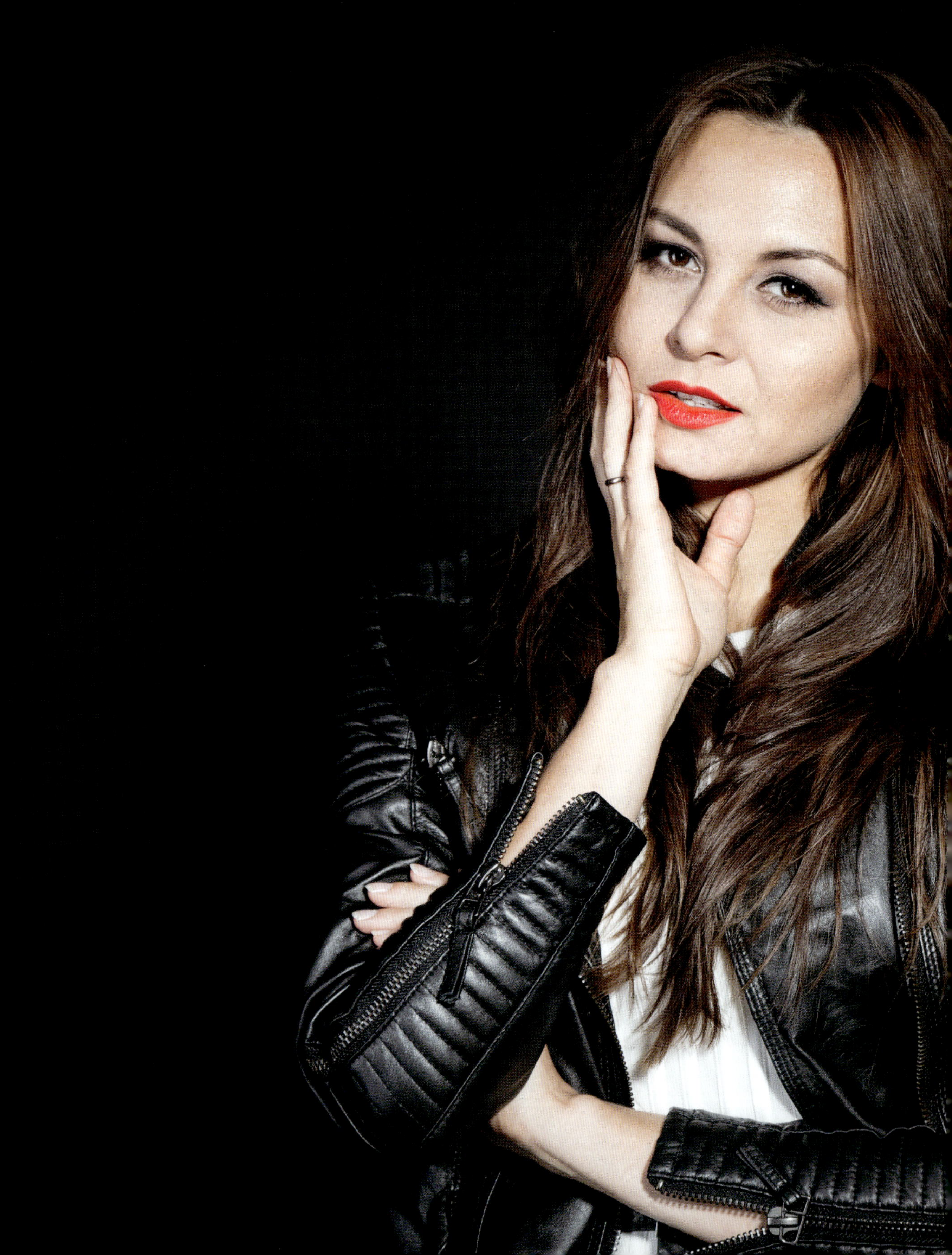

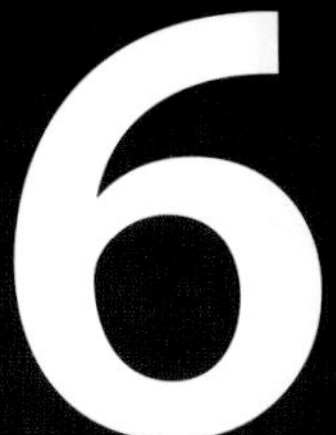

BILDGESTALTUNG BEIM **PORTRÄTIEREN**

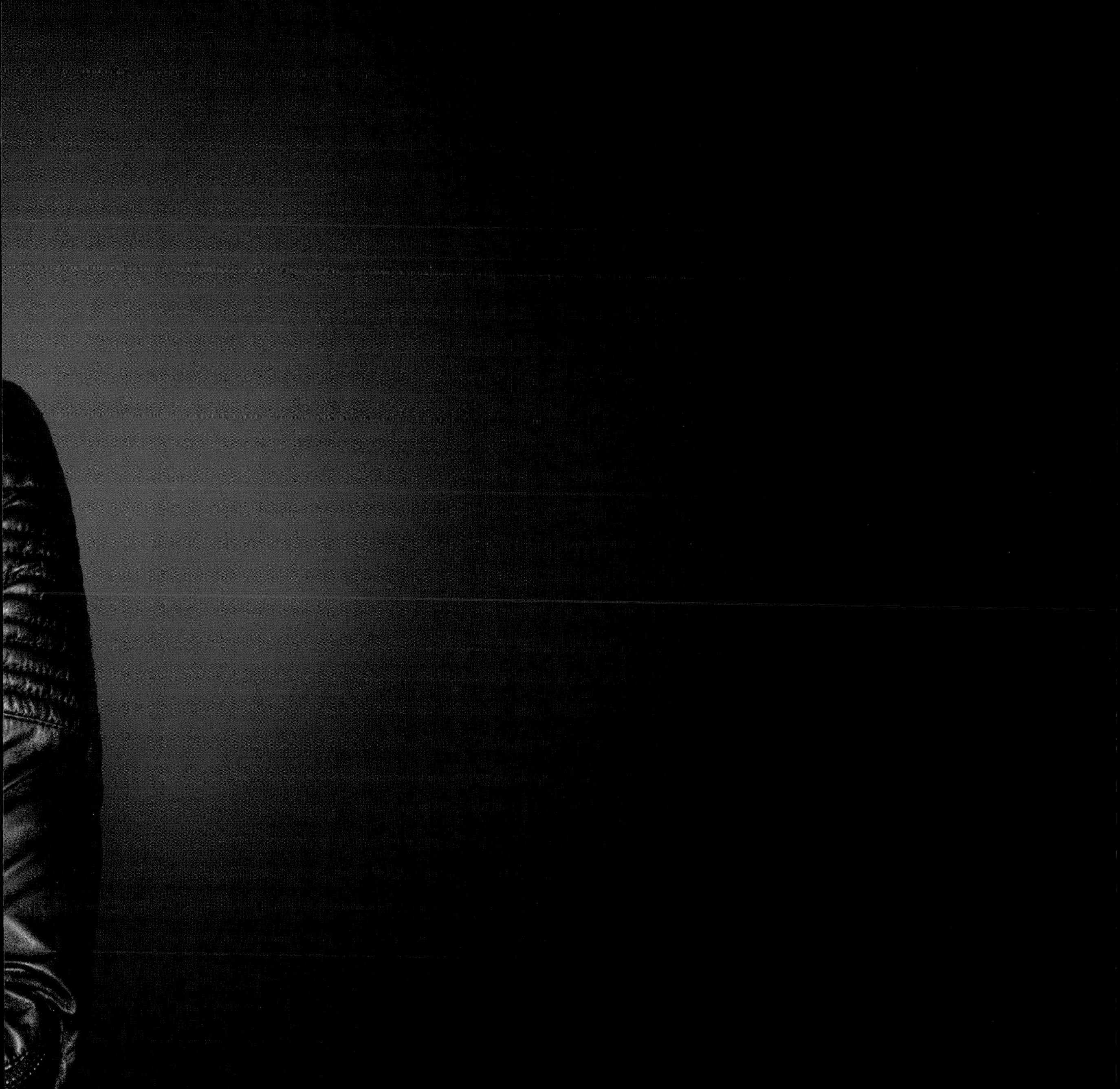

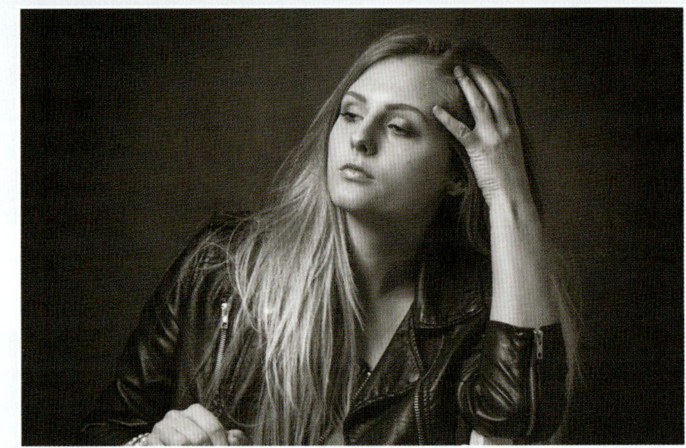
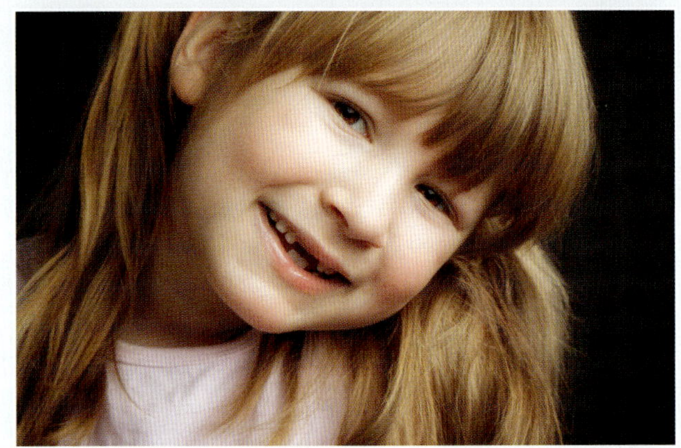
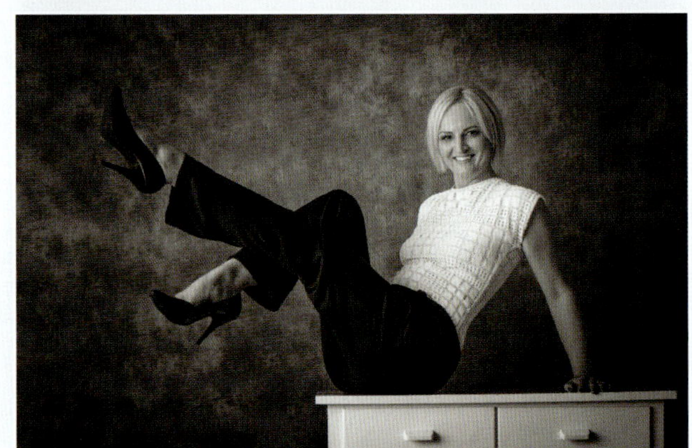
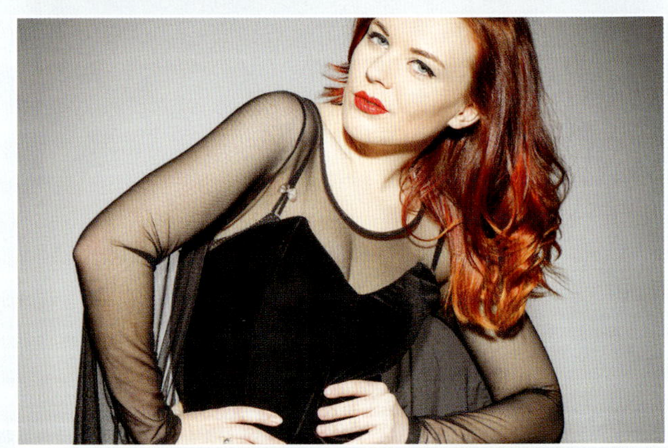

6

Bildgestaltung beim Porträtieren

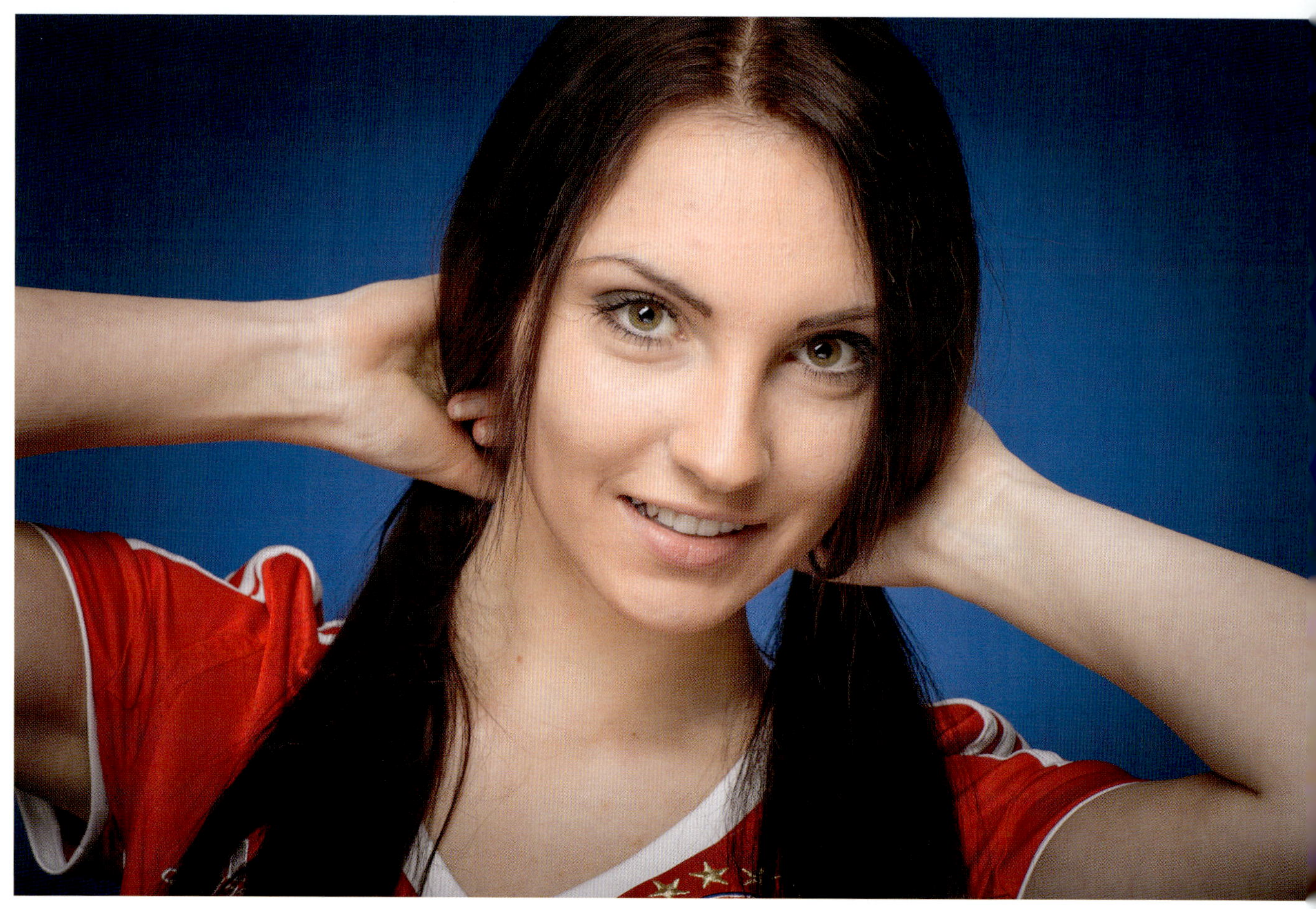

Ein offener Blick in die Kamera, im Idealfall noch mit einem Lächeln – so macht man bei der Porträtfotografie selten etwas falsch.
ISO 100 | Brennweite 85 mm | Blende 8 | Belichtungszeit 1/160 s

---

Welcher Bildausschnitt zeigt den Menschen vor der Kamera am besten? Das ist eine der ersten wichtigen Entscheidungen zur Bildgestaltung, die Sie beim Porträtieren treffen müssen. Gerade beim Porträt ist es wichtig, den Bildausschnitt ganz bewusst auszuwählen. Soll es nur der Kopf sein oder Kopf und Schultern? Oder wird schon der ganze Oberkörper mit einbezogen, wodurch dann auch mehr Möglichkeiten gegeben sind, die Umgebung zu zeigen? Welchen Bildausschnitt Sie wählen, hängt zum Großteil davon ab, was Sie mit dem Porträt aussagen möchten.

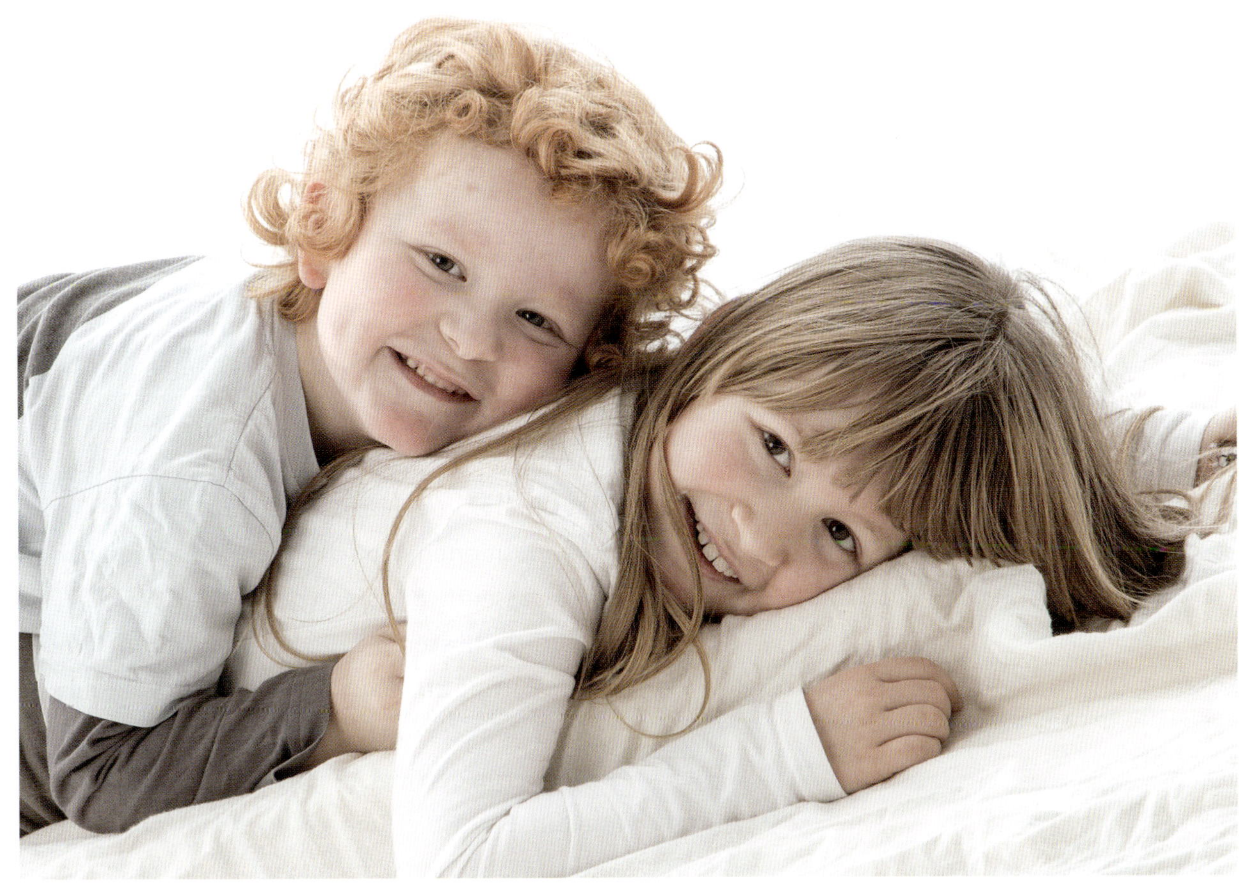

Spontane Schnappschüsse mit lachenden Gesichtern wirken immer. Die Familie wird Sie für solche Bilder lieben. Achten Sie darauf, durch die Wahl des Bildausschnitts das Motiv auf das Wesentliche zu reduzieren.

ISO 100 | Brennweite 105 mm | Blende 13 | Belichtungszeit 1/100 s

Auf die Umgebung achten

Je mehr Umgebung einbezogen wird, um z. B. einen Handwerker bei der Arbeit zu porträtieren, desto weniger Platz bleibt für den Menschen selbst. Das kann dazu führen, dass nur noch ein Teil des Gesichts und vielleicht noch die Hände zu sehen sind, es ist aber auch denkbar, dass die ganze Person inmitten ihres Betätigungsfelds gezeigt wird.

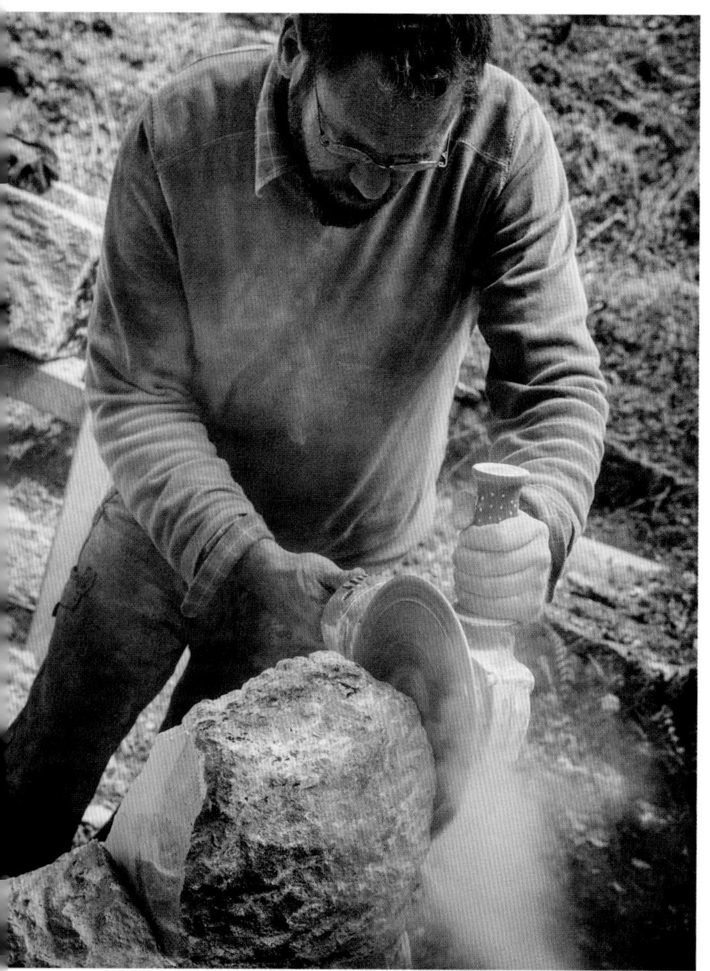

Das Bild des arbeitenden Mannes wurde nachträglich so beschnitten, dass man einen Teil der Umgebung noch erkennt. Würden Sie dasselbe Motiv mit langer Brennweite fotografieren, erzielten Sie den gleichen Effekt – eine geraffte Perspektive. Hintergrund und Hauptmotiv rücken optisch näher zusammen.

ISO 100 | Brennweite 34 mm | Blende 6.3 | Belichtungszeit 1/100 s

Auch wenn der Protagonist durch ein Objektiv in die Kamera blickt – der Betrachter hat das Gefühl, mit dem Porträtierten in Blickkontakt zu stehen, und gewinnt dadurch einen direkteren Bezug zum Bild.

Bauchnabelperspektive

Von der Bauchnabelperspektive sprechen Modefotografen, wenn die Kamera ungefähr auf Höhe des Bauchs platziert ist und ein in einiger Entfernung stehendes Model mit mittlerer Brennweite mit relativ natürlichen Proportionen abgebildet werden kann. Es entsteht weder der für erhöhte Kameraperspektiven typische Eindruck, das Model würde zum Betrachter aufblicken (im Extremfall vermittelt das Unterwürfigkeit), noch der für niedrige Kamerapositionen typische mehr oder weniger herablassende Blick „von oben herab".

Natürlich müssen Sie die Kamera nicht bei jedem Porträt auf Bauchnabelhöhe stellen, als grober Anhaltspunkt für die Kamerahöhe sollte jedoch in den meisten Fällen der Oberkörper gelten. Steht die Kamera irgendwo zwischen Augenhöhe und Bauchnabel, kann, was die Perspektive angeht, fast nichts schiefgehen.

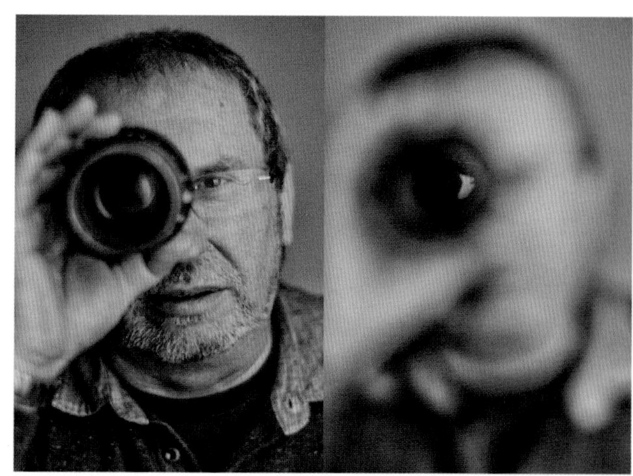

Hohe und niedrige Standpunkte

Obwohl im letzten Absatz davor gewarnt wurde, können sowohl die erhöhte als auch die niedrige Perspektive in bestimmten Situationen bzw. mit bestimmten Fotomodels durchaus ihren Reiz haben. Gerade bei Kinderporträts bewirkt der Wechsel in eine extreme Perspektive manchmal wahre Wunder. Je kleiner das Model, desto wirkungsvoller ist eine sehr hohe bzw. sehr niedrige Perspektive. Ein hoher Kamerastandpunkt macht kleine Models noch kleiner und erzeugt im Zusammenspiel mit der richtigen Pose bzw. dem passenden Gesichtsausdruck einen Eindruck von Verwundbarkeit oder Zerbrechlichkeit.

Andererseits kann ein Kind, das von oben fotografiert wird, mit einer herausfordernden Geste dem Betrachter auch eine Botschaft – „Warte, bis ich groß bin!" – vermitteln. Fotografieren Sie von unten nach oben, am besten noch mit Weitwinkelbrennweiten (das gilt übrigens für beide Perspektiven), machen Sie Ihre Models zu Riesen. Die Proportionen werden gestreckt, lange Beine wirken noch länger oder je nach Brennweite sogar unnatürlich in die Länge gezogen.

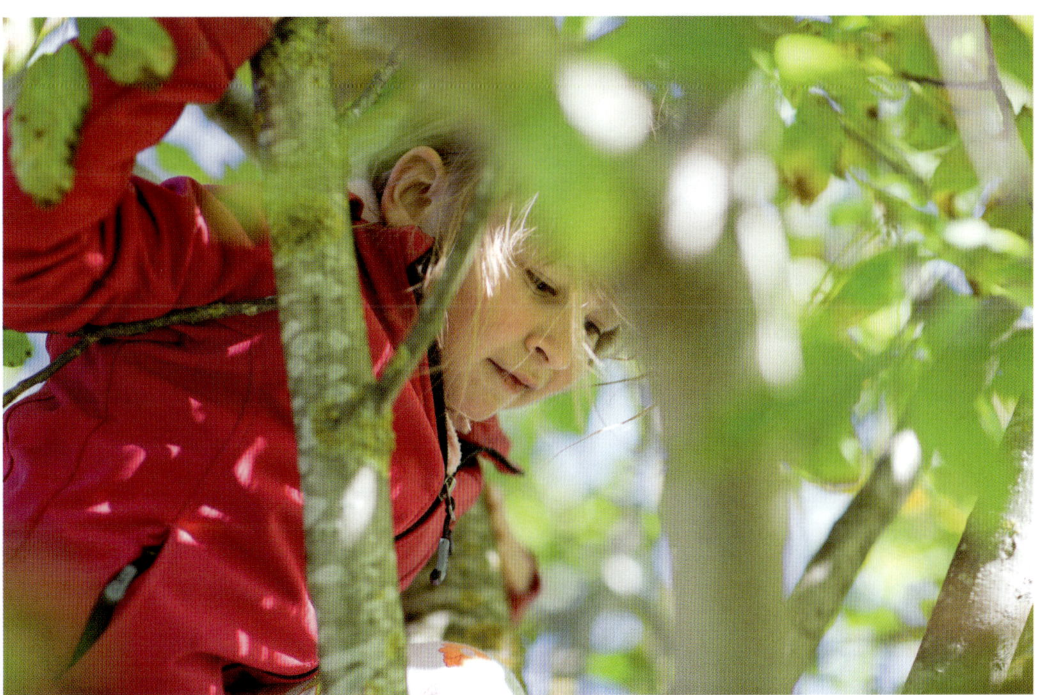

Die niedrige Perspektive verschafft dem Betrachter ein Gefühl davon, wie das Mädchen im Baum herumklettert. Zusammen mit den grünen Blättern, die zum Teil unscharf sind, wurde ein sympathisches und farbenfrohes Bild fürs Familienalbum geschaffen.

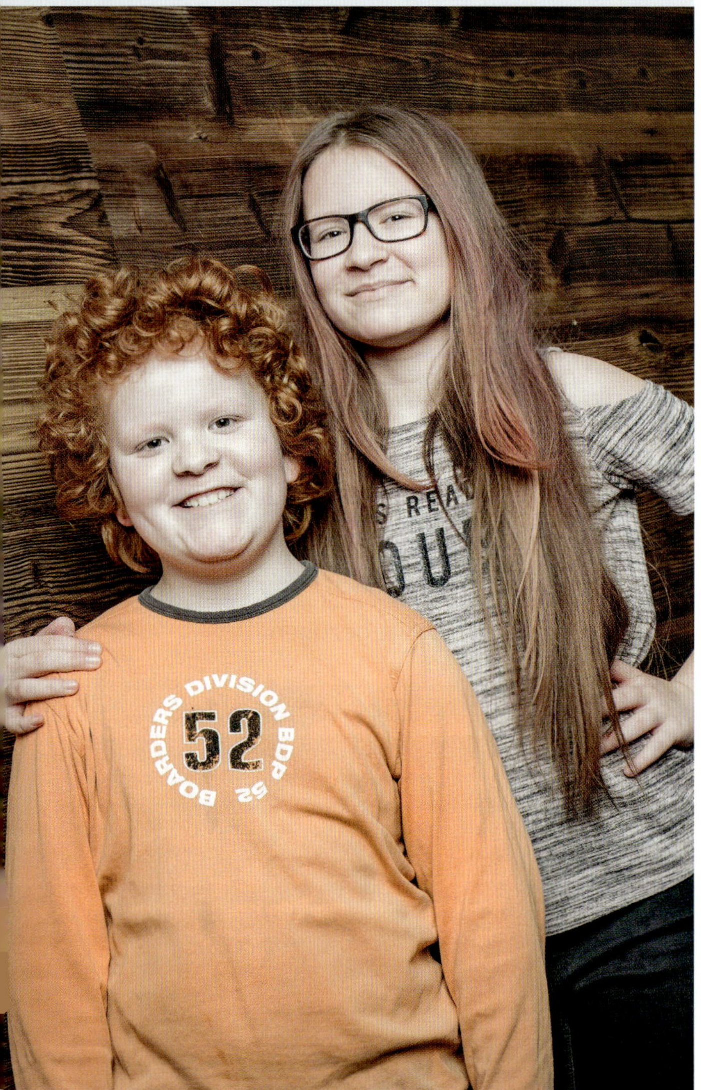

Blickkontakt: Die Kamera auf Augenhöhe und der direkte Blick ins Objektiv machen das Bild persönlich.

ISO 100 | Brennweite 55 mm | Blende 8.0 | Belichtungszeit 1/125 s

Maximale oder minimale Schärfentiefe

Je extremer die Perspektive, desto schwieriger wird es, das ganze Model von oben bis unten in der Schärfe zu halten. Hier helfen Weitwinkel und kleine Blenden (große Blendenwerte), um die Schärfentiefe zu maximieren. Allerdings laden außergewöhnliche Blickwinkel auch dazu ein, mit der Schärfe zu spielen und sie nur auf einen eng gefassten Bereich zu setzen. Der Kamerablick von oben auf ein Gesicht, in dem lediglich die Ebene der Augen scharf gezeigt wird, akzentuiert den Blick des Models und macht ihn besonders eindringlich. Eine weit geöffnete Blende (f/2.8 und weniger) hilft, die Schärfentiefe zu minimieren. Gehen Sie außerdem so nah wie möglich an Ihr Model heran und verwenden Sie die größtmögliche Brennweite, bei der die Person noch komplett im Bild ist.

ND-Filter reduzieren Licht

Falls Sie, wie beim Thema High-Key, mit viel Licht arbeiten und deshalb eine kleine Blendenöffnung notwendig wird, dehnt sich dadurch die Schärfentiefe aus. Um dem entgegenzuwirken, kann man einen ND-Filter (Graufilter, Neutraldichtefilter) verwenden, der einfach nur die Lichtmenge reduziert, die durchs Objektiv dringt. Mit ND-Filtern, die es in unterschiedlichen Stärken gibt, kann man auch bei einer großen Lichtmenge, z. B. im Freien bei Sonnenlicht, mit offener Blende arbeiten.

Porträtaufnahmen mit Lensbaby

Apropos Schärfentiefe: Porträts lassen sich nicht nur mit klassischen Objektiven machen, sondern auch mit den eher spielerischen Lensbabys (*www.lensbaby.com*). Diese Linsen lassen sich von Hand verdrehen und verbiegen, sodass Schärfe und Schärfentiefe ganz nach Belieben beeinflusst werden können (Stichwort Tilt-Shift-Effekte). Hat man einmal raus, wie das funktioniert, kann man die Schärfe z. B. ganz exakt auf die Augen legen, während alles andere schon unscharf wird. Gerade bei High-Key-Aufnahmen im Studio kann dieser Effekt zu sehr plakativen Fotos führen, wenn z. B. die Schärfe genau auf den Augen liegt.

Die Luxusausführung solcher verstellbaren Objektive gibt es auch von den großen Herstellern wie Canon oder Nikon. Wer noch mehr Geld ausgeben möchte, kann auch gleich auf eine Fachkamera umsteigen, bei der Objektiv und Kamerabody unabhängig voneinander über eine feine Mechanik verstellbar sind. Dadurch lassen sich Schärfentiefe und Schärfepunkt enorm flexibel variieren.

Eigener Stil mit der Kamera

Gibt es veröffentlichte Porträts, die völlig ohne Bildbearbeitung auskommen? Vermutlich nicht sehr viele, zumal zurzeit die Retrowelle über die Fotoszene schwappt. Und Retro funktioniert eben nur mit einem gewissen Maß an Bearbeitung, wenn Sie nicht gerade mit sehr alter Ausrüstung fotografieren. Je nachdem, ob Sie JPEG- oder RAW-Dateien verarbeiten, können Sie an Ihrer Kamera schon einen grundlegenden Bildstil festlegen.

Mit diversen Filterfunktionen im Kameramenü lässt sich der Look Ihrer Fotos bereits bei der Aufnahme beeinflussen. Man kann an der Farbsättigung schrauben, die Kontraste erhöhen oder verringern, Spezialeffekte (Miniatureffekt, Polaroidstil, Schwarz-Weiß etc.) anwenden oder HDR-Bilder in ihrem typischen Look erzeugen. Was genau mit Ihrer eigenen Kamera machbar ist, erfahren Sie aus dem Handbuch. Nicht jede Kamera bietet die gleichen Bildeffekte.

Speichern Sie beim Fotografieren JPEG-Dateien, sind die Einstellungen der Kamera sehr wichtig, da sich diese Manipulationen nicht mehr rückgängig machen lassen. Fotografieren Sie dagegen mit RAW-Daten, haben Sie später am Computer mit dem passenden RAW-Programm noch alle Möglichkeiten, den Look Ihrer Fotos zu verändern.

Helligkeit, Kontrast, Farbe, Schärfe

Hobbyfotografen und Einsteiger, die ein interessantes Motiv entdecken, stellen oft die Vollautomatik oder ein automatisches Motivprogramm ein, um sich keine Gedanken über die richtige Belichtung machen zu müssen. Sie nehmen das Motiv ins Visier und drücken den Auslöser. Das Motiv ist im Kasten, und weiter geht's zum nächsten Schnappschuss. Später bei der Sichtung der Abzüge oder der Fotos am Computer stellen sie fest, dass die vermeintlich atemberaubenden Blickfänge auf den Bildern kaum mehr zu Geltung kommen. Warum ist das so?

Sie haben eine moderne Kamera, die auf dem neuesten Stand der Technik ist. Das Motiv war interessant, die Belichtung perfekt. Was viele bei der Begeisterung über ein Motiv vergessen (oder einfach nicht wissen), sind grundlegende Regeln zur Bildgestaltung. Gerade in der Porträtfotografie sind diese Grundlagen extrem wichtig, weil Sie durch Unachtsamkeit bei der Gestaltung jedes Porträt ruinieren können.

Was ist der Reiz eines Gesichts?

Erst wenn Sie sich Gedanken darüber machen, worin der Reiz eines Motivs, eines Gesichts oder einer Situation besteht, wie Sie den Blickfang vor seinem Hintergrund und in seiner nächsten Umgebung zeigen möchten und welchen Bildausschnitt Sie wählen sollten, werden Ihre Schnappschüsse zu ansprechenden Fotografien. Die Bildgestaltung ist ein kreativer Prozess. Es gibt jedoch eine ganze Reihe hilfreicher Gestaltungsmittel, die sich erlernen und üben lassen und die auch von jedem Hobbyfotografen angewendet werden können. Eines sollten Sie sich außerdem klarmachen, wenn Sie über gestalterische Regeln nachdenken und sie für die Bildkomposition nutzen: Gestaltung und ästhetisches Empfinden hängen stark davon ab, in welchem Kulturkreis man sich befindet.

Einsteiger sollten Regeln befolgen

Die hier erklärten Regeln der Bildgestaltung helfen noch unerfahrenen Fotografen dabei, schon von Anfang an interessante Aufnahmen hinzubekommen. Halten Sie sich, wenn Sie gerade erst mit bewusster Gestaltung beginnen, daher unbedingt an einige einfache und umsetzbare Leitlinien.

Das bewusste Ausbrechen aus ästhetischen Empfindungen sollte erst in einem nächsten Schritt erfolgen, wenn Sie mit den Gestaltungsprinzipien vertraut sind. Das Brechen von Regeln kann bereits ein außergewöhnliches Bild hervorbringen, will dazu jedoch gekonnt eingesetzt sein. Die in diesem Kapitel vermittelten Informationen über Bildgestaltung und -komposition dienen dazu, Ihnen den Unterschied zwischen einem Schnappschuss und einem arrangierten und überlegten Foto nahezubringen. Sie werden sich mithilfe der hier vorgestellten Gestaltungsregeln fotografisch entwickeln und im Laufe der Zeit feststellen, dass Ihre Fotografie sehr viel ansprechender wird. Wenn dann daraus so viel Kreativität erwächst, dass Sie mit Motiven und Ausschnitten spielen können – umso besser.

Fünf Regeln für den Einstieg

Wer ein Bild bewusst gestaltet, ist kreativ. Allerdings ist nicht jede Gestaltung ein kreativer Geniestreich. Im Gegenteil – die allermeisten Gestaltungsregeln lassen sich ganz einfach erlernen. Die Fotografie ist eben im Wesentlichen ein Handwerk. Vermutlich besteht die Fotografie aus 25 % Technik, 70 % Gestaltungsregeln und 5 % Kreativität sowie der Intuition des Fotografierenden. Er erkennt ganz besondere Situationen und macht daraus hervorragende Bilder. Intuition kann man nicht vermitteln, die Technik sollte aber vorhanden sein. Befassen wir uns also mit dem gestalterischen Handwerk.

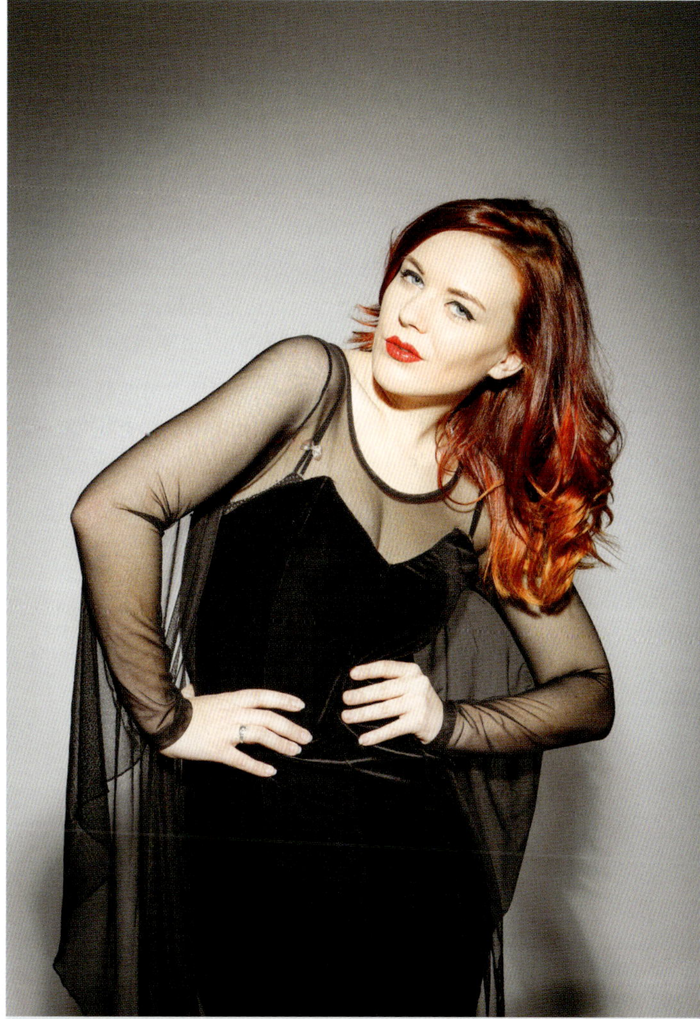

Hier ist es natürlich vor allem die Lichtgestaltung, die dem Bild Charakter gibt. Eine andere Lichtquelle als der Spot von schräg oben hätte ein völlig anderes Ergebnis gebracht. Bewusste Entscheidungen führen zu eindeutigen Ergebnissen, wobei es aber nicht schadet, manchmal einfach herumzuprobieren.

ISO 100 | Brennweite 85 mm | Blende 11 | Belichtungszeit 1/125 s | Theaterspot

Ästhetik und Kulturkreis

Eines sollten Sie sich im Vorfeld klarmachen: Wenn wir hier über gestalterische Regeln reden, gehen wir davon aus, dass diese Regeln von Menschen im westlichen Kulturkreis gelesen werden. Andere Länder, anderes Gestaltungsempfinden. Ein kleines Beispiel: Wir schreiben von links nach rechts, die arabische Schrift bewegt sich von rechts nach links. Wir empfinden eine von links nach rechts gehende Bewegung eher als aktiv und angreifend, während eine Bewegung von rechts nach links als mehr abwehrend und passiv empfunden wird. Ästhetik hängt also stark davon ab, wo auf der Erde man gerade ist. Das bewusste Brechen ästhetischer Empfindungen kann bereits ein außergewöhnliches Bild hervorbringen, man sollte jedoch wissen, was man tut bzw. wie die potenziellen Betrachter mit einem Motiv vermutlich umgehen werden.

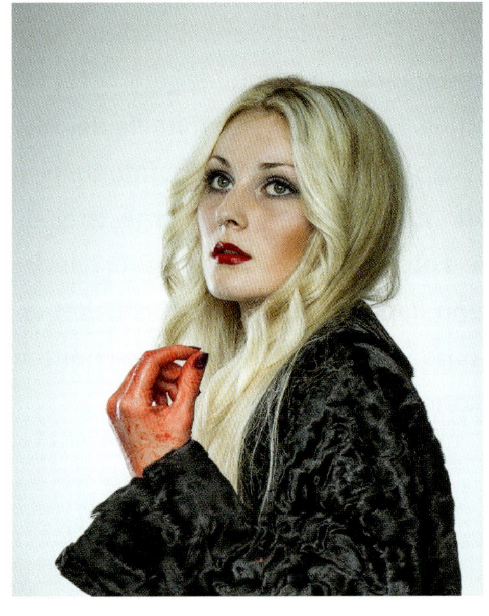

Neben sichtbaren können auch unsichtbare Linien den Blick des Betrachters lenken. Hier ist es die Blickrichtung, die neugierig darauf macht, was das Model wohl außerhalb des Bilds sehen mag.

ISO 125 | Brennweite 85 mm | Blende 11 | Belichtungszeit 1/160 s

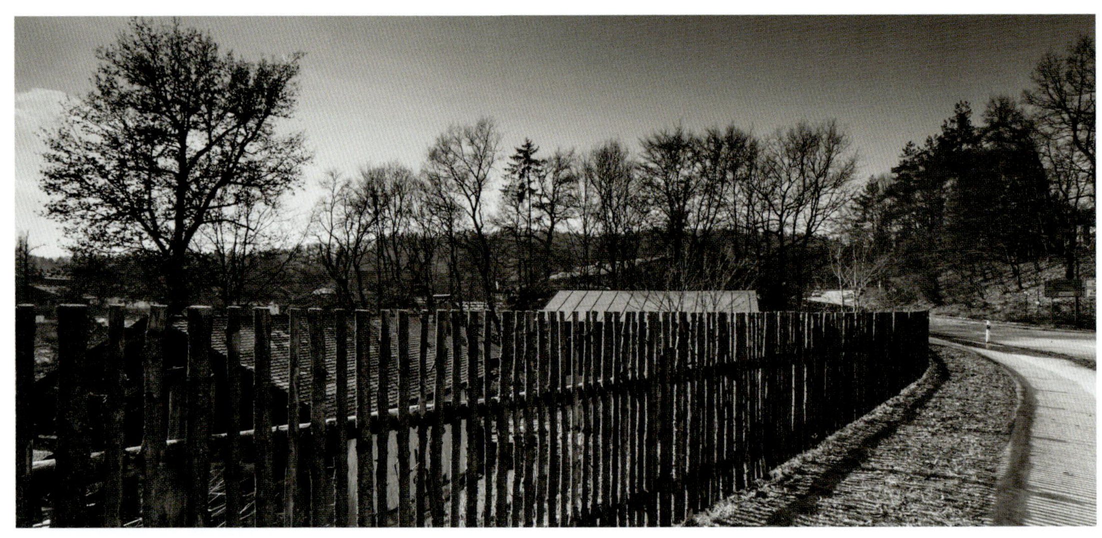

Die Richtung der dominanten Linie im Bild (des Zauns) führt das Auge von links nach rechts ins Bild. Dies vermittelt Dynamik und Weite.

ISO 100 | Brennweite 17 mm | Blende 8 | Belichtungszeit 1/80 s

Regel 1: Hoch- und Querformat

Vermutlich halten Sie die Kamera für Porträts meist so, dass Hochformataufnahmen entstehen. Betrachten Sie jedoch immer zuerst Ihr Motiv und entscheiden Sie dann, ob es besser im Hoch- oder im Querformat fotografiert werden sollte. Wenn es um besonders dynamische Motive wie Sportler oder tobende Kinder geht, können Sie die Kamera auch mal schräg halten, um ungewöhnliche Ansichten entstehen zu lassen.

Regel 2: Motive positionieren

Die grundlegendste Frage beim Fotografieren ist, an welcher Stelle das Gesicht, der Oberkörper oder der Körper des Porträtmodels im Bild platziert werden soll. Meistens nimmt man sein Hauptmotiv einfach in der Mitte des Suchers/ Monitors ins Visier. Zwar gibt es durchaus Situationen, in denen Symmetrie angebracht ist, wie z. B. eine Spiegelung im Wasser, bei der man die Schnittkante zwischen Motiv und Spiegelung in der Mitte des Bilds anordnen könnte. Aber abgesehen von diesen Ausnahmen ist es meistens sinnvoller, zuerst einmal eine außermittige Platzierung auszuprobieren, um mehr Spannung ins Bild zu bringen.

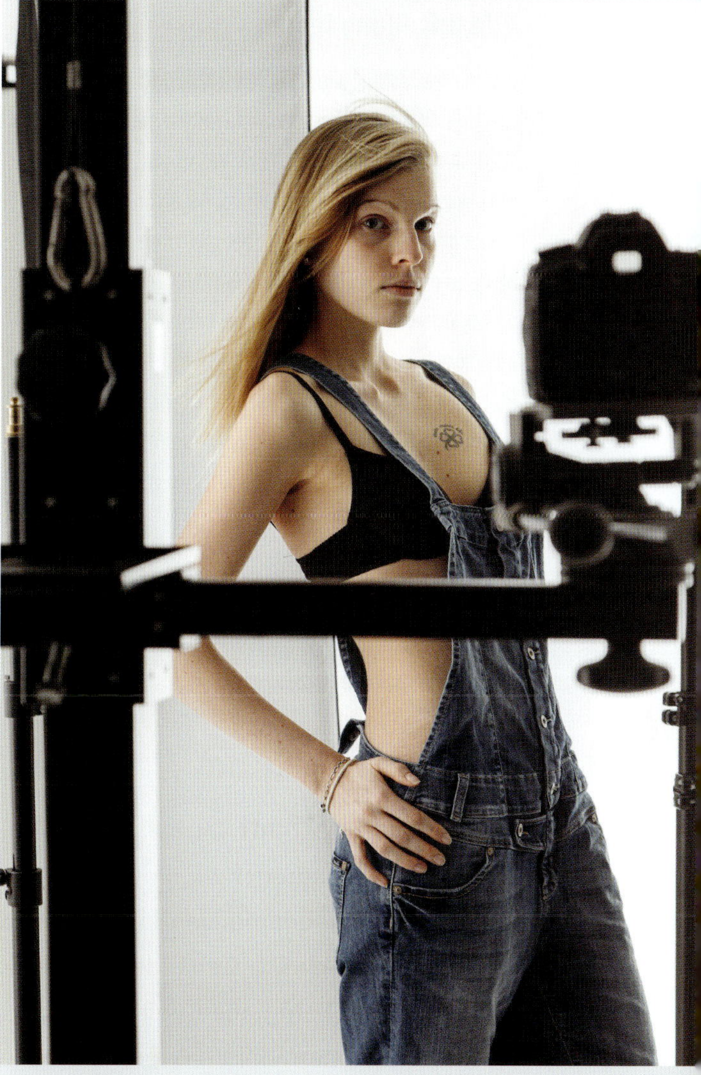

Ein hübsches Bild, aber irgendwas fehlt, an dem man wirklich hängen bleibt. Es sind mehrere Elemente da, die nebeneinander ähnlich dominant sind. Es fehlt der eindeutige Blickfang.

ISO 100 | Brennweite 84 mm | Blende 6.3 | Belichtungszeit 1/100 s

Bildaufteilung testen

Um mal zu testen, wie sich die Platzierung von Motiven im Bild auswirkt, kann man einfach ein kleines Stillleben aus einem Tisch, einer Wand und einem Glas (Vase, Aschenbecher, Tasse o. Ä.) arrangieren. Nun wird das Motiv zunächst bei gleichem Kameraabstand mittig, links, rechts, etwas weiter oben und weiter unten fotografiert. Hierbei kann man schon ansatzweise erkennen, welche Auswirkungen die Platzierung des Hauptmotivs haben kann. Verändert man nun noch die Entfernung bzw. die Brennweite, ergeben sich durch die Neugewichtung von Motiv, Tisch und Hintergrund ebenfalls neue Sichtweisen. Ist man weit weg, wirkt das Motiv klein, verloren, zerbrechlich. Geht man nah ran, kommt das Motiv groß raus, und man kann – je nach Brennweite – geradezu skurrile Perspektiven erzeugen.

Regel 3: Goldener Schnitt

Eine wichtige Grundregel zur Positionierung von Haupt- und Nebenmotiven in einem Bild ist der Goldene Schnitt. Gebäude, Gemälde, Skulpturen und Fotografien wirken immer dann besonders harmonisch, wenn sie nach dem Goldenen Schnitt aufgebaut sind. Das war übrigens schon in der Antike bekannt, wie man an Bauwerken und Skulpturen aus dieser Zeit gut feststellen kann. Heute verwenden nicht nur Künstler, sondern auch Grafiker und Designer diese alte Regel. Aber was ist nun der Goldene Schnitt, und wie kann man ihn in der Praxis der Porträtfotografie einsetzen?

In eine mathematische Formel gepresst, errechnet sich der Goldene Schnitt so:

Der kleinere Teil verhält sich zum größeren wie der größere Teil zum Ganzen:

$a : b = b : (a + b)$

Um nochmals auf die Antike zurückzukommen: Das Maß entspricht in etwa dem Längenverhältnis zwischen menschlichem Unter- und Oberarm, was man an gut gestalteten Skulpturen der Antike nachmessen kann – wenn man im Museum denn so nah an die Statuen herankommt. Für die fotografische Praxis bedeutet der Goldene Schnitt, dass man Strecken (Höhe, Breite) im Verhältnis von 60 : 40 teilt und an den Schnittpunkten Haupt- und Nebenmotive wie zum Beispiel die Augen des Models platziert. Das Gleiche gilt für Linien, die durch das Bild gehen. Arme und Beine, aber auch gedachte Verbindungslinien zwischen zwei wichtigen Punkten kann man an den Schnittlinien des Goldenen Schnitts plat-

Formel für den Goldenen Schnitt

Mit der folgenden Formel kann man die längere (AP) der beiden Teilstrecken ausrechnen, die durch den Goldenen Schnitt entstehen, wenn man eine Gesamtbreite (AB) bzw. -höhe kennt:

$AP = AB : 1{,}618$

zieren. Wenn diese Linien ein Foto im Goldenen Schnitt teilen, trägt das ganz erheblich zur Spannungssteigerung bei.

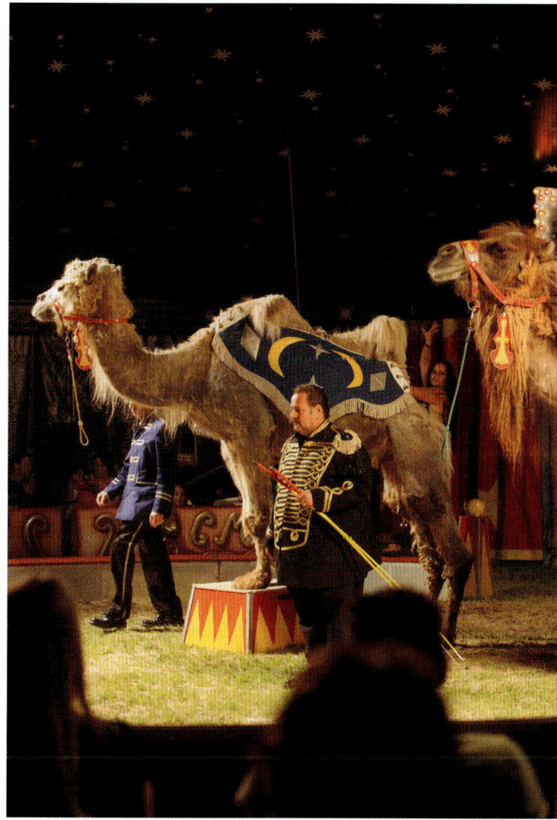

Diese Aufnahme hat mehrere Probleme: Obwohl der Zirkusdirektor nahezu im Goldenen Schnitt angeordnet ist, lenken zu viele Fehler von ihm als Hauptmotiv ab. Der Kopf seines Kollegen hinten ist abgeschnitten, die Zuschauer vorne sind zu dominant, die Dame im Hintergrund lenkt durch den direkten Blick zusätzlich ab.

ISO 1600 | Brennweite 73 mm | Blende 2.8 | Belichtungszeit 1/500 s

Regel 4: Drittel-Regel

Alle modernen Digitalkameras blenden auf Wunsch ein Gitternetz auf dem Display ein, das das Sucherbild horizontal und vertikal drittelt. Im Handbuch der Kamera steht, ob und wie man das Gitternetz einblendet. Diese Funktion ist sehr hilfreich, weil man sie zur Bildgestaltung nutzen kann, indem man Motive nach der Drittel-Regel platziert. Die Drittel-Regel ist eine Vereinfachung des Goldenen Schnitts, die ebenfalls zu einer harmonischen Bildgestaltung beiträgt.

In der Praxis klappt die Gestaltung mithilfe des eingeblendeten Gitternetzes der Kamera natürlich schneller, als würde man zunächst Berechnungen von Teilungsverhältnissen anstellen. Haupt- und Nebenmotive sowie bildwichtige Linien werden entweder an den Schnittpunkten oder entlang der zwei horizontalen und zwei vertikalen Linien platziert. Horizontale und vertikale Führungslinien sind perfekt dazu geeignet, ein Bild aufzuteilen. Diese Führungslinien werden dazu einfach auf den Linien zur Bilddrittelung platziert.

Regel 5: Hauptmotiv und Nebenmotive

Üblicherweise gibt es in der Porträtfotografie ja nur ein Hauptmotiv. Allerdings können je nach Motiv auch ein oder mehrere Nebenmotive wie Accessoires, Hintergrundmotive oder andere Menschen ins Spiel kommen. Zunächst muss man sich also klarmachen, wie das Hauptmotiv arrangiert und platziert werden soll. Alles andere wird dann danach ausgerichtet.

Das Problem: Existieren neben einem Menschen noch mehrere starke Nebenmotive, kann ein Betrachter den eigentlichen Sinn einer Aufnahme nicht sofort erfassen – was aber enorm wichtig für ein gutes Porträt ist. Wenn man sich selbst dabei beobachtet, wie schnell man Fotos betrachtet und sozusagen beiseitelegt, wird man feststellen, dass die allermeisten Amateurbilder zu diffus sind und man schnell das Interesse verliert. Also, wie trennt man den porträtierten Menschen vom Rest des Bilds bzw. verstärkt seine Wirkung?

Zuerst – wie oben beschrieben – positioniert man den Menschen vor der Kamera nach dem Goldenen Schnitt oder der Drittel-Regel. Als Nächstes muss man sich überlegen, wie man störende Elemente im Bild eliminiert. Das klappt in der Regel dadurch, dass man die Kameraposition oder die Brennweite verändert. Falls mal etwas partout nicht ausgeblendet werden kann, hilft möglicherweise die Bildbearbeitung, in der man den störenden Fahnenmast oder einen durchs Bild laufenden Menschen nachträglich löscht. Im nächsten Schritt werden Nebenmotive arrangiert, ebenfalls durch leichte Veränderungen der Kameraposition bzw. Brennweite. Wenn möglich, kann man Nebenmotive natürlich auch verschieben. Kleiner Tipp am Rande: Man sollte darauf achten, Überlappungen zu vermeiden, wenn sie nicht Teil der Bildaussage sind. Denn wenn Konturen verschiedener Bildelemente überlappen, fällt es schwer, sie zu differenzieren – und der Betrachter verliert das Interesse am Bild.

Die Lichtstimmung

Fotografie bedeutet grob übersetzt „Malen mit Licht“. Aber anders als ein Maler mit Pinsel und Leinwand, dessen Werke über lange Zeit entstehen können, hat der Fotograf oft nur einen kurzen Augenblick zur Verfügung, in dem Motiv und Beleuchtung optimal passen. Die Kunst des Fotografierens besteht zum großen Teil darin, Lichtstimmungen zu erkennen, diese in die Bildgestaltung einzubeziehen und die Lichtverhältnisse fotografisch korrekt festzuhalten.

Das feurige Licht eines atemberaubenden Sonnenuntergangs, die festliche Beleuchtung eines Weihnachtsmarkts oder das Glitzern im Wasser eines Springbrunnens zur Mittagszeit sind außergewöhnliche Impressionen, die man hervorragend in der Porträtfotografie nutzen kann. Fotografisch interessante Lichtsituationen zu erkennen, hängt zum großen Teil von Ihrer Erfahrung ab.

Je länger Sie fotografieren, desto mehr Motive werden Sie finden – und zwar von ganz allein. Denn immer wenn Sie mit der Kamera unterwegs sind, schulen Sie ganz automatisch Ihren Blick für außergewöhnliche Bilder. Neben der Erfahrung beim Erkennen von Motiv und Lichtstimmung brauchen Sie aber außerdem das technische Wissen, um diese Augenblicke mit der Kamera optimal in gelungenen Aufnahmen zu verewigen.

Belichtungsreihen für knifflige Situationen

Gerade bei besonders interessanten Lichtstimmungen ist es meistens ein wenig komplizierter, korrekt belichtete Fotos zu erhalten. Je nach Motiv kann manchmal eine leichte Über- oder Unterbelichtung nötig sein, um bildwichtige Bereiche besser herauszustellen. So ist das Fotografieren während eines Sonnenuntergangs relativ knifflig, weil sich die von der Kamera vorgeschlagenen Belichtungswerte mit der kleinsten Bewegung in Richtung Sonne sofort verändern. Im Zweifel machen Sie ein paar Testaufnahmen, kontrollieren diese auf dem Display und stellen dann die richtigen Belichtungswerte für Blende und Verschlusszeit manuell ein.

Eine Hilfe können automatische Belichtungsreihen (Bracketing) darstellen, die allerdings in der Porträtfotografie dazu führen, dass die Spontaneität leidet. Denn für eine Belichtungsreihe macht man drei oder mehr Aufnahmen der gleichen Pose, um dann aus den Bildern das korrekt belichtete auszuwählen. Spontane Schnappschüsse sind dann natürlich kaum möglich. Gestellte Porträts und feste Posings unter schwierigen Lichtbedingungen kann man aber durchaus per Bracketing versuchen.

Belichtungswerte speichern

Wenn Sie die Belichtungswerte für ein Porträt speichern möchten (Stichwort Belichtungsmesswertspeicherung), sollten Sie die Hauttöne Ihres Models als Helligkeitsreferenz nutzen. Die Haut eines (hellhäutigen) Menschen entspricht ziemlich gut der Messreferenz von 18-prozentigem Grau. Visieren Sie also das Gesicht des Models an, ermitteln Sie die Belichtungswerte bzw. drücken Sie die Messwertspeichertaste (bei vielen Kameras die Sterntaste) und schwenken Sie die Kamera dann so, dass die Bildgestaltung passt. Da sich die Kamera die Belichtungswerte einige Sekunden lang merkt, haben Sie genügend Zeit, mit den ermittelten Werten Ihre Aufnahme zu machen.

Hilfsmittel Spotmessung

Informieren Sie sich im Handbuch Ihrer Kamera darüber, wie die Spotmessung funktioniert. Dann können Sie in schwierigen Lichtsituationen damit arbeiten und die Belichtungswerte noch exakter bestimmen. Bei der Spotmessung wird nur ein sehr kleiner Bildbereich für die Messung herangezogen. Wenn es darum geht, ein bestimmtes Detail wie z. B. ein Gesicht unabhängig vom Rest der Szene richtig zu belichten, ist die Spotmessung die zuverlässigste Art der Belichtungsmessung.

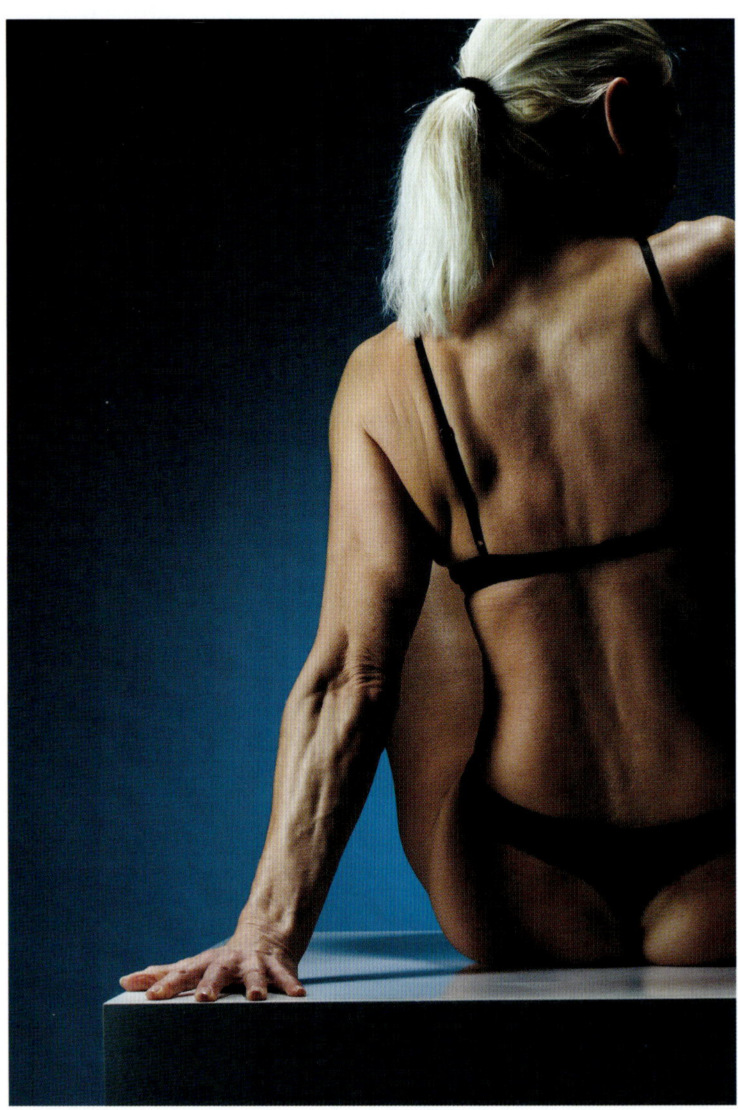

Eine Spotmessung auf Hautpartien bringt fast immer die richtigen Belichtungswerte, um ein Porträt korrekt zu belichten.

ISO 100 | Brennweite 85 mm | Blende 13 | Belichtungszeit 1/160 s

Fotos bei Kerzenlicht und Feuerschein

Licht und Schatten, die von Kerzen und Feuer verursacht werden, sind beweglich und färben die beschienenen Motive orange und rot. Für Fotos im Feuerschein müssen Sie unbedingt auf den Weißabgleich Ihrer Digitalkamera achten. Der Weißabgleich ist dazu da, für farbneutrale Bilder zu sorgen, und gleicht daher Farbstiche aus – in diesem Fall erzeugt durch das Rot des Feuerscheins. Zwar sind die Kameramodelle auch in dieser Hinsicht verbessert worden und „erkennen" in vielen Fällen, ob eine Farbstimmung gewollt ist oder nicht, um ganz sicherzugehen, sollten Sie dennoch einige Probeaufnahmen mit unterschiedlichen Weißabgleichseinstellungen durchführen. Dies gilt im Übrigen auch für Mischlichtsituationen mit mehreren unterschiedlichen Lichtquellen.

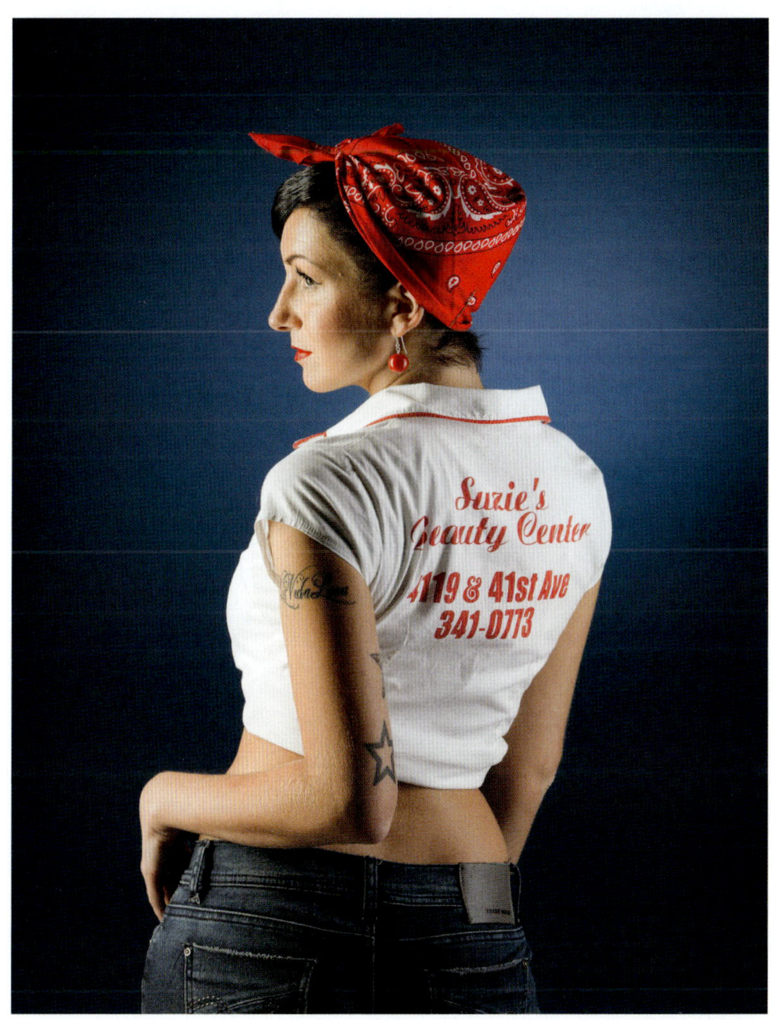

Für ein derartiges Porträt sind mehrere Blitze nötig. Für die Aufnahme wurden drei Blitzgeräte mit verschiedenen Lichtformern (Softbox, Reflektor, Tubus) verwendet.

ISO 100 | Brennweite 135 mm | Blende 11 | Belichtungszeit 1/125 s

7 | PORTRÄTSESSION – SO KLAPPT DER EINSTIEG

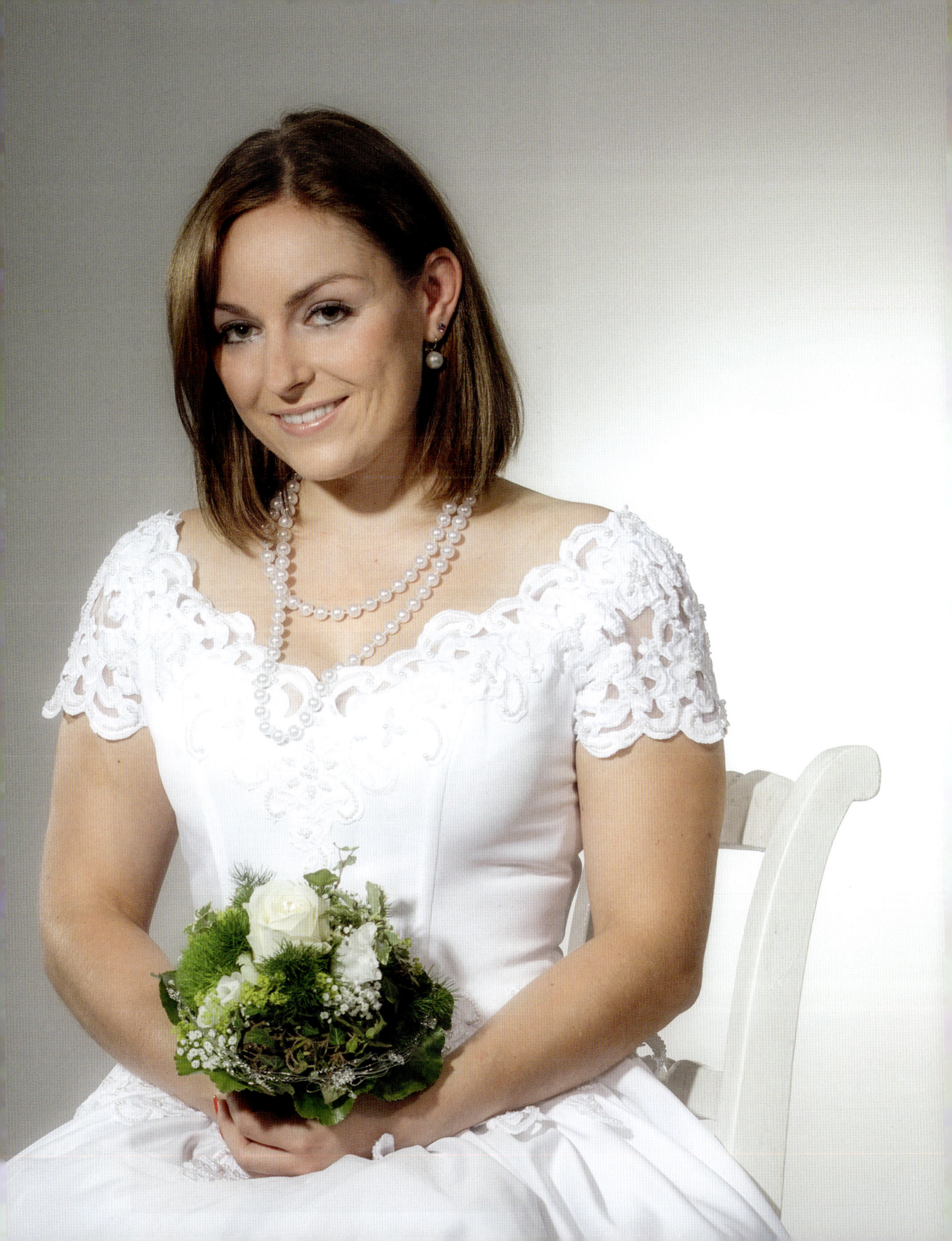

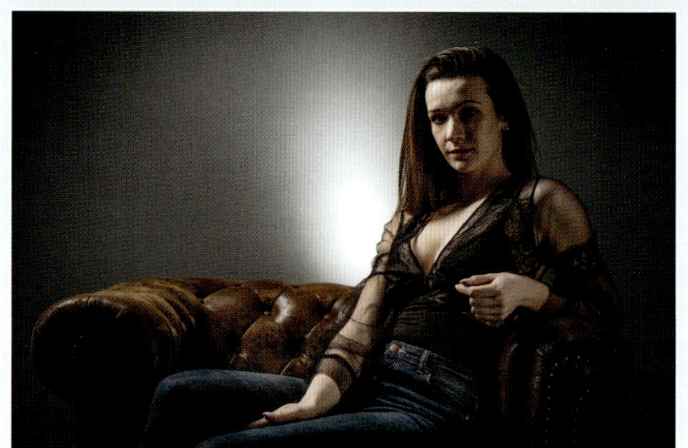

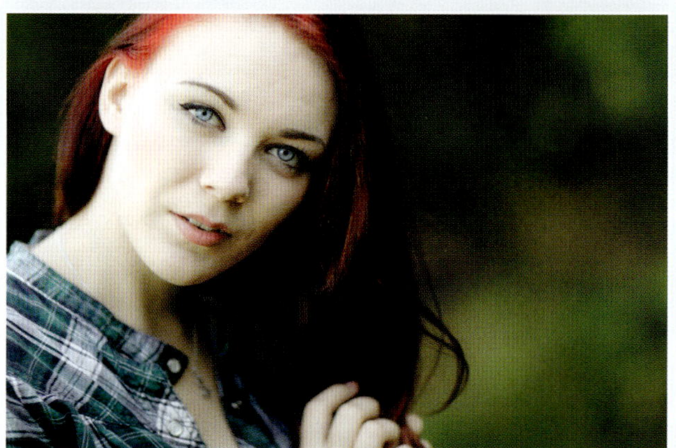

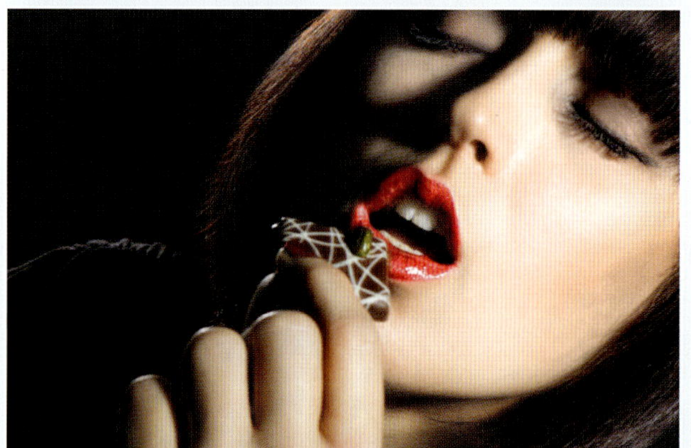

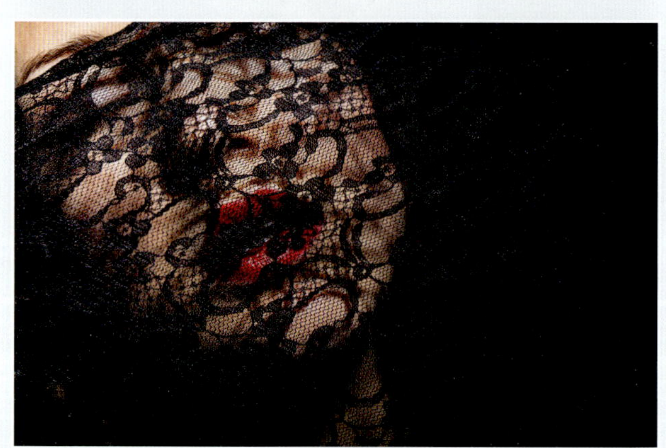

7

Porträtsession – so klappt der Einstieg

Harte Fakten wie Blende, Brennweite und Empfindlichkeit sind die eine Sache, Feeling beim Fotografieren ist die andere. Bei der Porträtfotografie stellt sich jedes Mal aufs Neue die Frage, wie man miteinander warm wird, um das Beste aus der Session herauszuholen. Wer nun auf ein Patentrezept hofft, wird leider enttäuscht werden. Jede Kombination aus Fotograf und Model ist anders. Trotzdem gibt es natürlich einen Faktor, der bei der Porträtsession gleich ist: Sie!

Miteinander warm werden

Sind Sie eher der kumpelhafte Typ, der lustige, der stille, der künstlerisch veranlagte? Sind Sie selbstbewusst oder eher zurückhaltend? Machen Sie sich im Vorfeld ein paar Gedanken darüber, wie Sie auf Ihr Porträtmodel wirken, um die Situation so entspannt und produktiv wie möglich zu gestalten. Und verstellen Sie sich nicht! Porträts in der Amateurfotografie leben auch von Vertrauen. Das Model vertraut darauf, dass Sie die besten Ihnen möglichen Auf-

Hat man Licht und Kameratechnik so weit vorbereitet, muss man zum Schluss noch einen Bezug zum Model finden. Wichtig ist, nicht gleich zu Beginn Vollgas zu geben. Das Warmschießen ist wichtig, und wenn man Glück hat, ist bei den ersten 40 Aufnahmen sogar ein Glückstreffer dabei.

ISO 100 | Brennweite 120 mm | Blende 8.0 | Belichtungszeit 1/160 s

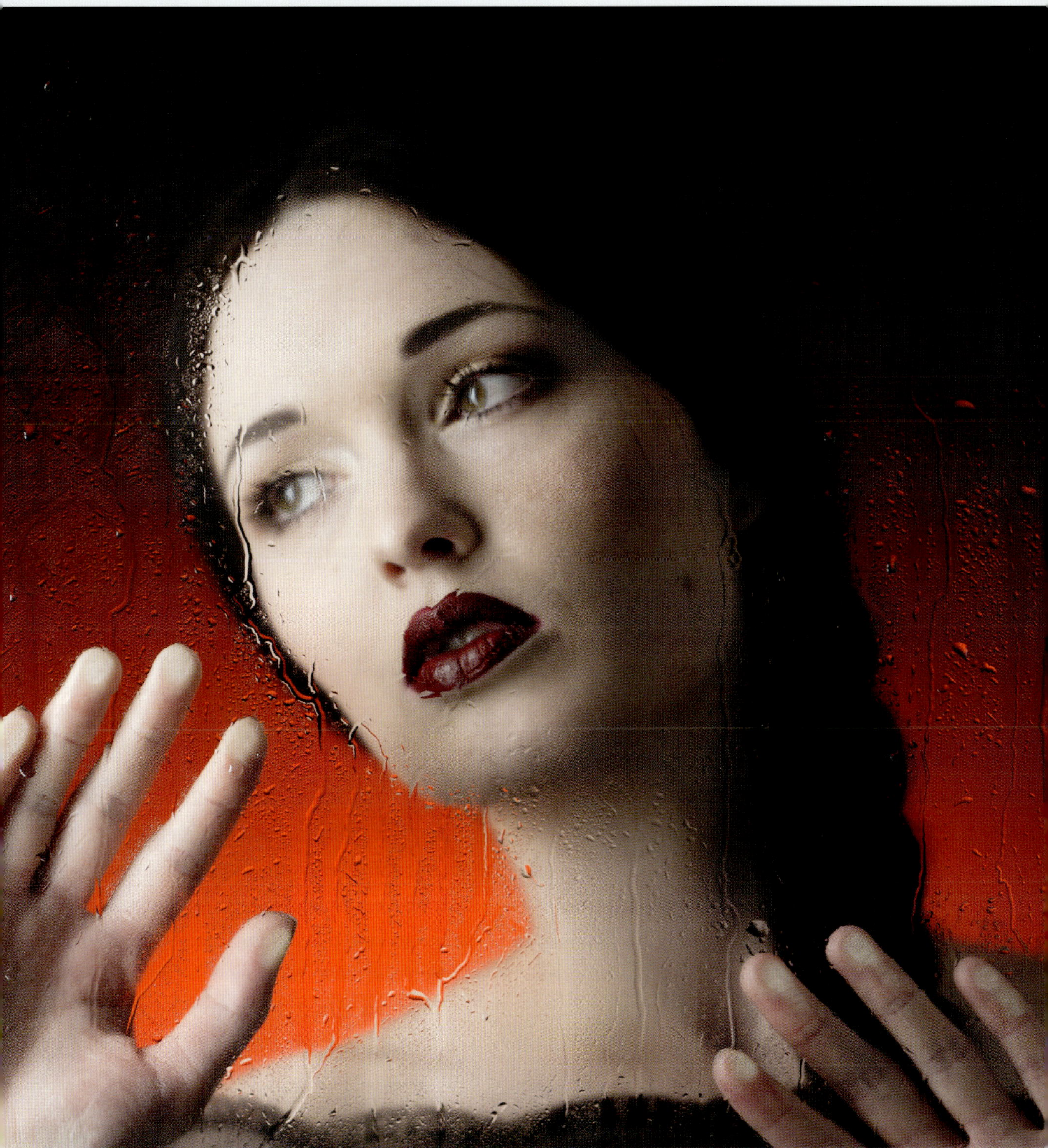

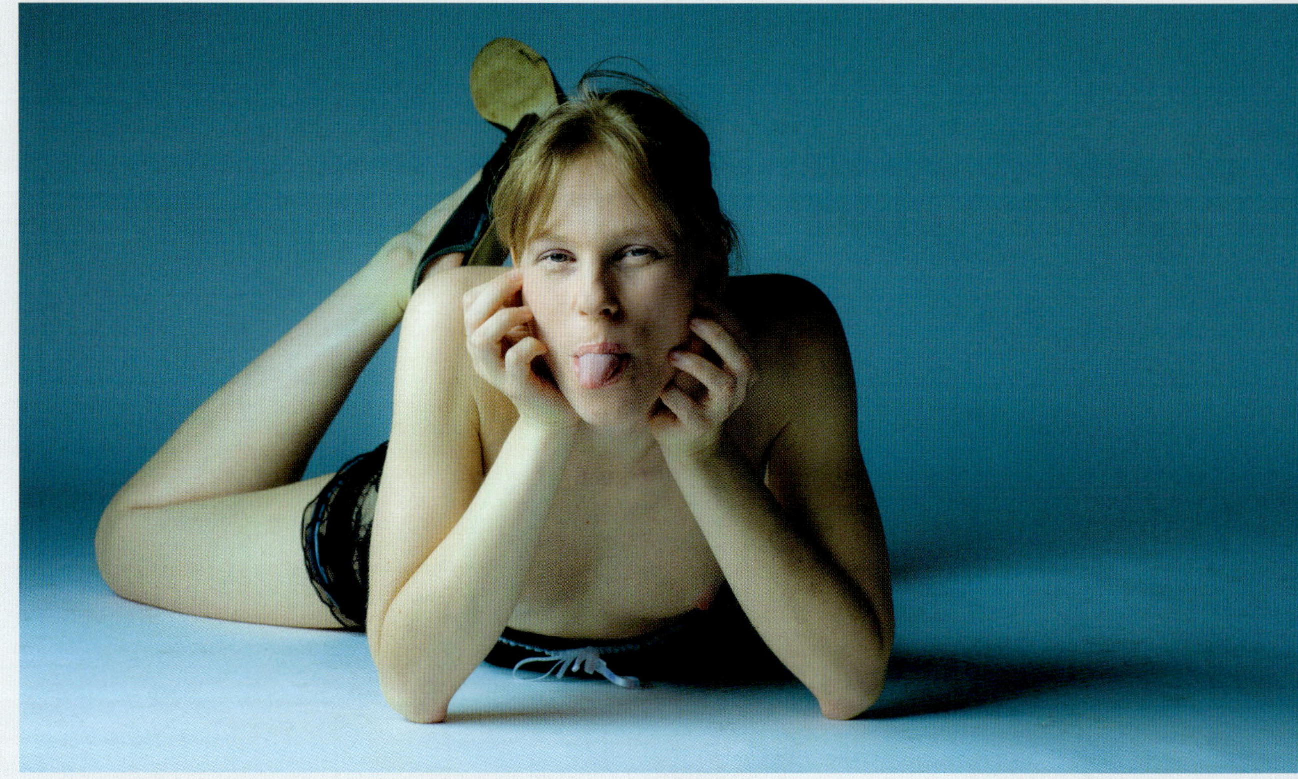

Spaß miteinander zu haben, ist die beste Voraussetzung für ein lockeres Porträt-Shooting. Doch sollte man bei einer Session mit einem bisher fremden Menschen vor der Kamera nicht bedingungslose Offenheit verlangen. Das Eis zu brechen und zu einer guten Atmosphäre zu kommen, kann ziemlich lang dauern – nach meiner Erfahrung bis zu einer Stunde.

ISO 100 | Brennweite 85 mm | Blende 11 | Belichtungszeit 1/160 s

nahmen liefern. Tun Sie also nicht so, als wären Sie Helmut Newton oder Anne Geddes, wenn Sie gerade erst mit der Porträtfotografie angefangen haben. Niemand macht Ihnen einen Vorwurf, wenn Sie unsicher sind und um ein wenig Geduld bei der Lichtsetzung und dem Arrangement bitten. Bleiben Sie also locker und seien Sie Sie selbst.

Vorbereitung abgeschlossen – los geht's

Hintergrund, Licht, Accessoires sind arrangiert, das Model wartet auf den ersten Auslöser – der garantiert kein besonderes Foto hervorbringt. Machen Sie sofort klar, dass Sie mit ein paar Auslösungen zuerst Licht und Arrangement überprüfen müssen. Das Posing kann ruhig noch locker bleiben, zu Beginn kommt es nur

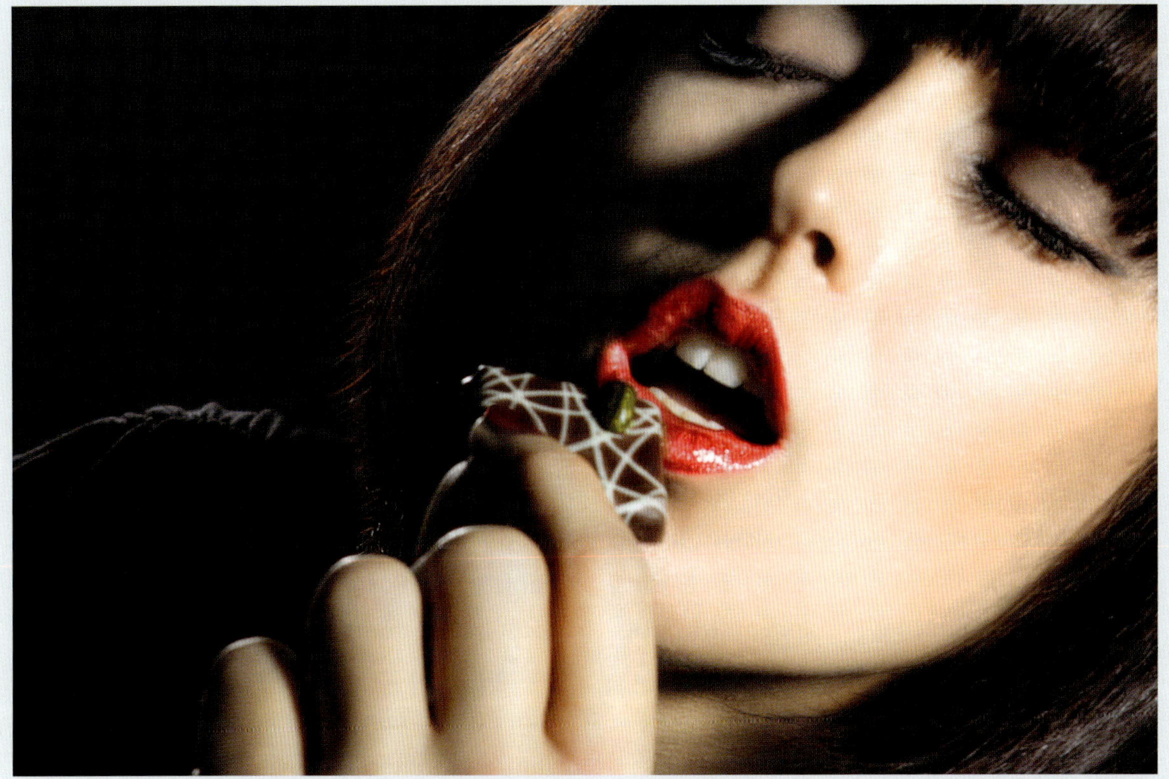

Bei kleinen Bildausschnitten ist es notwendig, konkrete Anweisungen zu geben und die Fotosession nicht einfach laufen zu lassen. Bei diesem Bild ging es um die exakte Platzierung des Schokokekses, weshalb spontanes Auslösen nicht möglich war.

ISO 100 | Brennweite 135 mm | Blende 13 | Belichtungszeit 1/125 s

darauf an, sich aufeinander einzustellen und im Idealfall einen Rhythmus zu finden. Der Rhythmus kann unterschiedlich aussehen, je nachdem, wie Sie selbst am liebsten arbeiten. Mein persönlicher Rhythmus wird zum Beispiel durch das Blitzlicht bestimmt und sieht so aus:

1. Ich habe die Kamera entweder auf dem Stativ oder vor dem Gesicht und visiere das Model an.
2. Das Model bringt sich in Pose und verharrt.
3. Ich drücke den Auslöser, die Blitze lösen aus und werden für den kurzen Augenblick des Wiederaufladens dunkel – für mich eine halbe Sekunde Zeit, um mich auf das nächste Foto zu konzentrieren.
4. Das Model nimmt die nächste Pose ein, und es geht von vorn los.

Das ist der Idealfall, der in der Praxis nur sehr selten vorkommt, es sei denn, Sie arbeiten mit Profimodels. Üblicherweise greife ich bereits beim zweiten Schritt ein und korrigiere die Pose. Je nach Erfahrung und Charakter des Menschen vor der Kamera nimmt das die meiste Zeit in Anspruch. Der Charakter des Models ist in diesem Fall fast noch wichtiger als die Erfahrung. Denn ein ausgelassener, offener Charakter hilft dabei, ungezwungen eine Pose nach der anderen auszuprobieren. In diesem Fall lasse ich die Session meistens laufen und greife nur dann grundlegend ins Posing ein, wenn ein deutliches Problem auftritt oder mich ein Geistesblitz erreicht, wie man die aktuelle Pose verbessern kann.

Schüchtern? – Kriegen wir hin!

Haben Sie jemanden vor der Kamera, der sich nicht wirklich frei bewegen kann und eher unsicher ist, müssen Sie mit deutlich mehr Anweisungen arbeiten, um gute Ergebnisse zu bekommen. Je mehr Erfahrung Sie haben (und ausstrahlen), desto besser für das Model. Denn wenn es das Gefühl hat, Sie wüssten ganz genau, was zu tun ist, wird es Ihnen mit der Zeit so weit vertrauen, dass es Sicherheit findet und lockerer wird. Und dann gibt es da noch die ganz schwierigen Fälle.

Der Notfallplan

Wenn eine Session – aus welchen Gründen auch immer – völlig aus dem Ruder läuft und weder das Model lockerer wird noch Sie sich entspannen können, kann man sich und sein Gegenüber trotzdem noch retten. Legen Sie für den Notfall einfach ein paar Fotobücher, Ausdrucke oder Webseiten mit Porträts bereit, die Ihnen und dem Model als Inspiration und Hilfe dienen. Das ist zwar nicht besonders kreativ, wird aber mit großer Wahrscheinlichkeit doch zu einigen guten Aufnahmen führen, wenn Sie die Posen und Lichtstile der Vorlagen nachahmen. Immerhin ist es nicht verwerflich, von anderen zu lernen und zunächst einfach gute Aufnahmen zu kopieren.

Natürlich sollten Sie sich schon weit vor der Session diesen Notfallplan zurechtgelegt haben und nicht erst während der Aufnahmen damit beginnen, das Internet oder Ihre Bildbände zu durchwühlen. Denn das dürfte dann den Tod der Session und Ihres Rufs im Bekanntenkreis des Models bedeuten.

Die Uhr im Blick

Sie sollten zu Beginn der Porträtsession so lange an Pose und Licht arbeiten, bis Sie das Gefühl haben, einige wirklich gute Aufnahmen im Kasten zu haben. Je nachdem, wie viele Sets und Umbauten Sie geplant haben, achten Sie ein wenig auf die Uhr! Für welche Zeitspanne ist Ihr Model gebucht? Wie viel Zeit möchte sich Ihr Model nehmen, wenn es ein Bekannter/eine Bekannte ist und nicht bezahlt wird? Werden Sie für die Arbeit bezahlt, nehmen Sie sich lieber etwas mehr Zeit als ausgemacht – das gibt den Kundinnen und Kunden ein gutes Gefühl. Aus eigener Erfahrung: Die Zeit vergeht bei einer Fotosession rasend schnell, wenn man ein klares Konzept hat und genau weiß, was man alles fotografieren möchte.

Nehmen Sie sich also nicht zu viel vor! Lieber zwei perfekte Licht-/Styling-Sets als vier oder fünf, bei denen wegen zu großer Hektik nichts Vernünftiges rauskommt.

Pausen sind wichtig

Nach 20 Minuten konzentrierten Arbeitens sollten Sie sich und Ihrem Model eine kleine Umbaupause gönnen. Etwas zu trinken und kleine Snacks anzubieten, macht sich immer gut. Während sich das Model ausruht, bauen Sie das nächste Licht-Set-up oder die nächste Kulisse auf. Bei meiner eigenen Porträtarbeit dauert die erste Phase meistens länger als die nächsten, da das Warmschießen und die Lockerungsübungen beim Posing am Anfang etwas Zeit in Anspruch nehmen.

Produktion oder Emotion?

Ich fotografiere Sedcard-Material für Nachwuchsmodels meistens in einem Viertelstundenrhythmus. 15 Minuten sind bei entsprechender Vorbereitung völlig ausreichend, um aus einem Licht- und Bekleidungsset mehrere gute Aufnahmen herauszuholen. Danach gibt es eine Pause zum Umziehen und Umbauen. Diese eher rationale Vorgehensweise, die ich meistens innerhalb von 90 bis 120 Minuten durchziehe, zielt auf die Produktion verwertbarer Modelfotos ab.

Anders laufen Porträtsessions ab, die eher ungezwungen zu einigen schönen und emotional ansprechenderen Fotos führen sollen. Der Druck, innerhalb einer fest gebuchten Zeitspanne eine festgelegte Menge an Fotomaterial zu produzieren, fällt bei einer privaten Porträtsession natürlich weg. Das eröffnet viele Spielräume, die man auch unbedingt nutzen sollte. Lieber mal eine Kaffeepause mehr einbauen und Kleidung/Accessoires durchprobieren, um den Job so entspannt wie möglich zu halten.

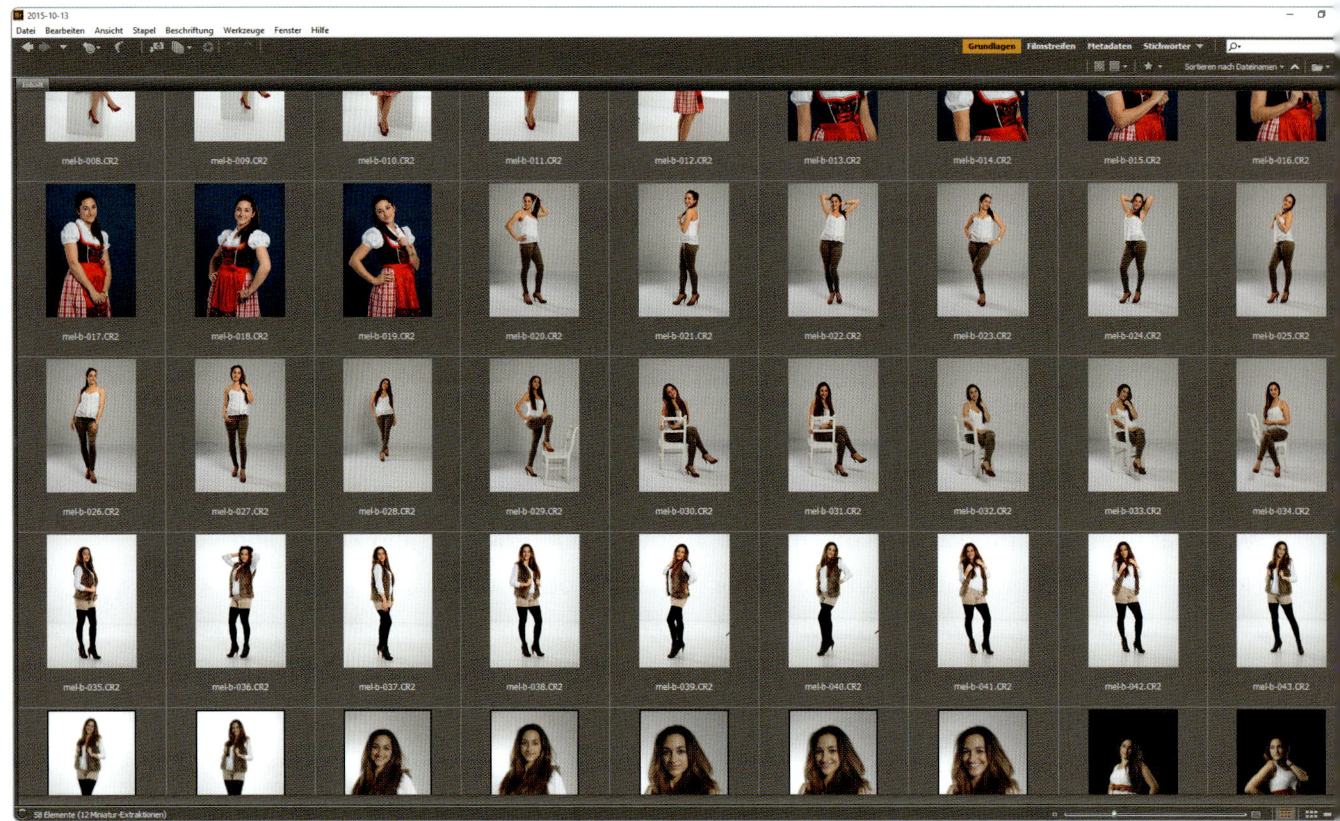

Wenn Sie unter Zeitdruck arbeiten und in einer bestimmten Zeitspanne eine festgelegte Auswahl an Motiven und Variationen produzieren müssen, sollten Sie sich gut vorbereiten und außerdem ein festes zeitliches Raster anlegen, an dem Sie sich locker orientieren.

Posen mit System

Wie soll ich mich hinstellen? Was soll ich mit meinen Händen machen? Wie soll ich schauen? Solche Fragen von Models und solchen, die es gern wären, können Fotografen zur Verzweiflung bringen. Natürlich versuchen die meisten Fotografen, sich möglichst viele Posen auf Fotos anderer Fotografen anzusehen und bei Bedarf ins Gedächtnis zurückzurufen, was aber in den seltensten Fällen klappt. Dabei ist es eigentlich ganz einfach, eine Pose für ein Porträt zu entwickeln, wenn man ein wenig planvoll vorgeht und sich ein paar wichtige Grundregeln merkt.

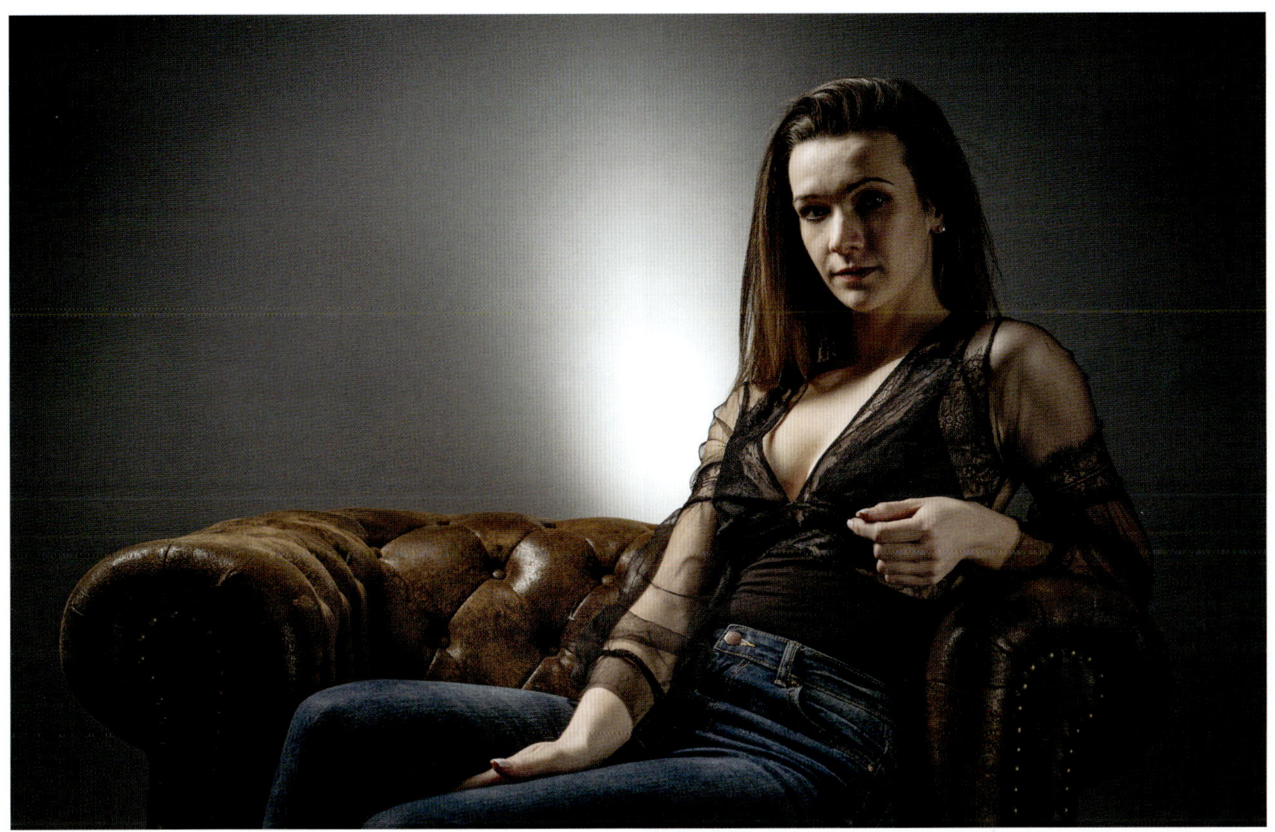

Wenn Sie mit Models arbeiten, die beim Posing noch keine allzu große Erfahrung haben, sollten Sie Accessoires ins Spiel bringen, die dem Model Halt bieten. Stühle, Sessel, Barhocker, Seile, großer Schmuck, eine Tasse – je mehr man sich mit etwas beschäftigen kann, desto lockerer wird das Posing.

ISO 400 | Brennweite 50 mm | Blende 8.0 | Belichtungszeit 1/60 s

Alles ist wichtig

Beim Posing geht es nicht nur um kleinere Details, sondern um ein Gesamtkonzept. Jeder Teil des Körpers, ob abgebildet oder nicht, spielt beim Posing mit. Die Kunst, sich in den Millionen von Möglichkeiten des Zusammenspiels nicht zu verzetteln, besteht darin, den Körper zunächst in Einzelteile zu zerlegen. Dann geht man einfach jeden für die Pose wichtigen Bereich nach und nach durch, gibt Anweisungen und korrigiert, bis letztlich alles zusammenpasst. Die wichtigsten Körperbereiche, mit denen man beim Posing arbeiten kann, sind die Wirbelsäule, die Schultern, Hüfte und Po, Beine und Füße, Arme und Hände und natürlich der Kopf. Wenn Sie diese Berei-

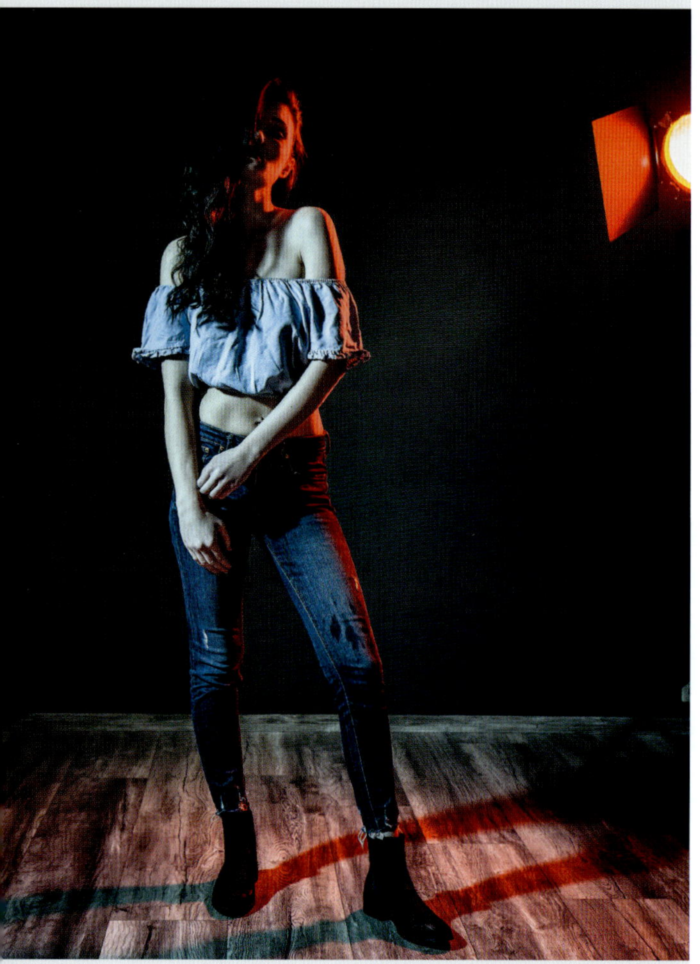

Je mehr Körperteile auf einem Bild zu sehen sind, desto komplizierter wird es, alle Bildbereiche in eine harmonische Komposition zu bringen. Sind Sie noch unsicher beim Anweisen Ihrer Models, beginnen Sie am besten mit begrenzten Bildausschnitten und versuchen z. B. zunächst, Kopf, Schultern und Arme in Einklang zu bringen.

ISO 100 | Brennweite 60 mm | Blende 8.0 | Belichtungszeit 1/100 s

che nacheinander betrachten und in einen Zusammenhang stellen, klappt es – mit ein wenig Erfahrung und viel Übung – auch mit dem kreativen Posing.

Die Wirbelsäule

Wie die Wirbelsäule verläuft, ist beim Posing entscheidend. Selbst bei einer frontalen Aufnahme erkennt man leicht, ob die Wirbelsäule unter Spannung ist oder der Mensch vor der Kamera schlaff in der Ecke steht. Der Bereich der Halswirbelsäule sollte gestreckt sein, als würde jemand den Kopf des Models an einer Schnur nach oben ziehen. Dadurch wird praktischerweise auch der Kopf gleich etwas nach vorn geneigt, was grundsätzlich ebenfalls wünschenswert ist. Einen schönen Schwung bekommt man in die Wirbelsäule, wenn man den sogenannten Kontrapost anwendet, Schultern und Hüfte also gegeneinander angewinkelt werden. Konkret: Die rechte Schulter bewegt sich zur rechten Hüfte oder umgekehrt. Die Schultern sind leicht nach hinten gedrückt.

Der untere Bereich der Wirbelsäule, die Lendenwirbel, bringt gerade bei weiblichen Posings eine Menge Sex-Appeal in die Gestaltung. Die Lendenwirbelsäule sollte durchgedrückt sein,

Die linke Schulter ist leicht nach oben gezogen, die rechte Hüfte ebenfalls. Durch diese Haltung und die durchgedrückte Wirbelsäule entstehen wunderbare Formen, die den Blick durchs Bild gleiten lassen.

ISO 100 | Brennweite 105 mm | Blende 8.0 | Belichtungszeit 1/100 s

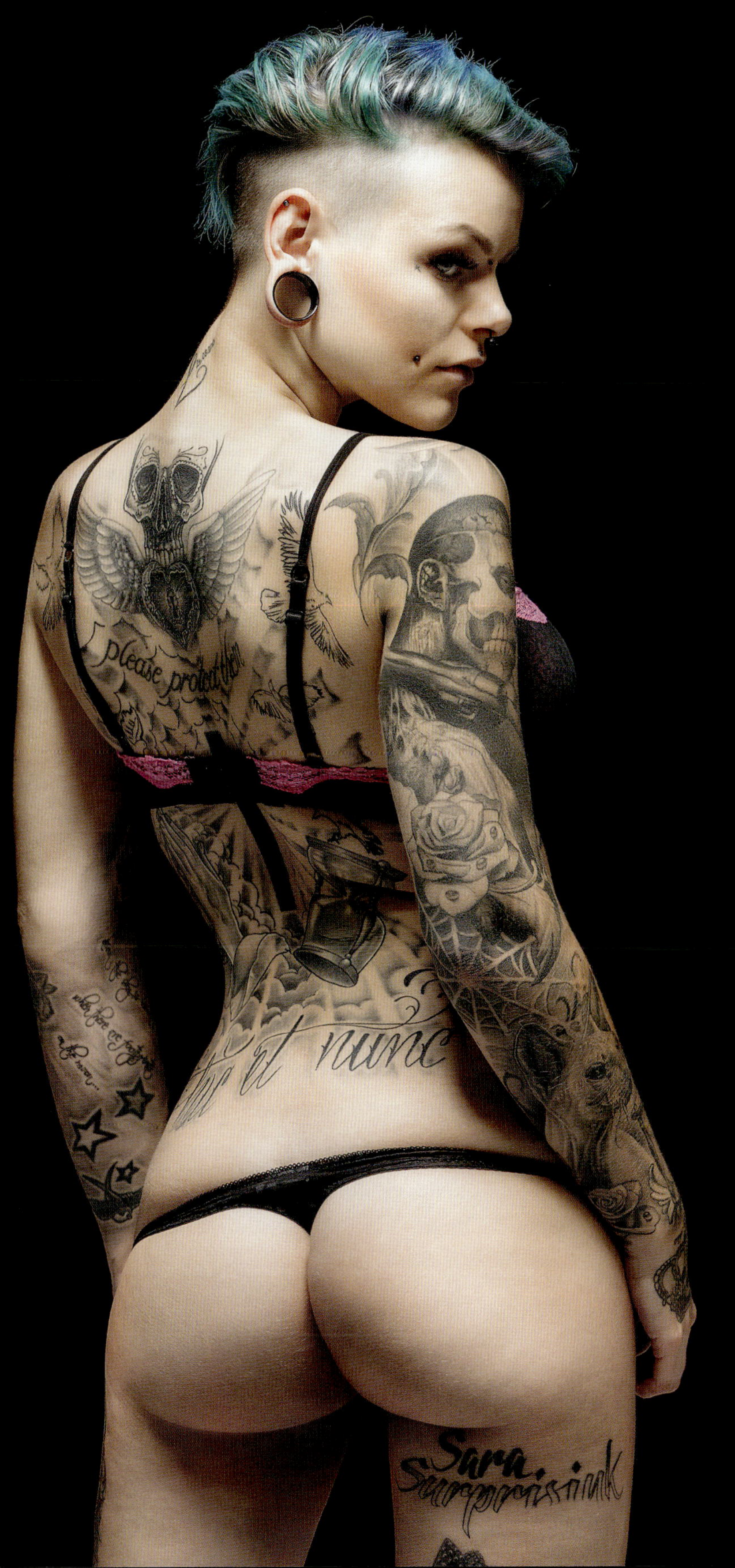
please protect
nunc
Sara.
Surprisink

sodass von der Seite gesehen die Wirbelsäule insgesamt eine maximal gebogene S-Kurve erzeugt. Im Zusammenhang mit der Wirbelsäule sollten Sie noch auf die Gewichtsverteilung des Models achten. In vielen Fällen stehen die Füße leicht versetzt voreinander, das Gewicht sollte auf dem hinteren Bein liegen. Und ein abschließender Tipp zum verlängerten Rumpf: Sind die Hüften eines weiblichen Models nicht ganz optimal, hilft schon ein leichtes Wegdrehen. Eine frontal fotografierte breite Hüfte ist keine wirklich gute Idee.

Hände und Arme

Das scheint bei den meisten Models und Fotografen die wichtigste Frage zu sein: Was soll man mit den Händen machen? Grundsätzlich: Meistens genügt es, nur eine Hand etwas Sinnvolles tun zu lassen. Der andere Arm bzw. die andere Hand kann dann einfach herunterhängen. Machen Sie sich bewusst, dass Hände ganz unterschiedliche Dinge tun können. Sie können z. B. etwas halten, deuten, umrahmen, sich abstützen. Überlegen Sie einfach Schritt für Schritt, was die Hände Ihres Models tun könnten. Sie werden mit Sicherheit auf eine vernünftige Tätigkeit kommen.

Das Problem danach besteht eher darin, dass die Hände in natürlicher Weise gezeigt werden: nicht verkrampft, kein seltsames Abwinkeln der Finger oder des Handgelenks, die Finger sollten normalerweise auch nicht verschränkt sein. Achten Sie außerdem darauf, wohin die Finger deuten. Die Finger bewirken, dass der Betrachter ihrer Richtung folgt. Lassen Sie Ihr Model also nirgendwo hindeuten, wo Sie den Blick des Betrachters nicht haben wollen (dicker Bauch, unvorteilhafte Hüften, unruhiger Hintergrund etc.).

Alle Finger zeigen

In der Regel sollten alle Finger sichtbar sein. Klar, wenn die Hand in der Hosentasche steckt, sind alle Finger verschwunden (auch der Daumen). Aber wenn nur vier von fünf Fingern zu sehen sind, fragt man sich unwillkürlich, wo denn nun der fünfte Finger sein mag.

Hände sind ein starkes Gestaltungselement. Wie oben gesagt, können sie alle möglichen Dinge tun. Eine interessante Gestaltung gerade bei Frauenporträts ist der Rahmen, den man mit Händen und Fingern erzeugen kann. Was eingerahmt ist, erlangt Aufmerksamkeit.

Es ist immer eine gute Idee, wenn die Hände eine sinnvolle Beschäftigung haben und beispielsweise etwas festhalten. Ebenfalls sinnvoll ist die Positionierung der Hände und Arme auf unterschiedlichen Ebenen. Symmetrie und parallele Armhaltung sind meistens ziemlich langweilig.

ISO 100 | Brennweite 90 mm | Blende 11 | Belichtungszeit 1/125 s

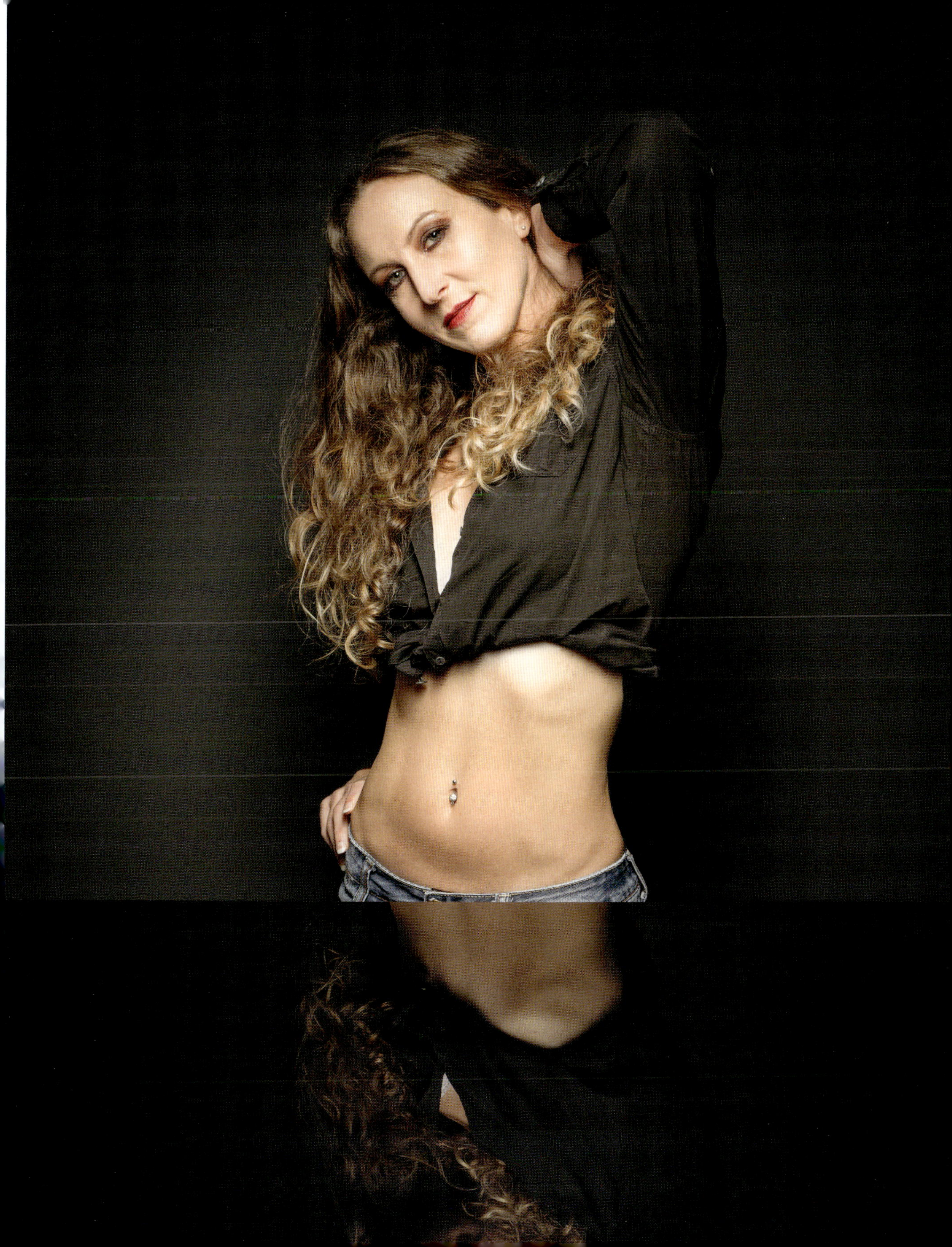

Achten Sie in dem Zusammenhang auch darauf, wie die Hand zur Kamera ausgerichtet ist. Bei Frauen wirkt es besonders elegant, wenn die Handkante zur Kamera gerichtet wird. Ist die Handinnenfläche zu sehen, wirkt das abweisend, sieht man den Handrücken, erzielen Sie eine einladende Wirkung.

Auch bei der Platzierung der Arme gibt es einige wichtige Aspekte. So sollten Sie normalerweise rechte Winkel zwischen Unter- und Oberarm vermeiden, den Ellbogen immer leicht angewinkelt zeigen und zwischen Arm und Taille eine Lücke lassen, um die Körperform zu betonen.

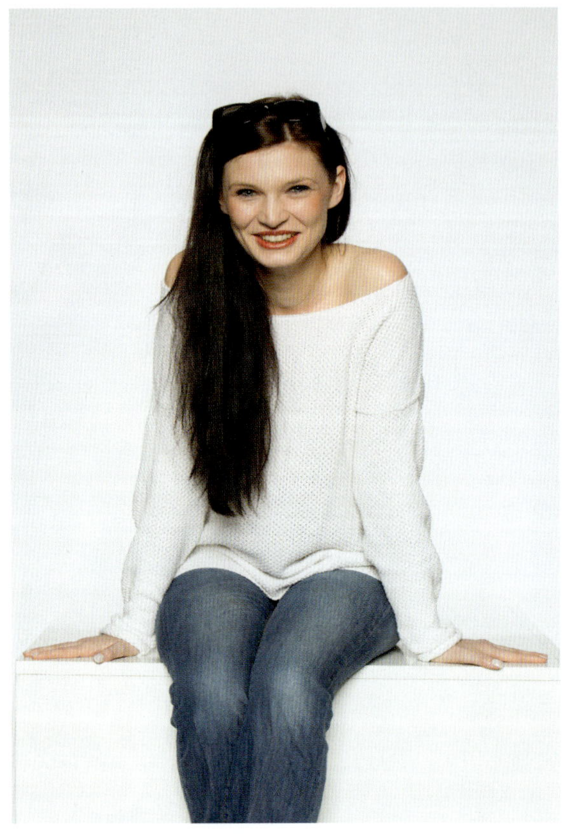

Drei Faktoren für Kopf-Brust-Porträts

Machen Sie Porträts, bei denen der Kopf samt oberer Brust zu sehen ist, achten Sie auf erstens die Augen, zweitens Nase und Kinn sowie drittens auf Schultern und Schlüsselbeine. Um die Pose bzw. deren Ausdruck zu beeinflussen, haben Sie durch diese drei Faktoren eine Menge Gestaltungselemente zur Hand. Je nachdem, in welche Richtung eines der drei Elemente weist, erzeugen Sie ganz unterschiedliche Stimmungen. Blicken die Augen in die Kamera, erzeugen Sie eine starke Bindung zum Betrachter. Sind dazu noch Nase und Kinn in Richtung Kamera gedreht, verstärkt sich die Wirkung. Und weisen auch Schultern und Schlüsselbeine in Richtung Kamera, ist die den Betrachter einbeziehende Wirkung maximal.

Sie können nun diese drei Faktoren variieren und z. B. nur den Oberkörper zur Kamera drehen lassen, während Nase/Kinn sowie Augen in eine andere als die Kamerarichtung weisen. Probieren Sie einfach nacheinander ein paar Varianten aus, ohne auf den Auslöser zu drücken. Sie können dann ganz schnell entscheiden, welche Kombination aus Blickrichtung, Nase/Kinn und Schultern/Schlüsselbeine die interessanteste ist.

Weitere Variationsmöglichkeiten ergeben sich danach noch aus der Kamerahöhe bzw. der vertikalen Ausrichtung von Kopf und Ober-

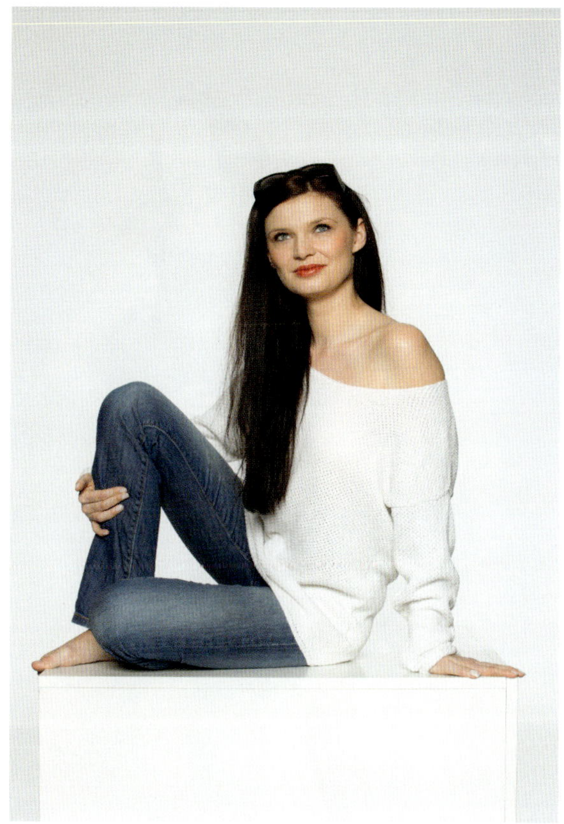

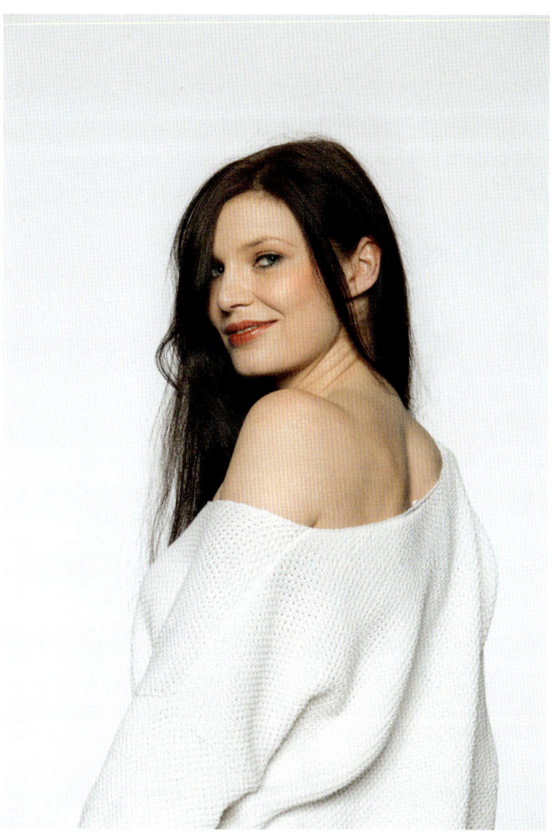

Je nachdem, in welche Richtung Gesicht, Schultern und Schlüsselbeine weisen, ergeben sich unterschiedliche gestalterische Möglichkeiten. Am intensivsten wirkt ein Porträt, wenn Kopf, Schultern und Schlüsselbeine zur Kamera gerichtet sind und der Kopf leicht nach vorn geneigt ist.

körper. Ein Blick nach oben wirkt je nach horizontaler Blickrichtung ganz anders als ein Blick nach unten.

Beinstellung beim Stehen

Die Beinstellung ist bei Posen im Stehen eigentlich recht einfach zu dirigieren. Grundsätzlich sollte man zwei Varianten in Betracht ziehen. Zum einen können die Beine leicht gekreuzt voreinander stehen mit dem Gewicht auf dem hinteren Bein, zum anderen nebeneinander und leicht versetzt, wobei die Füße nicht nach innen zeigen dürfen – sonst gibt es X-Beine. Am besten bilden die Füße einen leichten Winkel, sodass die Zehnen in eine jeweils andere Richtung nach außen weisen. Die Knie sollten immer leicht eingeknickt und nicht nach hinten durchgedrückt sein. Was immer wichtig ist: Ein Bein sollte das Gewicht tragen, während das andere Bein die Pose variiert.

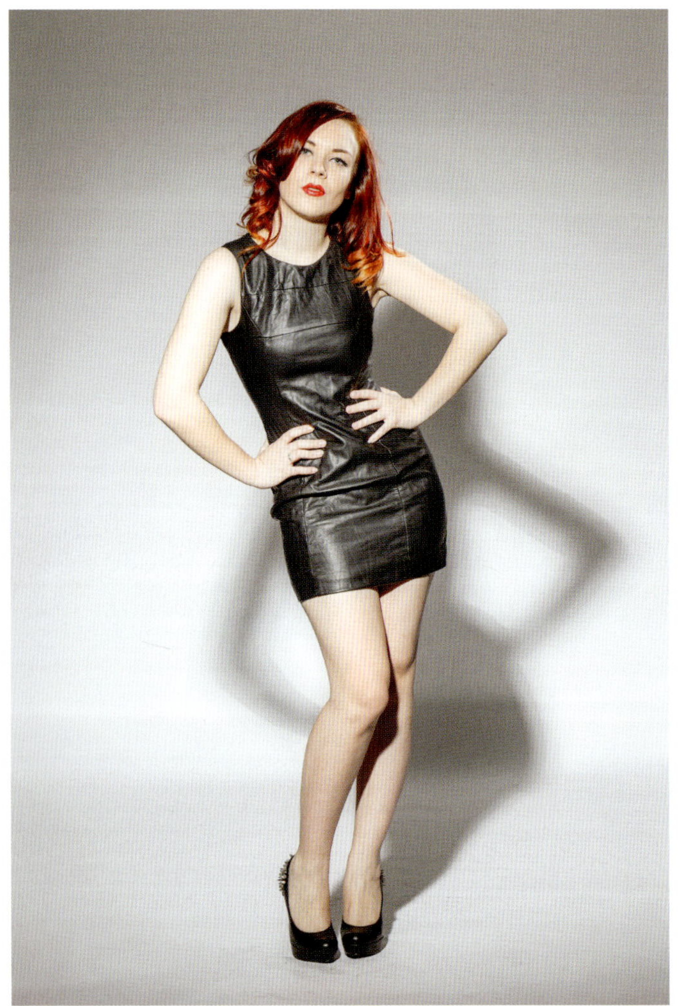

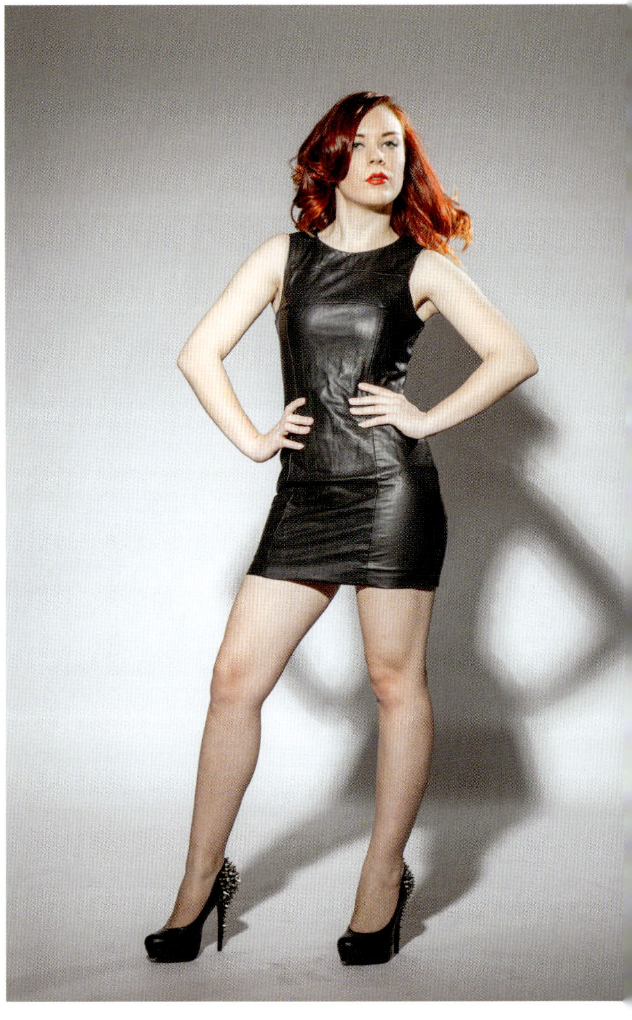

Was für ein Unterschied! Unterschätzen Sie nie die Wirkung der Beinstellung und versuchen Sie, die Linien und Formen eines Körpers durch die Ausrichtung der Beine zu unterstützen.

Je nach Pose kommen natürlich noch etliche weitere Variationen der Beine infrage. Kniende, sitzende, hockende oder liegende Posings erfordern andere Herangehensweisen, die aber in der Regel von der Situation bestimmt und nicht allzu fehleranfällig sind.

Kleidung, Accessoires, Make-up

Ich gebe zu, ich selbst halte meine Porträts meist klar, einfach, geradlinig. Daher verwende ich auch in den seltensten Fällen Accessoires wie Ketten, Hüte, Handschuhe oder sonst etwas. Mit ein paar Ausnahmen.

Den Fundus aufstocken

Manchmal sieht man etwas in einem Geschäft, auf einem Foto oder im Vorbeigehen, das man sich spontan als Accessoire für ein Porträt vorstellen kann. Eines der ersten Accessoires, die ich auf diese Weise gesammelt und in meinen Fundus aufgenommen habe, sind die abgeschnittenen langen Blätter eines Elefantenbaums, den ich seit meinem Studium mit mir herumschleppe und der heute im Zimmer nebenan steht. Die vertrockneten Blätter habe ich zusammengedreht und daraus ein paar Arm- sowie Haarreifen gebastelt. Ich konnte mir schon damals vor etwa zehn Jahren vorstellen, dass diese gräsernen Reifen toll zu einem Sommersprossengesicht, das von roten Haaren umrahmt wäre, passen würden. Leider ist mir das passende Model bisher noch nicht begegnet. Wenn Sie also jemanden kennen ...

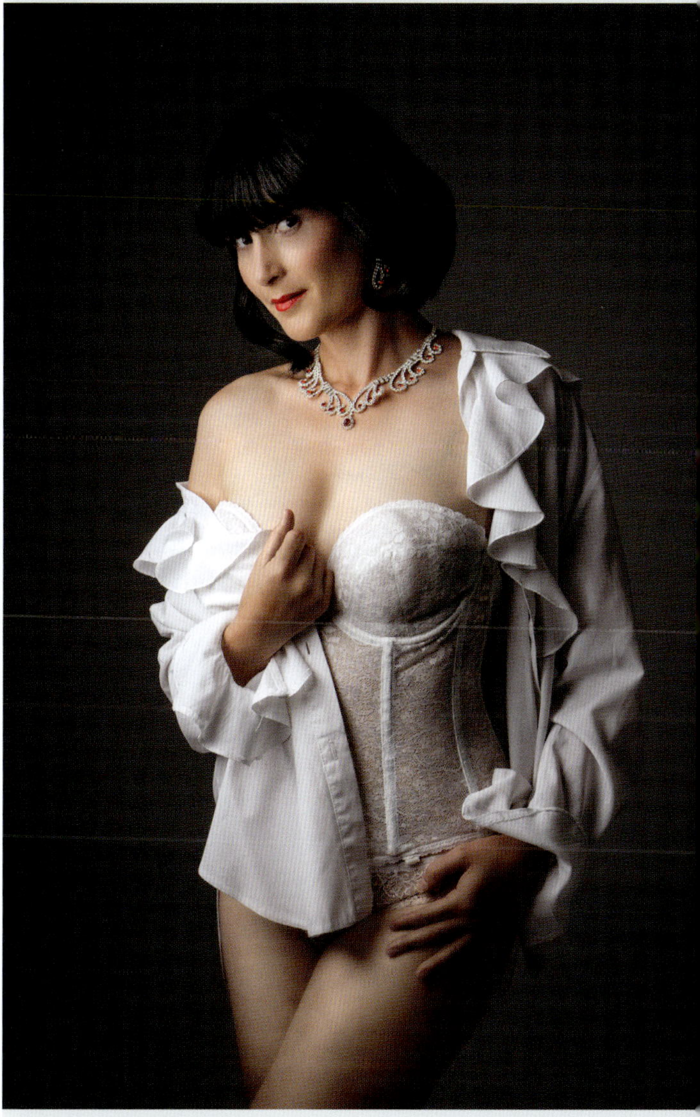

Perücken, Ketten, Hemden, Tücher, Brillen – es gibt ein paar Klassiker im Fundus, die man im Studio griffbereit haben sollte, falls die Session mal stockt und man etwas Neues ausprobieren möchte.

ISO 100 | Brennweite 65 mm | Blende 5.6 | Belichtungszeit 1/125 s

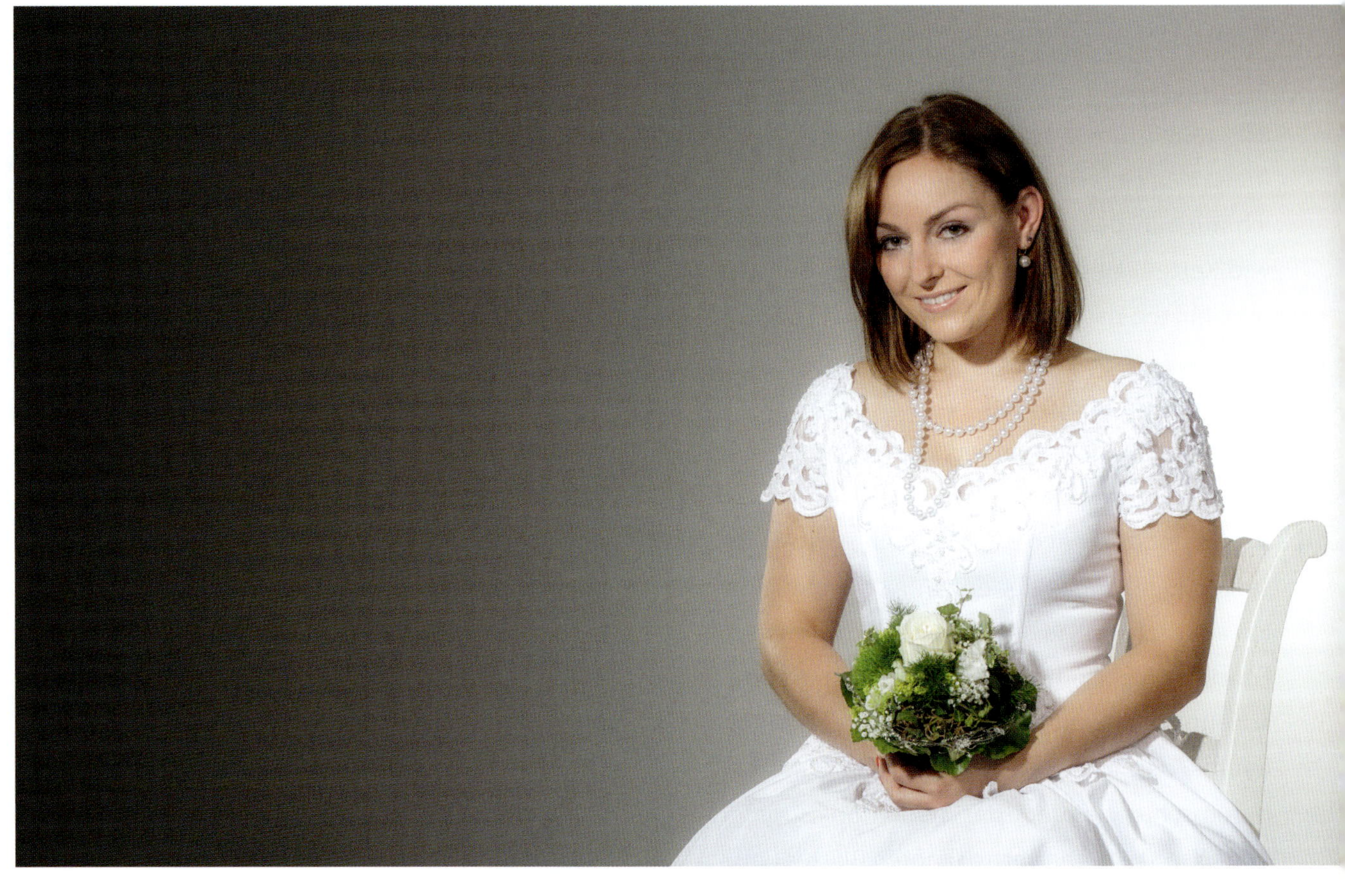

Wenn man nicht nur den Menschen vor der Kamera zeigen möchte, sondern auch etwas von seiner momentanen Lebenssituation, sollte man immer ein paar Dinge parat haben, die zum Porträt passen. Man erweitert damit die Aussage des Bilds und gibt ganz nebenbei dem Model auch Sicherheit, weil es etwas hat, mit dem es sich beschäftigen kann.

ISO 100 | Brennweite 55 mm | Blende 8.0 | Belichtungszeit 1/160 s

Zu den Grasreifen gesellten sich Hüte, Sonnenbrillen, Seile und Taue, Ketten, Tücher, Haargummis, Masken, Schals und was weiß ich noch alles für Accessoires. All der Krimskrams trägt immer mal wieder zur Auflockerung einer Porträtsession bei. Wenn es mal stockt, wird einfach der Fundus durchwühlt und auf Inspiration gehofft – was eigentlich immer klappt. Denn wenn man sich mit dem Model zusammen auf die Suche nach einem passenden Stück begibt, kann man davon ausgehen, dass das gewählte Accessoire auch zum Model passt. Problematisch wird es immer dann, wenn man sich im Vorfeld auf etwas fixiert, das

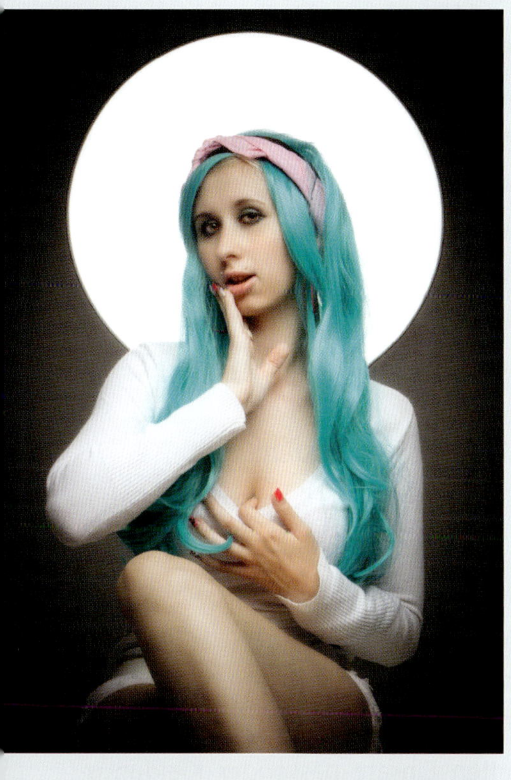

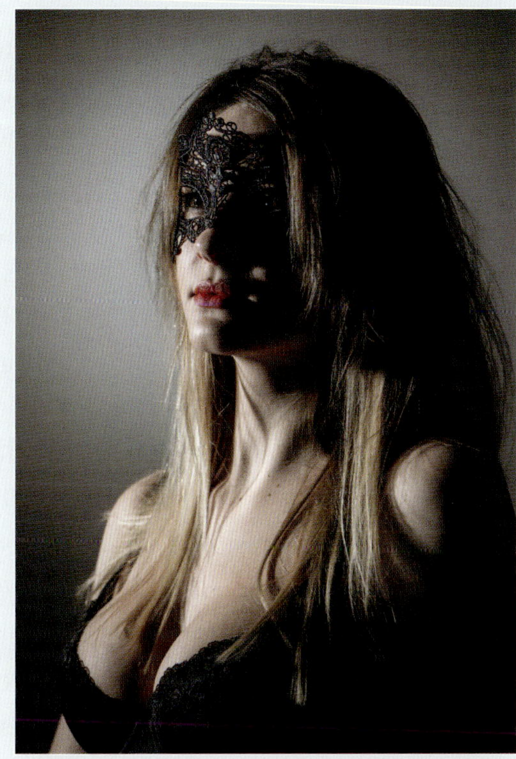

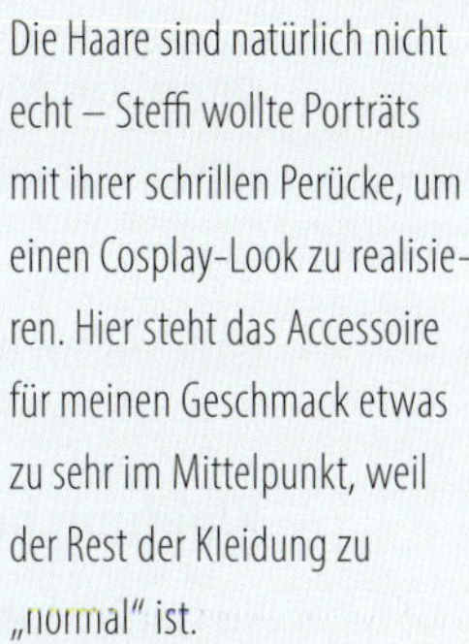

Die Haare sind natürlich nicht echt – Steffi wollte Porträts mit ihrer schrillen Perücke, um einen Cosplay-Look zu realisieren. Hier steht das Accessoire für meinen Geschmack etwas zu sehr im Mittelpunkt, weil der Rest der Kleidung zu „normal" ist.

ISO 50 | Brennweite 60 mm | Blende 4.5 | Belichtungszeit 1/160 s

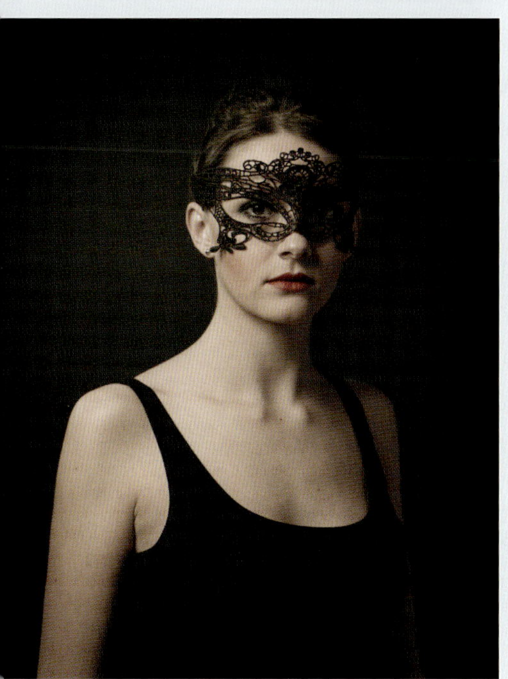

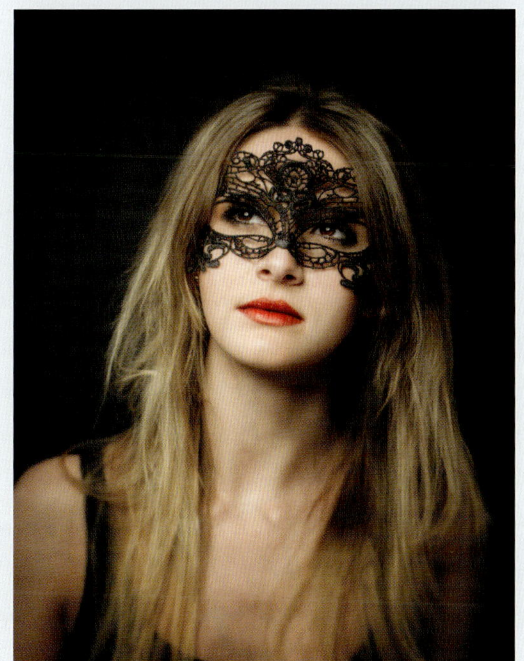

Die Maske hatte ich extra für die Session mit Marlene besorgt. Seitdem ist sie, zusammen mit anderen Arten von Masken, schon etliche Male im Einsatz gewesen, da sie weiblichen Porträts etwas Geheimnisvolles verleiht.

dann am Model partout nicht gut aussieht. Da hilft nur, sich schnell von seiner Idee zu verabschieden und etwas anderes zu probieren. Gut, wenn der Fundus dann groß genug ist.

Kleidung bestimmt den Typ

Je nach Modeltyp, angestrebtem Porträtstil und Umgebung kommen ganz unterschiedliche Bekleidungsstile infrage. Jugendliche und Kinder haben einen anderen Look als Großeltern oder der Bankmanager, für den man Businessporträts macht. Nach meiner Erfahrung ist es am vernünftigsten, das Model seine Kleidung selbst mitbringen zu lassen. Es sollte eine möglichst große Auswahl an verschiedenen Looks dabeihaben, die man dann gemeinsam auswählt. Da man davon ausgehen kann, dass ein Model sich in der mitgebrachten Kleidung auch wohlfühlt, sollte es hier keine Probleme geben.

Buchen Sie ein Profimodel für Aufnahmen in einem bestimmten Kleidungslook, besprechen Sie das am besten vorher mit dem Model. Erstens kann man so herausfinden, ob das Model mit der Kleidung etwas anfangen kann. Zweitens werden Sie überrascht sein, wie groß die Kleiderschränke von Profis mitunter sind und welche Alternativen sie vielleicht anzubieten haben.

Generelle Tipps zu Stil und Farbe von Bekleidung zu geben, ist sehr schwierig. Wenn ich mich auf Gesichter und Persönlichkeiten konzentrieren möchte, bitte ich die Models immer, eine Auswahl an einfarbigen, klar geschnittenen Shirts, Pullovern, Hemden, Blusen und Jacken mitzubringen. Ich mag die klare Gestaltung und verabscheue schrille Muster bei Porträts meistens – was aber nicht heißt, dass ein spaßiges Kinderporträt im schrillen T-Shirt nicht beeindrucken kann.

Erotische Porträts und Bekleidung

Sollen Ihre Porträts einen Hauch von Erotik bekommen, brauchen Sie (und nicht nur dann) neben einem Model, das mitspielt, unbedingt auch passende Accessoires und Bekleidung. Mal abgesehen von eher klassischen Aktstudien leben die meisten erotischen Porträts vom gezielten Einsatz passender Kleidungsstücke, Tücher oder sonstiger Utensilien, die die Bildgestaltung vervollkommnen. Bekleidung, Stoff, Gürtel etc. können einerseits für Bildaussage und Komposition wichtig sein, andererseits erfüllen sie manchmal einen zweiten, oft unterschätzten Zweck.

Sie geben dem unerfahrenen Model ein wenig mehr Sicherheit beim unbefangenen Agieren vor der Kamera. Großes Thema ist ja immer: Wohin mit den Händen? An Tüchern, Gürteln oder Seilen kann man sich gut festhalten. Welche Utensilien, Stoffe und Bekleidungsstücke infrage kommen, hängt von Ihrer Kreativität und Ihren Vorstellungen vom fertigen Bild ab.

Styling und Make-up

Neben den gestalterischen Fragen zu Umgebung, Hintergrund und Licht muss man sich entscheiden, ob man einen Menschen relativ natürlich oder mit professionellem Make-up und Styling porträtieren möchte. Ob und welche Art von Make-up überhaupt möglich ist, hängt vom Model ab. Während die meisten Frauen sich gern geschminkt und gestylt sehen, dürften die wenigsten Männer von der Vorstellung begeistert sein, dass ihnen eine aufgedrehte Make-up-Künstlerin zu Leibe rückt.

Professionelle Visagistin

Wenn Sie niemanden im Bekanntenkreis haben oder sich nicht selbst um das Make-up kümmern können, müssen Sie mit Kosten von rund 60 Euro rechnen. Allerdings sollten Sie, wenn Sie noch wenig Erfahrung in der Porträtfotografie haben, anfangs eher kleine Brötchen backen, da die Qualität der ersten Versuche normalerweise nicht den Aufwand einer professionellen Visagistin rechtfertigt. Fragen Sie also im Bekanntenkreis herum, ob da nicht jemand wäre, der Spaß am Stylen und Schinken hat. Neben dem Make-up lässt sich auch mit den Haaren eine Menge anstellen. Je nach Model und Bildidee lassen sich Haare offen tragen oder streng binden, man kann einen Zopf flechten oder mit Accessoires wie Schmuck, Hüten und Bändern spielen.

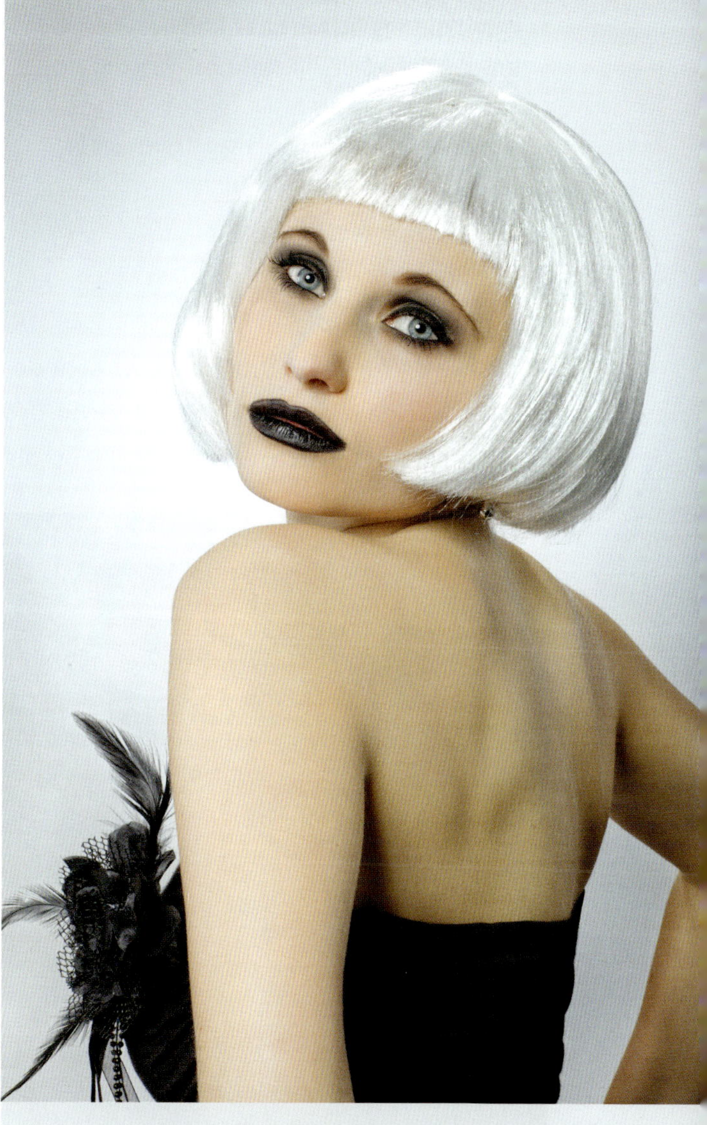

Diese Art von Make-up macht man nicht mal so nebenbei. Das Styling von Lisa hat rund eine Stunde gedauert und wurde von einer ausgebildeten Stylistin gemacht.

ISO 100 | Brennweite 85 mm | Blende 16 | Belichtungszeit 1/160 s

MUA – was ist das denn?

Wenn Sie mal im Internet auf einschlägigen Fotografenseiten den Begriff MUA sehen, hat das nichts mit Kühen mit Sprachfehler zu tun. Es ist eine gängige Abkürzung für Visagisten und Visagistinnen und bedeutet ganz einfach *Make-up-Artist*.

Tipps fürs Make-up

Das Make-up für ein Porträt kann von sehr dezent bis spektakulär gehen. Es ist Sache des Fotografen, festzulegen, welches Make-up die gewünschte Bildaussage unterstützt. Wer im privaten Bereich Porträts macht, wird in den wenigsten Fällen mit professioneller Visagistin zusammenarbeiten, was aber auch gar nicht nötig ist. Denn die meisten Frauen sind durchaus selbst in der Lage, ein festliches oder besonderes Make-up aufzulegen. Wichtig ist dabei immer, dass die Augen in irgendeiner Form betont werden. Kajal betont in Verbindung mit Mascara die Augenform und vergrößert die Augen. Lidschatten kommt vor allem bei kräftigeren Make-ups infrage.

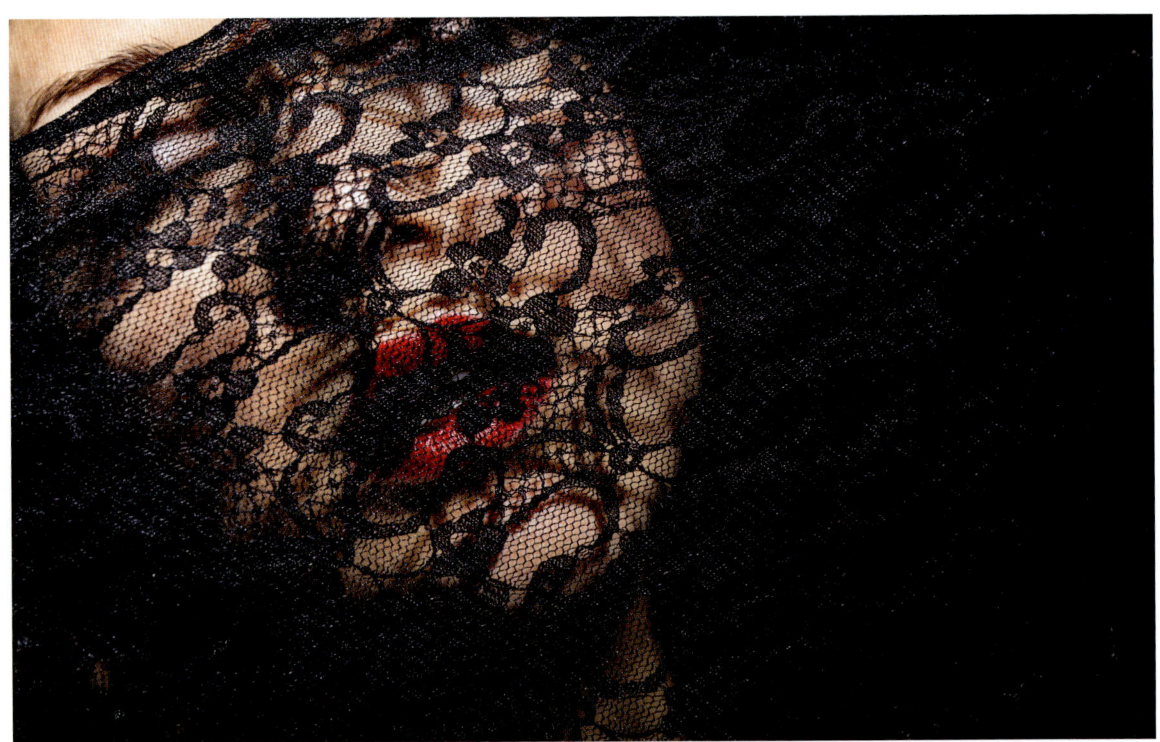

Obwohl das Gesicht von der Spitze verdeckt wird, wäre das Bild ohne das perfekte Make-up der Lippen, der Augen und der Haut nicht so gut geworden.

ISO 160 | Brennweite 150 mm | Blende 5.6 | Belichtungszeit 1/80 s

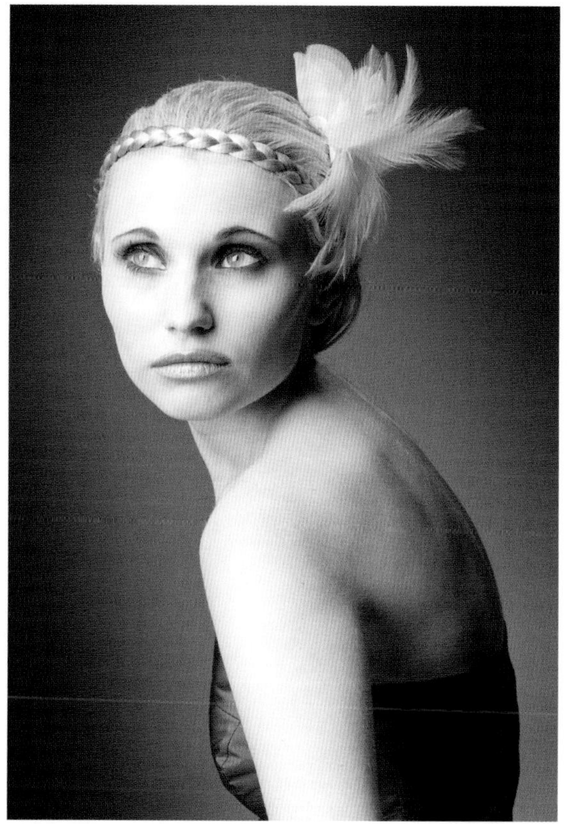

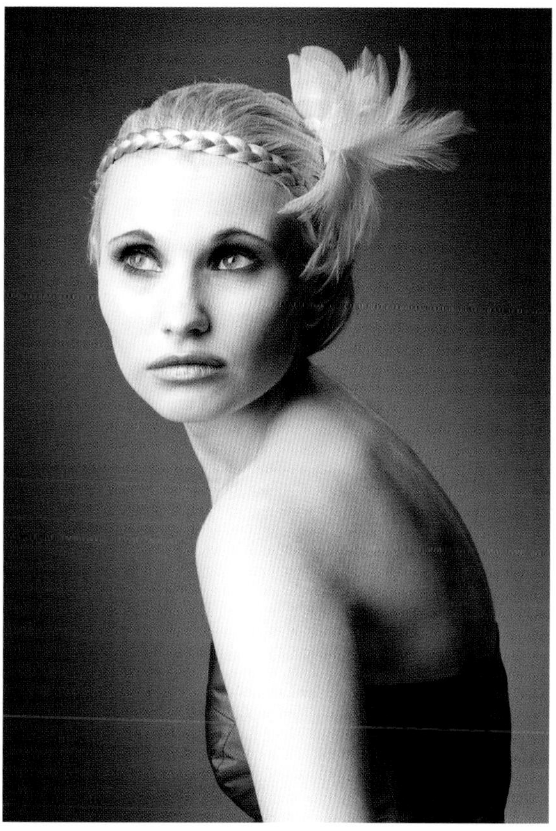

Lichter und Schatten kann man bereits im Make-up betonen. Falls gerade keine professionelle Visagistin zur Hand ist, liefert auch Photoshop per Dodge and Burn (Abwedler, Nachbelichter) gute Ergebnisse.

ISO 100 | Brennweite 85 mm | Blende 13 | Belichtungszeit 1/160 s

Die Farben müssen natürlich zum Model passen, was besonders für den Lippenstift gilt. Auch die Lippen sollte man mit einer Konturlinie in etwas dunklerer als der Lippenstiftfarbe betonen. Die Haut wird bei einfachen Make-ups lediglich abgepudert, um Glanzstellen auf Nase, Stirn und Wangen zu vermeiden. Wer es besonders genau nimmt, arbeitet mit heller und dunkler Grundierung, um bestimmte Bereiche im Gesicht abzudunkeln und aufzuhellen. Das verleiht dem Gesicht mehr Plastizität, ist aber für den Anfänger in Sachen Make-up schwer umzusetzen. Ähnliche Effekte kann man auch per Bildbearbeitung mit Abwedler und Nachbelichter (engl. *Dodge and Burn*) hinbekommen.

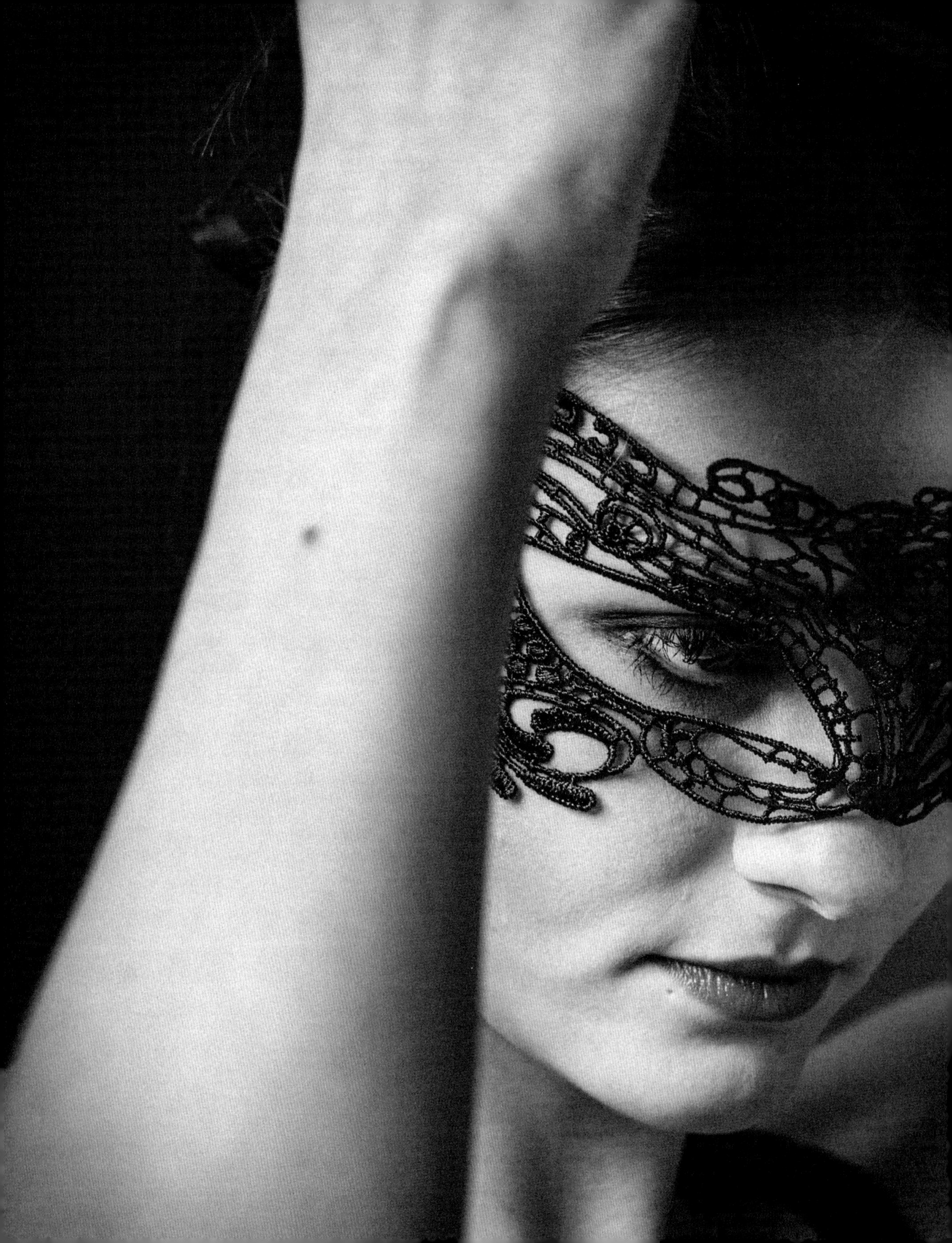

8 FRAUEN VOR DER KAMERA

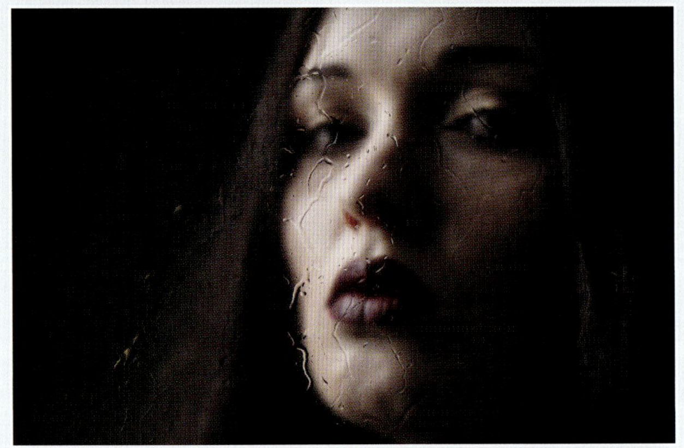

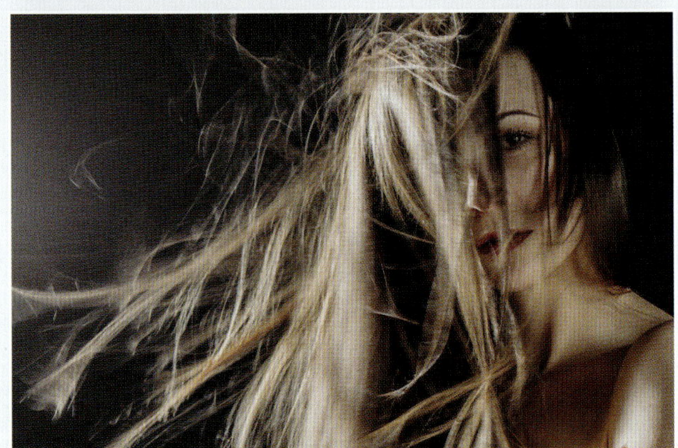

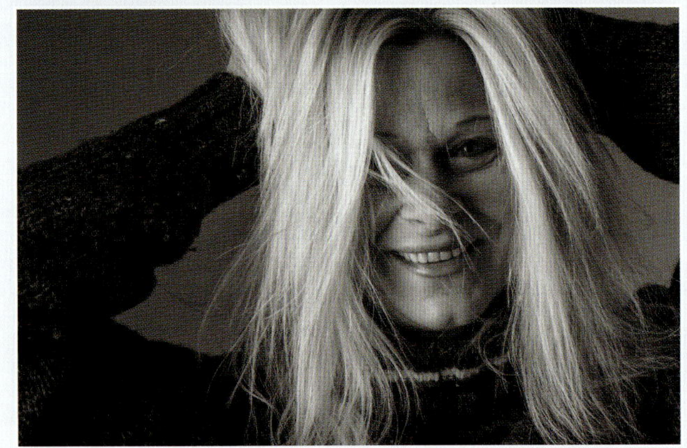

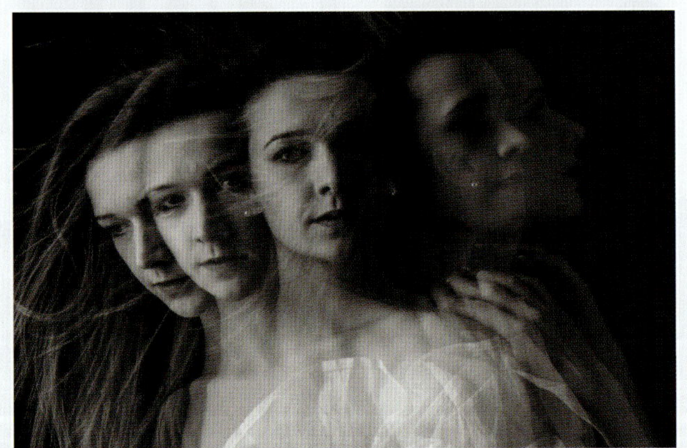

8

Frauen vor der Kamera

Wer in sozialen oder in Fotografennetzwerken scharf auf viele Klicks ist, fotografiert am besten unbekleidete Frauen. Traurig, aber wahr, es gilt immer noch: Sex sells. Der Mausklickreflex funktioniert bei Männern eben am besten mit nackter Haut. Was das über die geistigen Strukturen des männlichen Geschlechts aussagt, sei mal dahingestellt. Wie dem auch sei, knackige junge Damen zu fotografieren, deren Körper und Gesichter eigentlich komplett austauschbar sind, liegt mir nicht wirklich.

Klar ist es immer eine Herausforderung, Posen und Licht zueinanderzubringen. Die Aktfotografie ist nicht zu Unrecht eine der größten Herausforderungen in der Fotografie. Da man aber für viele Klicks nur möglichst viel Haut zeigen muss, vergisst man darüber hinaus gern die Grundlagen der ästhetischen Fotografie.

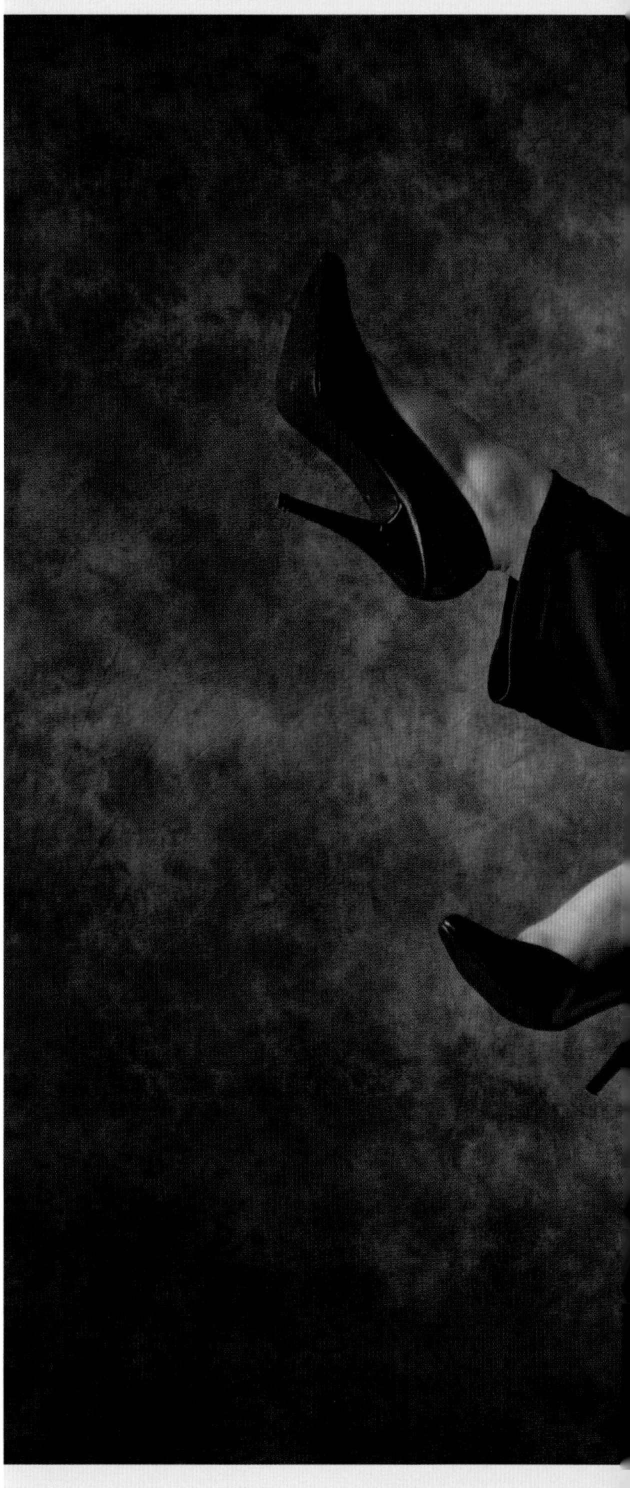

Wenn man Frauen porträtiert, ist die Gefahr, in Klischees abzudriften, ebenso groß wie bei Männerporträts. Nichts gegen ein plakatives Format – aber ich finde, man sollte den Menschen und seine Persönlichkeit schon noch sehen können.

ISO 200 | Brennweite 80 mm | Blende 8.0 | Belichtungszeit 1/160 s

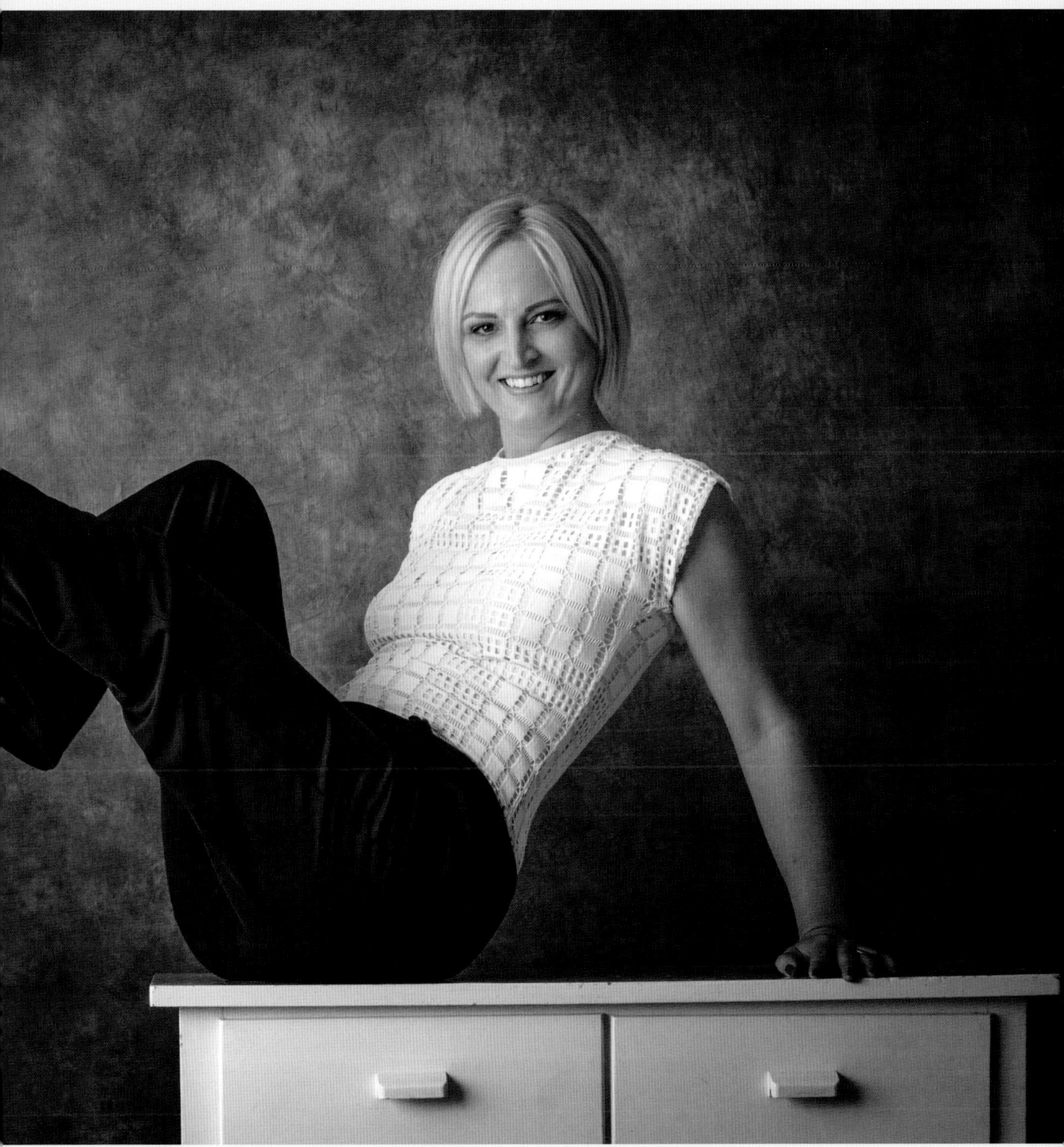

Accessoires, Outfit, Haare, Make-up

Wichtiger als bei Männern sind bei Frauenbildern natürlich die Äußerlichkeiten. Da Frauen es in der Regel gewohnt sind, sich zu schminken und für besondere Anlässe besonders zu stylen, sollten Sie zusätzliche Zeit dafür einplanen. Auch ist die Vorbesprechung hinsichtlich der Outfits wichtig. Viele Models nehmen ihren halben Kleiderschrank zum Shooting mit. Das ist dann gut, wenn man genügend Zeit hat und die große Auswahl auch durchgehen und nutzen kann.

Ich persönlich gebe gern einen konkreten Rahmen für die Outfits vor, sodass das Model sich schon im Vorfeld darauf einstellen und eventuell den Anlass für ein paar Einkäufe nutzen kann. Für die Porträts hier im Buch war die Vorgabe meistens: einfarbige Kleidungsstücke in Weiß, Schwarz, Grau, Braun oder in nicht zu knalligen Farben. Strukturen wie bei Wollpullis oder harte Oberflächen wie bei Leder immer gern. Sehr viel mehr wollte ich nicht vorgeben, um den Frauen genug Spielraum zu lassen.

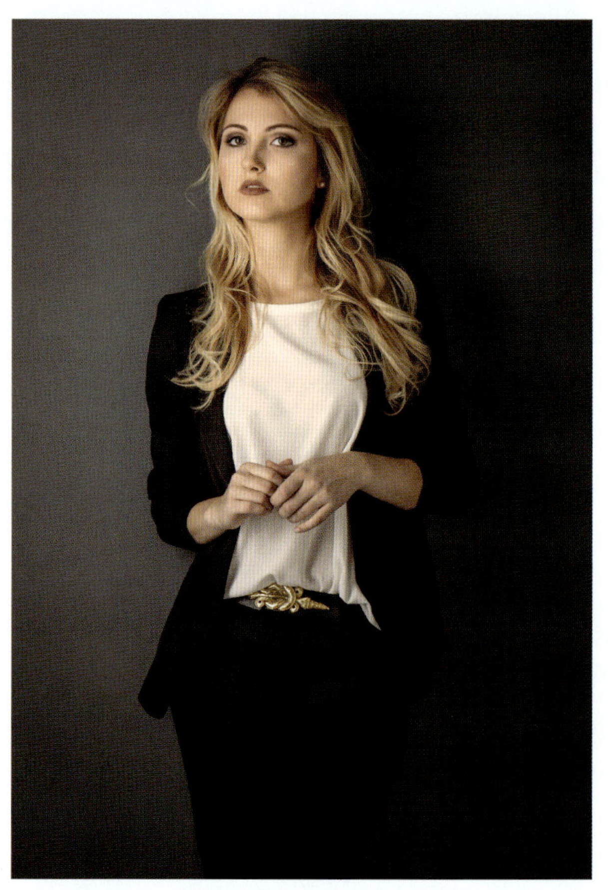

Meistens genügt es, in Bezug auf Outfits und Make-up nur wenige Vorgaben zu machen. Menschen, die sich schon öfter vor der Kamera bewegt haben, wissen, wie sie am besten zur Geltung kommen.

Details, Details, Details

So schwierig eine Frau für einen Mann oft zu verstehen ist, so diffizil können Frauenporträts werden. Männer sind hinsichtlich kleinerer Details gnädiger, Frauen meist gnadenlos. Ich fotografiere immer direkt in den Rechner, stelle den Monitor aber so auf, dass die Porträtierten nicht sehen können, wie die Bilder aussehen. Einerseits lenkt das nicht ab, andererseits kann ich besser selektieren, was die Models zu sehen bekommen. Denn natürlich motivieren gelungene Aufnahmen viel mehr als das x-te Blinzeln genau im Augenblick des Auslösens. Falls Sie Ihre Kamera nicht an den Rechner anschließen, können Sie ja ab und zu eines der besten Bilder auf dem Display der Kamera zeigen – man sieht hier in der Regel nicht genug, um zu einer detaillierten Meinung zu kommen.

Weil es hier um Porträts geht, komme ich gar nicht erst in Versuchung, viel nackte Haut zu zeigen. Ich hoffe, Sie schauen sich die tollen Frauen und ihre Porträts auf den folgenden Seiten trotzdem an.

Nasses Glas

Stefanie ist ein erfahrenes Model, das ich über die sozialen Netzwerke kennengelernt habe. Sie hat auf eine meiner Ausschreibungen reagiert, die ich im Zuge dieses Buchs herausgegeben hatte. Kontaktaufnahme und Verhandlungen über angestrebte Motive, Termine, Outfits und Honorar liefen entsprechend unseren Erfahrungen in der Modelfotografie zügig und sehr zielgerichtet ab. Wir besprachen meine Motivvorstellungen und die Rahmenbedingungen zu Ort, Zeit und Dauer des Shootings via Messenger.

Konkrete Absprachen

Im Amateurbereich wird es immer wichtiger, ganz klar zu definieren, welche Art von Motiven mit weiblichen Models geplant ist. Nach vielen Shootings mit Amateurmodels höre ich leider immer öfter, dass etliche Knipser da draußen vor allem darauf aus sind, möglichst viel nackte Haut zu sehen. Das kann insofern auch für Sie problematisch werden, wenn Sie sich für ein bestimmtes Model entschieden haben, es aber nach negativen Erfahrungen nicht oder nur unter größten Vorbehalten mit Ihnen arbeiten will. Man kann nicht oft genug darauf hinweisen, wie wichtig Vertrauen in der Porträtfotografie ist.

Da ich als professioneller Fotograf arbeite, habe ich keine Probleme damit, seriös rüberzukommen, zumal ich immer schon zu Beginn der Kontaktaufnahme exakt definiere, was ich mir vorstelle. Außerdem sehe ich mir natürlich zuvor Sedcards und Webseiten der potenziellen Models an, um festzustellen, welche Aufnahmebereiche infrage kommen. Falls ein Model für bestimmte Genres nicht zur Verfügung steht, frage ich erst gar nicht an. Zu versuchen, jemanden zu etwas zu überreden, beschädigt den eigenen Ruf nachhaltig. Unterschätzen Sie niemals, wie sehr Models auch untereinander vernetzt sind. Erfahrungen, gute wie schlechte, werden ausgetauscht!

Styling und Make-up

Da Stefanie große Erfahrung mit Foto-Make-up und Hairstyling hat, konnten wir uns die Visagistin für das Shooting sparen. Sie kam bereits fertig geschminkt zur Session, und wir konnten nach kurzer Umzugspause sofort loslegen. Da ich das Thema unter Low-Key-Beleuchtung realisieren wollte und die Feuchtigkeit auf der Scheibe Details von Stefanies Oberkörper und Gesicht reduzieren würde, bat ich sie, sehr deutliches Make-up mit dunklen Augen und

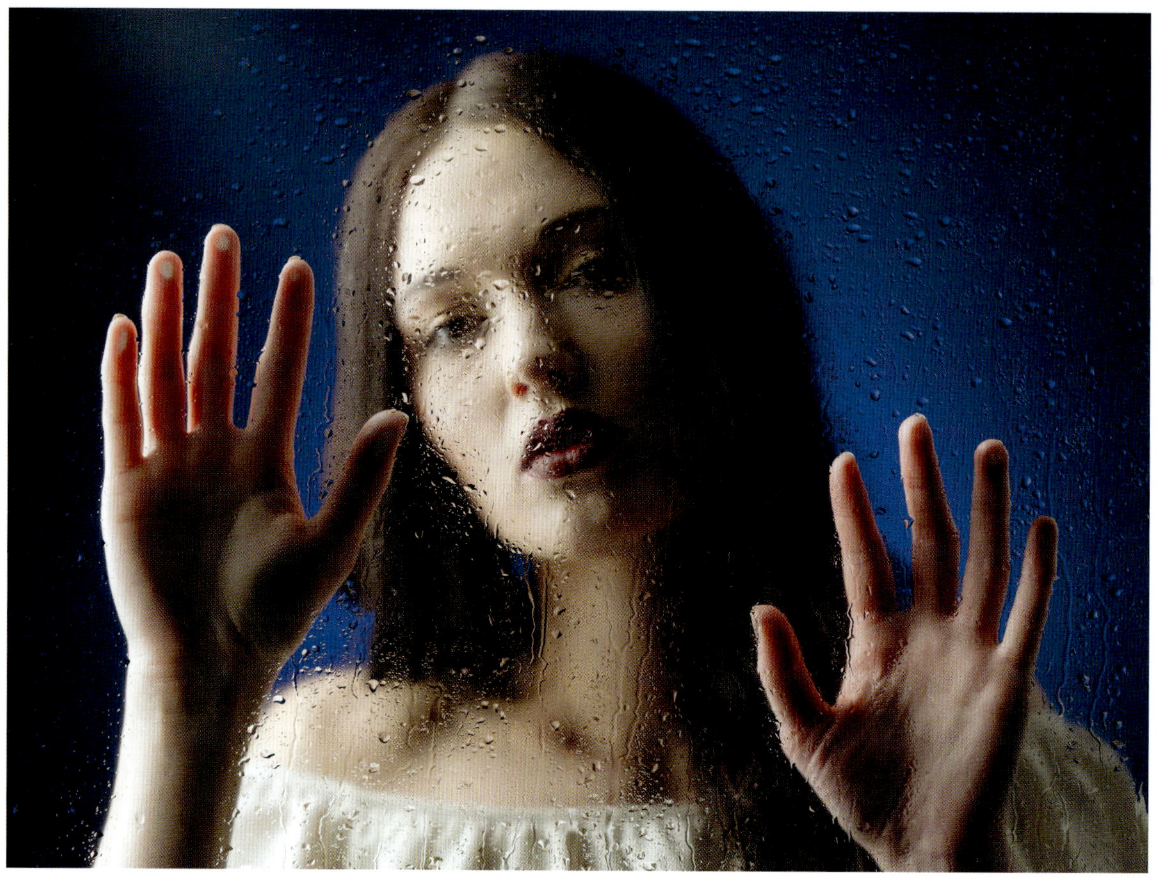

Das Foto entstand schon relativ früh während der Session mit Stefanie. Mir war hier wichtig, den Fokus nicht auf Stefanies Gesicht, sondern auf die Tropfen auf der Scheibe zu legen, um das Problem der Fokussierung noch auszusparen.

ISO 100 | Brennweite 120 mm | Blende 11 | Belichtungszeit 1/125 s

knackigen Lippen aufzulegen. Ihre schwarzen Haare waren sowieso perfekt für meine Ideen. Bei den Outfits sollte alles relativ geradlinig, möglichst einfarbig und schulterfrei sein. Mir schwebte vor, Gesicht, Hals und Schultern als dominanten hellen Bereich deutlich hinter der Scheibe zu erkennen. Da seitliches Licht geplant war, kamen gerade die Partien um Halsmuskeln und Schlüsselbeinen gut zur Geltung und geben dem Bild Tiefe.

Scheibe und Wasser

Das Wasser und die Scheibe sind eine klassische Herausforderung in der Produkt- und Werbefotografie. Wassertropfen sollen dabei immer einem Idealbild entsprechen. Würde

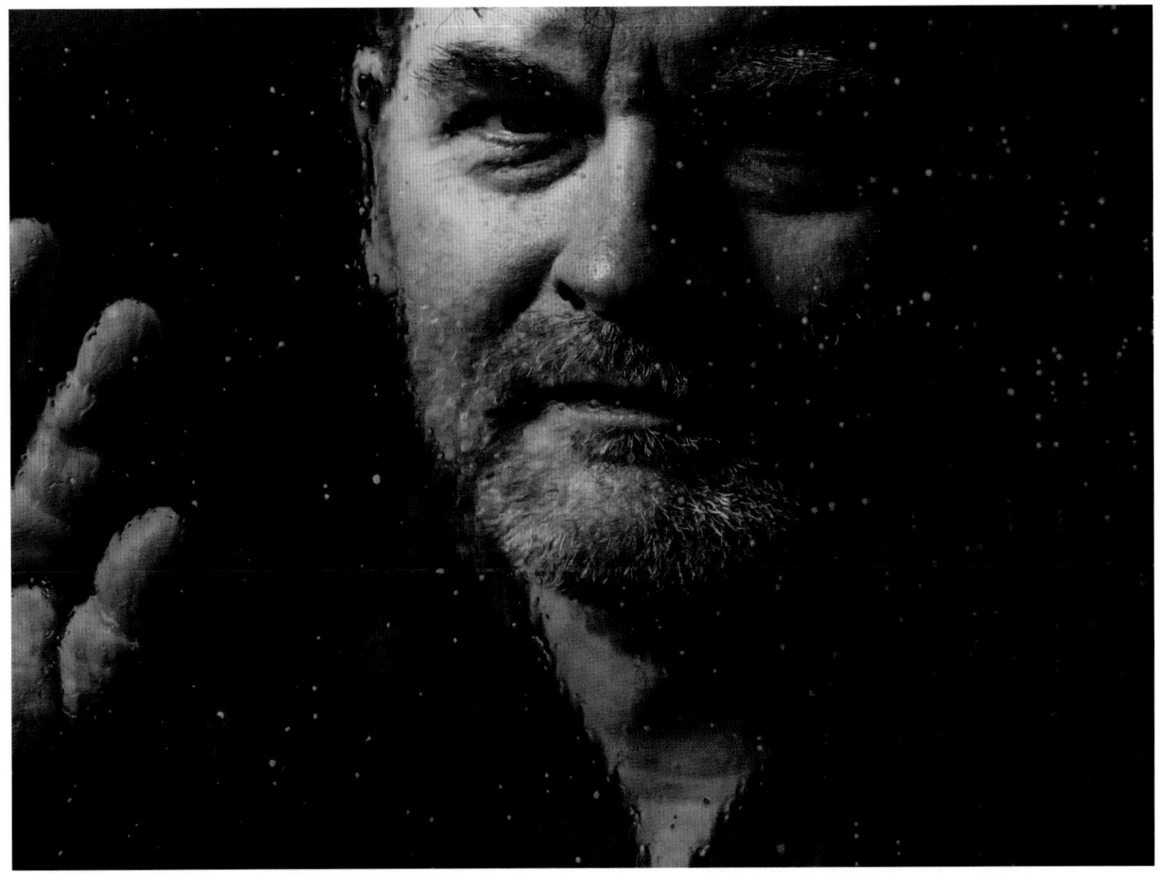

War doch gut, dass ich vor der Porträtsession die Sache mit der nassen Scheibe ausprobiert hatte – in der Sprühflasche, mit der ich das Wasser-Glycerin-Gemisch auf die Scheibe sprühte, war noch etwas Seife. Deshalb entstanden keine Wassertropfen, sondern winzige Seifenblasen, was nicht besonders attraktiv aussieht.

ISO 1000 | Brennweite 90 mm | Blende 8.0 | Belichtungszeit 1/60 s

man Wasser einfach auf eine senkrecht aufgehängte Glasscheibe sprühen, würde das Wasser höchstens winzige Tropfen bilden und recht schnell nach unten laufen. Zwar wollte ich auch unbedingt ein paar Spuren von herablaufenden Tropfen haben, die einzelnen Tropfen sollten aber trotzdem dick und gut sichtbar sein.

Die Scheibe (ca. 60 × 80 cm und 3 mm dick) wurde zwischen zwei Autopolen (ausfahrbare Klemmstative, die zwischen Boden und Decke eingespreizt werden) mit mehreren Auflagen und Klemmen befestigt. Sie stand absolut senkrecht. Nach einer Reinigung mit Glasreiniger wurde sie noch beidseitig mit Autopolitur behandelt. Für die Sprühflüssigkeit mischte

Make-up, Haare und Outfit korrespondieren perfekt und geben dem Bild zusammen mit den hellen Hautpartien Struktur und Gestaltung.

ISO 100 | Brennweite 120 mm | Blende 11 | Belichtungszeit 1/125 s

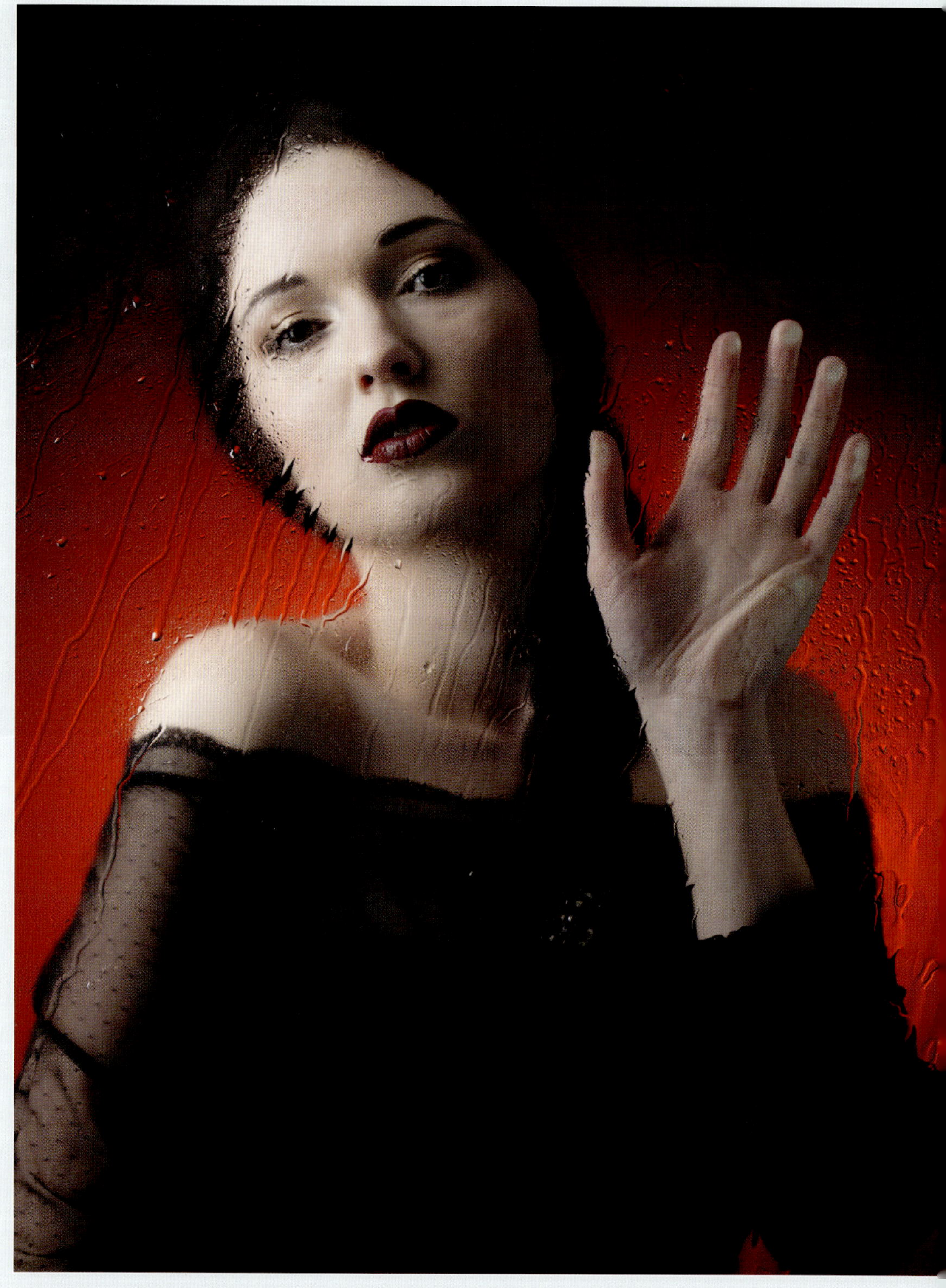

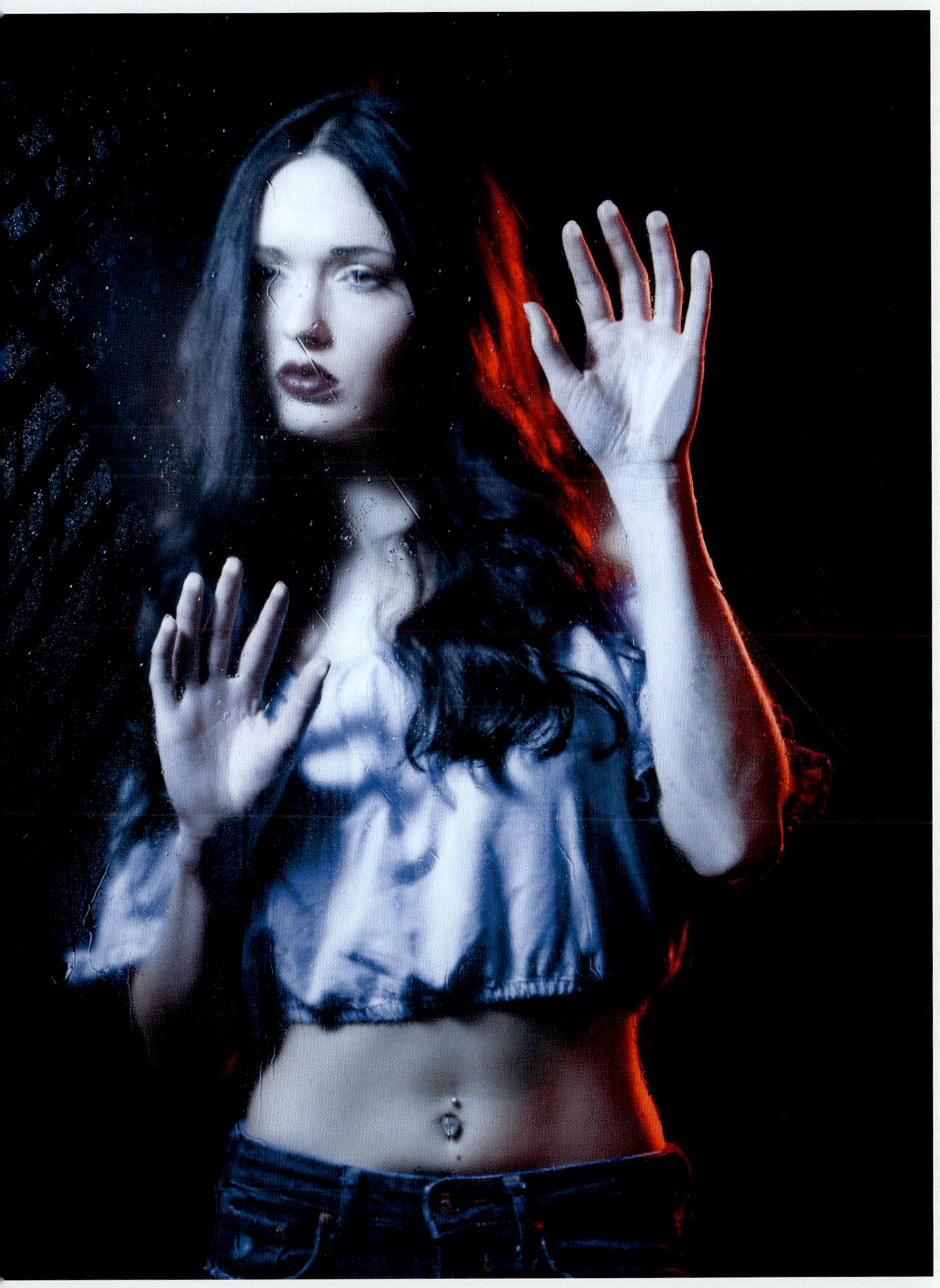

Das Gemisch aus Wasser und Glycerin ist je nach Mischungsverhältnis ziemlich zähflüssig, sodass man mit den Fingern Spuren und Schlieren in die Feuchtigkeit malen kann, die dann auch eine Weile an der Scheibe haften.

ISO 100 | Brennweite 120 mm | Blende 11 | Belichtungszeit 1/125 s

ich Wasser und Glycerin zu gleichen Teilen. Dadurch sind viel größere und gleichmäßigere Tropfen als mit reinem Wasser möglich. Durch die Autopolitur haften die Tropfen besser an der Scheibe und bilden gleichmäßigere Formen. Zum Sprühen verwendete ich einen einfachen Zerstäuber aus dem Baumarkt, der einen sehr feinen Sprühnebel erzeugt.

Nach ein paar Versuchen mit feinen Wassertropfen ging ich im Verlauf der Session dazu über, die Feuchtigkeit grob mit meinen Fingern zu verreiben und zu verwischen. Durch das Glycerin blieben die Spuren meiner Finger lang auf der Scheibe haften und führten zu ziemlich coolen Effekten.

Licht – bloß nicht spiegeln!

Die Lichtsetzung bei diesen Motiven ist nicht allzu schwierig, allerdings auch nicht banal. Das größte Problem besteht darin, keine ungewollten Spiegelungen auf der Scheibe zu erzeugen. Anfangs versuchte ich, mit seitlichem Licht leicht von vorn zu arbeiten, wodurch immer wieder Spiegelungen an der oberen Kante der Scheibe entstanden. Ich entschied mich dann, das Licht direkt von der Seite mit einem Striplight (einer schmalen Softbox mit den Maßen 100 × 20 cm) zu setzen. Auf der gegenüberliegenden Seite stand eine große weiße Styroporplatte, um ein wenig reflektiertes Licht in die Schatten zu bekommen. Der Hintergrund wurde bei den meisten Fotos von einem Spot angestrahlt, der einen sanften Verlauf auf einer grauen Wand, die etwa zwei Meter entfernt war, erzeugte. Teilweise habe ich Farbfolien an den Hintergrundspot geklemmt, um farbige Verläufe zu gestalten.

Farbige Hintergründe mit Spots

Wenn Sie eine weiße Wand mit einem farbigen Spot anstrahlen, fällt die Färbung der Wand nur minimal aus. Deshalb verwendet man für farbige Hintergründe, die durch Farbfolien vor Lichtquellen erzeugt werden, immer mehr oder weniger graue Wände bzw. Hintergrundkartons. Je dunkler der Hintergrund, desto intensiver und dunkler werden die Farben. Ideal ist ein mittleres Grau.

Problem Fokus

Wenn man durch eine Scheibe fotografiert, egal ob mit Wassertropfen oder nicht, ist die exakte Fokussierung immer ein Problem. Spiegelungen oder auch Verunreinigungen auf der Scheibe können den Autofokus der Kamera auf eine falsche Fährte locken. Die Aufnahmen

Rechts: Hier sieht man oben links auf der Scheibe einen hellen Fleck, der durch einfallendes Streulicht entstanden ist. Abhilfe schafft z. B. ein schwarzer Karton, den man zwischen Lichtquelle und Kamera hängt.

ISO 100 | Brennweite 120 mm | Blende 11 | Belichtungszeit 1/125 s

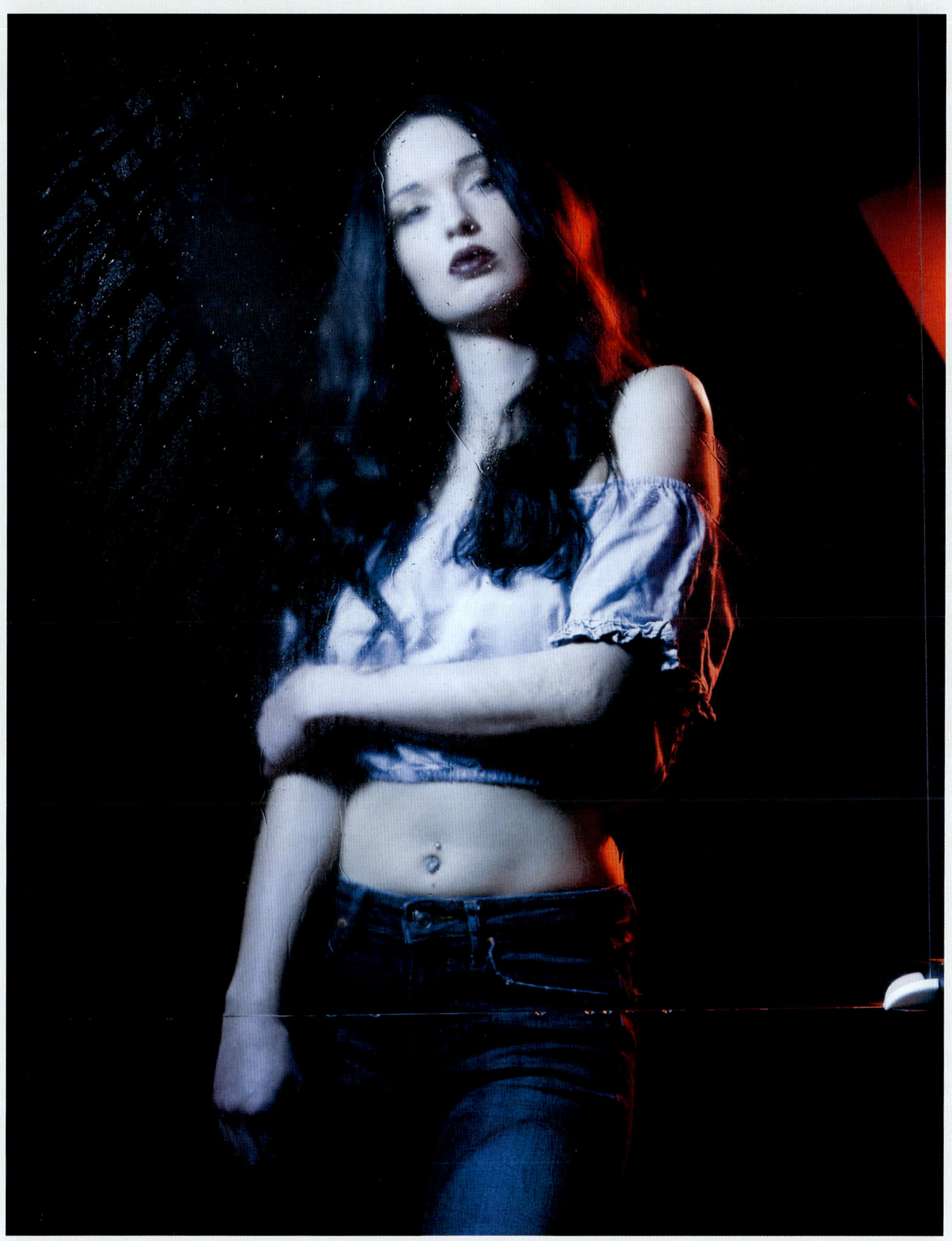

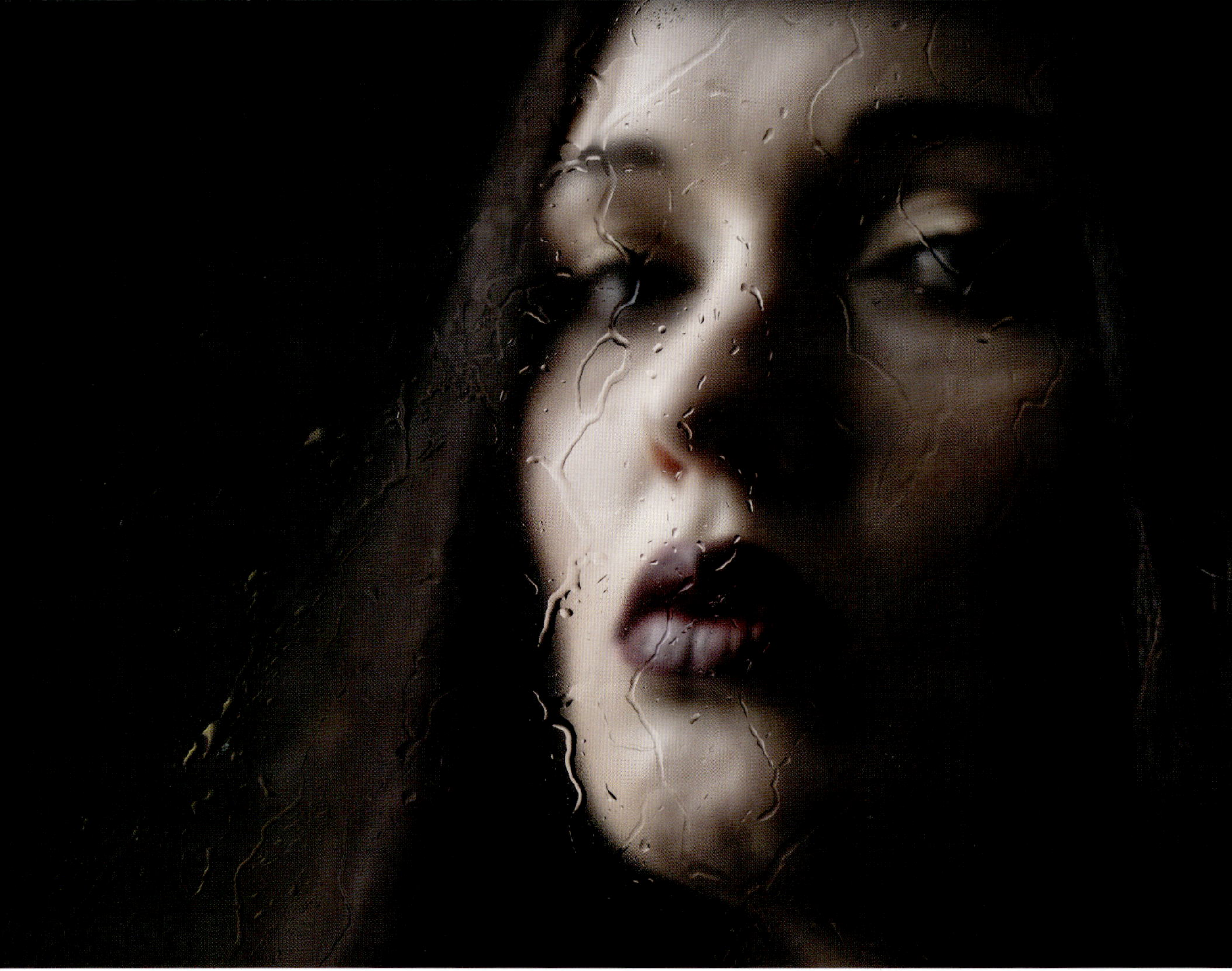

Gestalterisch ist es immer ein Risiko, nicht so zu fokussieren, wie es der Betrachter erwarten würde. Das bewusste Setzen der Schärfe auf die Scheibe setzt einen Schwerpunkt auf die Wassertropfen und nimmt Gewicht vom Gesicht und den Augen, die ansonsten der naheliegende Blickfang wären.

ISO 100 | Brennweite 120 mm | Blende 8.0 | Belichtungszeit 1/125 s

im Studio habe ich daher alle komplett manuell fokussiert, was einige exakte Anweisungen an das Model voraussetzte. Mit der Brennweite von 90 mm an einer digitalen Mittelformatkamera, die sowieso schon im Vergleich zu Kleinbild oder APS-C geringere Schärfentiefe liefert (bei ansonsten gleichem Abstand und gleicher Blende), durfte sich Stefanie nach der Fokussierung kaum mehr bewegen. Daher war spontanes Wechseln der Pose nicht möglich. Ich habe zwar, um möglichst großen Spielraum bei der Schärfentiefe zu haben, teilweise auf f/11 oder f/16 abgeblendet, die beste Schärfeleistung des Objektivs lag aber bei f/8.0.

Fotografiert wurden die Aufnahmen mit einer digitalen Mittelformatkamera (Fujifilm GFX 50s) mit manuell zu fokussierendem 90-mm-Objektiv, außerdem mit 60-mm- und 55-mm-Objektiv. Da die GFX meine übliche Studiokamera ist, an einem Fachkamerasystem (Cambo Actus) montiert ist und ich sowieso manuell fokussieren musste, bestand keine Veranlassung, auf AF-Objektive zu wechseln, zumal die Abbildungsleistung der verwendeten Fachkameraobjektive ausgezeichnet ist. Ausgelöst habe ich per Fernauslösekabel, die Blitzgeräte wurden mit einem Funkauslöser gesteuert.

Die Kamera war während der gesamten Session per USB-Kabel mit einem Rechner verbunden, auf dem Adobe Lightroom lief. Die auf den Rechner live übertragenen Fotos wurden automatisch in Lightroom importiert, was die Bildkontrolle enorm vereinfachte. Sowohl Belichtung als auch Schärfe konnten so Schritt für Schritt optimiert werden. Ziel dabei ist natürlich, die Bildbearbeitung auf ein absolutes Mindestmaß zu reduzieren.

Bildbearbeitung reduzieren

Die Korrekturen der Bilder mit Lightroom und Photoshop konnten, wie oben gesagt, durch den Workflow beim Fotografieren auf ein Minimum reduziert werden. Die Belichtung wurde über die Kamera (Blende, ISO) bzw. die Leistung und Ausrichtung der Blitzgeräte gesteuert. Retuschiert wurden lediglich kleinere Störungen (aufdringliche Tropfen und Schlieren, ein paar Kratzer auf der Scheibe).

Langzeit- und Mehrfachbelichtung

Manchmal muss man einfach über den Tellerrand blicken, um neue oder zumindest ungewohnte Möglichkeiten zu entdecken. Langzeitbelichtungen sind ein klassisches Fotothema, das aber eher in der Landschaftsfotografie angewendet wird. Immer wenn es darum geht, Bewegungen verschwimmen oder sich bewegende Motive ganz verschwinden zu lassen, kommt die Langzeitbelichtung ins Spiel. Denken Sie zum Beispiel an einen Wasserlauf oder die Brandung am Meer. Möchte man die Bewegungen des Wassers quasi einfrieren, fotografiert man mit kurzen Verschlusszeiten. Will man das Wasser aber zu einer duftig-romantischen Masse verschwimmen lassen, sind Langzeitbelichtungen nötig. Besonders extrem wirken sich Langzeitbelichtungen in der Astrofotografie aus, wenn man Star-Trails (Sternenspuren) fotografiert. Und eher technisch wendet man lange Belichtungszeiten an, wenn man in der Architekturfotografie sich bewegende Menschen verschwinden lassen möchte. Man

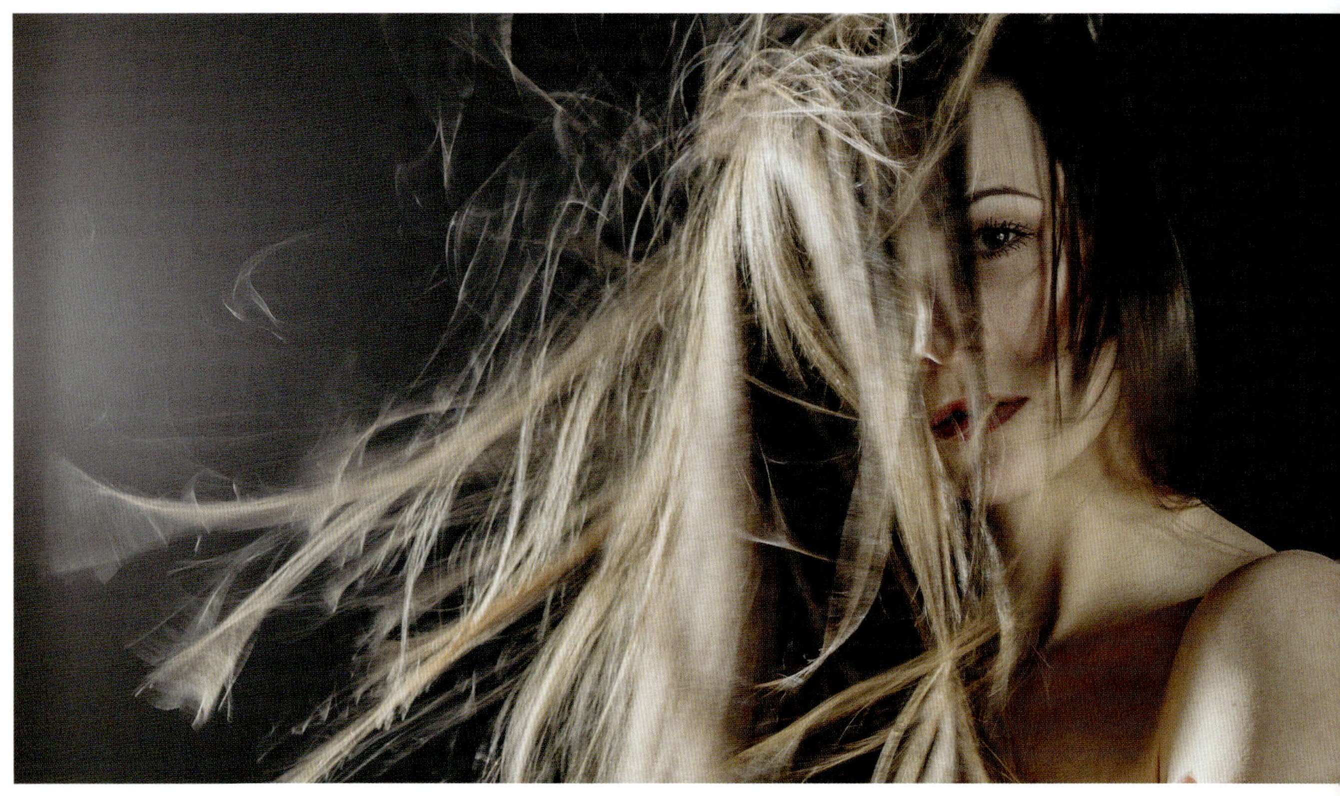

Lange Belichtungszeiten kann man auch in der Porträtfotografie einsetzen. Allerdings bedeutet lang hier nicht das Gleiche wie in der Landschaftsfotografie.

ISO 640 | Brennweite 90 mm | Blende 8.0 | Belichtungszeit 1/15 s

belichtet dann zum Beispiel 30 oder 60 Sekunden mit extrem kleiner Blende, wodurch jeder Mensch, der in dieser Zeit durchs Bild läuft, von der Kamera praktisch nicht wahrgenommen wird.

Langzeit bei Porträts

Eigentlich möchte man bei Porträts ja üblicherweise zumindest die Augen scharf abbilden, um den Blick des Betrachters auf den Gesichtsausdruck des Porträtierten zu lenken. Eine Langzeitbelichtung ist schon aus dem Grund schwierig, weil kein Mensch über mehrere Sekunden absolut stillstehen kann. Verwackelte Bilder sind also das größte Risiko. Um aber nun wie im hier gezeigten Projekt die Haare ähnlich wie Wasser in der Landschaftsfotografie verwischen zu lassen, sind glücklicherweise nur relativ lange Verschlusszeiten nötig. Relativ lang bedeutet hier, dass die Kamera rund eine halbe

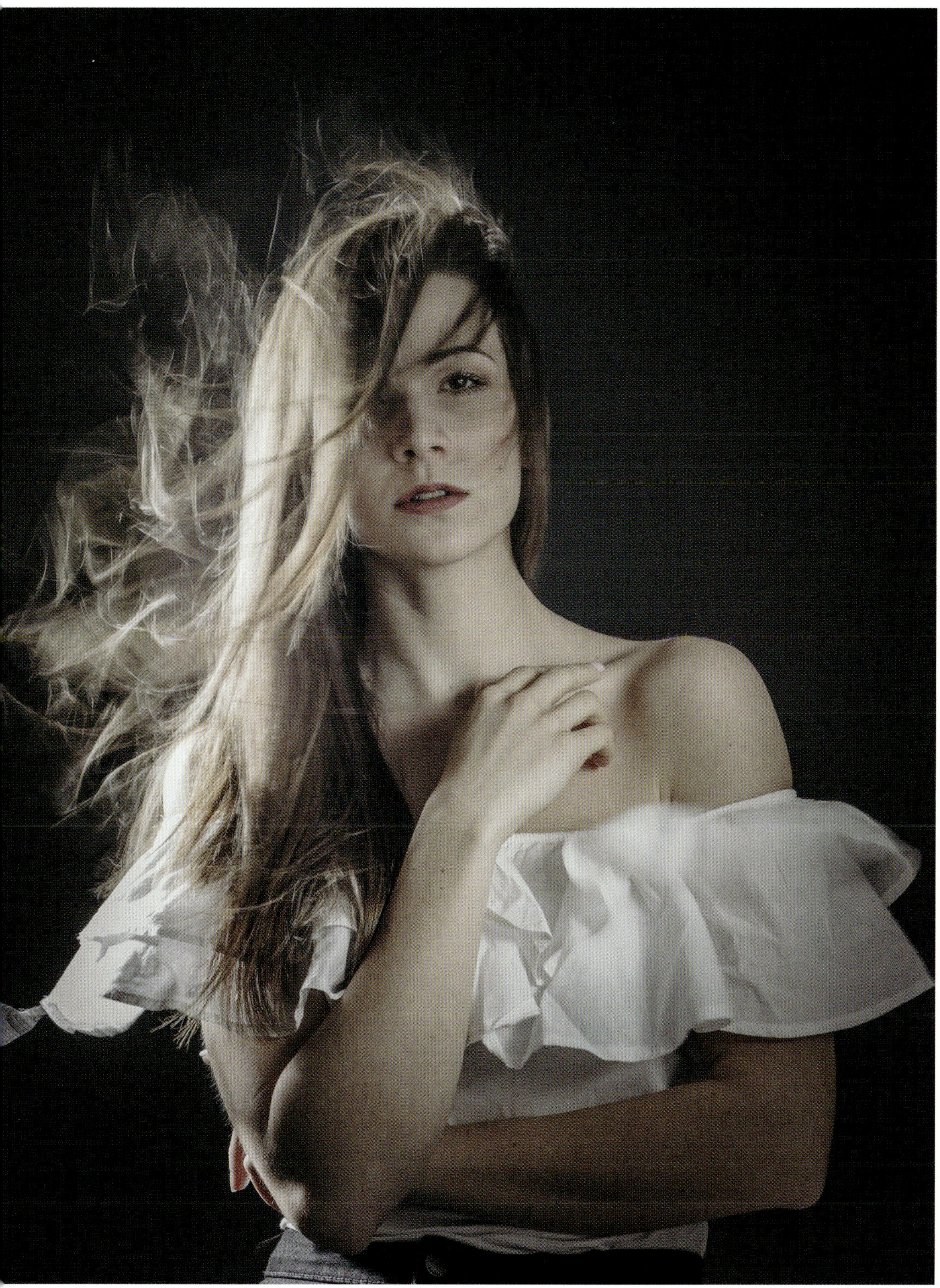

1/15 Sekunde ist ein guter Kompromiss, um sowohl den Bewegungseffekt zu zeigen als auch die Bildschärfe hinzubekommen. Längere Zeiten führen unweigerlich zu Verwacklungsunschärfen, da sich kein Mensch perfekt ruhig halten kann.

ISO 640 | Brennweite 60 mm | Blende 8 | Belichtungszeit 1/15 s

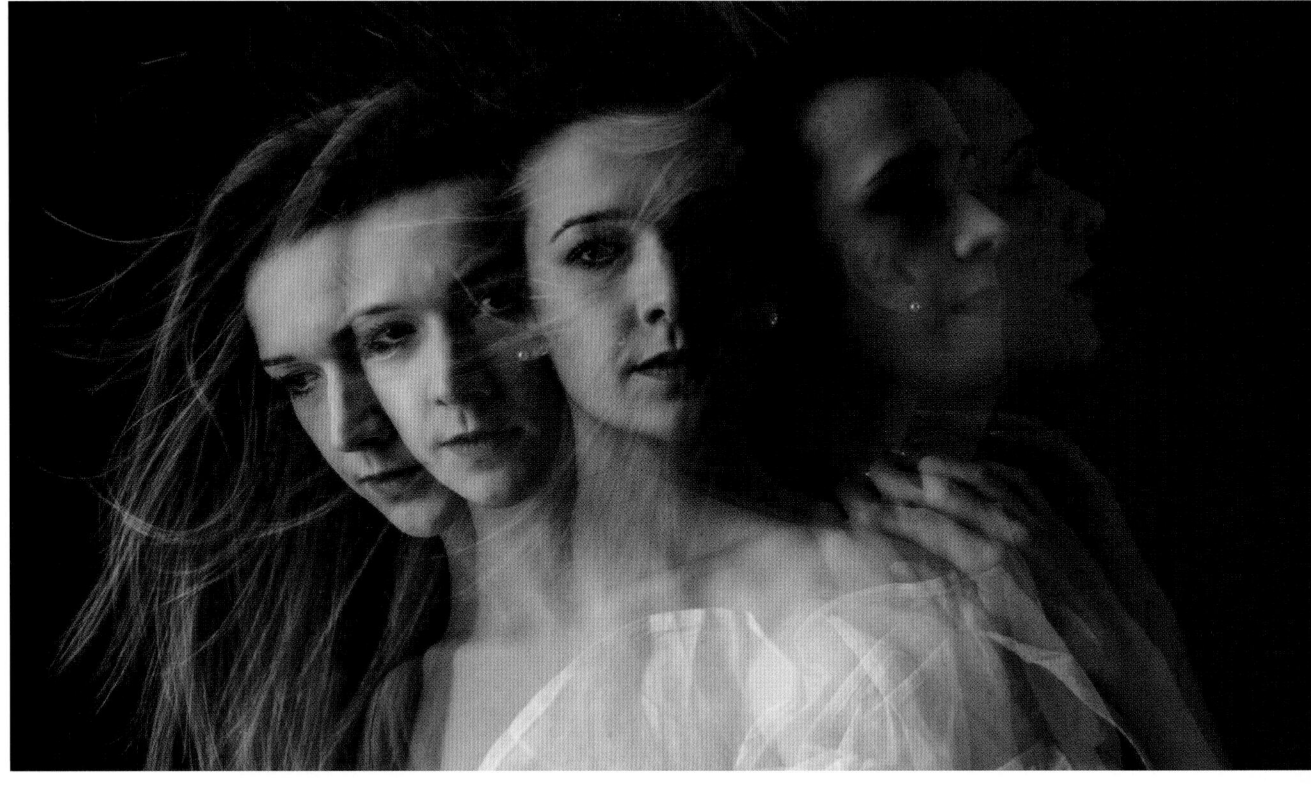

Grundvoraussetzung für solche Fotos ist ein absolut dunkler Raum. ISO 400 | Brennweite 90 mm | Blende 8.0 | Belichtungszeit 2 s

Sekunde belichtet hat. Auf die technischen Details der Aufnahmen gehe ich weiter unten noch ein.

Mehrfache Belichtungen

Mehrfachbelichtungen sind ein fotografischer Effekt aus der analogen Zeit der Fotografie. Hierbei wurde ein Stück Film nicht nur einmal, sondern mehrmals belichtet. Dazu wurde der Filmschnipsel mehrfach manuell zurücktransportiert, um auf eine bereits vorhandene Aufnahme ein zweites, drittes oder viertes Motiv zu belichten. Man kann sich vorstellen, dass das in Bezug auf die korrekten Belichtungswerte ziemlich kompliziert werden konnte. Immerhin summiert sich die Belichtung der Motive, sodass man aufpassen musste, nicht einfach nur mehr oder weniger weiße Bilder zu produzieren. Das Problem besteht in der Digitalfotografie grundsätzlich auch.

Der Effekt der Mehrfachbelichtung in der Porträtfotografie lässt sich unterschiedlich nutzen. Man kann das Porträt mit völlig anderen Motiven entweder beim Fotografieren oder per Bildbearbeitung kombinieren (überlagern) oder, wie in dem hier gezeigten Projekt, ein Gesicht mehrfach in eine einzige Aufnahme belichten. Die Mehrfachbelichtung funktioniert hierbei mit dem mehrmaligen Auslösen eines Blitzgeräts. Man kennt diese Technik auch unter dem Begriff „Stroboskopblitzen".

Set-up bei der Langzeitbelichtung

Corinna ist ein erfahrenes Amateurmodel, mit dem ich für dieses Projekt zum ersten Mal gearbeitet habe. Im Vorfeld hatte ich ihr erklärt, welche Motive mir vorschweben, damit sie sich entsprechend auf die Session vorbereiten konnte. Make-up und Haare hat sie selbst vorbereitet, einen Fundus an Bekleidung brachte sie zum Shooting mit. Da die Aufnahmen in erster Linie als Low-Key-Set-up geplant waren, wollte ich schulterfreie Bekleidung, um einen starken Kontrast zwischen hellen Hautpartien und dunklem Hintergrund zu bekommen. Die Bekleidung variierte von Schwarz bis Weiß.

Bewegen sollte sich während der Langzeitbelichtung nur das Haar von Corinna. Ihr Gesicht und der Oberkörper sollten möglichst statisch und damit scharf in den Fotos zu sehen sein. Für die Bewegung der Haare verwendeten wir eine Windmaschine, die von unten rechts (aus Kamerasicht) gegen die Haare gerichtet war. Problematisch bei Windmaschinen ist, dass Models nach kurzer Zeit zu blinzeln beginnen und über kurz oder lang die Augen tränen. Daher machten wir immer so lange Aufnahmen, bis die Reizung der Augen zu groß wurde, und nach einer kurzen Pause wiederholte sich das Spiel.

Um die Bewegung der Haare im Bild zu zeigen, konnte ich natürlich nicht mit Blitzlicht arbeiten. Das Blitzlicht hätte die Bewegungen quasi eingefroren. Daher kam eine Studiolampe zum Einsatz, die ich sonst für Videoaufnahmen verwende. An der Lampe wurde ein schmales Striplight befestigt und links von Model aufgestellt. Für die Aufhellung der Schatten bzw. des Gesichts stand zusätzlich ein silberner Reflektor (ca. 100 × 60 cm) rechts vor dem Model. Das Studio war ansonsten dunkel, der Hintergrund eine dunkelgraue Wand.

Die korrekten Belichtungswerte bei Blende 8 ermittelte ich durch ein paar Testaufnahmen. Für die ersten Versuche hatte ich eine Verschlusszeit von einer Sekunde und ISO 100 eingestellt. Die Verschlusszeit war zwar ideal für die wehenden Haare, jedoch zu lang, um das Gesicht und den Oberkörper scharf abzubilden. Letztlich entschied ich mich dann für 1/15 Sekunde bei ISO 640.

Lichteinfall ins Objektiv vermeiden

Bei einigen der Aufnahmen hatte ich Probleme mit hellen Flecken. Zunächst dachte ich, dass das Streulicht der Lampe auf den Hintergrund verantwortlich gewesen wäre. Nach ein paar Tests stellte sich jedoch heraus, dass das Licht direkt ins Objektiv strahlte, was zu einer Art von Blendenfleck geführt hatte. Um das zu verhindern, stellte ich ganz einfach einen schwarzen Karton so vor die Lichtquelle, dass das Licht nur auf das Model, nicht aber direkt ins Objektiv abstrahlen konnte. Ein ähnliches Ergebnis kann man mit einer Gegenlichtblende erzielen, für die verwendeten Studioobjektive gibt es jedoch keine passenden Blenden. Daher musste eben ein Abschatter herhalten.

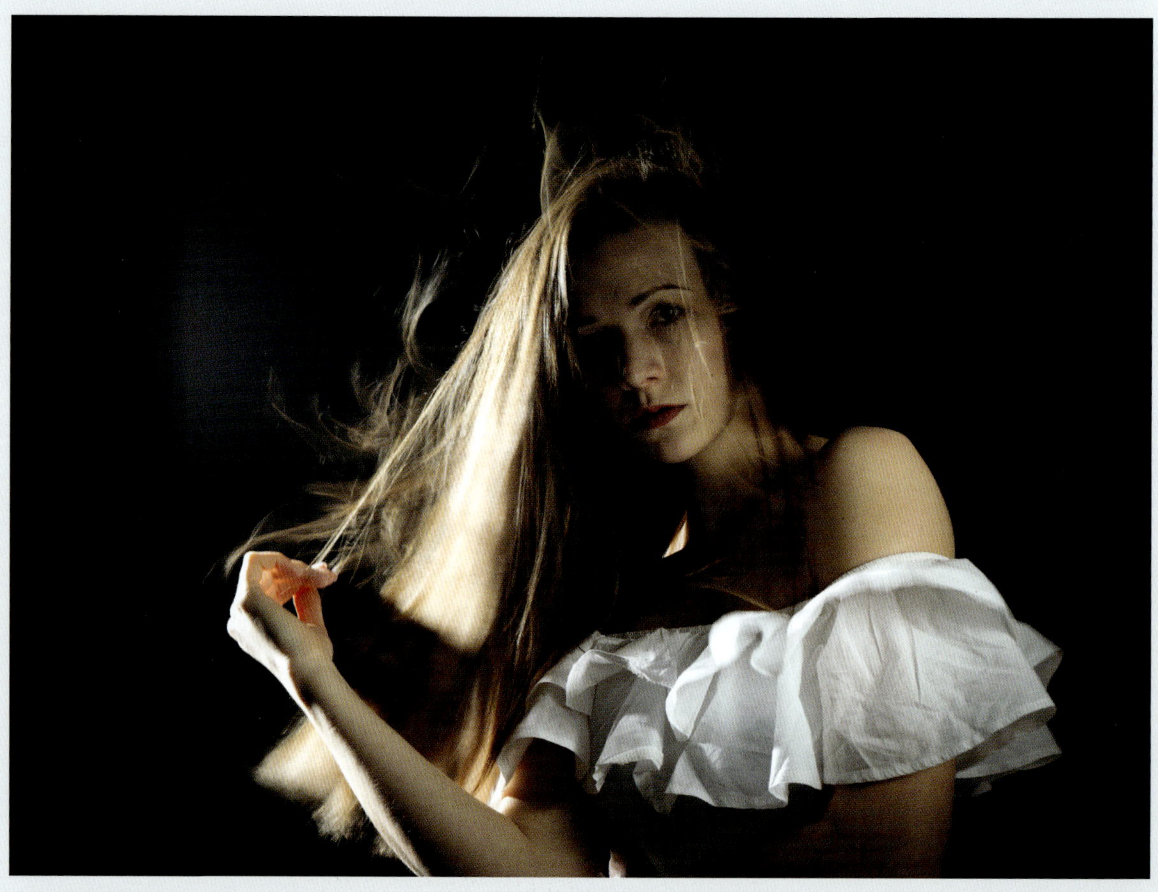

Links vom Model taucht ein heller Fleck auf, der durch eine Spiegelung innerhalb des Objektivs entstand. Ein schwarzer Reflektor (Karton) vor der Lichtquelle sorgt für Schatten und verhindert die Einspiegelung.

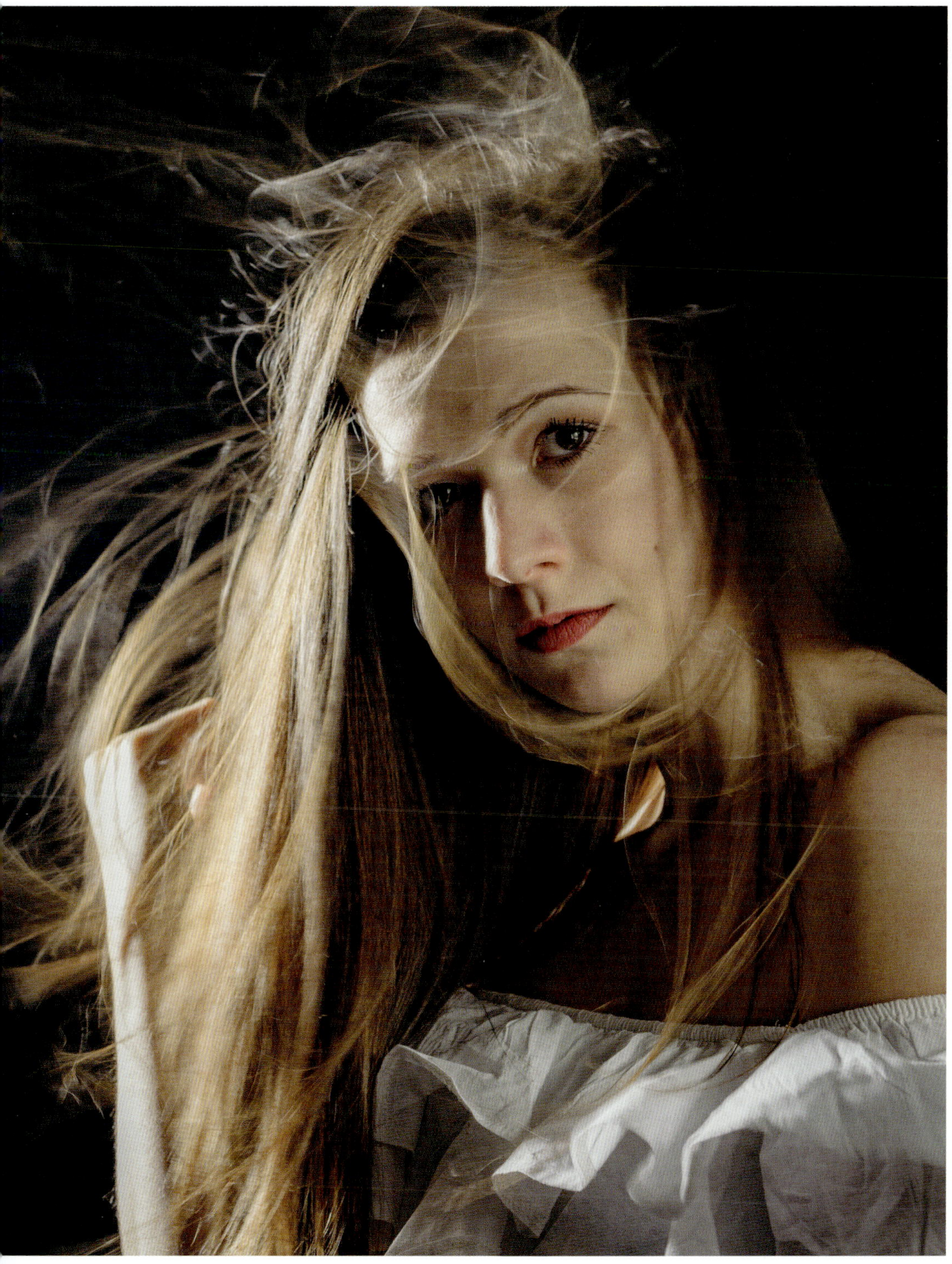

Da man nie genau weiß, wie sich die Haare im Wind bewegen, muss man eine Menge Aufnahmen machen, um wenigstens ein paar Bilder zu bekommen, bei denen Gesichtsausdruck, Blick und Pose passen.

ISO 640 | Brennweite 90 mm | Blende 8.0 | Belichtungszeit 1/15 s

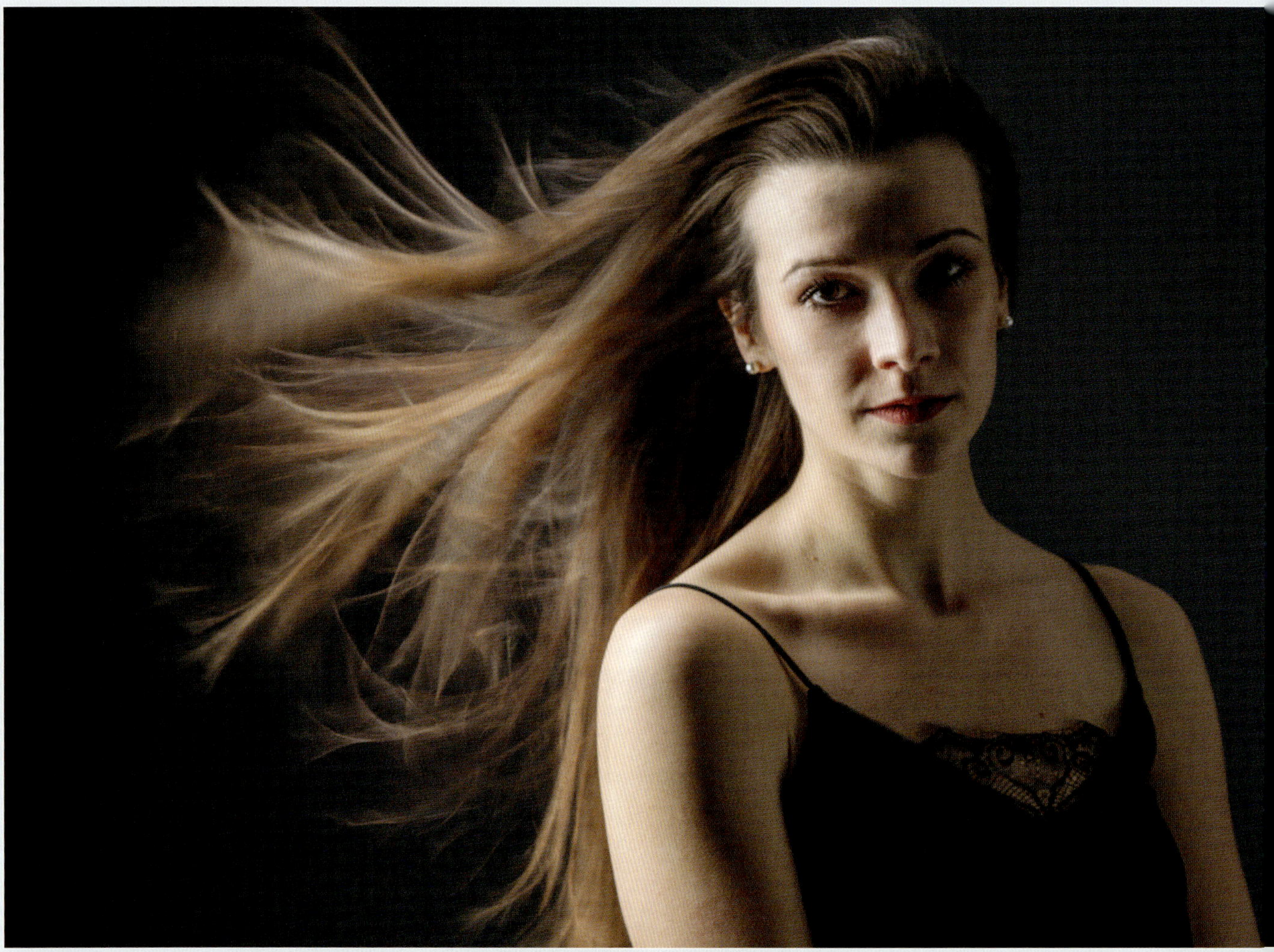

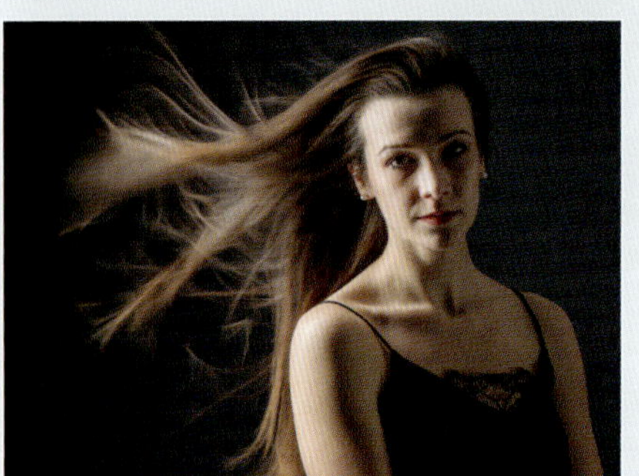

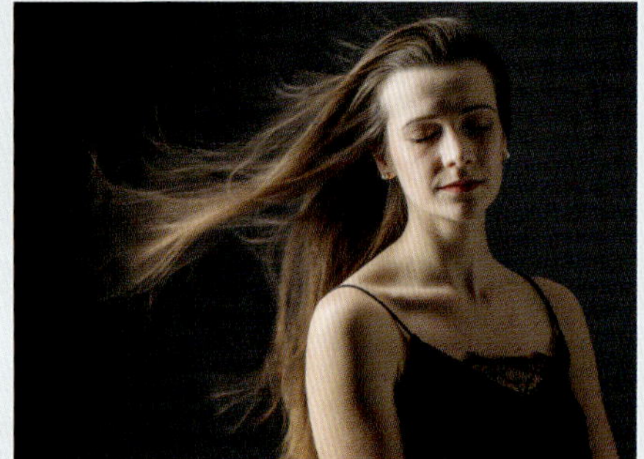

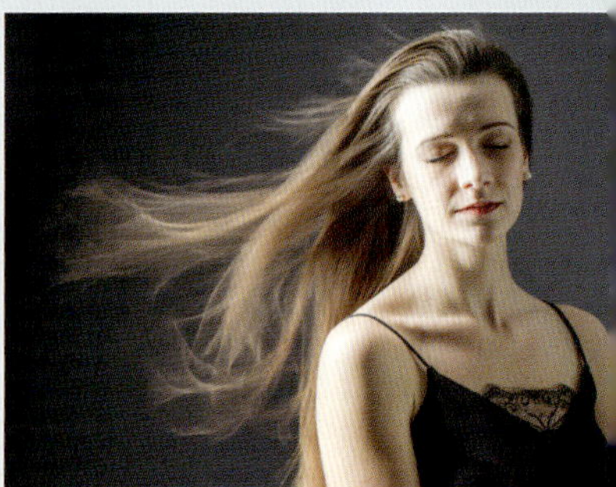

Wenn man mehrere Bilder mit gleichen Kameraeinstellungen macht, lassen sich Teile der Einzelbilder kombinieren. In diesem Fall wurden die wehenden Haare aus drei Aufnahmen kombiniert.

Weitere Möglichkeiten

Der Bewegungseffekt der Haare war bei den Aufnahmen für meinen Geschmack ausreichend. Wenn es etwas mehr sein soll, könnte man zusätzlich per Bildbearbeitung mehrere der Aufnahmen übereinanderlegen und nur die Haare überblenden. In Photoshop oder Photoshop Elements lässt sich das relativ einfach mit mehreren Ebenen, Masken und Mischmodi hinbekommen.

Mehrfachbelichtung mit Blitz

Wie oben schon angedeutet, habe ich die Mehrfachbelichtung nicht ganz klassisch mit mehreren Belichtungen erzeugt, die überlagert wurden, sondern habe mich für die Methode entschieden, bei der ein Blitzgerät mehrfach ausgelöst wird. Im Grunde handelt es sich hier also auch um eine Langzeitbelichtung. Mit einer Verschlusszeit von ca. zwei Sekunden ist es für Corinna möglich, ganz entspannt eine vorher festgelegte Bewegung zu vollziehen, während ich die Kamera per Fernauslöser betätige und gleichzeitig mit einem Funkauslöser ein Blitzgerät mehrmals auslöse. Dass Bildausschnitt und Fokussierung zuvor manuell festgelegt werden, versteht sich von selbst.

Das Wichtigste bei dieser Art der Porträtfotografie ist das Timing. Man kommt nicht ohne exakte Anweisungen aus, damit Bewegung, Kamera- und Blitzauslösung synchron laufen. Und selbst dann muss man damit rechnen, viele Versuche machen zu müssen, bis ein paar gelungene Aufnahmen dabei herauskommen. Natürlich muss zuvor noch die Blitzleistung so eingestellt werden, dass die Aufnahmen bei vorgewählter Blende (f/8) und Empfindlichkeit (ISO 400) korrekt belichtet werden. Da lediglich das Model vom Blitz angestrahlt wird und der Hintergrund dunkel bleibt, kann man mit ein paar Testaufnahmen schnell herausfinden, wie intensiv das Blitzlicht abstrahlen muss.

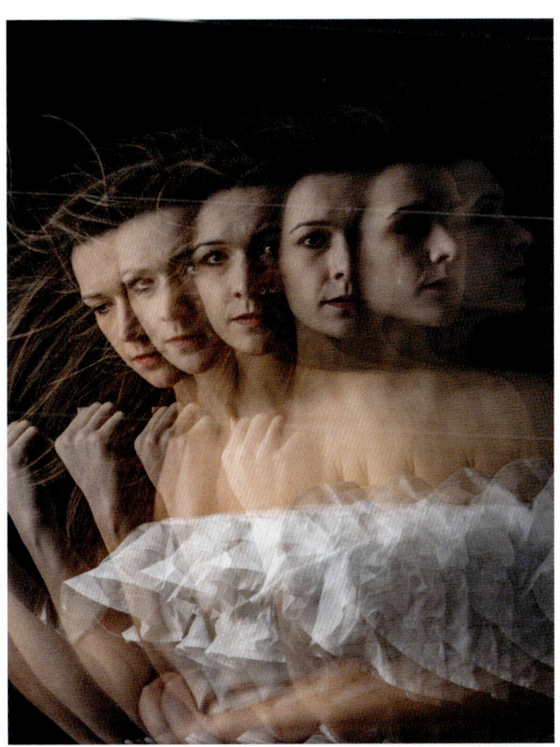

Während einer relativ langen Verschlusszeit von zwei Sekunden (Aufnahmemodus B) hatte Corinna genügend Zeit, den Kopf von links nach rechts zu bewegen und sogar noch kurz in die Kamera zu sehen.

ISO 400 | Brennweite 90 mm | Blende 8.0 | Belichtungszeit 2 s

Feintuning mit Lightroom

Die Aufnahmen mit vier bis fünf Blitzauslösungen/Belichtungen waren insgesamt sehr vorsichtig belichtet und dadurch etwas dunkel. In Adobe Lightroom kann die Belichtung theoretisch in ziemlich großem Umfang (bis zu ca. zwei Belichtungsstufen ohne nennenswerten Qualitätsverlust) ausgeglichen werden. Diese Möglichkeiten habe ich beim Fotografieren immer im Hinterkopf und belichte deshalb meistens eher zu dunkel als zu hell. Problematisch dabei ist, dass dunkle Bildteile durch die Aufhellung in Lightroom zu Bildrauschen neigen, was je nach Kameramodell und Sensor mehr oder weniger stark ins Gewicht fällt.

Die zurzeit von mir bevorzugte Fujifilm GFX 50s ist in dieser Hinsicht ausgezeichnet und verträgt durchaus die Aufhellung um zwei Blendenstufen. Meine älteren Canon-Kameras sind hier schwieriger zu handhaben, und man muss deutlich exakter auf die Tiefen (dunklen Bildteile) belichten, um Bildrauschen durch nachträgliche Aufhellung zu vermeiden. Probieren Sie am besten mit Ihrer Kamera aus, wie weit Sie mit der Belichtungskorrektur gehen können.

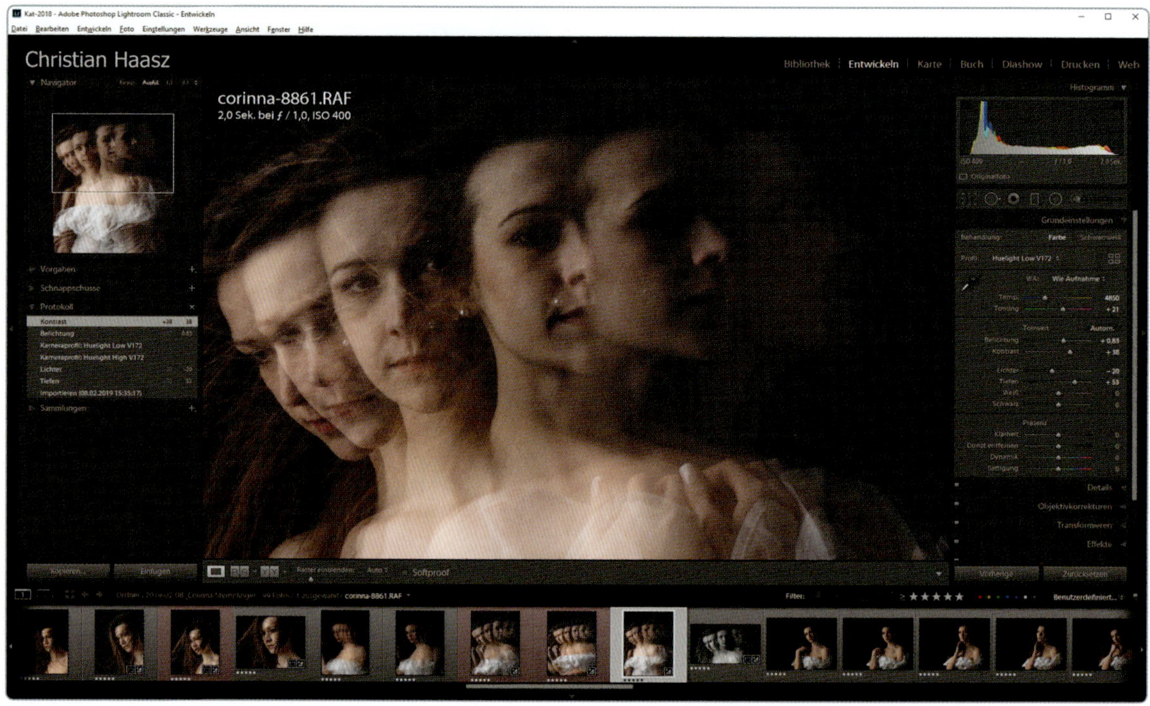

Mit Adobe Lightroom wurden die Porträts grundlegend optimiert. Hier kommt es vor allem auf Helligkeit, Kontrast, Weißabgleich, Schärfe und partielle Tonwertkorrekturen an, die ich mit Korrekturpinsel und Verlaufswerkzeug erledige.

In Photoshop wurden die Aufnahmen praktisch nicht mehr verarbeitet. Lediglich ein paar zu aufdringliche und sich in die Wahrnehmung drängende Haare mussten entfernt werden.

Panoramaporträts per Shift

Wenn man sich für bestimmtes Thema – wie in diesem Buch die Porträtfotografie – in der Welt der Fotografie umsieht, findet man immer mal Techniken, die eigentlich aus einem ganz anderen Genre kommen. Nicht immer klappt die Übertragung von einem Thema auf ein anderes, aber wenn es doch klappt, kommen manchmal ungewöhnliche und neue Sichtweisen dabei heraus.

Shifting ist so eine Technik, die aus der Landschafts-, Architektur- und Produktfotografie bekannt ist. Dabei wird ein Motiv mit mehreren Aufnahmen erfasst, die dadurch entstehen, dass Kamera und Objektiv geshiftet, also verschoben werden. Durch diese Verschiebung, die parallel zur Sensorebene verläuft, kann man den Blickwinkel einer Aufnahme erweitern. Dabei entsteht durch die Montage der Einzelaufnahmen ein Bild mit deutlich höherer Auflösung. Das ist aber nicht der eigentliche Grund für die Portierung dieser Technik in die Porträtfotografie

Warum Shifting?

Für mich waren zwei Gründe ausschlaggebend beim Versuch, Porträts mit den Techniken der Panoramafotografie zu verbinden: erstens das breite Bildformat und zweitens die Möglichkeit, lange Brennweiten, wie sie in der Porträtfotografie üblich sind, zu nutzen. Hier geht es um begrenzte Schärfentiefe.

Das Panoramaformat an sich ist natürlich auch mit einem normalen Foto machbar, indem man im Nachhinein seine Bilder beschneidet. Dabei gilt es zwei Dinge zu beachten: Fotografiert man mit längerer Brennweite (ca. 100 mm), um das Porträt vor unscharfem Hintergrund freizustellen, muss man einen relativ engen Bildausschnitt wählen (nah ans Motiv rangehen). Dadurch beschränkt sich die Möglichkeit, ein Panoramabild zu erzeugen, weil man schon in der Aufnahme einen relativ kleinen Bildwinkel hat.

Geht man weiter weg, um für das Panoramaformat mehr vom Hintergrund aufs Bild zu bekommen, schwächt sich der Unschärfeeffekt deutlich ab. Das lässt sich umgehen, indem man shiftet. Denn man nimmt im Grunde neben dem oben beschriebenen Porträt mit langer Brennweite zusätzlich Bilder auf, die das Format nach links und rechts erweitern. Dadurch kombiniert man das Beste aus zwei Fotowelten – die Unschärfe der langbrennweitigen Porträtaufnahme mit der Weite eines mehrteiligen Panoramas.

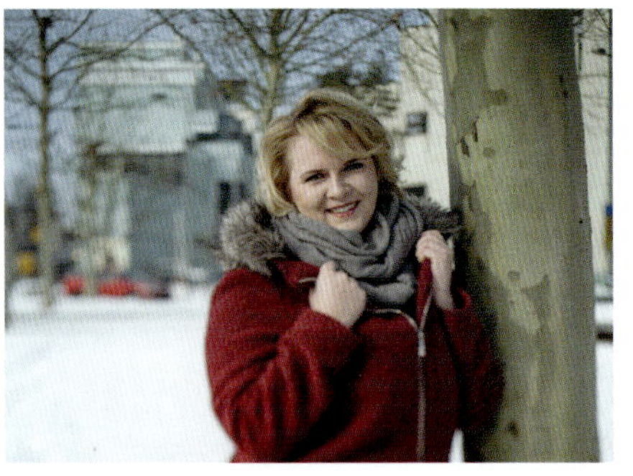
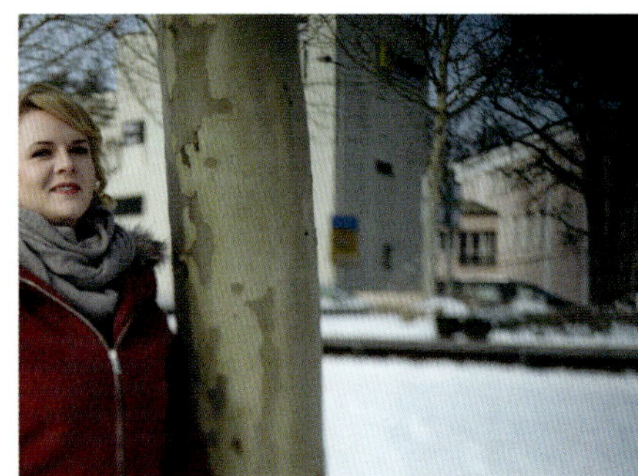
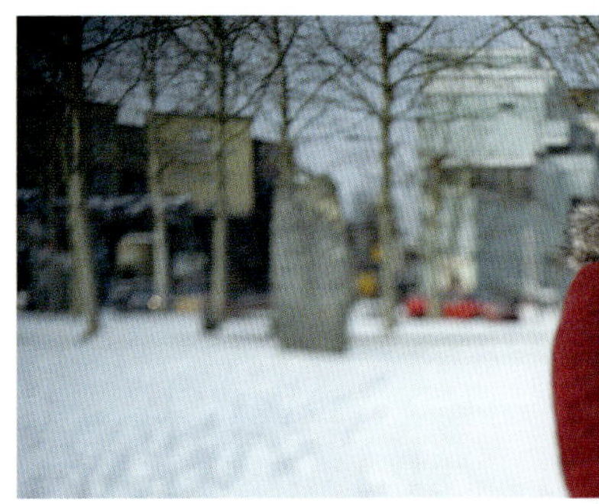
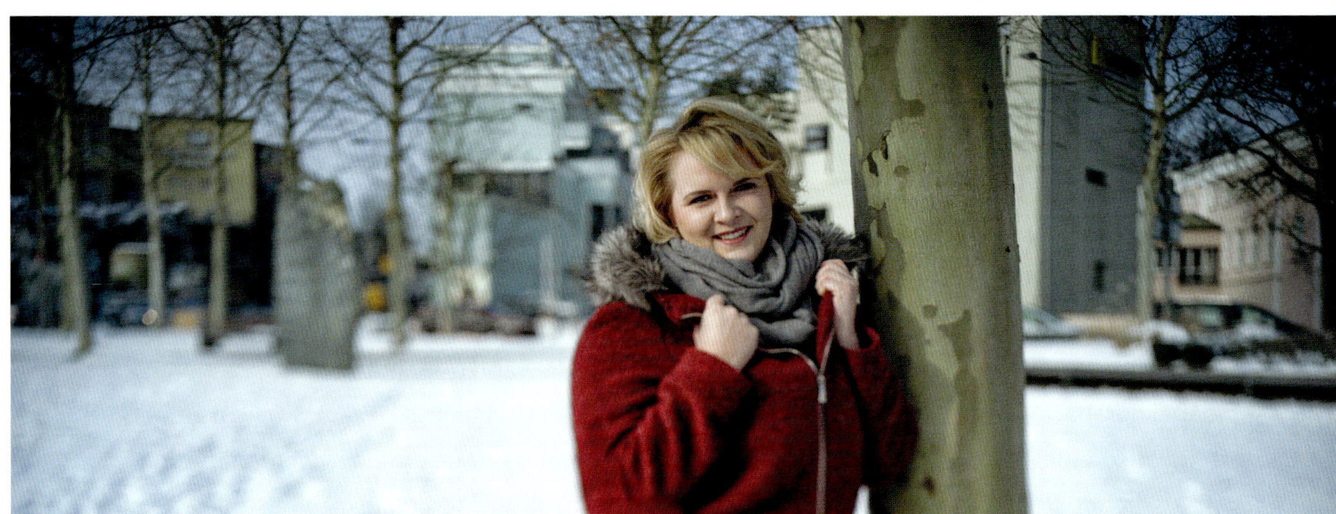

Die drei Aufnahmen wurden mithilfe der Panoramafunktion von Adobe Lightroom montiert und danach mit Photoshop optimiert. Unter anderem wurden die grellen Schilder im Hintergrund entfernt.

ISO 100 | Brennweite 90 mm | Blende 5.6 | Belichtungszeit 1/30 s | 3 Einzelbilder

Ausrüstung für Panoramaporträts

Zugegeben, die Ausrüstung, die ich für die hier gezeigten Panoramaporträts verwendet habe, ist ziemlich ausgefallen. Aber grundsätzlich kann man so was auch mit günstigeren Lösungen hinbekommen. Dazu mehr weiter unten.

Ich verwende im Studio und für die meisten kommerziellen Jobs eine digitale Mittelformatkamera von Fujifilm, die GFX 50s. Für besondere Aufnahmen, bei denen ich auf Tilt- und Shift-Funktionen angewiesen bin, wird die GFX an ein Fachkamerasystem von Cambo angeschlossen. Die an diesem System verwendeten Objektive sind allesamt manuell zu fokussieren, die Blende wird ebenfalls manuell direkt am Objektiv eingestellt. Es besteht keine elektronische Verbindung zwischen Kamera und Objektiv, sodass die Metadaten zu Brennweite und Blende nicht gespeichert werden können.

Das Cambo-System erlaubt das Verschieben (Shift) des Objektivs nach links, rechts, oben und unten. Außerdem kann man für die Veränderung der Schärfentiefe Objektiv und Kamera gegeneinander kippen (Tilt).

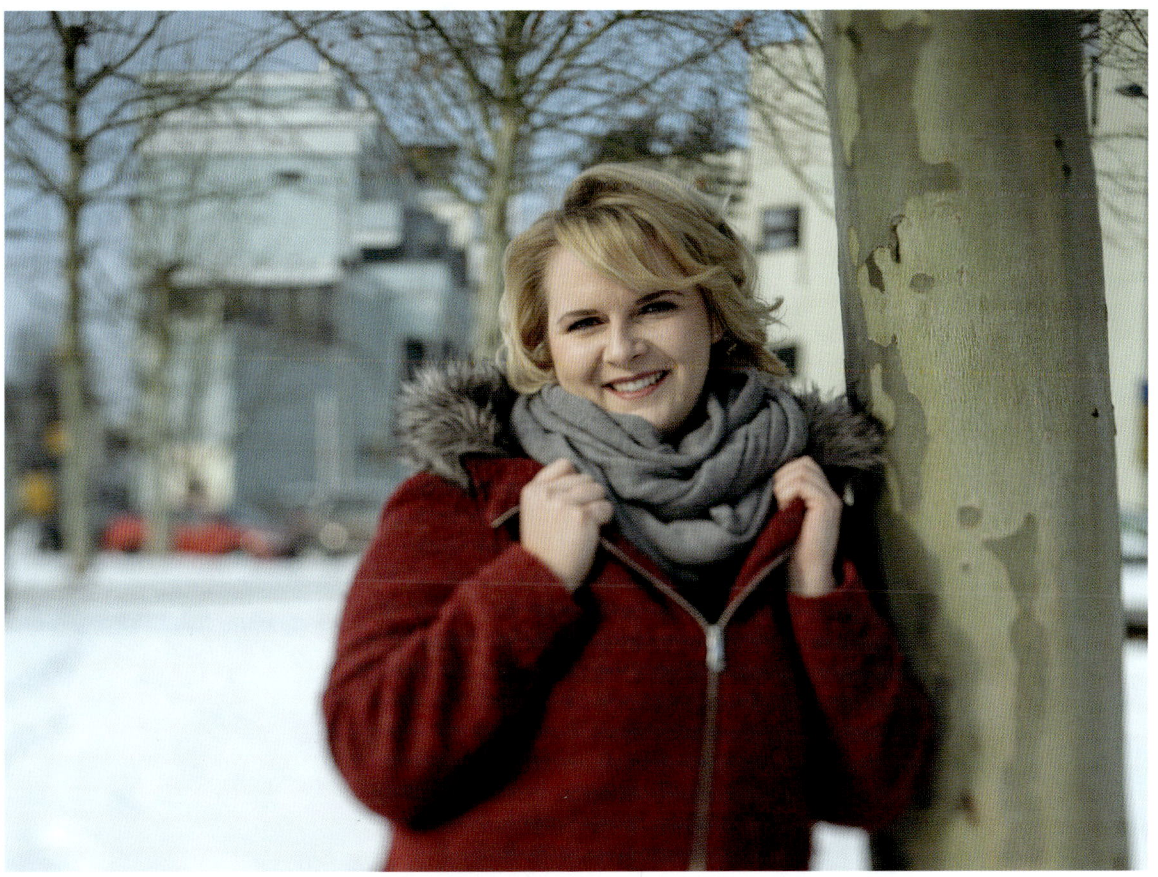

Obwohl hier mit kleiner Blende von f/11 fotografiert wurde, ist der Schärfebereich extrem knapp. So einen Look bekommt man entweder per Bildbearbeitung oder mit einem Tilt-Objektiv hin. Der berühmte Spielzeugkameraeffekt wird ebenfalls auf diese Weise erzeugt.

ISO 100 | Brennweite 90 mm | Blende 11 | Belichtungszeit 1/30 s

Der vordere Teil der Kamera, an dem das Objektiv befestigt wird, kann in alle Richtungen verschoben (Shift) und außerdem geneigt (Tilt) werden, wodurch sich viele neue Möglichkeiten bei der Bildgestaltung ergeben. Die Tilt-Funktion wird vor allem in der Produktfotografie benötigt, um die Schärfentiefe einer Aufnahme zu maximieren.

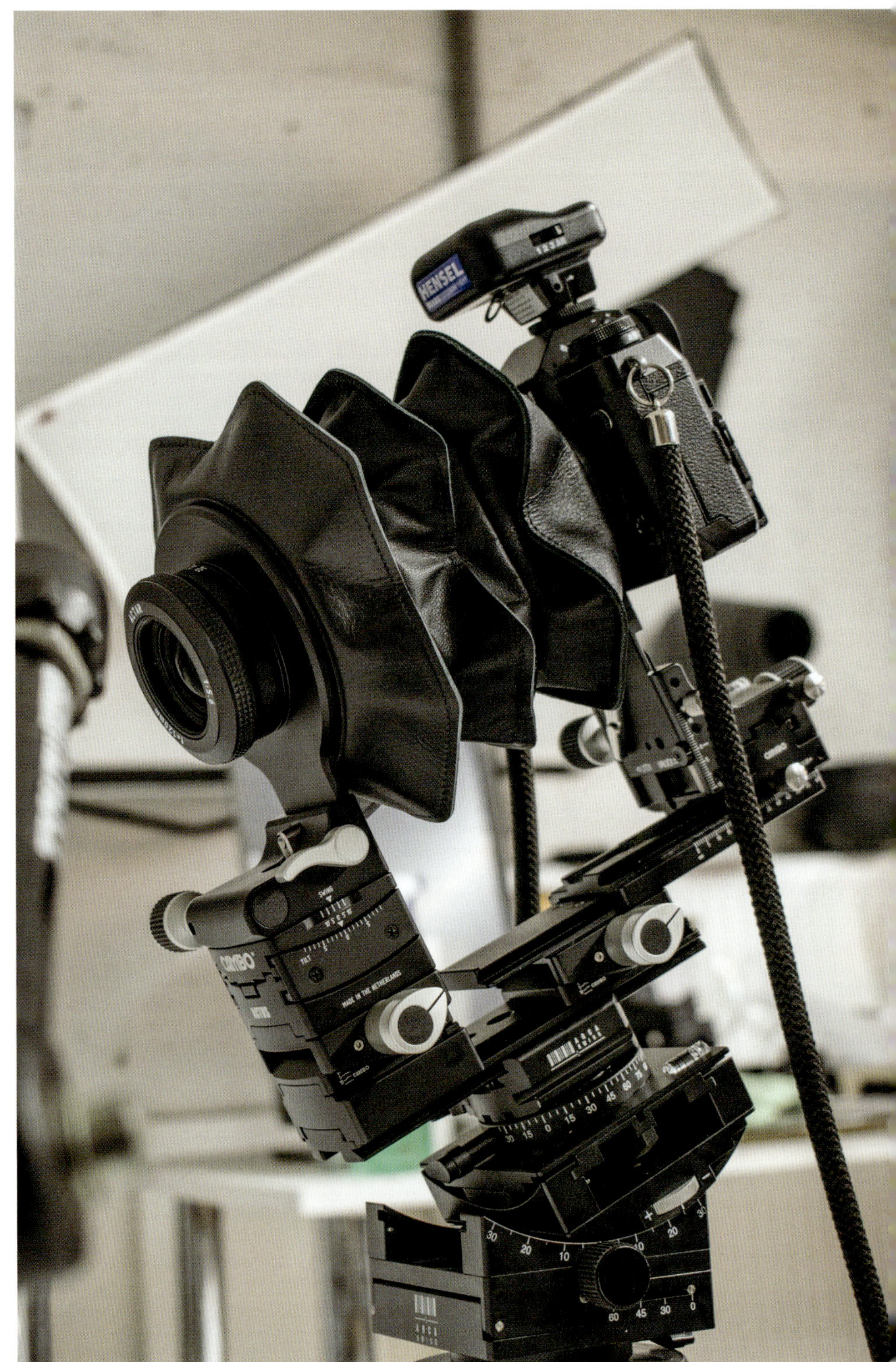

Für die Porträts habe ich Objektive mit 90 und 120 mm eingesetzt, also relativ lange Brennweiten, die in der Porträtfotografie üblich sind. Umgerechnet auf das Kleinbildformat (das Kleinbildformat ist um den Faktor 0,7 kleiner als der Mittelformatsensor), hatten die Brennweiten die Bildwirkungen von ca. 65 und 85 mm.

Die Panoramaaufnahmen bestehen jeweils aus drei Einzelbildern, die beiden äußeren Aufnahmen entstanden jedes Mal mit maximaler Objektivverschiebung. Um die Bilder so reibungslos wie möglich miteinander zu kombinieren, stand die Kamera auf einem stabilen Outdoor-Stativ, ausgelöst habe ich mit Fernauslösekabel.

Alternative zur Fachkamera

Wenn Sie gerade keine Fachkamera zur Hand haben, lassen sich ähnliche Panoramaporträts auch mit einer etwas anderen Lösung hinbekommen. Sie benötigen dazu allerdings vernünftigerweise eine Schiene, auf der Sie die Kamera nach links und rechts verschieben können, ohne die Entfernung zum Motiv zu verändern. Solche Schienen (Slider) werden oft beim Filmen verwendet, um Kamerabewegungen gleichmäßig zu gestalten. Auf die Schiene wird ein Kugelkopf oder Neiger montiert, auf dem die Kamera befestigt ist. Der Schlitten der Schiene lässt sich dann verschieben. Da sich durch das Verschieben der ganzen Kamera die Perspektive zum Model leicht verändert (was beim Shiften nicht passiert), sollten Sie die Bewegung nicht übertreiben, da es sonst bei der Montage möglicherweise Probleme gibt.

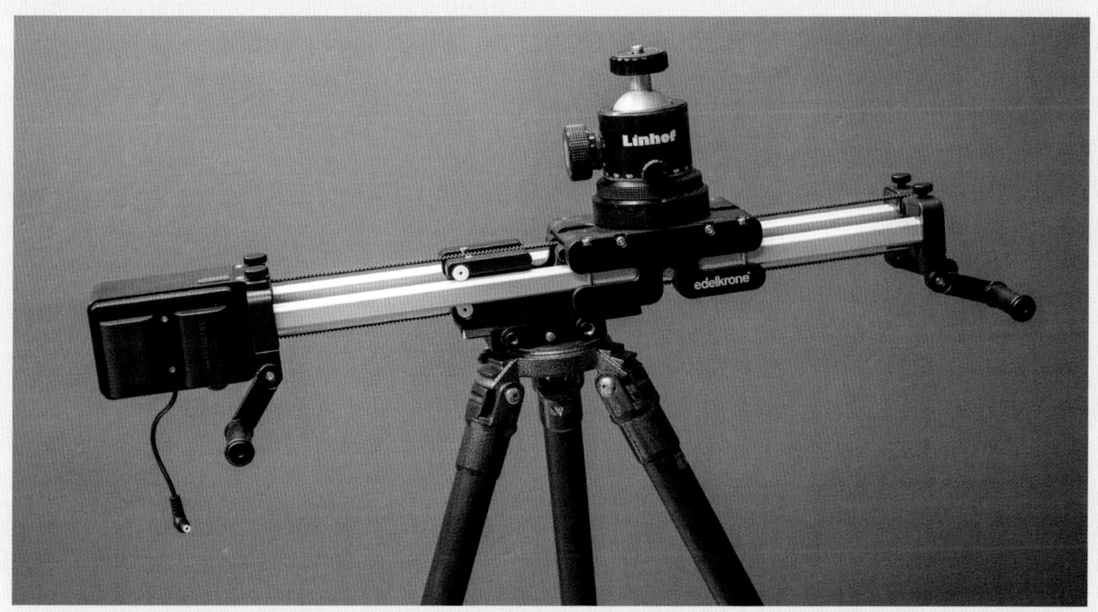

Licht und Gestaltung

Für die Porträts im Panoramastil haben sich Christina und ich in Passau an einem eisigen Wintertag bei –10 °C getroffen. Der Sonnenstand war um 10 Uhr vormittags relativ niedrig, etwas Bewölkung hat die Sonneneinstrahlung ein wenig abgemildert und leicht diffuse Schatten erzeugt. Wir haben uns in der Passauer Innenstadt am Exerzierplatz eine relativ freie Fläche mit ein paar Bäumen gesucht, eine Hauptstraße und die Gebäude im Hintergrund waren etwa 50 bis 100 Meter entfernt. Da der Boden noch komplett von Schnee bedeckt war, konnte ich mir bei den Porträts Aufheller sparen. Der Schnee reflektierte das Sonnenlicht in alle Richtungen, mein Rundreflektor, den ich bei solchen Gelegenheiten immer dabeihabe, hätte nicht viel mehr gebracht.

Pano und Langzeit

Nach den ersten Pano-Porträts hatte ich die Idee, die breitformatigen Porträts um einen weiteren kreativen Aspekt zu erweitern und zusätzlich Bewegungen mit ins Bild zu bringen. Wir sind dazu in die Fußgängerzone gegangen und haben uns zwischen zwei hohen Gebäuden platziert, wo das Licht sehr diffus war. Ich wählte für die Bewegungseffekte eine lange Verschlusszeit von zwei Sekunden, um Menschen, die rechts und links von Christina durchs Bild gingen, als verwischte Schemen festzuhalten. Bei der mittleren Aufnahme, die mit nur einer Sekunde Verschlusszeit bei gleicher Blende und Empfindlichkeit gemacht wurde und dadurch etwas dunkler als die beiden Außenbilder war, musste Christina sich zwar auch ruhig verhalten, die Verwacklungsgefahr war aber nicht ganz so gravierend wie bei zwei Sekunden.

Um die Bilder vernünftig zu montieren, wurde zunächst die Belichtung der mittleren Aufnahme in Lightroom angehoben, anschließend wurden die drei Bilder exportiert und in Photoshop manuell montiert. Die Bewegungen wurden zusätzlich partiell aufgehellt und abgedunkelt (mit Abwedler und Nachbelichter), um den Kontrast der Schemen ein wenig zu erhöhen.

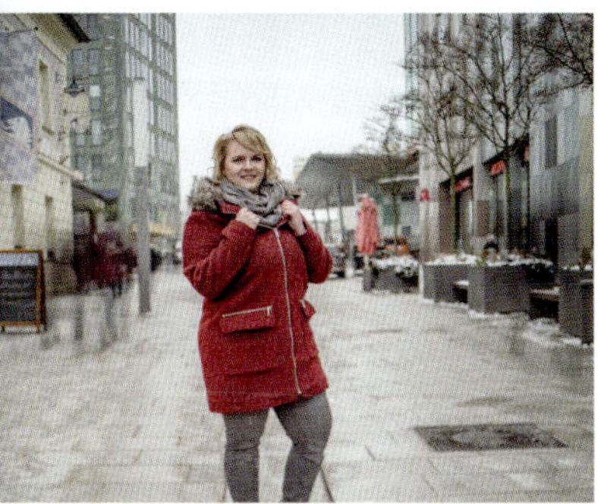

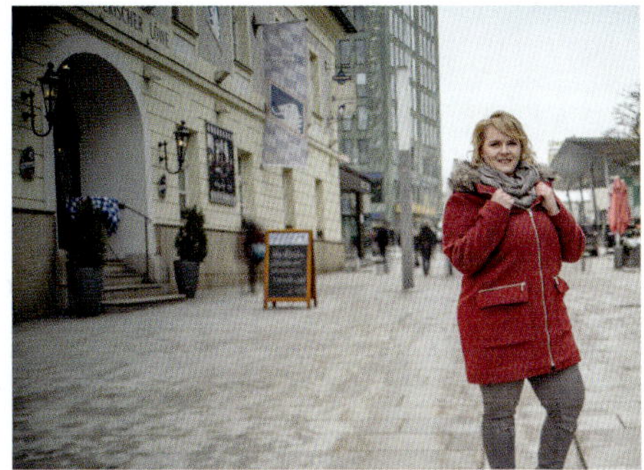

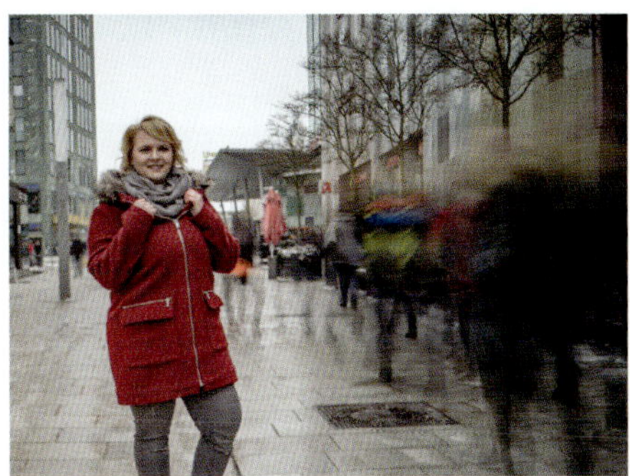

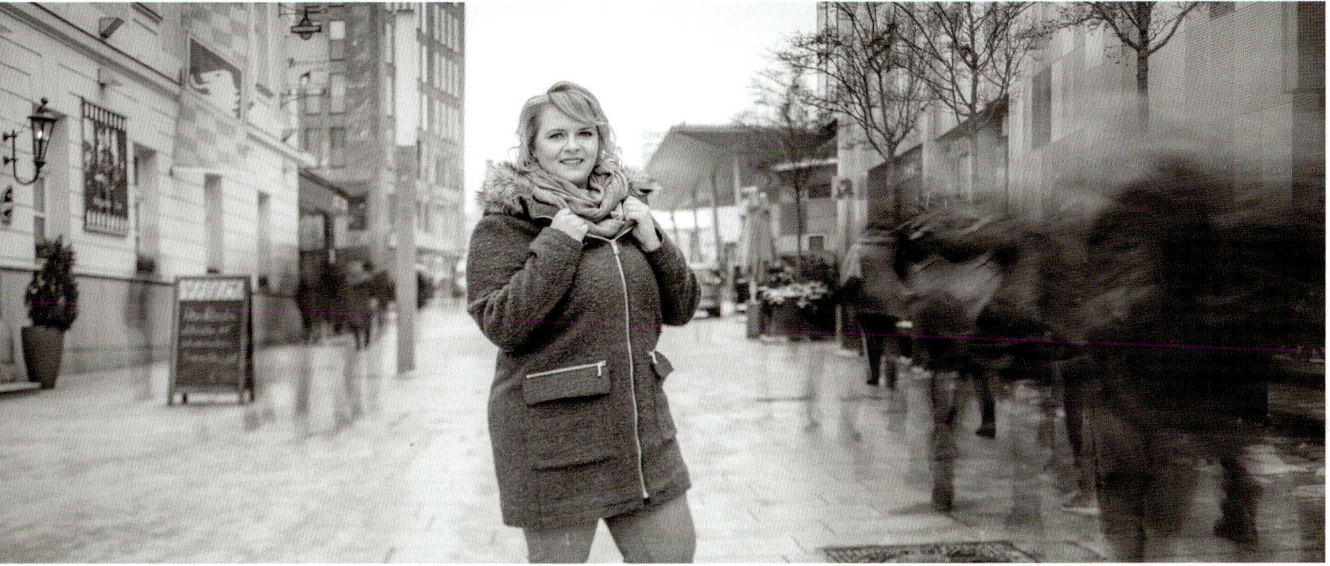

Um in Bewegung befindliche Menschen als Schemen darzustellen, muss man mit Verschlusszeiten um zwei Sekunden experimentieren.

ISO 100 | Brennweite 60 mm, drei Aufnahmen | Blende 5.6 | Belichtungszeit 1/30 s

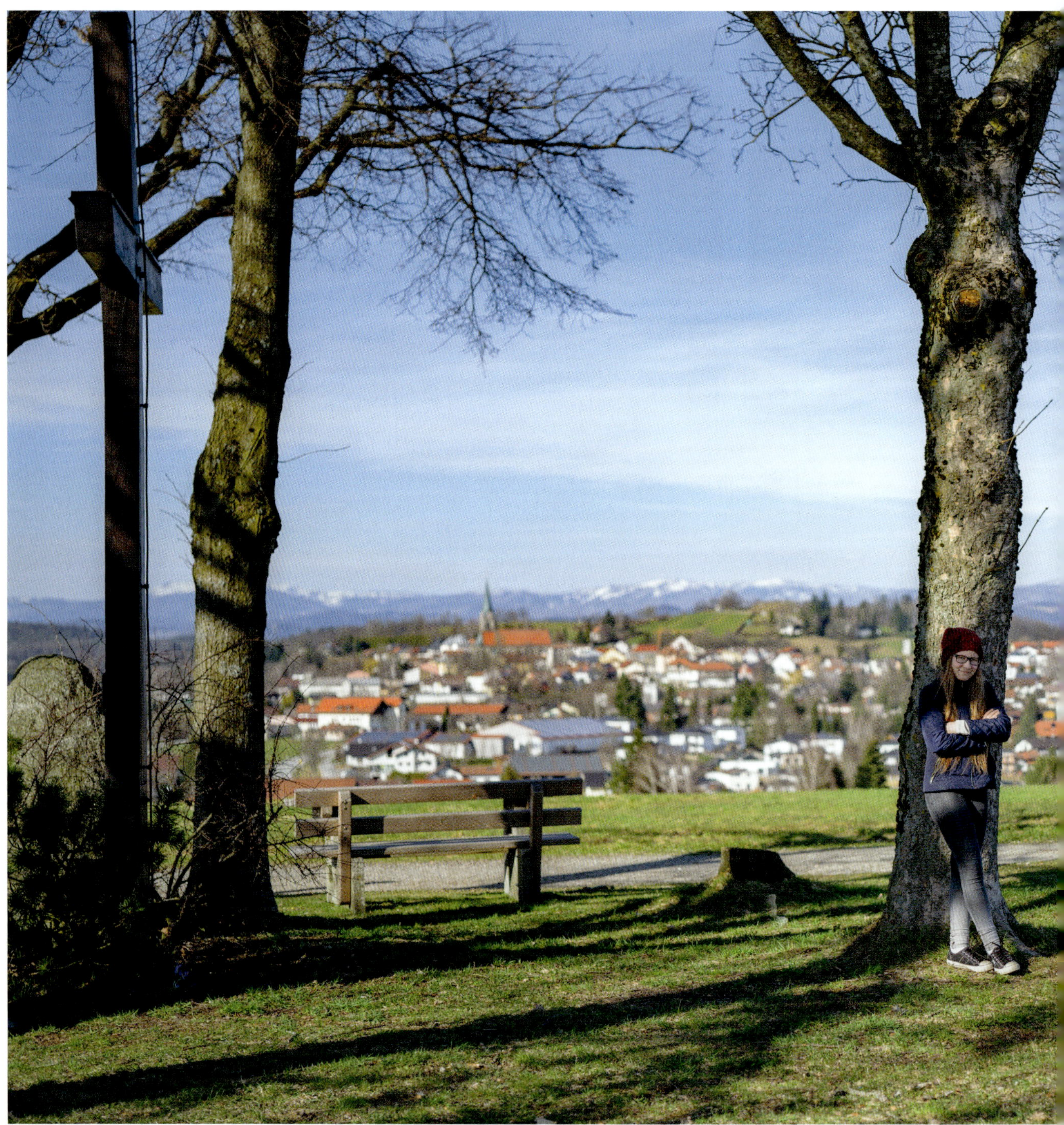

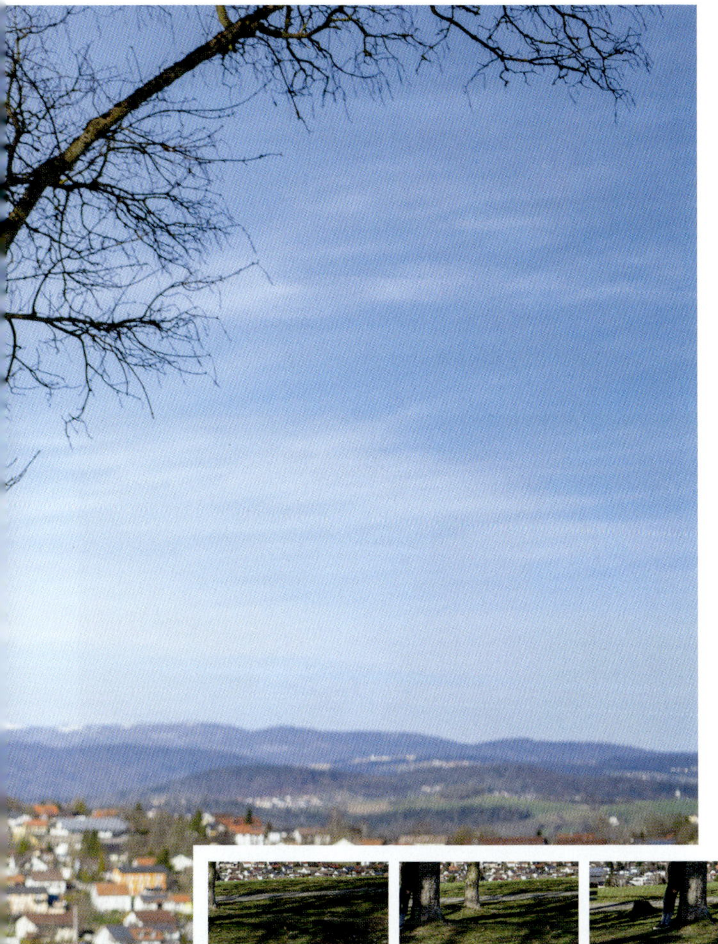

Das Panoramaporträt der jungen Dame ist aus 30 Einzelbildern (fünf Zeilen zu jeweils sechs Bildern) entstanden. Es wurde mit einem Fachkamerasystem mit 90-mm-Objektiv bei Blende 4.0 fotografiert, wodurch der Hintergrund unscharf werden konnte. Das resultierende Bild hat eine Auflösung von 120 Megapixeln und ließe sich problemlos in mehreren Metern Breite drucken.

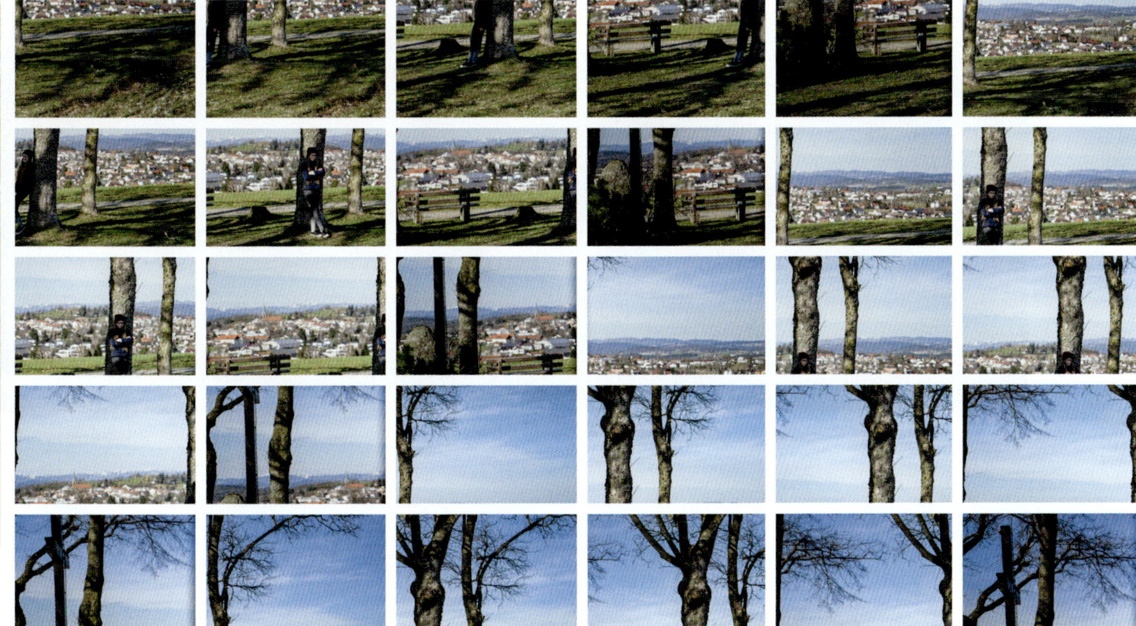

Blonde Power

Der Kontakt zu Alexandra kam schon vor längerer Zeit über einen Freund zustande, der sich Alex sehr gut als Model vorstellen konnte. Wir telefonierten und einigten uns damals, für ein anderes Projekt Fotos zu machen. Aufgrund der räumlichen Distanz von rund 150 Kilometern waren danach leider keine spontanen Shootings mehr möglich, für dieses Buch wollte ich Alexandra aber unbedingt wieder fotografieren. Ihre fröhliche, offene Art vor der Kamera und ihre Lebenserfahrung machen die Arbeit mit ihr immer zu etwas Besonderem.

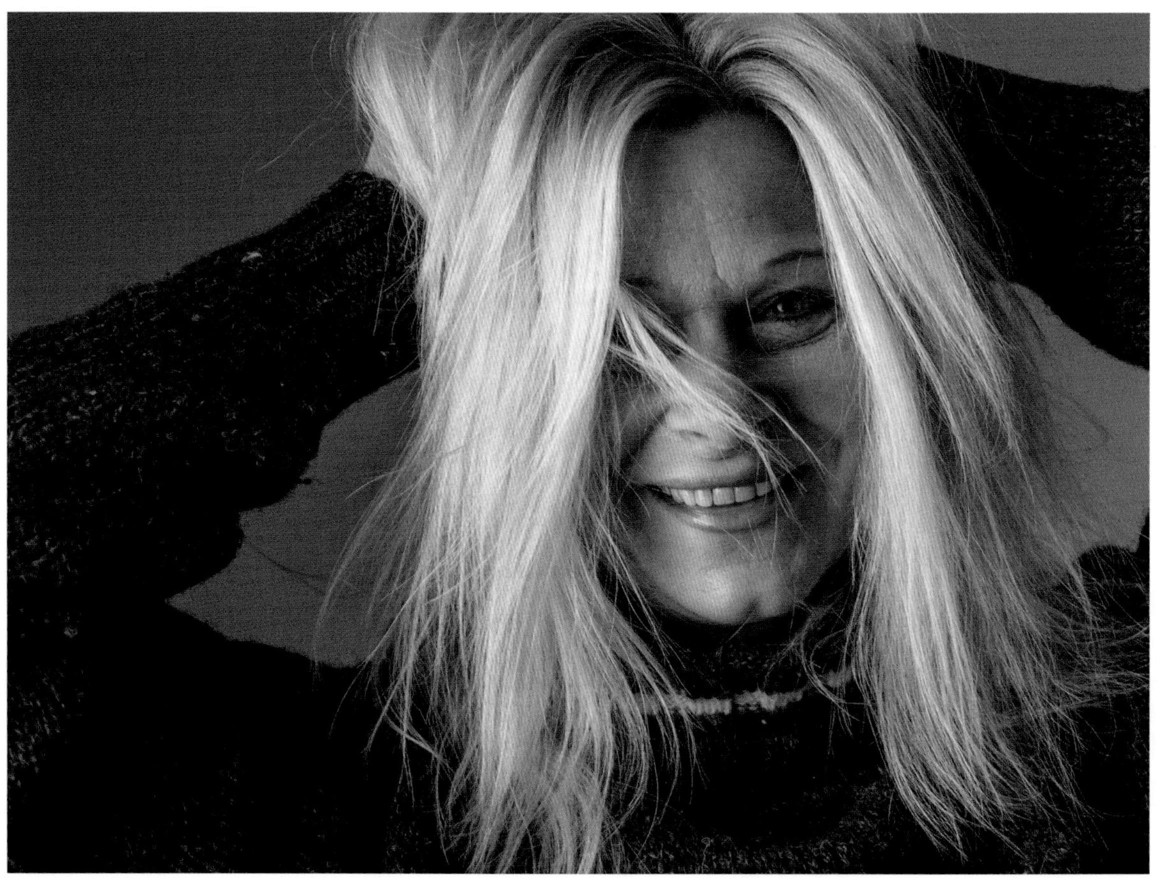

Die groben Strukturen des Pullis, die krassen Kontraste zwischen Haaren und Pullover, das Grinsen – das sind die Zutaten für ein ausdrucksstarkes Frauenporträt.

ISO 100 | Brennweite 105 mm | Blende 5.6 | Belichtungszeit 1/180 s

Die monochromen Outfits hatten wir zuvor besprochen. Da das Ziel keine Beauty-Porträts waren, sollte das Make-up vorhanden, aber dezent sein, die Haare sehr natürlich. Ich wollte Alex als Frau und Mensch zeigen, nicht Alex, wie sie für eine Katalogproduktion oder einen Werbeclip aussehen würde.

Photoshop oder nicht?

Photoshop-Retuschen wären zwar grundsätzlich möglich gewesen, ich habe aber bei den Aufnahmen von Alex weitgehend auf Korrekturen verzichtet. Immerhin geht es hier um Porträtfotografie und nicht um Porträtretusche. Im Fotobusiness ist Photoshop natürlich Standard, meine kommerziellen Porträts verlassen niemals ohne ein gewisses Maß an Photoshop-Korrekturen mein Studio. Ich fotografiere aber grundsätzlich immer so, als gäbe es Photoshop nicht, und versuche, schon allein durch Licht und Pose nahezu perfekte Ergebnisse zu erzielen.

Da sich Alex für das Shooting ausreichend geschminkt hatte, war es nicht nötig, die gefürchteten Glanzstellen auf der Haut zu korrigieren. Bei regulären Kunden, deren Make-up nicht immer perfekt ist, sind solche Hautretuschen selbstverständlich. Auch abstehende Haare, nicht optimale Proportionen oder ausgeprägte Rundungen gehören zu den üblichen Korrekturen, auf die ich bei den Frauenporträts in diesem Buch praktisch komplett verzichtet habe. Denn Schönheit hat nur bedingt etwas mit Ebenmäßigkeit zu tun. Und Ebenmäßigkeit hat definitiv nichts mit Perfektionismus zu tun.

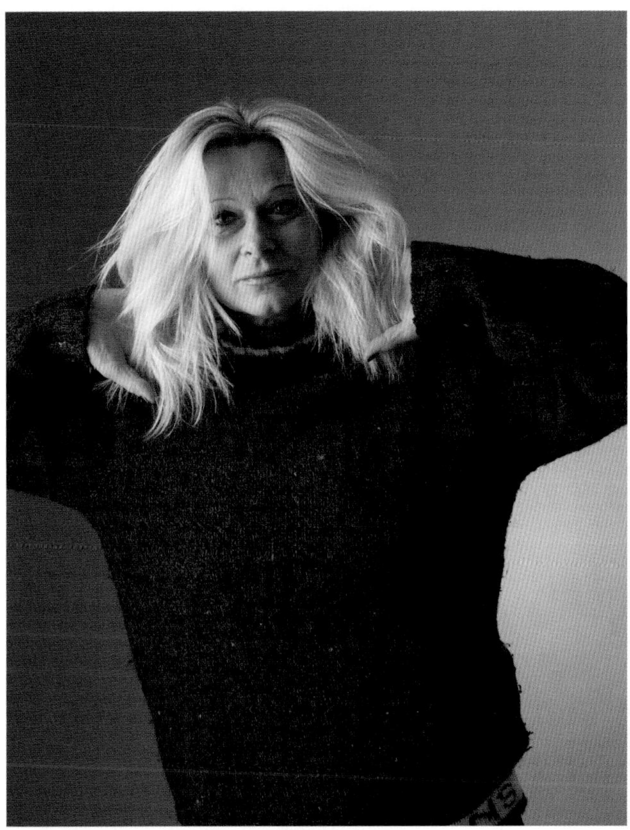

Im Gegensatz zum anderen Bild mit identischer Ausleuchtung und gleichem Outfit ist hier der Gesichtsausdruck zu indifferent, und der Pulli wirkt wie ein großes, rechteckiges Brett.

ISO 100 | Brennweite 105 mm | Blende 5.6 | Belichtungszeit 1/180 s

Close-ups

Nahaufnahmen von Frauengesichtern sind aus naheliegenden Gründen immer etwas schwierig. Normalerweise möchte man nicht jede Pore auf der Haut und jedes Härchen sehen können. Ich habe bei allen Porträtsessions für dieses Projekt auch immer Close-ups geschossen. Für das von Alex verwendete ich eine rechteckige Softbox mit Grid/Wabe, wie man an den Reflexionen in den Augen sieht. Waben an Softboxen setzt man üblicherweise ein, wenn man Streulicht auf den Hintergrund oder in Richtung der Kamera vermeiden will. Die Wabe schirmt das Licht der Softbox zu den Seiten hin ab und sorgt außerdem dafür, dass das Licht auf dem Motiv etwas „knackiger" wird. Im Fall des Close-ups von Alex war die Wabe eher Effekt – die Streifen in den Augen sehen einfach seltsam aus und machen das ansonsten eher unspektakuläre Bild zu etwas Besonderem.

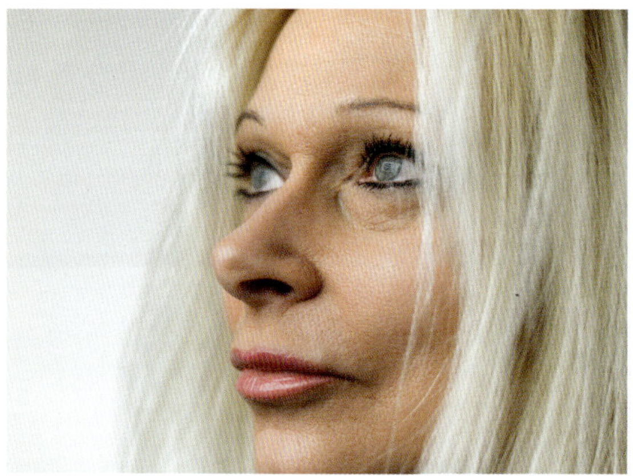

Unspektakuläres Close-up mit spektakulärem Streifeneffekt in den Augen – die rechteckige Softbox mit Wabeneinsatz spiegelt sich in den Pupillen. Das Licht der Softbox wird durch die Wabe gerichteter und etwas härter.

ISO 100 | Brennweite 110 mm | Blende 4.5 | Belichtungszeit 1/180 s

Licht und Schatten

Ich mag weiße Hemden vor schwarzem Hintergrund. Wenn so ein Hemd oder wie hier eine Bluse dann noch etwas zerknittert ist und relativ hart ausgeleuchtet wird, kann man aufgrund der entstehenden Tiefe in so ein Bild fast hineingreifen. Der schwarze Hintergrund war für die Serie mit der weißen Bluse ideal, um den Kontrast maximal zu steigern. Teilwei-

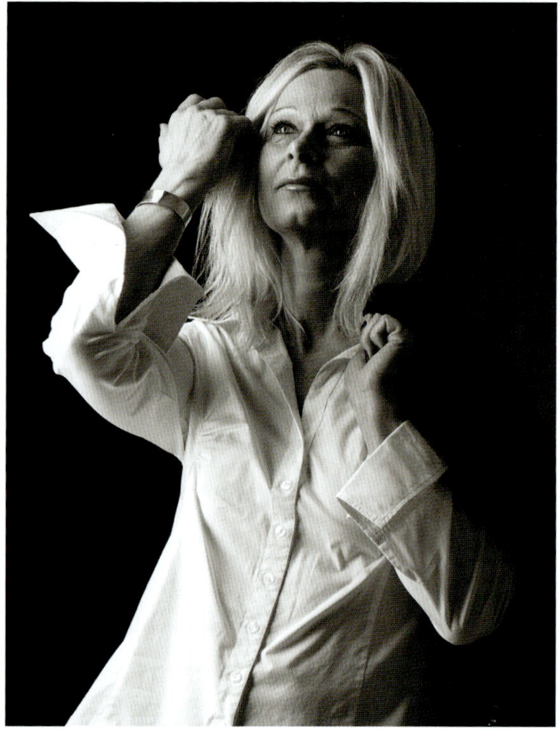

Die schwarze Jacke über der Schulter ist eigentlich nicht nötig, auch ohne Jacke hätte das Bild funktioniert. Immerhin bekommt der Arm durchs Festhalten der Jacke eine konkrete Funktion. Licht von links oben und der leicht verträumte Blick vermitteln ein wohliges Gefühl.

ISO 100 | Brennweite 90 mm | Blende 5.6 | Belichtungszeit 1/180 s

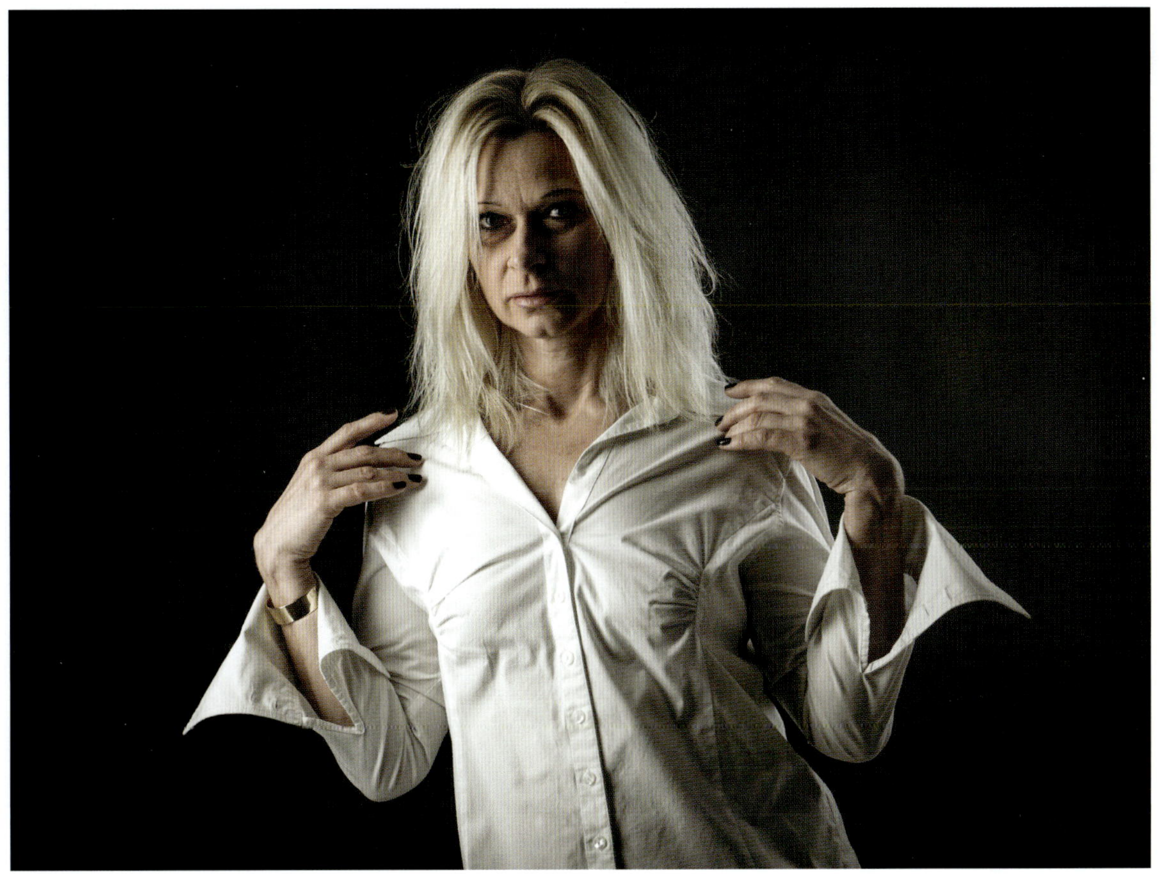

Mein Lieblingsbild aus der Serie mit der weißen Bluse vor schwarzer Wand. Die abstehenden Ecken der Ärmel sowie Hand- und Kopfhaltung erzeugen neben den Hell-dunkel-Kontrasten hohe Spannung. Leider sitzt der Fokus nicht hundertprozentig auf den Augen, sondern leicht dahinter.

ISO 100 | Brennweite 105 mm | Blende 6.8 | Belichtungszeit 1/180 s

se verwendeten wir noch eine schwarze Jacke, es entstanden dabei auch einige Aufnahmen im Businessstil.

Um die Hell-dunkel-Kontraste herauszuarbeiten, leuchtete ich bei der Blusen-Serie seitlich mit einer großen Softbox im Hochformat aus. Das Licht sollte nicht zu engstrahlig wirken, damit die Schattenseite auch noch ein wenig Streulicht bekam. Mit einem engen Striplight wären die Schatten viel tiefer geworden. Für zusätzliche Aufhellung der Schattenseite sorgte ein Blitzlicht mit Normalreflektor, der eigentlich gegen die Wand gerichtet war, aber bewusst nicht gegen Alex abgeschirmt wurde, wodurch noch ein wenig Licht von hinten auf Kopf und Schultern fiel.

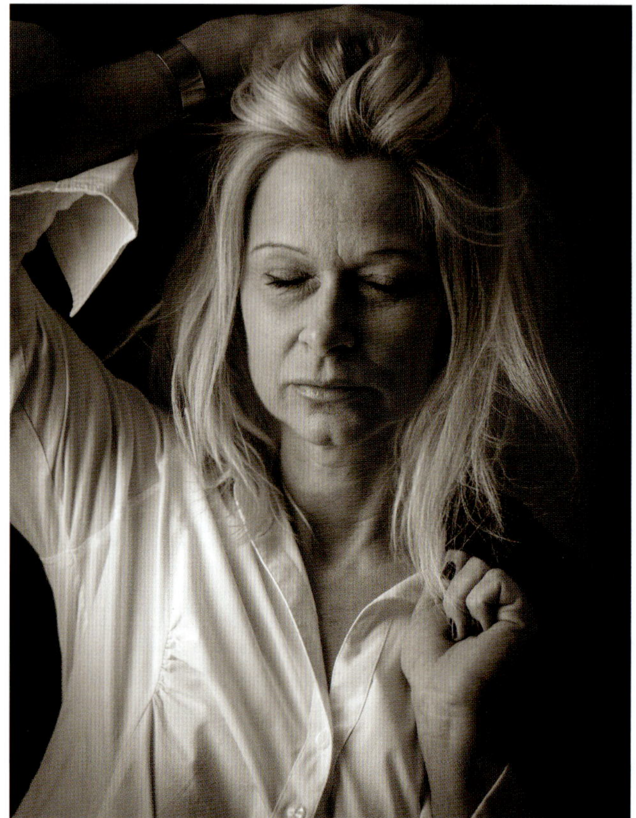

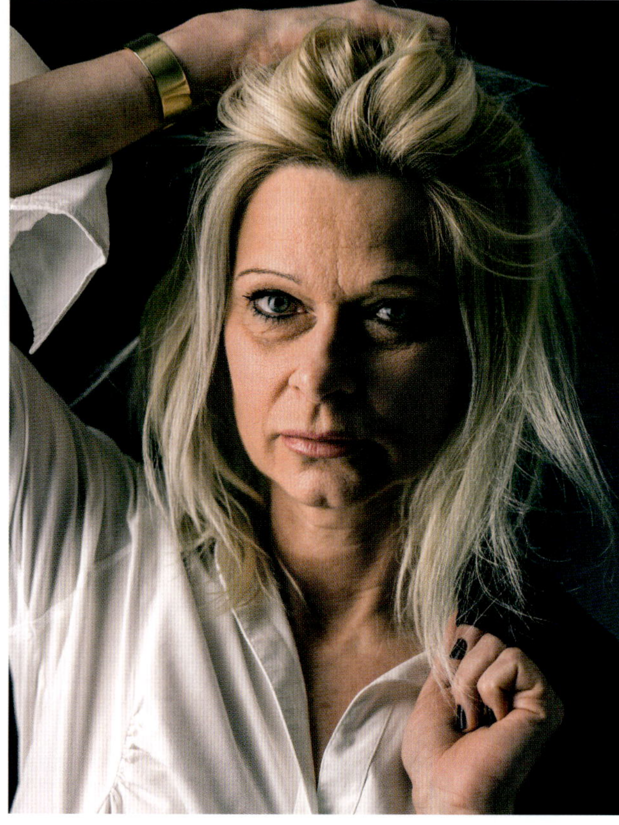

Welches Bild einem nun besser gefällt, dürfte Geschmackssache sein. Sowohl die verträumte Sepia-Umsetzung mit geschlossenen Augen als auch die farblich interessante Auge-auf-Pose halten den Blick gefangen. Bei der Farbigkeit habe ich mich von der Cross-Entwicklung analoger Filme inspirieren lassen und dadurch die Augenfarbe besonders betont.

ISO 100 | Brennweite 105 mm | Blende 5.6 | Belichtungszeit 1/180 s

High-Key mit Struktur

High-Key-Fotos leben von der Betonung hoher Tonwerte. Nicht Überbelichtung ist das Ziel, sondern Ausdifferenzierung von Tonwerten im gesamten Spektrum mit Schwerpunkt auf den hellen Bildbereichen. So weit, so logisch. Aber High-Key-Aufnahmen funktionieren nur dann perfekt, wenn auch die Schatten vorhanden sind und möglichst in hohem Kontrast zu den Lichtern stehen. Obwohl die Schatten absolut in der Unterzahl sind, sind sie dennoch präsent und sorgen für die räumliche Tiefe im Bild. Insofern sind Strukturen wie hier das grob gewebte Shirt ideal, um einen Eindruck von Haptik durch tiefe Schatten zu erwecken.

Um die Schatten zu erzeugen, darf das Licht also nicht einfach nur großflächig von vorn kommen, sondern muss etwas seitlich positioniert sein. Ähnlich wie in der Landschaftsfotografie, in der das Licht der tief stehenden Sonne die Landschaft durch sanfte Licht-Schatten-Übergänge moduliert, funktioniert das auch in der Porträtfotografie. Bei High-Key-Aufnahmen empfiehlt es sich, die Position der Hauptlichtquelle sehr exakt zu wählen und lieber ein paar Aufnahmen mehr zu machen, als auf den einen Glücksschuss zu hoffen.

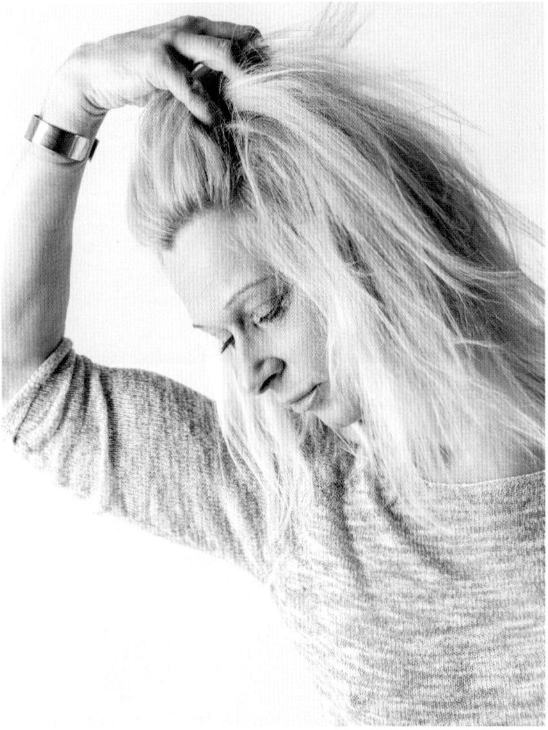

Eine große Softbox im Abstand von ca. 1,5 m sorgte zusammen mit zwei Hintergrundlichtern für gleichmäßige Helligkeit. Da die Softbox aber schräg von der Seite abstrahlte, entstanden feine Schatten, die ein Gefühl für räumliche Tiefe und Strukturen erzeugen.

ISO 100 | Brennweite 90 mm | Blende 5.6 | Belichtungszeit 1/180 s

Beauty-Dish – der Klassiker

Ein Beauty-Dish gehört bei aller Experimentierfreude und Innovationsfähigkeit der Fotoindustrie meiner Meinung nach auf jeden Fall in ein Porträtstudio. Der Lichtformer ist für Kopf-Brust-Porträts ideal, wenn er in relativ knapper Entfernung als große, weiche Lichtquelle eingesetzt wird. Sicher, man könnte auch eine große, mehr oder weniger runde Softbox aus größerer Entfernung verwenden.

Zur Erinnerung: Die Lichtwirkung ist abhängig vom Durchmesser der Lichtquelle in Relation zum Motivabstand. Eine kleine Lichtquelle in kleinem Abstand hat praktisch die gleiche Licht-Schatten-Wirkung wie eine große Lichtquelle aus großem Abstand. Das bedeutet, wenn es mal etwas enger zugeht und Sie nicht unbegrenzt Platz zum Fotografieren haben, ist ein Beauty-Dish die ideale Lichtquelle für sanft ausgeleuchtete Kopf-Brust-Porträts. Bei dem hier gezeigten Bild war der Beauty-Dish nur knapp einen Meter entfernt, der weiße Hintergrund wurde mit einem Normalreflektor aus relativ kurzer Distanz ausgeleuchtet. Die Haut wird sehr sanft beleuchtet, während die Reflexionen auf der Lederjacke sowie dem glänzenden Lippenstift relativ hart wirken und Kontrast ins Bild bringen.

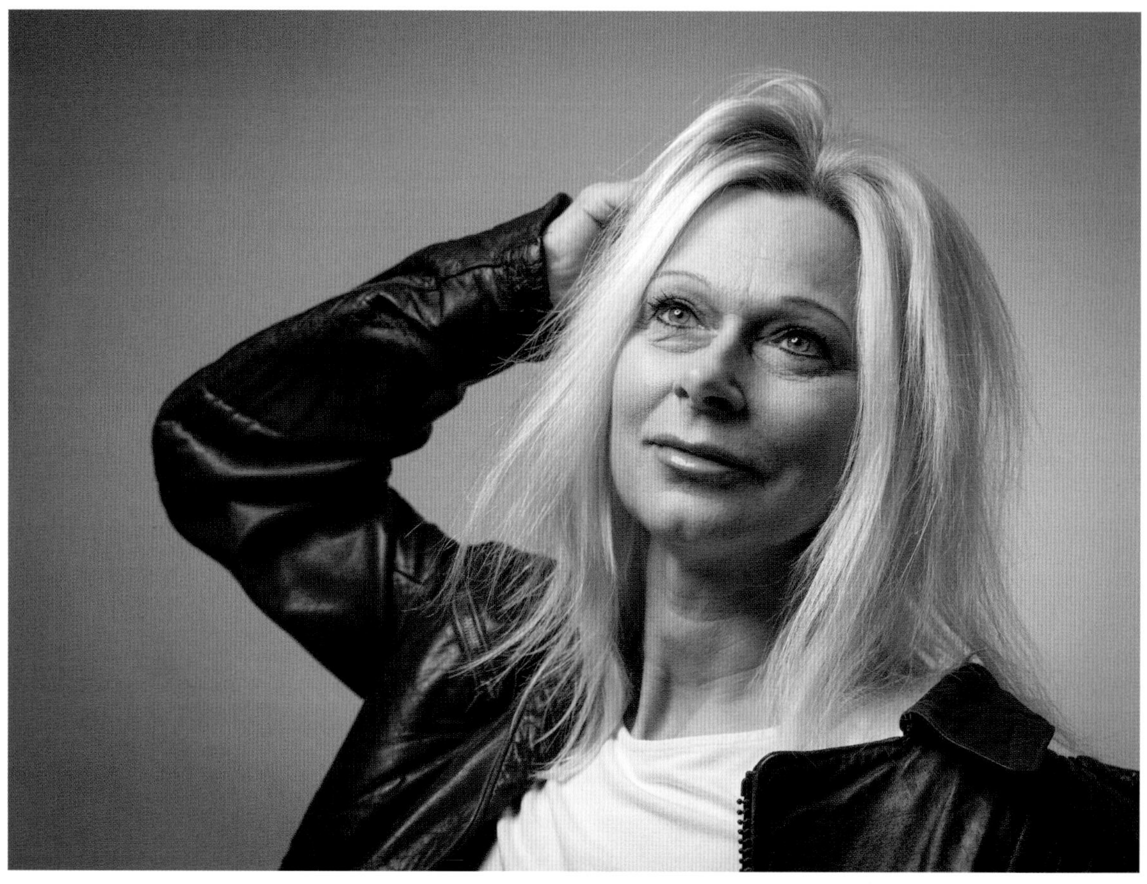

Für klassische Porträts bietet sich der Beauty-Dish immer an. In kurzem Abstand eingesetzt, erzeugt er weiche Licht-Schatten-Übergänge und interessante Spitzlichter in den Augen.

ISO 100 | Brennweite 90 mm | Blende 8.0 | Belichtungszeit 1/180 s

Hinter dem Offensichtlichen

Was soll man da schon falsch machen? Eine junge, hübsche Frau mit langen, blonden Haaren, ebenmäßigem Gesicht und einer offenen Art fotografiert man ohne größere Probleme. Schwierigkeiten macht hier weniger die Ästhetik als der Umstand, dass man sich von der vermeintlich leichten Aufgabe dazu verführen lässt, nicht hinter die Oberfläche zu schauen. Und das ist es ja, was die Porträtfotografie ausmacht: hinter die Fassaden und das Offensichtliche zu blicken, um etwas zu zeigen, das nicht auf den ersten Blick erkennbar ist. Aber keine

Sorge, es gibt ein paar Mittel, um mit schönen Menschen auch noch interessante Bilder zu machen.

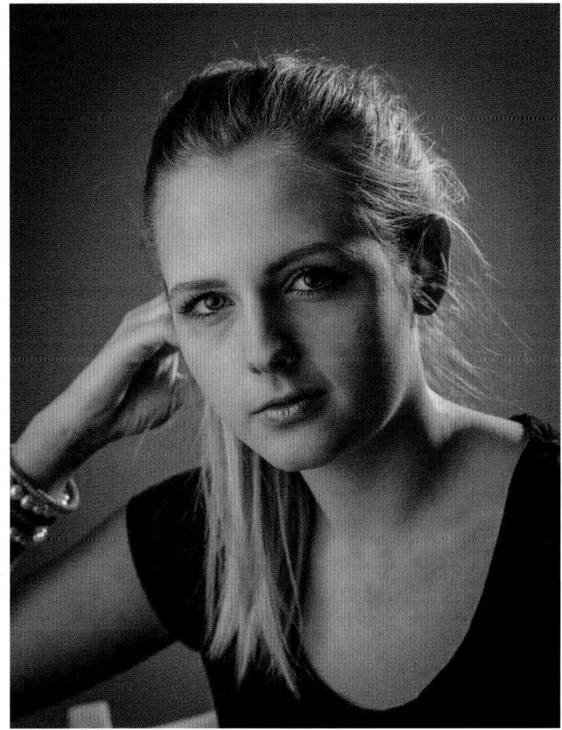

Hätten wir die Haare gebändigt, das Make-up übertrieben und Photoshop bemüht, wäre aus einem interessanten Porträt ein langweiliges Abziehbild moderner Schönheit entstanden. Das hat zwar durchaus seine Berechtigung, führt aber letztlich nur zu Bildern, die man schon tausendmal gesehen hat.

ISO 100 | Brennweite 95 mm | Blende 8.0 | Belichtungszeit 1/180 s

Die Streifenbluse

Beim Auspacken der mitgebrachten Outfits hat mich die zerknitterte Streifenbluse sofort fasziniert. Die Strenge der Formen und das Chaos der Knitterfalten wollte ich mit dem Fluss der Haare und der Sanftheit von Alinas Gesicht kombinieren. Weil die Streifen längs laufen, weisen sie nach oben zum Gesicht hin. Das führt den Blick des Betrachters ins Zentrum der Bilder.

Ausgeleuchtet wurden die Porträts mit Streifenbluse jeweils mit einem Beauty-Dish aus kurzem Abstand (ca. 1,5 m) von vorn und leicht nach links (aus Kamerasicht) versetzt. Die weiße Wand rechts vom Model wirkte als riesiger Aufheller, der graue Hintergrund wurde mit einem Blitzgerät mit Normalreflektor angestrahlt.

Wir haben verschiedene Posings ausprobiert, wobei ich zu Beginn vor allem strenge, statische Körperhaltungen sehen wollte. Ich persönlich assoziiere solche Blusen immer mit konservativer Strenge, weshalb Alina für die erste Aufnahme einen starren Oberkörper und einen geraden Blick nach vorn zeigte. Sie sieht ein wenig aus, als würde sie einer Obrigkeit zuhören und Anweisungen entgegennehmen.

Kleines Gedankenspiel: Stellen Sie sich die gleiche Aufnahme in verschiedenen Outfits vom schweren Mantel bis zum Sport-BH vor. Wenn Sie das hinbekommen, erkennen Sie gerade durch die statische Pose, wie aussagekräftig und bestimmend Outfits in der Porträtfotografie sind.

Um die Statik nicht auf die Spitze zu treiben, haben wir mit lockeren Posen und entspannterer Mimik weitergemacht. Auch das hat ganz

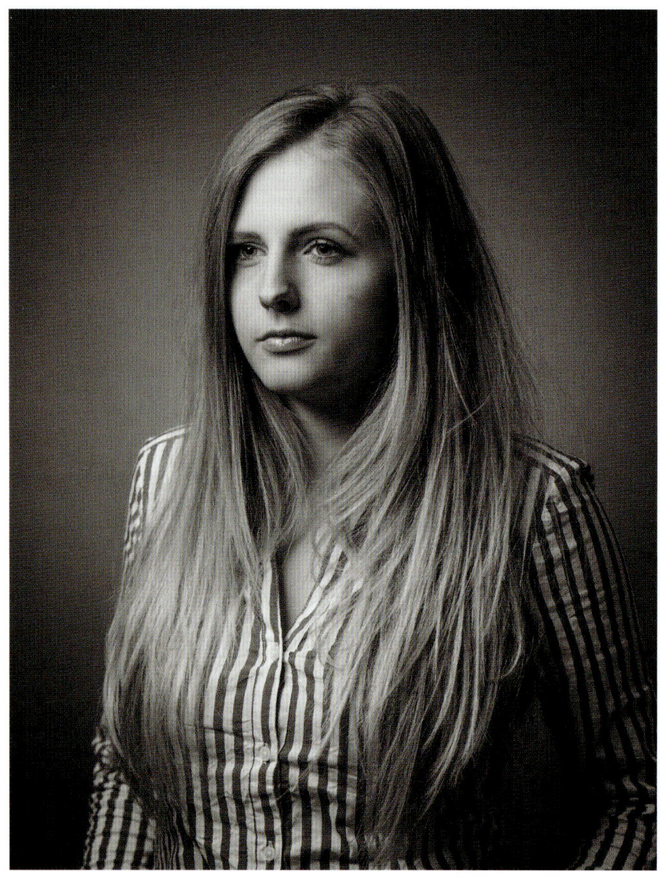

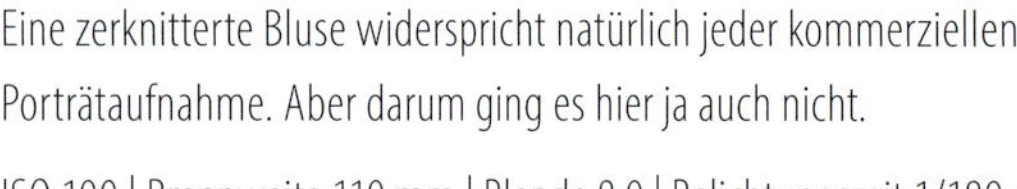

Eine zerknitterte Bluse widerspricht natürlich jeder kommerziellen Porträtaufnahme. Aber darum ging es hier ja auch nicht.

ISO 100 | Brennweite 110 mm | Blende 8.0 | Belichtungszeit 1/180 s

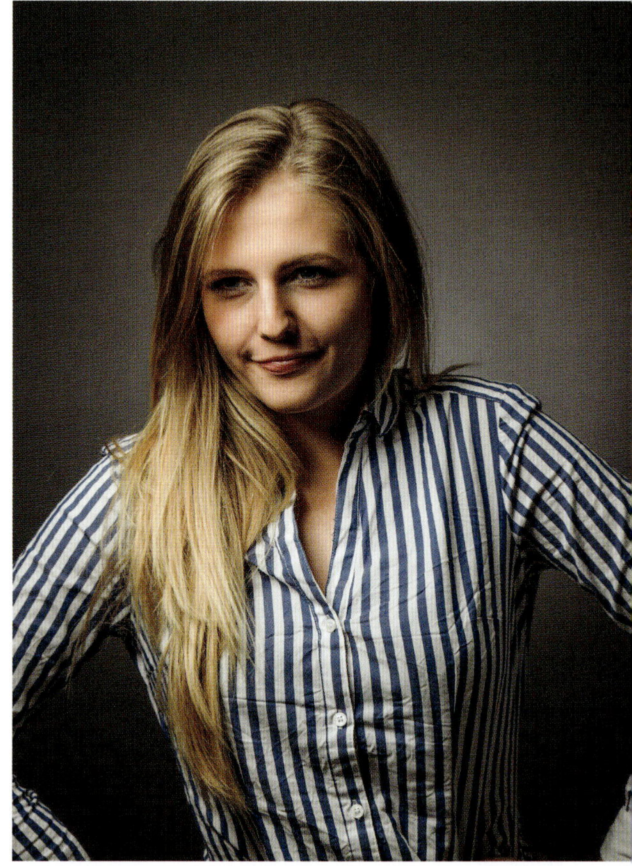

Alina ist sehr gut darin, unorthodoxe Posings zu fabrizieren. Ich nenne dieses „die verschmitzt meckernde Gouvernante" – obwohl der Blick und der verzogene Mund natürlich eine Menge Spielräume für eigene Interpretationen offenlassen.

ISO 100 | Brennweite 85 mm | Blende 8.0 | Belichtungszeit 1/180 s

gut funktioniert, weil dabei der Kontrast zwischen geradliniger Bluse und fröhlicher Frau noch mehr zum Tragen kam. Und auch die absolut offene Pose, bei der sich Alina die Haare auf dem Kopf zusammendreht und direkt in die Kamera blickt, wirkt mit der konservativen Bluse viel intensiver, als hätte sie ein lockeres T-Shirt an.

Close-ups und Schärfe

Bei Close-ups geht es auch immer um das Spiel mit der Schärfe. Wichtig sind meistens die Augen. Bei Porträts direkt von vorn frontal zur Kamera ist die knappe Schärfentiefe bei Close-ups meist kein großes Problem. Wenn

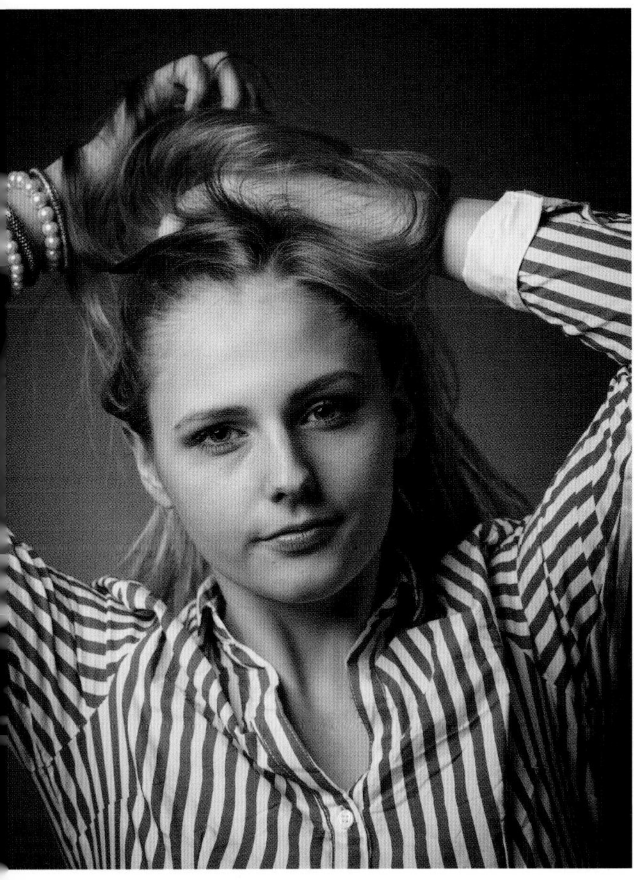

Der Blick in die Kamera und die oben am Kopf gehaltenen Haare erzeugen eine Stimmung der Vertrautheit. Der Betrachter der Aufnahme wird zum Beobachter und erfährt etwas von Alinas Wesen. Offener kann man sich kaum fotografieren lassen.

ISO 100 | Brennweite 110 mm | Blende 8.0 | Belichtungszeit 1/180 s

man manuell oder über einen manuell ausgewählten AF-Messpunkt auf eine der beiden Pupillen scharf stellt, sollten die Bilder zumindest in Sachen Schärfe gut aussehen. Anders bei Porträts mit schräg gestelltem Kopf, wenn die beiden Augen nicht in gleicher Entfernung zur Kamera stehen. Man muss sich dann für ein Auge entscheiden, denn würde man einfach den Mittelweg nehmen und auf die Nase fokussieren, sähe so ein Bild mit Sicherheit ziemlich seltsam aus. Was nicht heißt, dass man die Bildgestaltung nicht entsprechend anpassen und mit sehr knappen Bildausschnitten arbeiten könnte. Experimentieren ist immer erlaubt. Im Fall der hier gezeigten Nahaufnahmen mit schrägem Kopf habe ich immer auf das vordere der beiden Augen fokussiert. Der Grund ist, dass Bereiche, die näher am Betrachter sind, grundsätzlich als wichtiger empfunden werden. Fokussiert man auf das hintere Auge, irritiert das den Betrachter leicht.

Beleuchtet wurden die Close-ups mit einer rechteckigen Softbox im Querformat samt Grid, was die gestreiften Spitzlichter in den Augen erklärt. Die beiden Schwarz-Weiß-Aufnahmen wurden sanft von hinten mit einer weiteren Softbox aufgehellt, beim Farbbild kam ein Normalreflektor zum Einsatz, um hartes Gegenlicht zu erzeugen. Der Blitzkopf stand sehr knapp hinter Alina und strahlte noch etwas ins Objektiv, was zu einem weichen Überstrahlungseffekt geführt hat. Diese Art von Streulicht ins Objektiv wird normalerweise durch Klappen vor dem Blitzgerät, schwarzen Flächen vor dem Objektiv oder eine Streulichtblende vermieden. In diesem Fall fand ich bei der Kontrolle durch den Sucher den Effekt aber ganz hübsch und habe ein paar Versuche damit gemacht.

Das ins Objektiv fallende Streulicht sollte man normalerweise vermeiden, wenn man klassische Beauty-Porträts schießt. Als Effekt kann man das ins Objektiv fallende Licht aber durchaus nutzen.

ISO 100 | Brennweite 90 mm | Blende 8.0 | Belichtungszeit 1/180 s

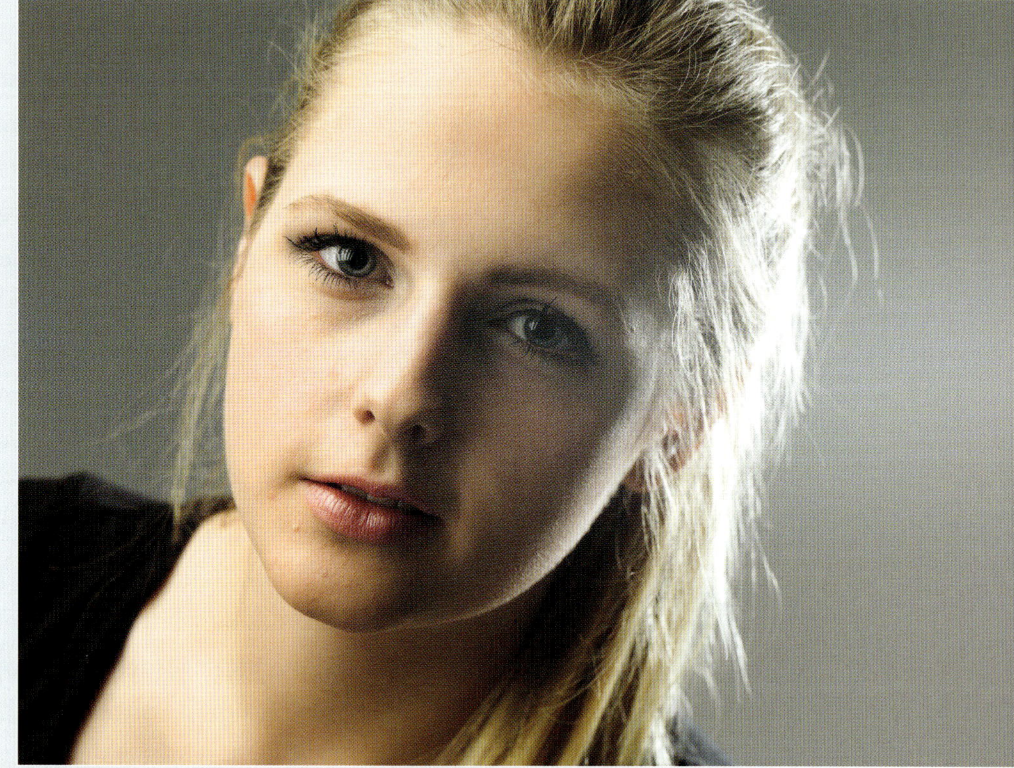

Links: Ein Klassiker in der Porträtfotografie: Das sanfte Licht von links und die Aufhellung von rechts hinten erzeugen ein interessantes Licht-Schatten-Spiel im Gesicht.

ISO 100 | Brennweite 110 mm | Blende 4.8 | Belichtungszeit 1/180 s

Rechts: Mir gefiel die sanfte Lichtführung, weil sie mich an alte Schwarz-Weiß-Aufnahmen aus den 20er-Jahren des letzten Jahrhunderts erinnerte. Um den Retrochic noch etwas zu intensivieren, habe ich über Lightroom etwas Filmkorn (Bildrauschen) hinzugefügt.

ISO 100 | Brennweite 110 mm | Blende 5.6 | Belichtungszeit 1/180 s

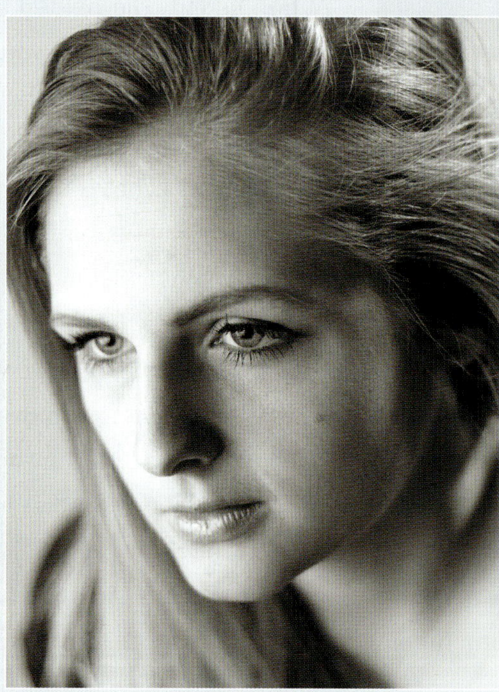

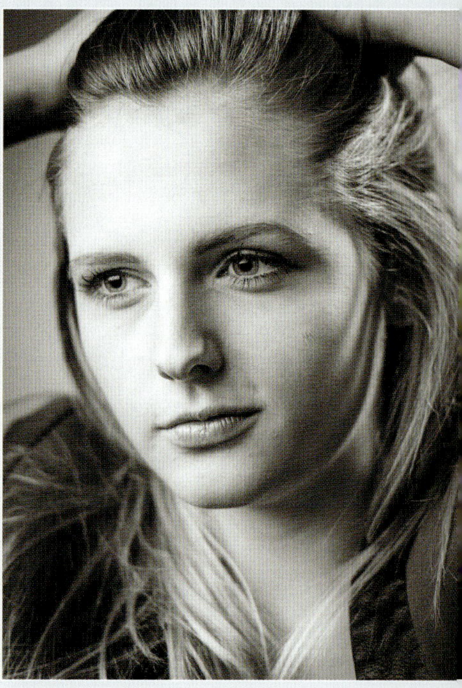

Auf dem weißen Stuhl

Vermutlich 90 % aller Models und Porträtkunden dürfen im Lauf ihrer Fotosession auf dem weißen Stuhl Platz nehmen. Dieses Relikt aus längst vergangenen Zeiten hat mehrere Funktionen: Es hilft am Anfang, lockerer zu werden, weil man sich an dem Stuhl toll festhalten kann. Außerdem lässt der Stuhl es zu, dass man sich quasi versteckt, indem man die Lehne in Richtung Kamera dreht. Man kann lässig, verspielt, erotisch, gelangweilt, nachdenklich, aggressiv auf und neben dem Stuhl Platz nehmen.

Mir als Fotografen und Bildgestalter dient er in erster Linie dazu, Linien in meine Kompositionen zu bringen. Je nach Aufstellungsrichtung und Schrägstellung der Kamera gibt es viele verschiedene Möglichkeiten, Linien und Richtungen vorzugeben, an denen sich der Betrachter orientieren soll.

Mit Alina habe ich vor allem eine der vielen Gestaltungsvarianten realisiert: eine kontrastreiche Kombination aus Extrovertiertheit (die gespreizten Beine) und Schutz (versteckt hinter der Lehne). Alina wirkt in der Pose weder obszön noch zu herausfordernd. Eine solche Pose ohne die Lehne im Vordergrund würde völlig anders wirken. Persönlich gefällt mir das Graustufenbild noch besser als die Gesamtansicht, da auch die Oberkörperhaltung eine ganz eigene Geschichte erzählt. Alina wirkt nachdenklich, aber auch ein wenig gelangweilt. Insgesamt eine sehr starke, selbstbewusste Pose, die nichts mit den klischeehaften Glamourbildern à la Heidi Klum zu tun hat.

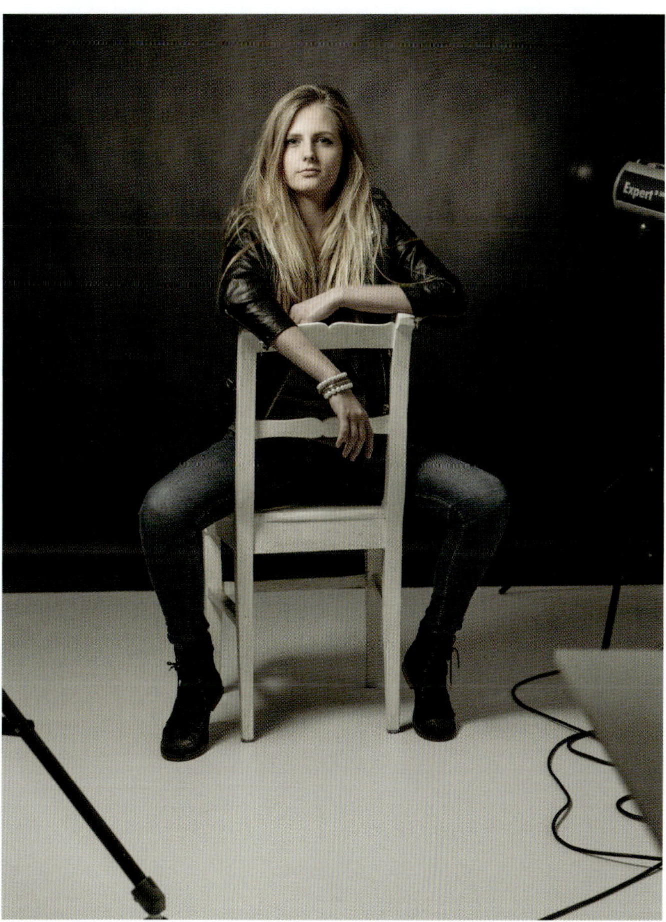

ISO 100 | Brennweite 70 mm | Blende 5.6 | Belichtungszeit 1/180 s

Beide Aufnahmen (225–226) wurden mit einer großen, fast runden Softbox geschossen. Für den grauen Kartonhintergrund kam ein Blitzkopf mit Normalreflektor zum Einsatz.

ISO 100 | Brennweite 105 mm | Blende 5.6 | Belichtungszeit 1/180 s

Gegenlicht für die Haare

Eigentlich ziemlich kitschig, die Beleuchtung der Haare durch Gegenlicht. Das war in den 70er-Jahren schwer angesagt, und man sah solche Effekte ständig auf (aus heutiger Sicht) schlechten Plattencovern. Ich habe es mit Alina trotzdem ausprobiert, dabei aber versucht, mit einem Blitzkopf für Hintergrund und Haare gleichzeitig auszukommen. Der Blitzkopf stand hinter Alina und war senkrecht nach oben gerichtet. Dadurch erreichte das Licht Hintergrund und Haare gleichermaßen. Der Durchbruch zwischen linkem Arm und Oberkörper hat ebenfalls noch einen hübschen Lichtsaum erhalten – ein netter und willkommener Nebeneffekt.

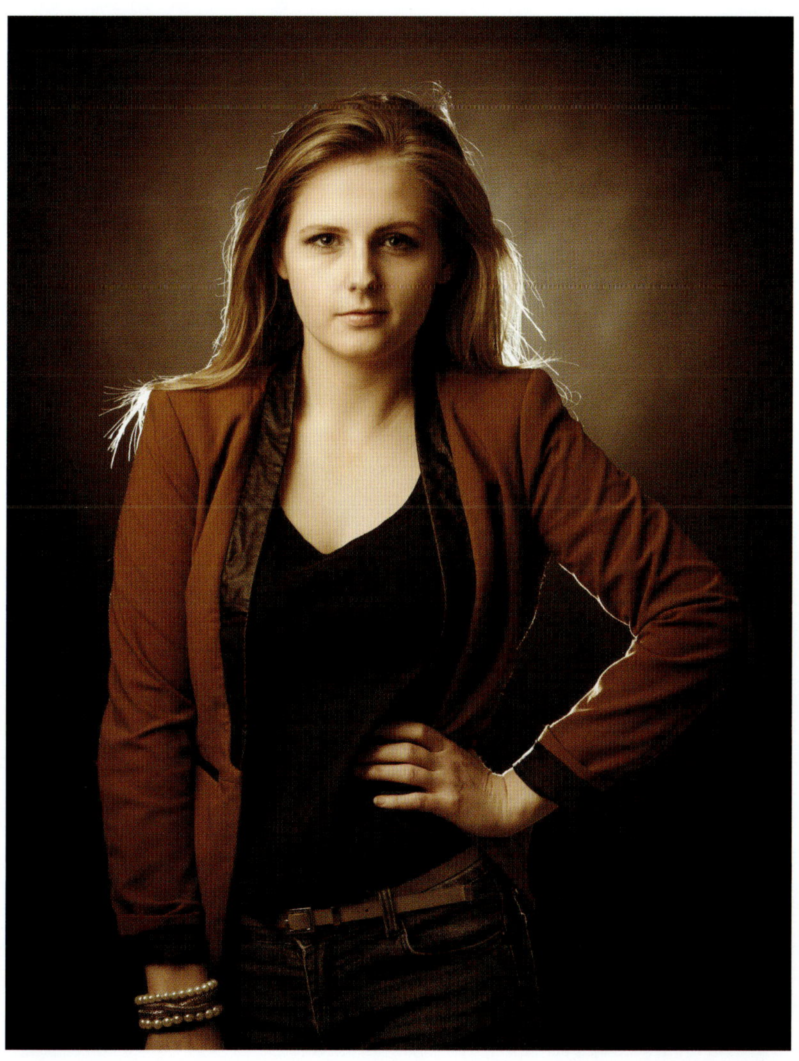

Das Hintergrundlicht, ein Blitzkopf mit Normalreflektor, wurde auf einem kurzen Stativ so platziert, dass es hinter Alina versteckt blieb. Der Trick an dieser Beleuchtung ist, dass das Hintergrundlicht sowohl den Hintergrund als auch die Haare trifft. Dazu wurde der Blitzkopf auf Hüfthöhe einfach senkrecht nach oben gerichtet. Der Weitwinkelreflektor strahlt in einen Winkel von nahezu 120° ab.

ISO 100 | Brennweite 95 mm | Blende 6.8 | Belichtungszeit 1/180 s

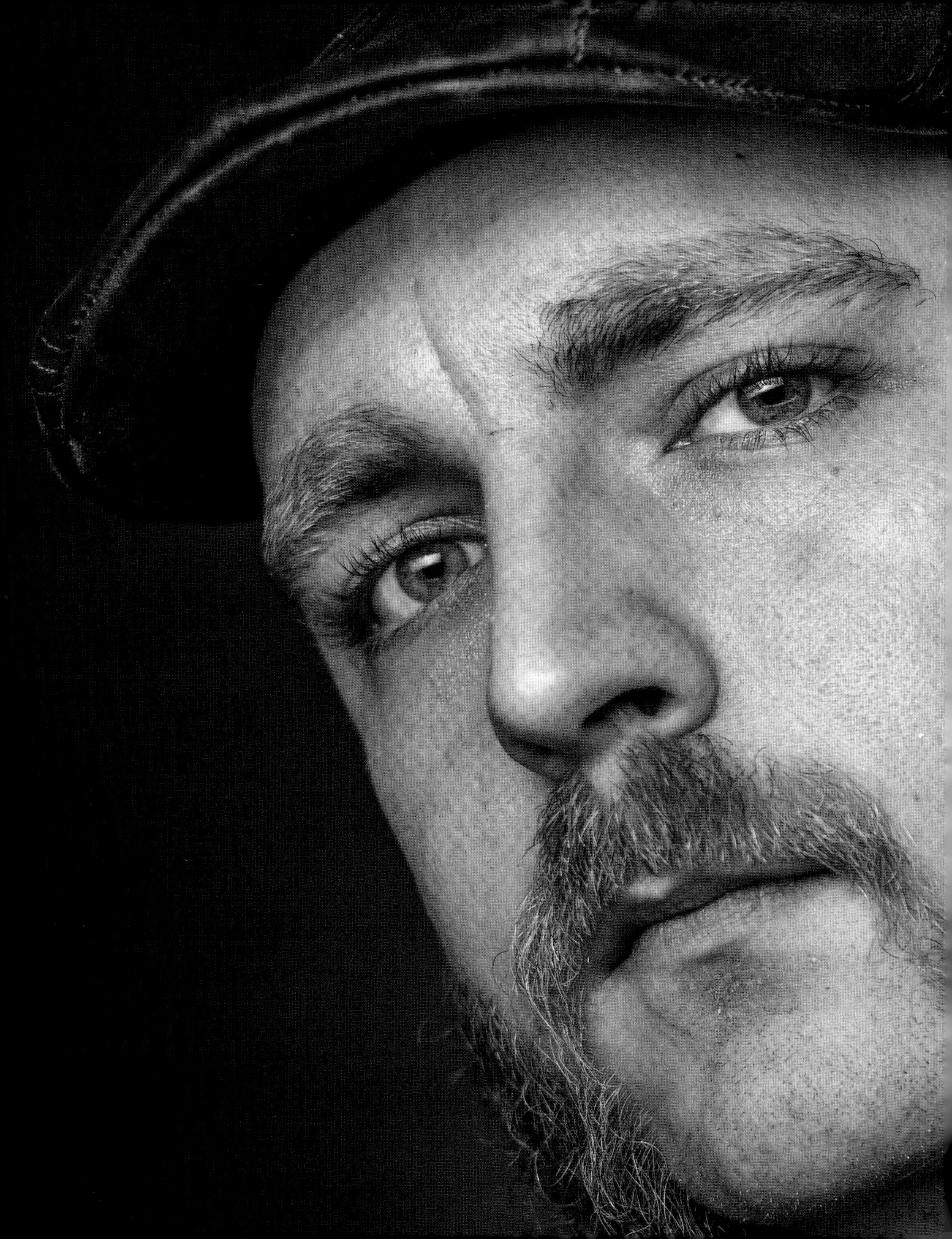

9 | MÄNNER VOR DER KAMERA

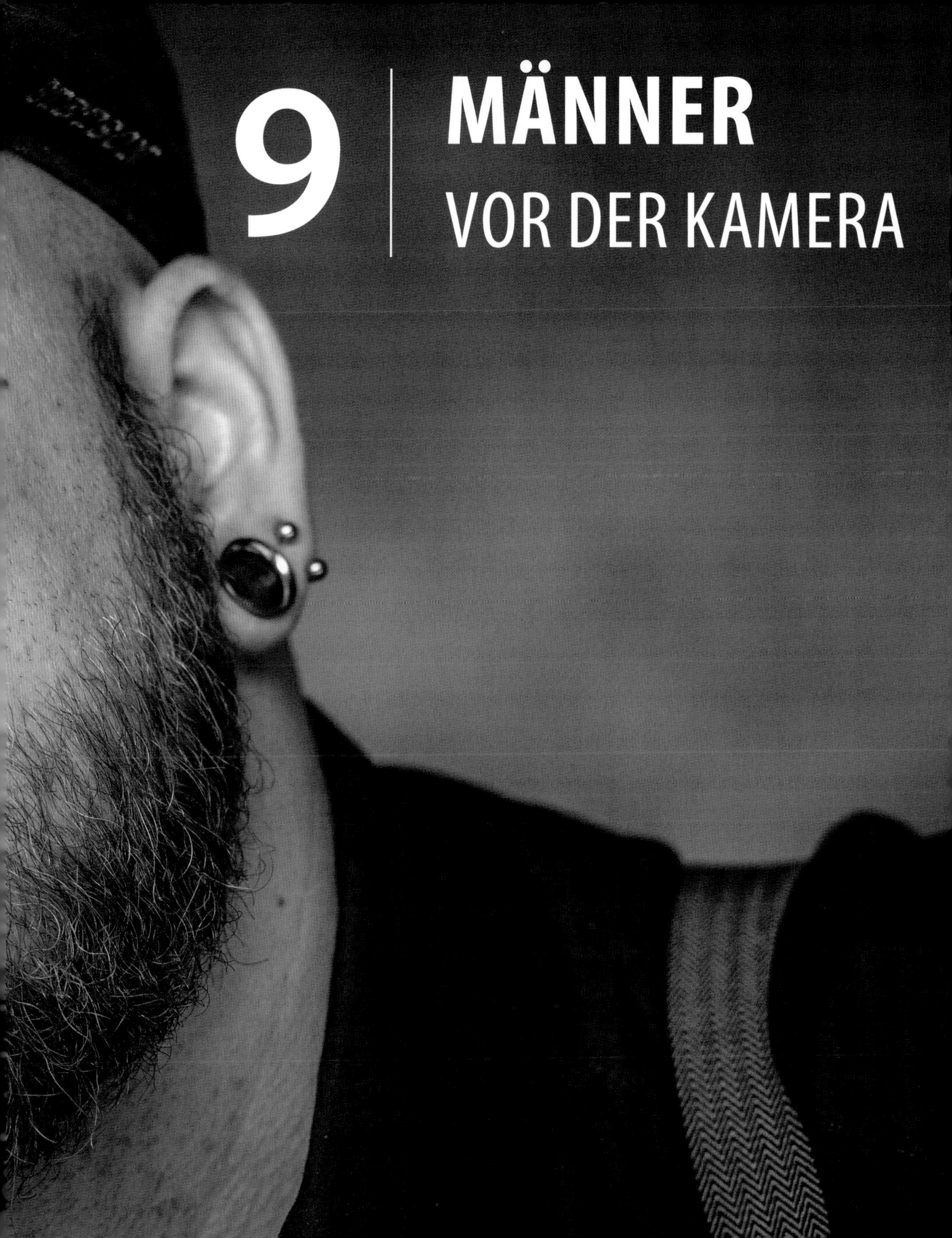

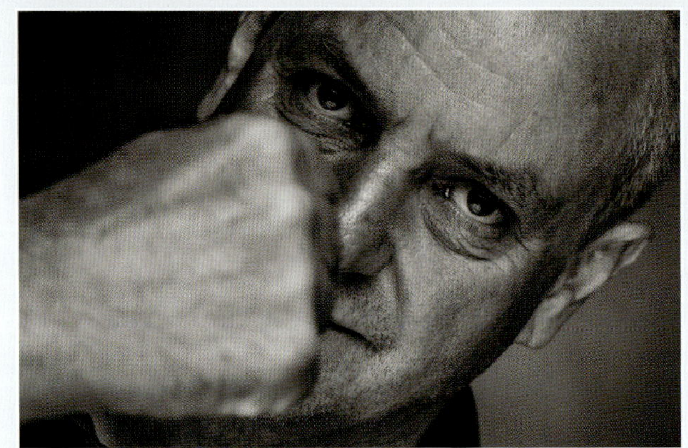

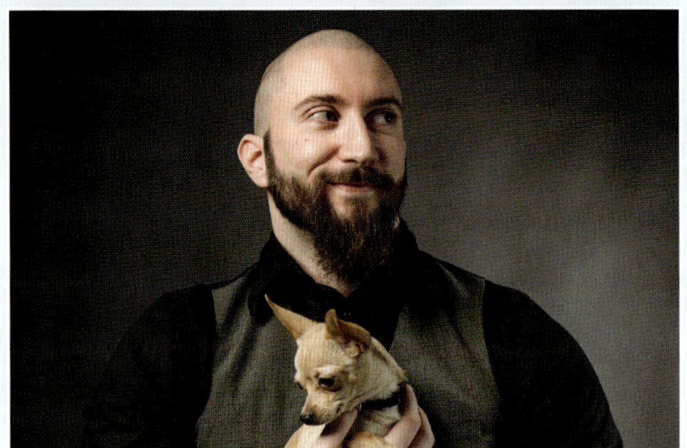

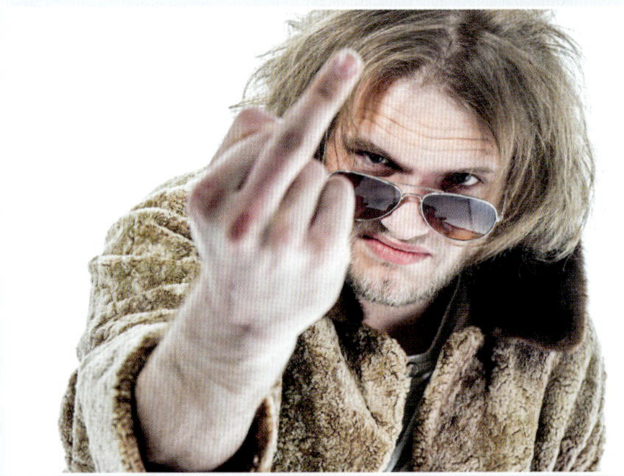

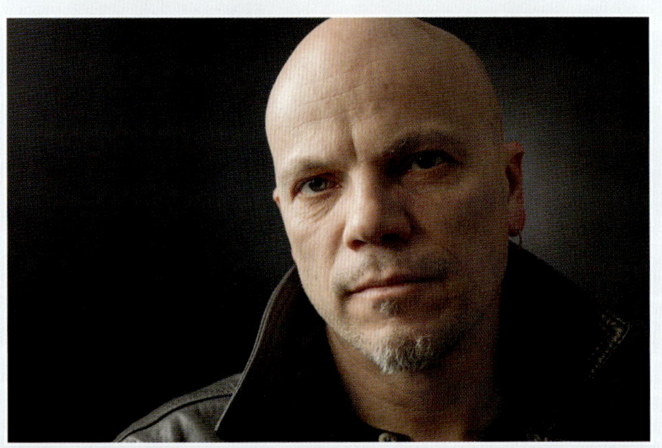

9

Männer vor der Kamera

Männer sind einerseits relativ einfach zu fotografieren, andererseits auch ziemlich kompliziert. Auf der einen Seite ist die Lichtführung bei Männerporträts nicht schwer, da man, möchte man auf Nummer sicher gehen, mit markantem Seitenlicht, dunklen Hintergründen und ein paar Aufhellern arbeiten kann. Nichts, was man nicht mit ein paar Versuchen schnell herausfinden könnte. Schwieriger, geradezu kompliziert werden Porträts von Männern, wenn sich Männer vor der Kamera nicht gut fühlen und keinen Spaß haben. Aus meiner Erfahrung ist eine Porträtsession mit einer Frau, die sich vor der Kamera unwohl fühlt, einfacher aufzulockern, als das bei einem Mann der Fall ist. Das kann bei Ihnen natürlich ganz anders sein, je nachdem, was für ein Typ Mensch Sie sind.

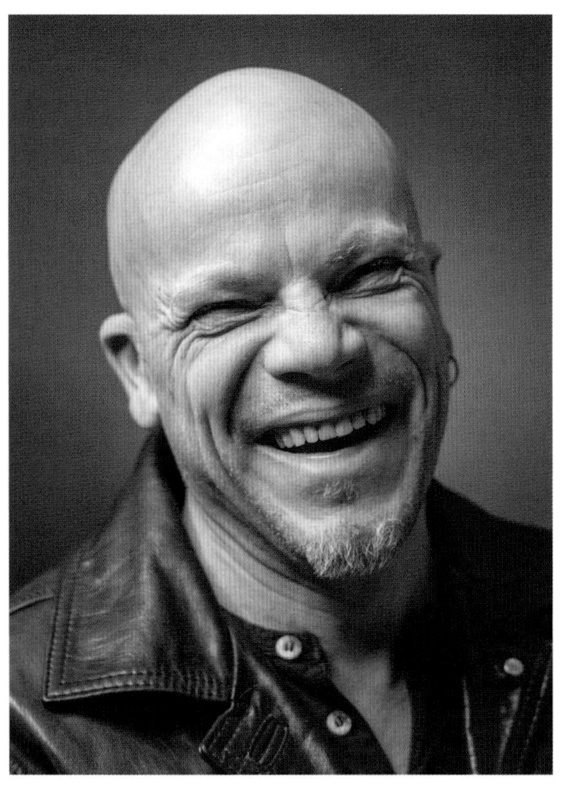

Mein Kumpel Tommy

Tommy ist für mich ein alter Bekannter, mit dem ich schon viele Projekte von der Videoschulung über Foto- und Filmjobs bis zu redaktionellen Tätigkeiten realisiert habe. Insofern gab es beim Porträt-Shooting für diese Fotoserie natürlich viel zu quatschen, Kommunikationsprobleme waren nicht zu erwarten.

Dieses Porträt charakterisiert Tommy vermutlich treffender als die meisten der folgenden Bilder. Aber gerade seine schauspielerische Wandlungsfähigkeit – er ist Videoproduzent und arbeitet auch als Sprecher – macht ihn für Porträtaufnahmen so interessant.

ISO 100 | Brennweite 110 mm | Blende 5.6 | Belichtungszeit 1/180 s

Ziel: Nur Lightroom, kein Photoshop

Bei allen in diesem Buch gezeigten Männern war die Chemie niemals ein Problem. Das lag sicher auch daran, dass sich die Jungs freiwillig für mein Porträtprojekt gemeldet hatten und nicht z. B. von der Familie zu einem Porträt fürs Familienalbum genötigt wurden. Im Großen und Ganzen ging es also sehr locker zu, Telefonate und Mails vor dem Shooting sorgten für Sicherheit auf beiden Seiten in Bezug auf Outfits und Zielrichtung der Porträtsession.

Gerade bei Männerporträts kann man guten Gewissens für die eigene Arbeit das Ziel ausgeben, so weit wie möglich auf die Bildbearbeitung zu verzichten. Nach meinem Verständnis beginnt die Bildbearbeitung bei Photoshop. Die gesamte Entwicklung und Aufbereitung der RAW-Daten in Lightroom ist für mich grundlegendes Handwerk, das noch nicht im engeren Sinne zur Bildbearbeitung zählt.

Zur Verdeutlichung: Die beiden Begriffe „Bildbearbeitung" und „Retusche" haben für mich eine nahezu identische Bedeutung. An den hier gezeigten Männerporträts wurden also praktisch keine Retuschen vorgenommen. Abstehende Haare durften weiterhin abstehen, Glanzstellen auf der Haut wurden lediglich über die Lightroom-Regler *Lichter* und *Weiß* verändert. Auch die Retuschefunktionen von Lightroom wurden nicht eingesetzt, um z. B. partiell aufzuhellen oder abzudunkeln. Lediglich der Effekt *Vignettierung nach Freistellen* diente bei vielen der Bilder dazu, die Bildecken ein wenig abzudunkeln, um die Wahrnehmung auf die Bildmitte zu lenken.

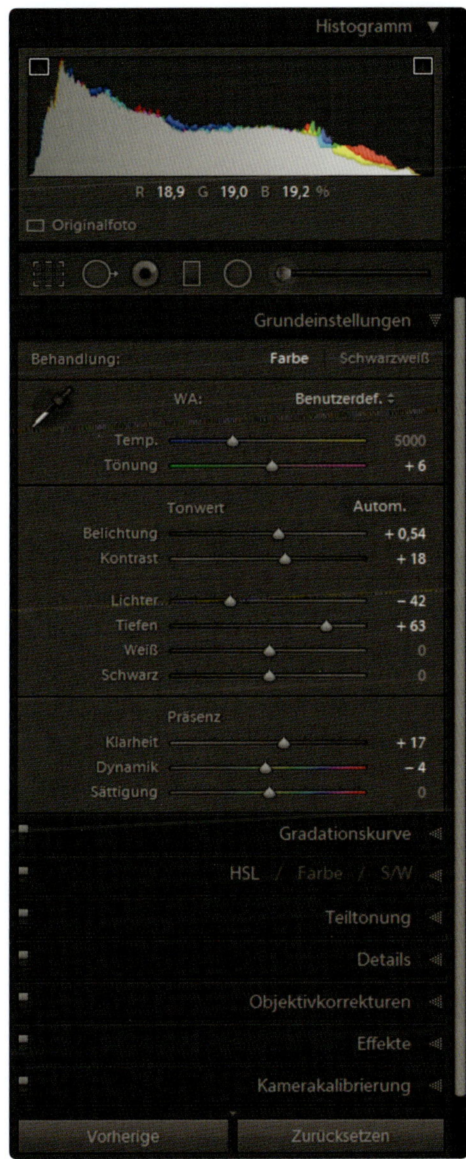

RAW-Daten werden mit Lightroom entwickelt, auf die Retusche per Photoshop habe ich bei den Männerporträts fast komplett verzichtet.

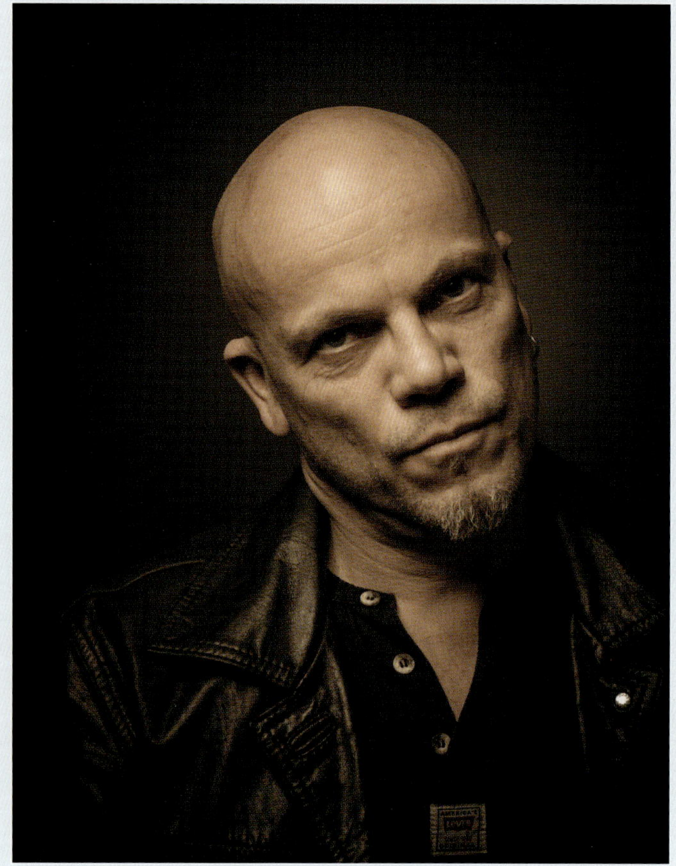

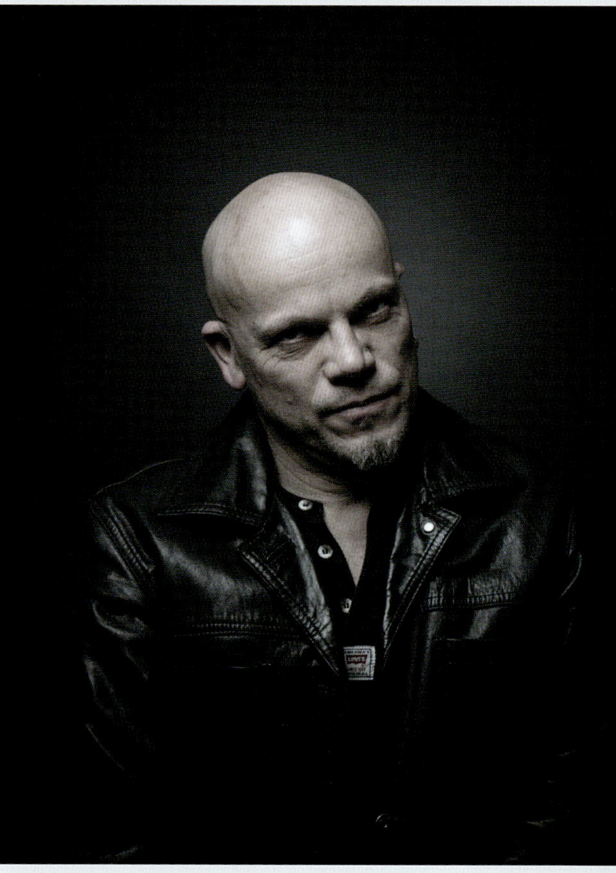

Wenn man ihn nicht kennt, könnte man auf viele Interpretationen von Tommys Erscheinung kommen. Gute Porträts lassen immer Spielräume für die eigene Fantasie und bedienen auch mal Klischees – die ja nicht unbedingt stimmen müssen.

ISO 100 | Brennweite 110 mm, variabler Aufnahmeabstand | Blende 5.6 | Belichtungszeit 1/180 s

Persönliche Vertrautheit?

Das Shooting mit einem Bekannten ist immer eine etwas zweischneidige Angelegenheit. Wenn man sein Gegenüber gut kennt, glaubt man, auch dessen Erwartungen zu kennen, und lässt sich beim Fotografieren möglicherweise von ihnen leiten. Konkret: Man ist versucht, auch die (vermeintlichen) Erwartungen des Bekannten zu erfüllen. Immerhin möchte man ja nicht enttäuschen. Zudem ist man natürlich thematisch voreingenommen, was dazu führen kann, dass man die Persönlichkeit des Fotomodels anders zeigt, als man es bei einem Unbekannten tun würde.

Ob aus der persönlichen Vertrautheit oder Bekanntheit „bessere" oder „schlechtere" Porträts resultieren, ist eine eher theoretische Frage, denn man kann die einmal gewonnene Vertrautheit nicht mehr abschalten. Andersherum kann man, wenn man lieber Menschen vor der Kamera hat, die man bereits kennt, zunächst eine gemeinsame Basis schaffen. Als Profi im Porträtstudio ist das dagegen nahezu unmöglich. Alles, was über den Small Talk hinausgeht, dauert zu lange, um in einer 30- oder 60-minütigen Porträtsession untergebracht zu werden.

Gedanken zum Set-up

Die Lichtgestaltung der Porträts von Tommy lässt sich in zwei Kategorien unterteilen. Vor hellem Hintergrund wurden zwei Softboxen (60 × 80 cm) links und rechts eingesetzt, die man auch deutlich als Spitzlichter in den Pupillen sieht. Das Licht wird dadurch relativ diffus, Schatten sind nicht sonderlich ausgeprägt. Lediglich unter dem Kinn am Hals entstand durch die erhöhte Position der Softboxen ein Schattenbereich, der räumliche Tiefe ins Bild brachte. Diese Tiefe wurde nur noch durch den Schärfe-Unschärfe-Verlauf unterstützt. Alle Fotos entstanden mit der Hasselblad H3D mit Brennweiten zwischen 80 und 110 mm bei Blenden zwischen 5.6 und 6.8. Die Schärfentiefe ist also immer sehr begrenzt.

Vor dunklem Hintergrund habe ich mit einem zweiten Licht-Set-up gearbeitet, das deutlich kräftigere Schatten erzeugte. Dabei kam entweder eine Softbox oder ein Beauty-Dish zum Einsatz. Je nach Bildausschnitt habe ich die vom Licht abgewandten Körperbereiche mit einer weißen Fläche aufgehellt.

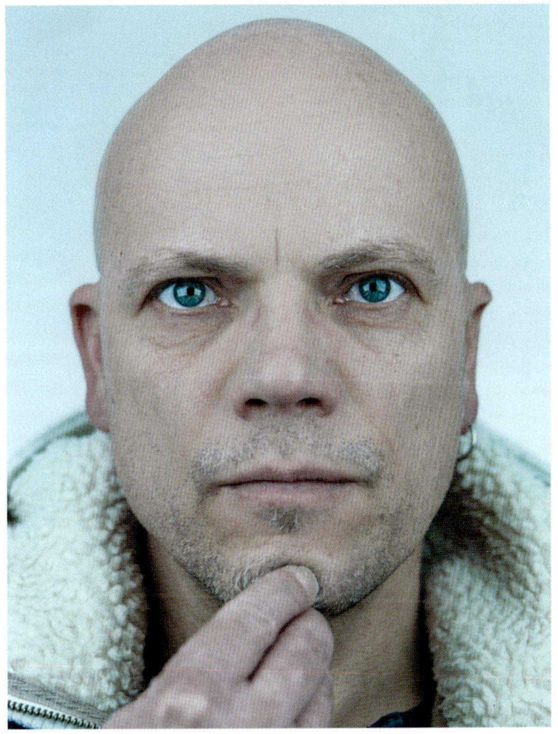

Die Augen sind in Wahrheit nicht so extrem blau. Glanz und Farbigkeit wurden in Lightroom verstärkt, indem die allgemeine Sättigung der Blautöne erhöht wurde. Außerdem wurde der Weißabgleich in Richtung Blau sowie die Tönung in Richtung Magenta verschoben. Aufgrund der relativ langen Belichtungszeit (ein Fehler bei der Kameraeinstellung) mischte sich das Blitzlicht in der Aufnahme mit der Studiobeleuchtung, was zu etwas seltsamen Farben führte. Daher mein starker Eingriff in die Farbigkeit des Bilds.

ISO 100 | Brennweite 110 mm | Blende 5.6 | Belichtungszeit 1/20 s

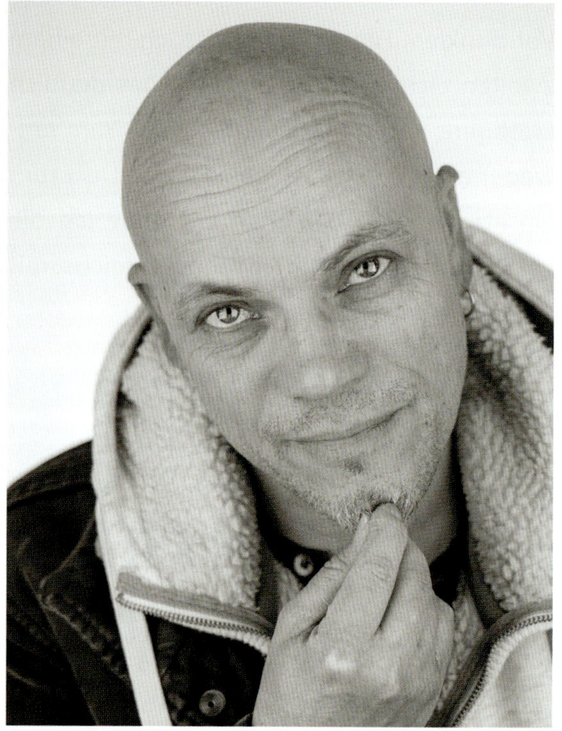

Die Beleuchtung und der Farbfehler im Originalbild sind identisch mit denjenigen des vorigen Bilds, weshalb ich die Aufnahme kurzerhand in Schwarz-Weiß gewandelt habe. Die Spitzlichter der beiden Softboxen links und rechts kommen dadurch noch viel dramatischer zur Geltung.

ISO 100 | Brennweite 110 mm | Blende 5.6 | Belichtungszeit 1/20 s

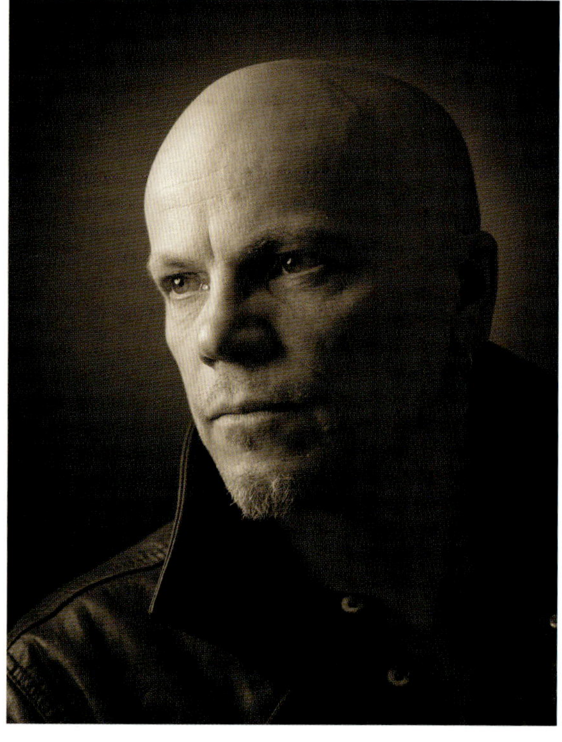

Auch bei dieser Aufnahme bringen Licht- und Blickrichtung Spannung ins Bild, da sie gegeneinander gerichtet sind. Die Blickrichtung suggeriert einen eher passiven Blick in die Vergangenheit und erzeugt dadurch ein Gefühl von Nachdenklichkeit.

ISO 100 | Brennweite 110 mm | Blende 6.8 | Belichtungszeit 1/180 s

Posen mit Glatze

Aufgrund von Tommys Erscheinung und seiner Glatze wollte ich harte, männliche Posen mit entsprechendem Licht und den passenden Outfits kombinieren. Wichtig war mir, dass die Bilder nicht zu sehr ins Klischee abdriften, sondern immer noch etwas von Tommys Humor und seinem offenen Wesen transportieren. Wir haben verschiedene Blickrichtungen ausprobiert, wobei sowohl nach rechts als auch nach links gerichtete Haltungen funktionierten.

Rechts: Weil Tommy hier nach links gerichtet steht, wirkt er wie eine optische Barriere gegen die Blickrichtung. Der Blick in der westlichen Welt wandert in der Regel von links (unten) nach rechts (oben). Die Pose wirkt statisch und passiv, das von links kommende Licht drückt quasi dagegen und baut so Spannung auf.

ISO 100 | Brennweite 110 mm | Blende 5.6 | Belichtungszeit 1/180 s

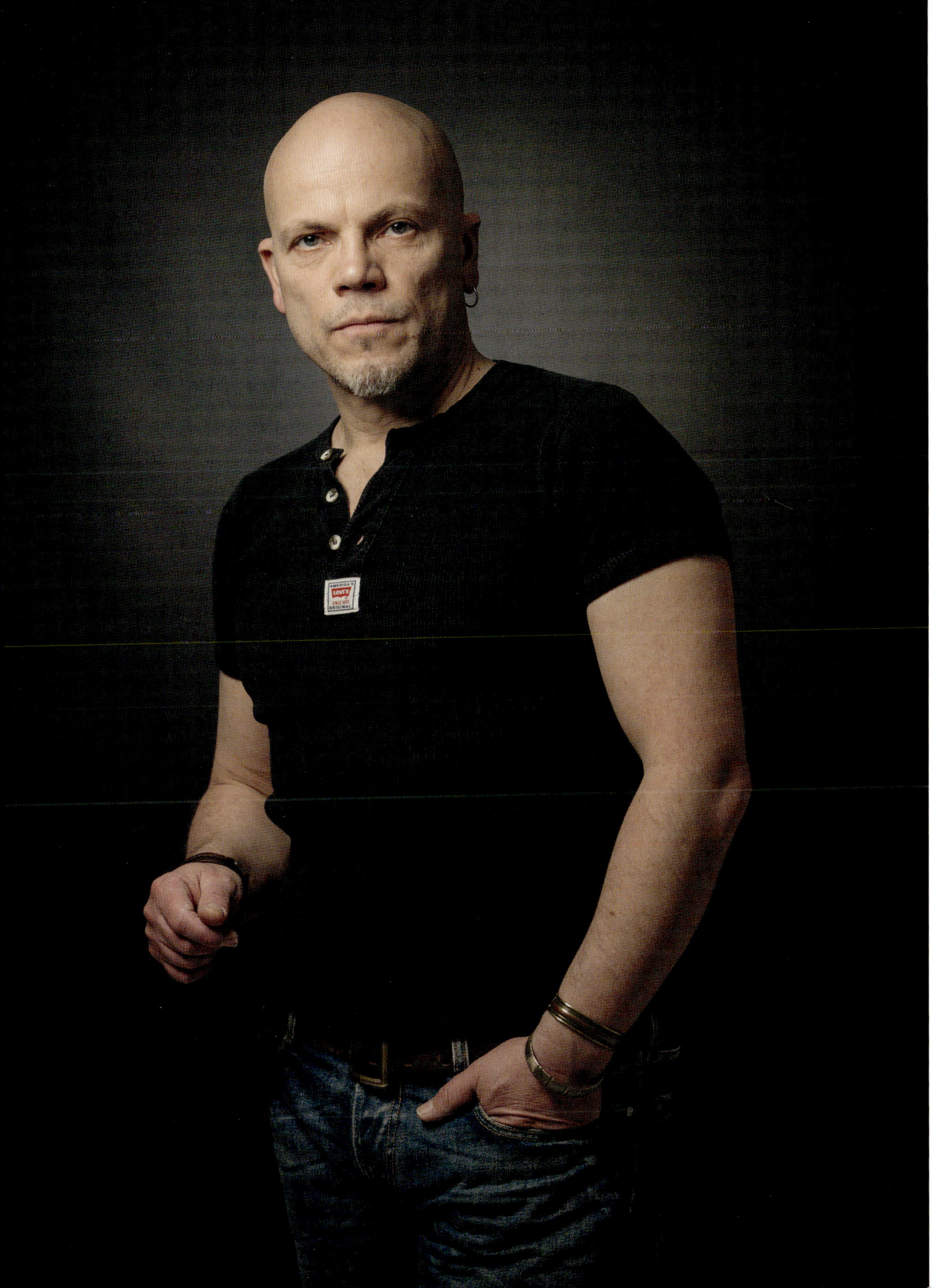
AMERICA'S
Levi's
ORIGINAL

Mir gefallen allerdings die Porträts sehr gut, die einen Kontrast aus Licht, Blick und Outfit einerseits (aktiv, dramatisch, männlich) und der nach links gerichteten Pose andererseits (passiv, erwartend) erzeugen. So wie immer in der Fotografie leben Bilder von Kontrasten auf mehreren Ebenen. Offenkundige Kontraste bei Licht und Farbe lassen sich kombinieren mit inhaltlichen Kontrasten wie hier zwischen Aktivität und Passivität.

Entwicklung der RAW-Files

Bei der Entwicklung der RAW-Daten stellten sich vor allem die Tiefen in den Porträts vor dunklem Hintergrund als problematisch heraus. Durch das harte Licht-Schatten-Spiel und die insgesamt ein wenig zu dunkle Belichtung konnten die Schattenbereiche nicht ausreichend aufgehellt werden, um das dadurch entstehende Bildrauschen in Grenzen zu halten. Zwar ist auf den resultierenden Aufnahmen kaum Bildrauschen wahrnehmbar, manche Bilder hätten aber durchaus ein wenig mehr Zeichnung in den Tiefen vertragen können. Da die Porträts aber vor allem von Tommys Gesicht und Mimik leben, fallen die Schattenpartien in der dunklen Bekleidung nicht zu sehr ins Gewicht.

Wie oben schon erwähnt, sind einige der ersten Aufnahmen vor weißem Hintergrund mit falschen Belichtungszeiten entstanden. Die dabei entstandene Mischlichtsituation aus Blitzlicht und Leuchtstoffröhrenlicht führte zu leichten Farbstichen in Richtung Magenta. Das ließ sich zwar ganz gut über den Weißabgleich in Lightroom ausgleichen, war aber sicher keine perfekte Ausgangsbasis für die Bildentwicklung. Bei einigen der Bilder dieser Serie habe ich deshalb aus der Not eine Tugend gemacht und Schwarz-Weiß-Versionen erzeugt. Und ein paar andere Aufnahmen habe ich farblich so extrem bearbeitet, dass der ursprünglich leichte Farbstich nicht mehr auffällt. Photoshop habe ich bei keinem der Porträts verwendet.

Extreme Verwandlung

Mathias ist Schauspieler, ein Hüne, lustig und wild und könnte ohne Weiteres in der TV-Serie „Vikings" mitspielen. Als wir uns darüber unterhielten, wie er sich bei meinem Porträtprojekt darstellen könnte, wollte er unbedingt seine Verwandlung vom Mähnenträger zum Glatzkopf dokumentiert haben. Ein Glücksfall, da vom 70er-Jahre-Zuhälter über smarte Businesstypen und Wikinger bis zum Glatzkopf viele Stile möglich waren. Mathias hatte einen befreundeten Stylisten mitgebracht, der für Frisuren und die verschiedenen Haarschnitte zuständig war.

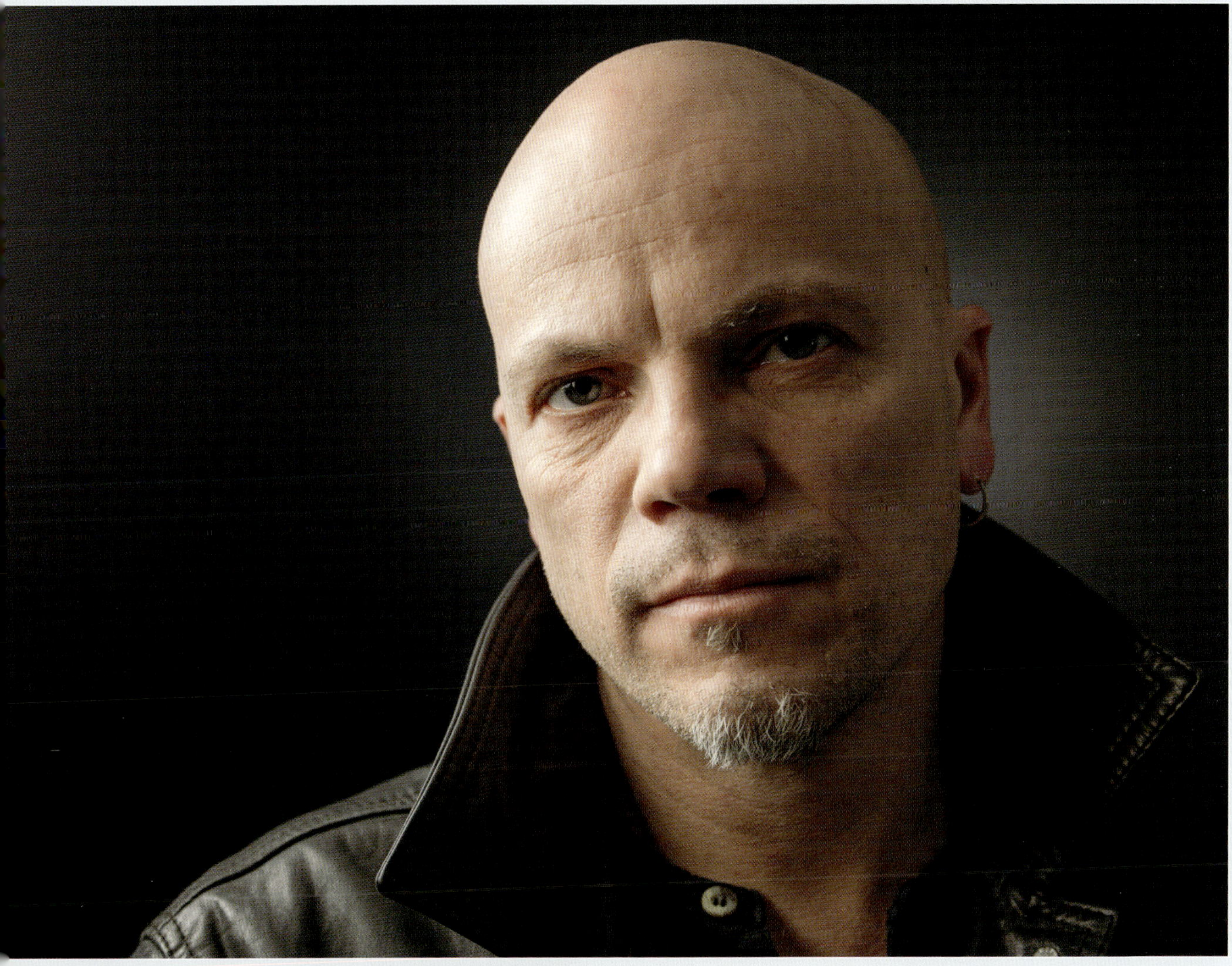

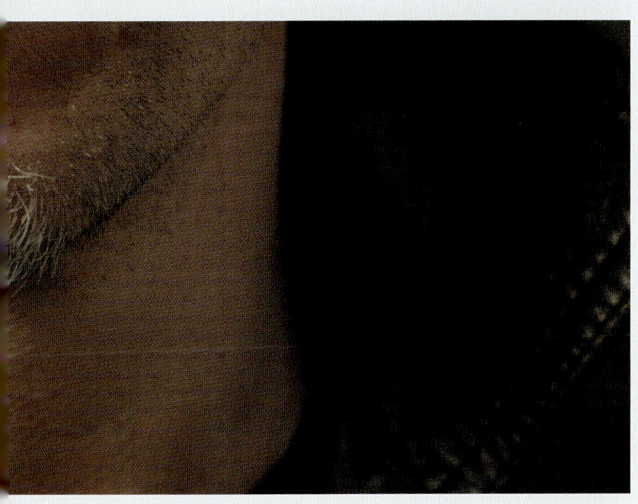

Dieses Porträt ist hart an der Grenze zur Unterbelichtung. Die Schatten sind schon so tief, dass z. B. am Hals rechts praktisch keine Zeichnung mehr vorhanden ist. Allerdings gibt es keine wirklich wichtigen Bereiche mit zu tiefen Schatten, weshalb die Aufnahme trotzdem auch in technischer Hinsicht funktioniert. Der Bildausschnitt zeigt den Halsbereich, um das durch die Aufhellung in Lightroom erzeugte Bildrauschen zu dokumentieren.

ISO 100 | Brennweite 75 mm | Blende 6.8 | Belichtungszeit 1/180 s

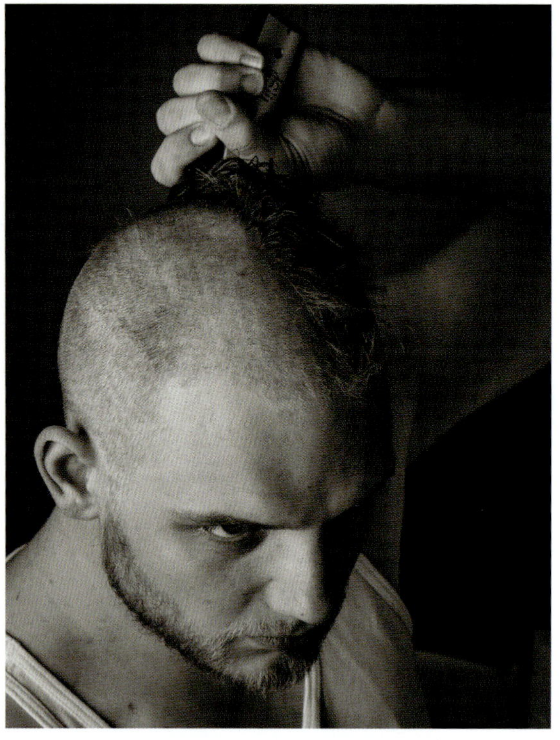

Hier ist die Mähne fast schon ab. Was dazwischen alles passierte, sieht man auf den folgenden Porträts.

ISO 100 | Brennweite 85 mm | Blende 11 | Belichtungszeit 1/125 s

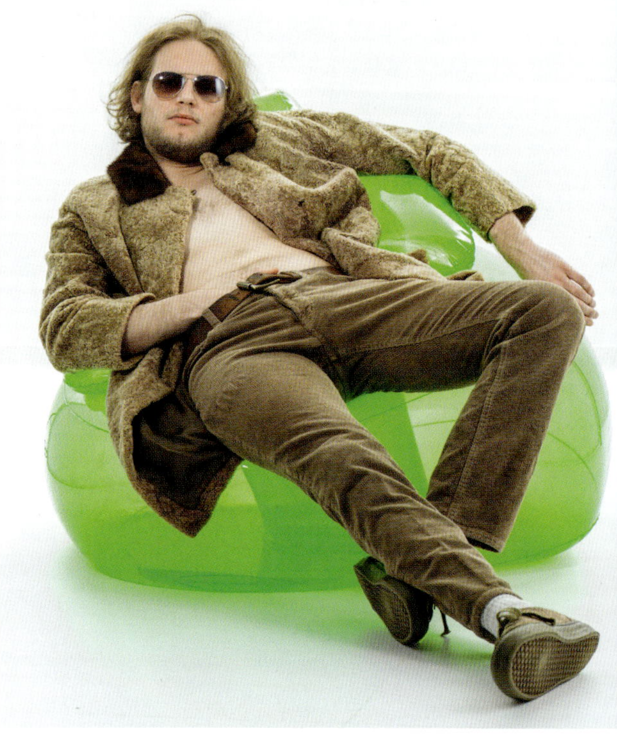

ISO 100 | Brennweite 100 mm | Blende 8.0 | Belichtungszeit 1/125 s

Dreimal Lichtsetzung

Grundsätzlich gab es drei verschiedene Sets, bei denen ich zwischen einem und fünf Studioblitzen eingesetzt habe. Die Langhaaraufnahmen entstanden bei klassischer High-Key-Ausleuchtung, wobei die Rückwand mit zwei Blitzen mit Normalreflektor völlig weiß ausgeleuchtet wurde.

Bei den High-Key-Bildern wurde Mathias mit Softboxen und/oder Beauty-Dish ausgeleuchtet. Einige der Bilder vor weißem Hintergrund entstanden mit nur zwei Lichtquellen für das frontale sowie das Hintergrundlicht. Und dann ist da noch das Wikinger-Bild mit modernen Lichtkanten links und rechts. Bei den Porträts vor schwarzem Hintergrund habe ich nur wenig Licht gesetzt, meistens eine Softbox von vorn und ein Hintergrundlicht mit Normalreflektor oder zusätzlich mit Wabe, um den Lichtkegel enger zu bekommen.

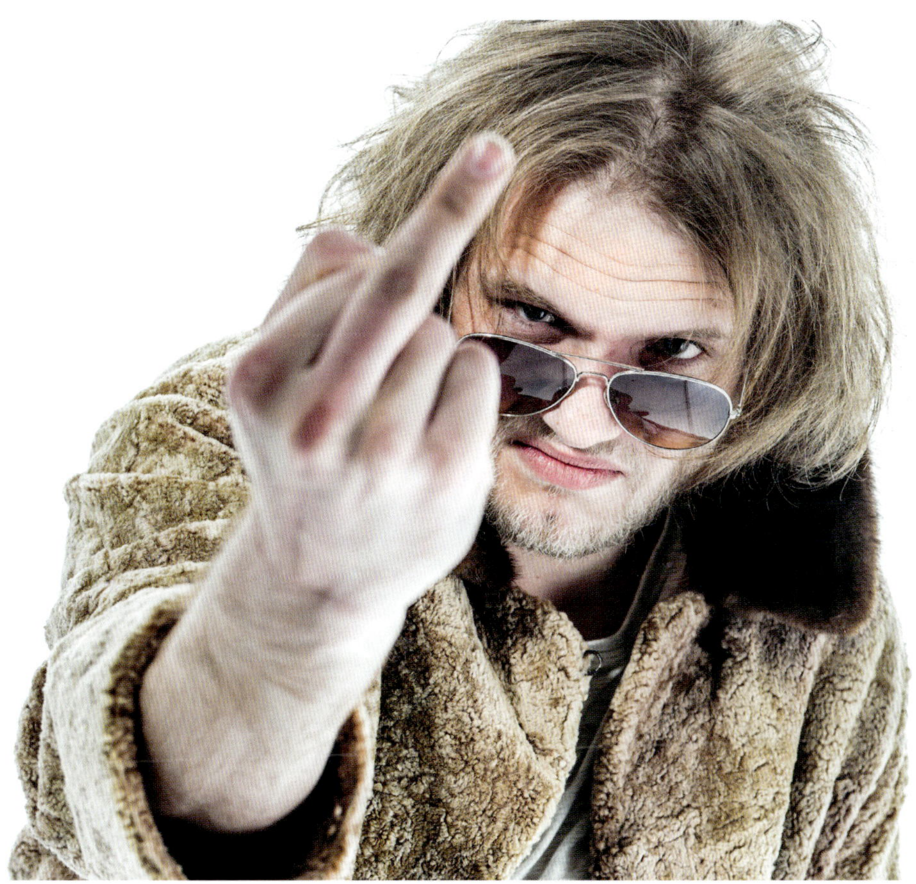

Das Ziel von Mähne und mottigem Pelzmantel bestand darin, einen schmierigen Typ aus den 70er-Jahren darzustellen. Stinkefinger und Al-Bundy-Pose transportieren Überheblichkeit und Beschränktheit. Das Licht aus Beauty-Dish (für das Gesicht), großer Softbox von rechts für die allgemeine Helligkeit und zwei Blitzen mit Normalreflektoren für den weißen Hintergrund ist relativ unspektakulär. Ausdruck und Pose waren hier wichtiger.

ISO 100 | Brennweite 95 mm | Blende 8.0 | Belichtungszeit 1/125 s

Lichtrichtungen überkreuzen

Wenn Sie zwei Blitze auf einen Hintergrund setzen, zielen Sie nicht mit beiden Blitzen auf den gleichen (Mittel-)Punkt hinter dem Model, sondern lassen Sie die Lichtrichtungen überkreuzen. Der rechte Blitz ist an den linken Bildrand gerichtet, der linke Blitz an den rechten Bildrand. Die Ausleuchtung der Fläche ist dann viel ausgeglichener, da nicht der typische helle Fleck in der Mitte des Hintergrunds entsteht.

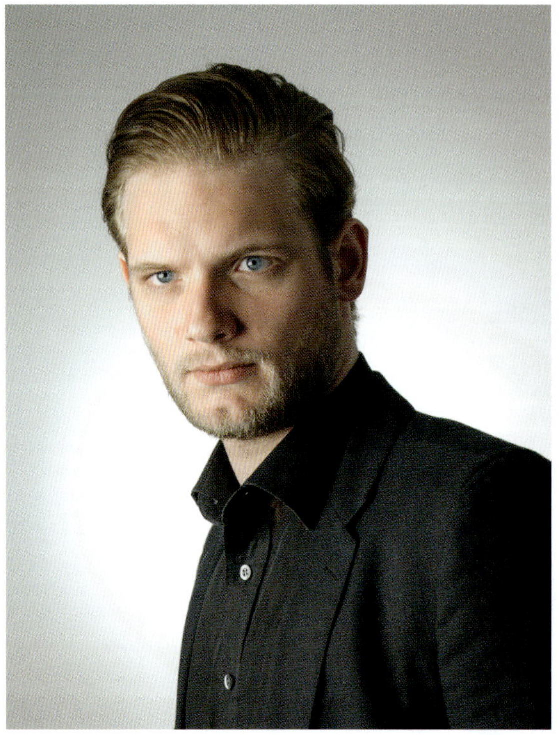

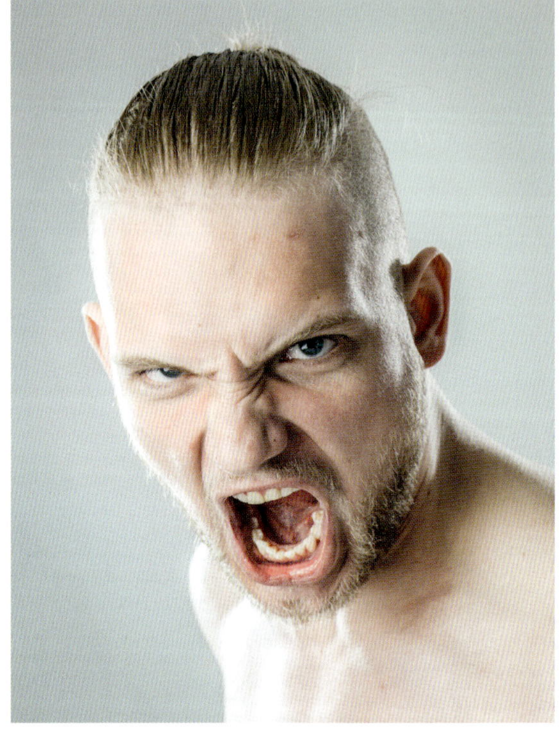

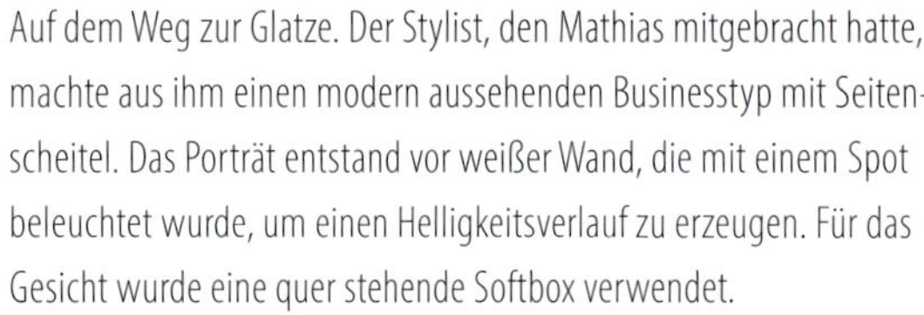

Auf dem Weg zur Glatze. Der Stylist, den Mathias mitgebracht hatte, machte aus ihm einen modern aussehenden Businesstyp mit Seitenscheitel. Das Porträt entstand vor weißer Wand, die mit einem Spot beleuchtet wurde, um einen Helligkeitsverlauf zu erzeugen. Für das Gesicht wurde eine quer stehende Softbox verwendet.

ISO 100 | Brennweite 110 mm | Blende 11 | Belichtungszeit 1/125 s

Eine Zwischenstation als Wikinger – der Schauspieler in seinem Element. Für die Aufnahme habe ich sehr modern ausgeleuchtet. Zwei Blitzgeräte mit Normalreflektoren sorgten für die Lichter an den Seiten des Gesichts. Die Positionierung der beiden seitlichen Blitze war knifflig, es waren mehrere Versuche notwendig. Vorn stand noch eine rechteckige Softbox, der Hintergrund wurde flächig mit einem Normalreflektor ausgeleuchtet.

ISO 100 | Brennweite 110 mm | Blende 11 | Belichtungszeit 1/125 s

Profi beim Posing

Da Mathias Schauspieler ist, hatte ich bei den Posings nicht allzu viel Arbeit. Ein paar Stichwörter genügten, damit Mathias wusste, was ich brauchte. Sein Improvisationstalent und seine Fähigkeit, mit der Mimik zu spielen, waren sehr hilfreich bei der inhaltlichen Bildgestaltung. Besonders intensiv sind diejenigen Aufnahmen geworden, bei denen Mathias aktiv zur Kamera gerichtet war und teilweise eine aggressive Körperhaltung und Mimik zeigte. Da man das von schauspielerisch unerfahrenen Menschen kaum erwarten kann, haben wir in diesem Stil eine ganze Menge Bilder geschossen.

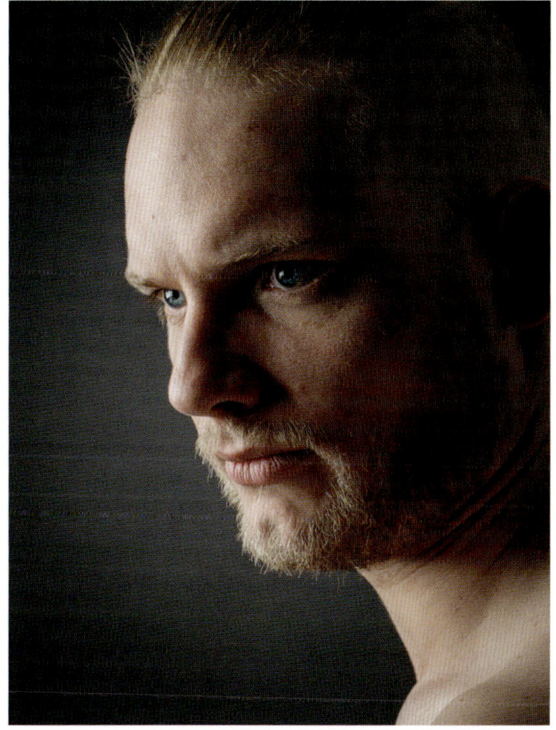

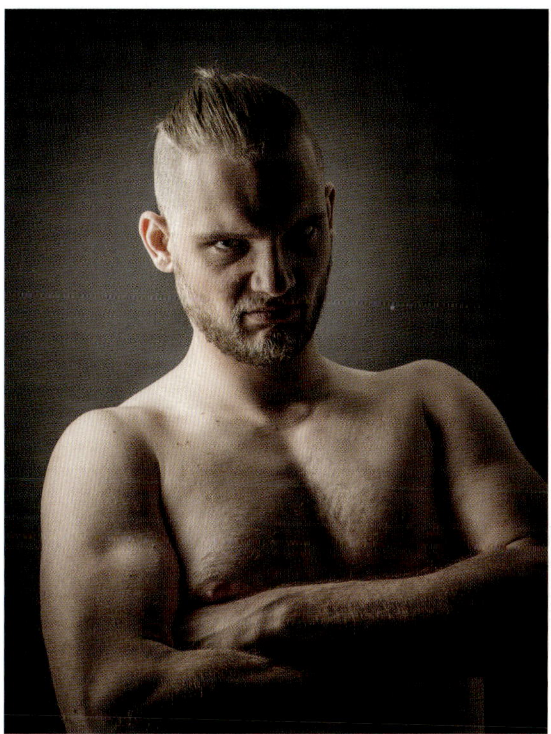

Um den Wikinger noch drastischer zu verkörpern, wechselten wir vom hellen zum dunklen Hintergrund. Das Licht wurde dramatischer und härter, ohne jedoch die Tiefen komplett in Schwarz versinken zu lassen.

ISO 100 | Brennweite 110 mm, 90 mm | Blende 11 | Belichtungszeit 1/125 s

Als Kontrast zur harten, teils aggressiven Lichtsetzung habe ich oft mit der passiven Blickrichtung von rechts nach links gearbeitet. Aufnahmen mit hartem Licht, finsterem Gesichtsausdruck und zusätzlich mit Aktivität ausdrückender Blickrichtung nach rechts verstärken die gestalterische Härte und funktionieren nur teilweise, da die gesamte Komposition schnell ins Kitschige und Klischeehafte abzugleiten droht. Positiv ausgedrückt, könnte man auch sagen, dass die gezeigte Gewalt und Aggression durch die Blickrichtung überspitzt wird – Geschmackssache.

Porträt oder Reportage?

Ein Porträt im klassischen Sinn, also eine Abbildung eines Menschen, die sein Wesen zeigt, ist bei der Session mit Mathias nicht unbedingt entstanden. Dazu war die gesamte Session zu dokumentarisch angesetzt. Der reportageartige Charakter der Aufnahmen – eine frisurentechnische Verwandlung wurde im Studio unter kon-

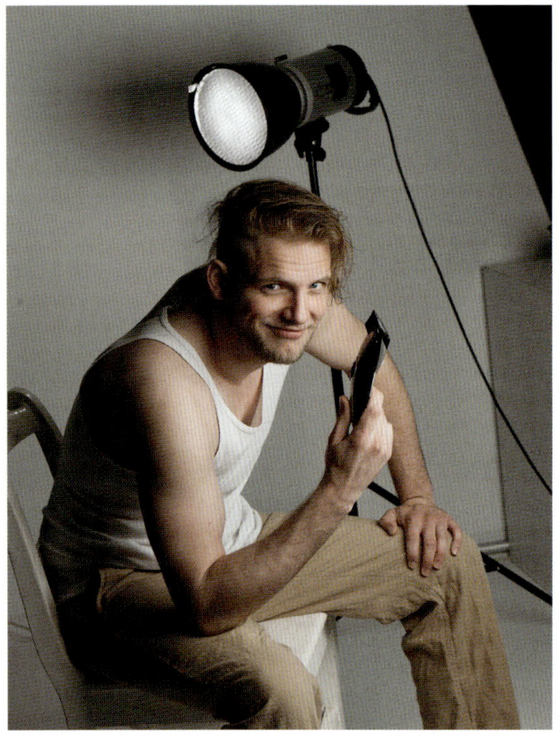

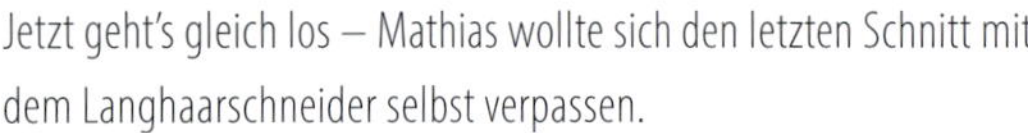

Jetzt geht's gleich los – Mathias wollte sich den letzten Schnitt mit dem Langhaarschneider selbst verpassen.

ISO 100 | Brennweite 105 mm | Blende 11 | Belichtungszeit 1/125 s

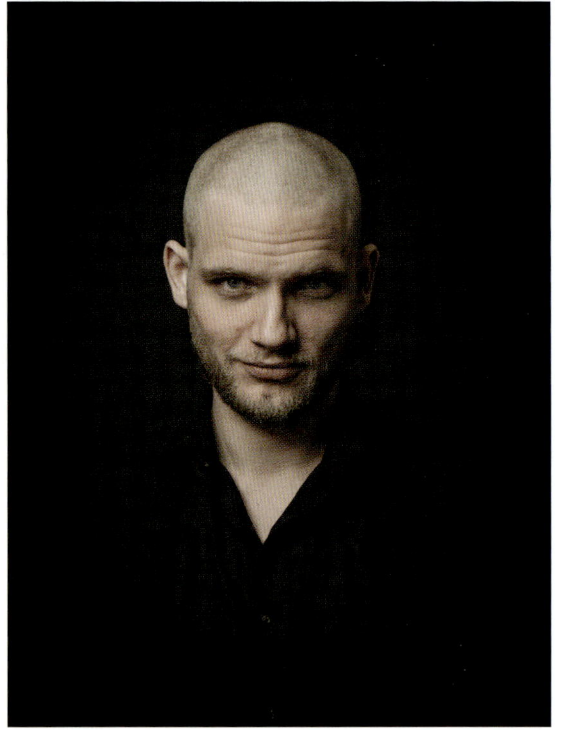

Die Metamorphose ist beendet. Ikonenhaftes Rembrandt-Licht, ungesättigte, aber warme Farben, ein Blick zwischen Skepsis, Traurigkeit und Hoffnung – was will man mehr von einem guten Porträt?

ISO 100 | Brennweite 80 mm | Blende 11 | Belichtungszeit 1/125 s

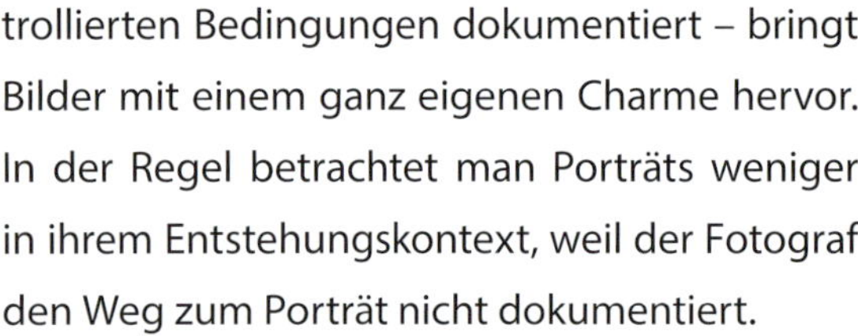

trollierten Bedingungen dokumentiert – bringt Bilder mit einem ganz eigenen Charme hervor. In der Regel betrachtet man Porträts weniger in ihrem Entstehungskontext, weil der Fotograf den Weg zum Porträt nicht dokumentiert.

Wie Sie hier sehen, kann es sich aber durchaus lohnen, den Porträtbegriff in der (Studio-) Fotografie zu erweitern und eine Entwicklung in vielen verschiedenen Bildern und Perspektiven mit unterschiedlichen Mitteln der Fotografie zu zeigen. Es stellt sich hier nicht die Frage, ob eines der Bilder den Charakter von Mathias widerspiegelt. Vielmehr zeigt die gesamte Porträtserie etwas von Mathias' Charakter.

Wenn Sie die Möglichkeit haben, so eine Verwandlung mit der Kamera im Studio zu beobachten, nehmen Sie die Gelegenheit unbedingt wahr. Es ist spannend, zu sehen, was passiert, und eine große Herausforderung an Ihr fotografisches Geschick, auf unterschiedliche Situationen schnell mit den passenden Mitteln der Fotografie zu reagieren.

Der Künstler

Steinbildhauer – denken Sie kurz darüber nach, mit welchen Bildern und Vorstellungen Sie den Begriff „Steinbildhauer" verbinden. Genau – kantig, hart, grob, muskulös, faltig, wettergegerbt. Zugegeben, das sind meine persönlichen Assoziationen, aber ich vermute, einige der Attribute haben auch Sie spontan im Kopf, wenn Sie über einen niederbayerischen Steinbildhauer nachdenken. Reinhard ist aus der Gegend, in der auch ich arbeite und lebe. Er ist in der Region und darüber hinaus ziemlich bekannt mit seinen Werken aus Granit, veranstaltet Symposien, beteiligt sich an Ausstellungen, verkauft seine Arbeiten weit über Niederbayern hinaus. Da ich persönlich eine hohe Affinität zum Bildhauen habe und mich selbst ab und zu am Stein austobe, wollte ich Reinhard für mein Porträtprojekt gewinnen. So spontan, wie ich ihn fragte, sagte er zu.

Hände inszenieren

Ein bildender Künstler lässt sich, ganz Klischee, immer auch über oder mit Betonung auf seine Hände abbilden. Und jemand, der Granit bearbeitet, muss einfach in dieser Hinsicht gezeigt werden. Problematisch dabei ist jedoch, dass man das Klischeehafte daran schnell übertreiben kann. Ich habe auf Werkzeuge oder ein Werkstück verzichtet und wollte mich ganz

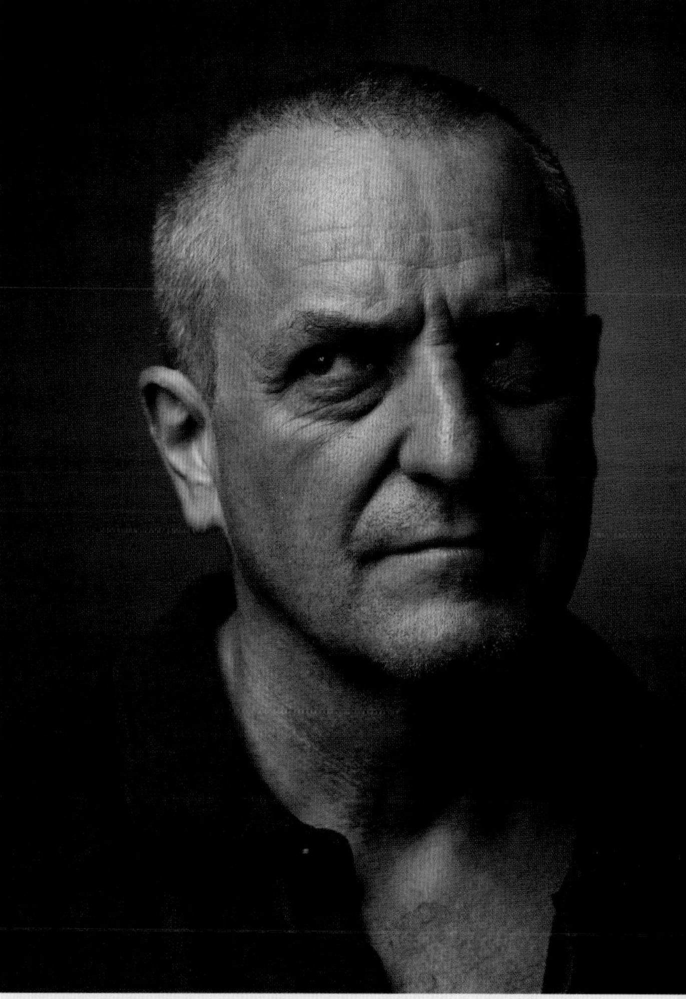

Eine passive Pose (der Blick geht nach links), das Gesicht wird von links beleuchtet, der nachdenkliche bis zornige Gesichtsausdruck – so stelle ich mir einen Künstler vor, der sich mit seinem Werk auseinandersetzt und sich gemeinsam mit seiner Arbeit entwickelt.

ISO 100 | Brennweite 110 mm | Blende 5.6 | Belichtungszeit 1/90 s

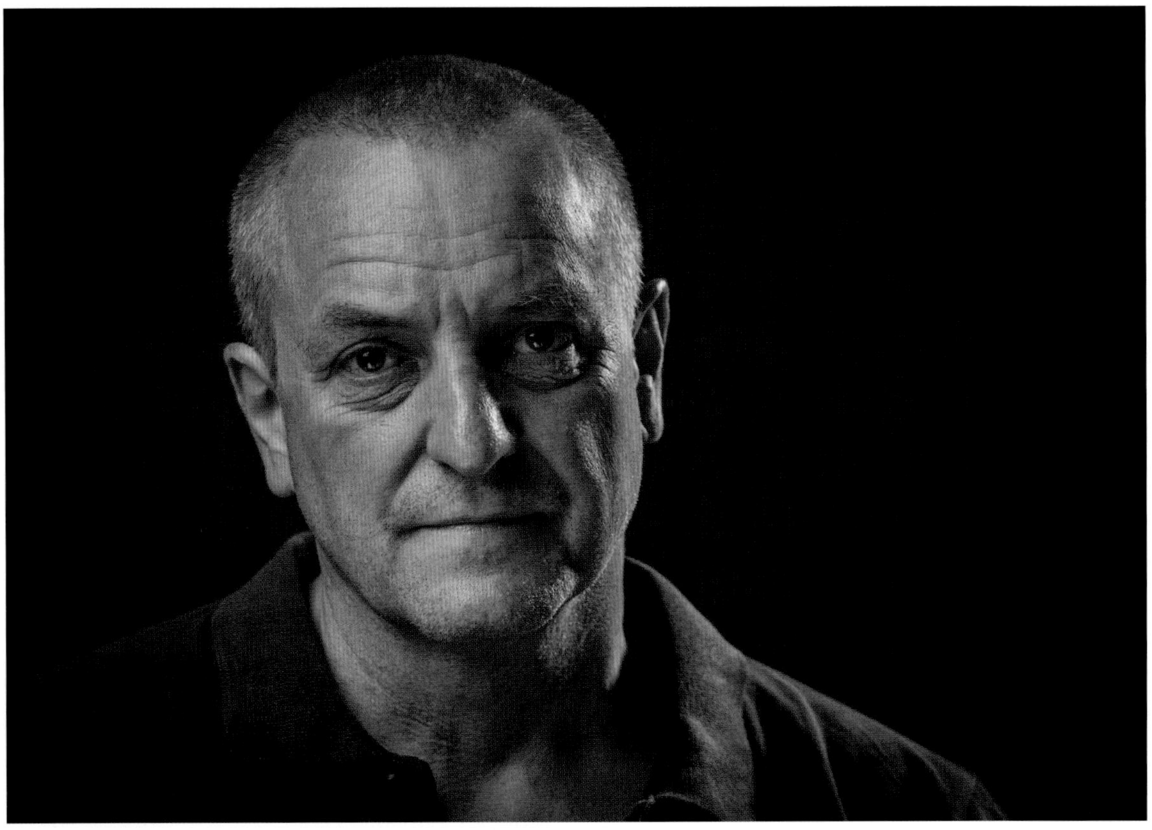

Eine Alternative zur Ausleuchtung im ersten Bild sah ich darin, den Kopf mit einem harten Blitzlicht von rechts (aus Kamerasicht) aufzuhellen. Zwar tritt dadurch das linke Ohr des Künstlers ein wenig hervor, mir gefiel aber der Gedanke, dass das harte Aufhelllicht ein Symbol für einen Geistesblitz oder den Kuss der Muse darstellen könnte.

ISO 100 | Brennweite 110 mm | Blende 5.6 | Belichtungszeit 1/90 s

auf die Hände und deren Präsentation konzentrieren. Zwei Hände mit Hammer und Meißel waren mir einfach zu banal, obwohl man das natürlich auch hätte versuchen können.
Es gab mehrere Versuche, die Hände in Szene zu setzen. Hand auf dem Kopf (nachdenken, grübeln), Hände scharf im Vordergrund („Schaut her, wie man die Arbeit in diesen Händen sieht! Damit erschaffe ich!"), Faust im Vordergrund (Gewalt, brachiale Kraft, Kampf mit dem Stein). Mir persönlich gefällt das Bild mit den beiden Händen im scharfen Vordergrund am besten. Man erkennt die Strukturen, sogar den Schmutz in der Haut und unter den Fingernägeln.

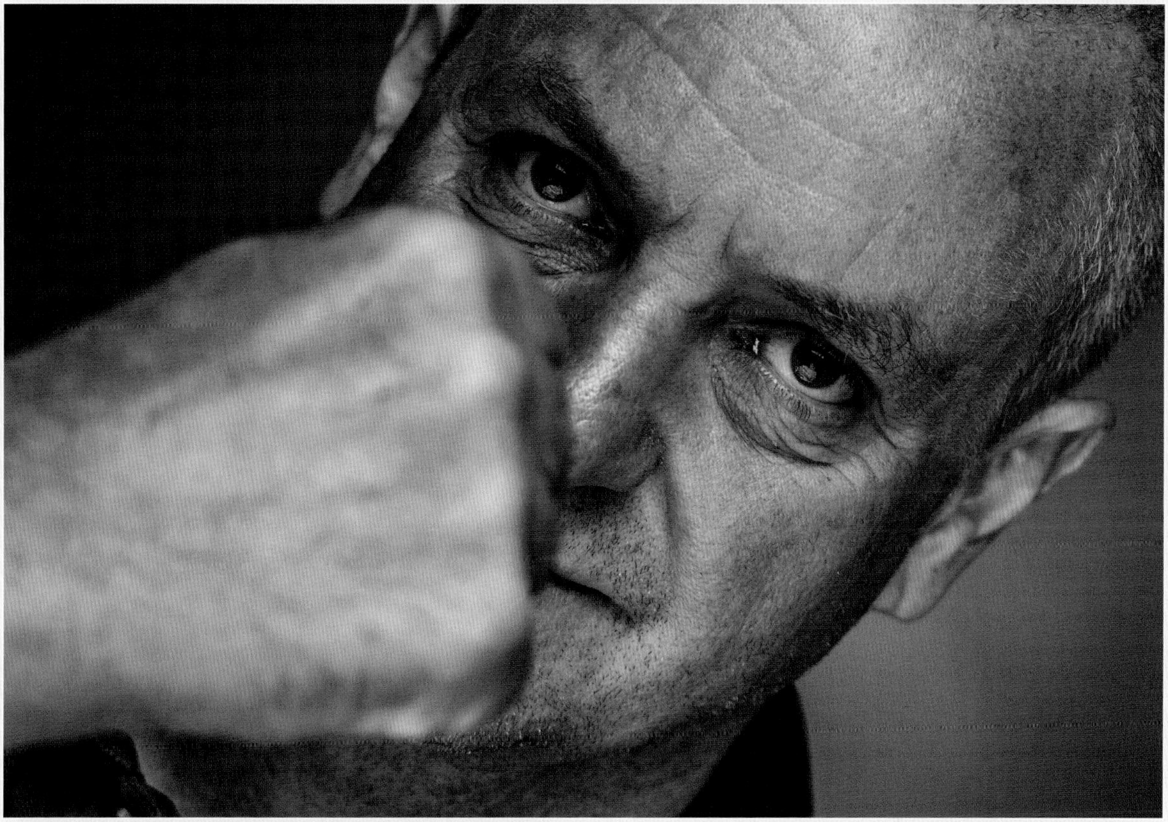

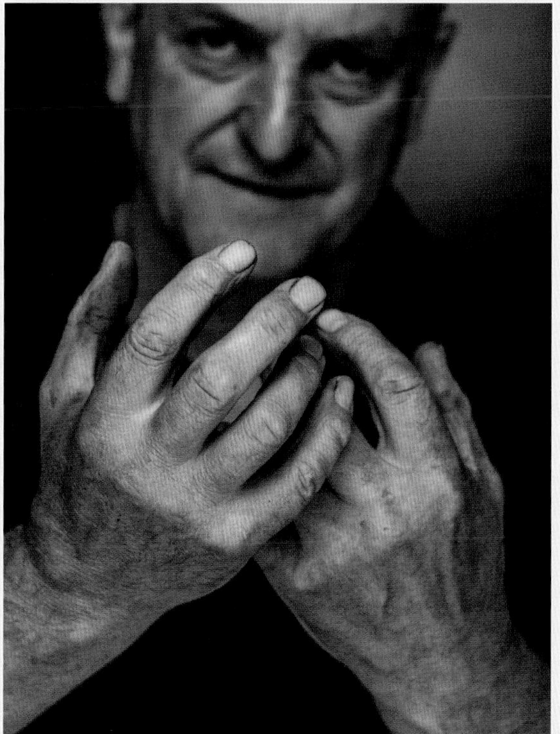

Das Bild ist ein wenig zwiespältig für ein Künstlerporträt, es könnte ebenso einen Boxer zeigen. Man muss den Zusammenhang kennen, um es eindeutig zuordnen zu können.

ISO 100 | Brennweite 110 mm | Blende 5.6 | Belichtungszeit 1/90 s

Bewusste Steuerung von Kontrasten ist es, was ein Foto ausmacht. Hier gibt es große Hell-dunkel-Kontraste sowie die zwischen Schärfe und Unschärfe.

ISO 100 | Brennweite 110 mm | Blende 5.6 | Belichtungszeit 1/90 s

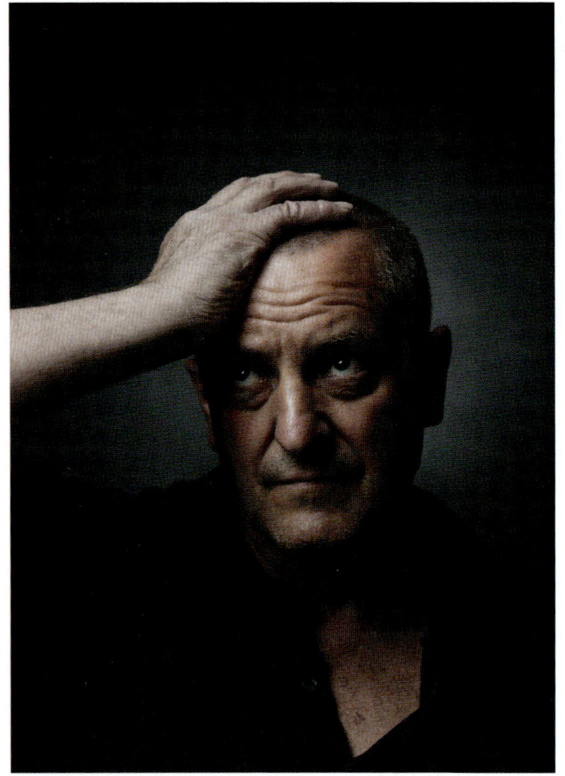

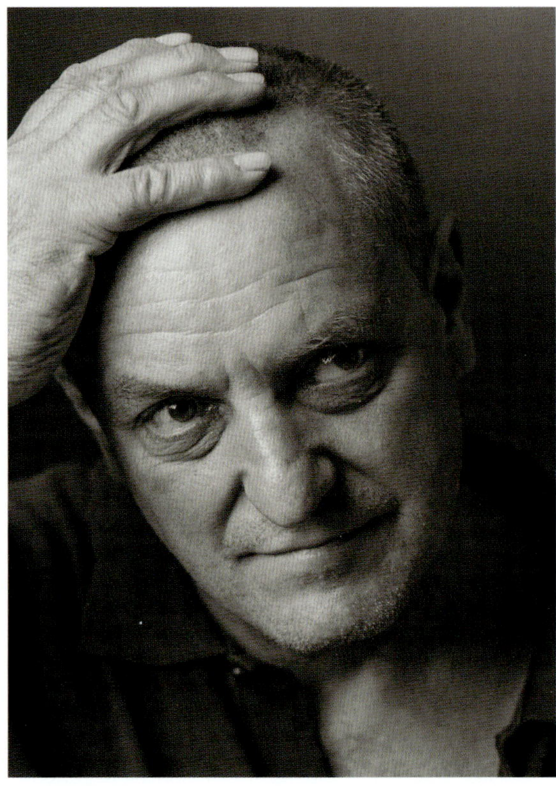

Mich fasziniert an den beiden Aufnahmen, dass der Arm bzw. die Hand auch von einem anderen Menschen (Gott, Muse ...) stammen könnte.

ISO 100 | Brennweite 110 mm | Blende 5.6 | Belichtungszeit 1/90 s

Das Licht ist relativ weich. Dazu der Blick in die Kamera (große Softbox von oben mit Aufhellung von unten), und man kommt als Betrachter dem Künstler relativ nah. Der Schärfekontrast aus scharfen Händen im Vordergrund und unscharfem Gesicht im Hintergrund wirkt zusätzlich intensivierend und macht die Aufnahme noch spannender.

Extreme Bildausschnitte

Extreme Bildausschnitte sind immer problematisch, wenn man es bei den Betrachtern der Aufnahmen mit Menschen zu tun hat, die eher geradlinig denken. Einfaches Beispiel aus meinem Porträtstudio: Ich mag besonders intensive Kinderporträts, bei denen ich auch ab und zu mal den Kopf anschneide, um den Blick noch mehr auf Augen, Nase und Mund zu fokussieren. Leider lautet die hinter vorgehaltener Hand geäußerte Frage von Oma, Opa und alter Tante dann oft: „Wieso hat denn der Fotograf den Kopf abgeschnitten?" Grausam.

Na ja, Kunst und künstlerische Bildgestaltung sind eben nicht immer gefragt. Man darf die Gestaltung im Porträtstudio nie den Wünschen und Geschmacksvorstellungen des Kunden überordnen. Hier in diesem Buch darf ich das, weil ich ja erkläre, warum ich manchmal so extreme Bildausschnitte wähle.

Zunächst mache ich eigentlich immer Porträts, bei denen man den gesamten Kopf bzw. die volle Kopf-Brust-Partie sieht. Zu oft schon habe ich mich im Nachhinein über zu knappe Bildausschnitte beim Fotografieren geärgert – etwas wegzuschneiden, geht halt einfacher, als etwas hinzuzuretuschieren. Durch die hohe Auflösung meiner Kameras (Hasselblad 31 MP und Canon 5Ds50 MP) habe ich mittlerweile genügend Spielraum für knappe Ausschnitte.

Licht von oben und unten

Ein kleiner Tipp aus der Studiopraxis: Um eine relativ gleichmäßige Ausleuchtung zu bekommen, kann man ein Hauptlicht direkt von oben setzen und gleichzeitig mit einem ähnlich geformten Reflektor von unten aufhellen. Anstelle des Reflektors wäre auch eine zweite, identische Lichtquelle möglich, was aber schwieriger wäre, da dann die Leistungen der Geräte aufeinander abgestimmt werden müssten. Eine zu helle Lichtquelle von unten wirkt immer etwas gruselig.

In dem hier gezeigten Bild wurde eine rechteckige Softbox vor einem Blitzgerät als Hauptlicht von oben verwendet, die Aufhellung erfolgte mit einem rechteckigen Reflektor von unten. Dadurch sind die beiden Spitzlichter in den Augen mehr oder weniger identisch. Die Augen, und damit das Porträt, werden dadurch interessanter, weil diese Art der Ausleuchtung relativ ungewöhnlich ist.

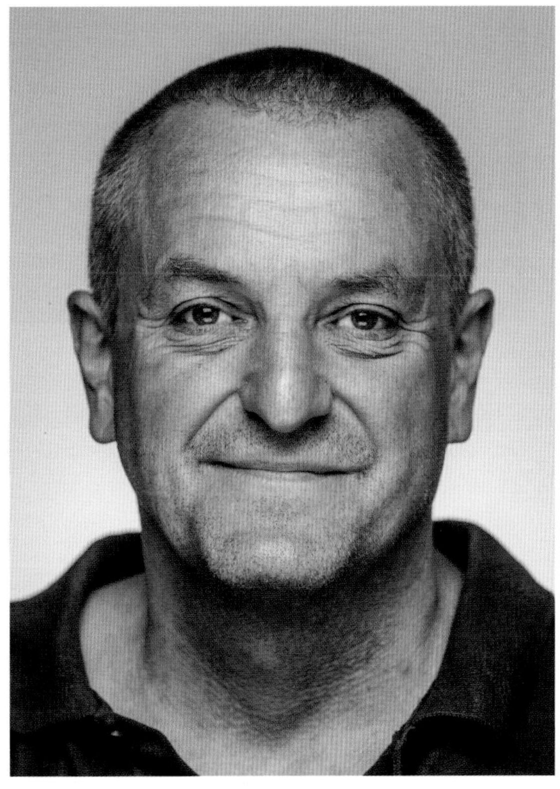

Zwei rechteckige Lichtflächen senkrecht von oben und unten sind nicht gerade üblich in der Porträtfotografie. Dadurch werden Spitzlichter in den Augen erzeugt, deren Wirkung ungewöhnlich ist.

ISO 50 | Brennweite 160 mm | Blende 5.6 | Belichtungszeit 1/100 s

Zum Thema Auflösung

Die Sensorauflösung allein erzeugt noch kein ausreichend gutes Ausgangsmaterial. Die Auflösungsfähigkeit und die optischen Eigenschaften des verwendeten Objektivs sind mindestens ebenso wichtig. Denn eine miese Optik liefert einen Haufen matschiger und farbverzerrter Pixel, die dann in extremen Ausschnitten nicht mehr wirklich gut aussehen. Beispiel gefällig?

Meine Canon-Optik 16-35 mm f/2.8 II ist an der 5Ds mit ihren 50 Megapixeln nicht mehr guten Gewissens zu gebrauchen. An der 5D Mark III war das Objektiv traumhaft, an der 5Ds tauchen zu den Rändern hin heftige Unschärfe und vermehrt chromatische Aberration auf. Diese Randbereiche sollte man also tunlichst nicht für Bildausschnitte verwenden.

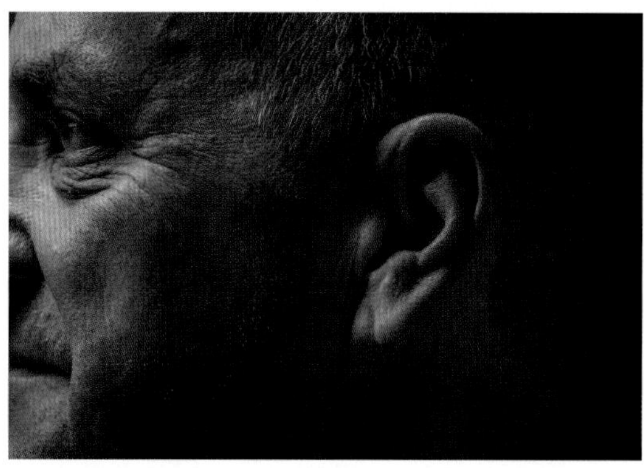

Kontrovers? Das Original gefiel mir schon ganz gut, weil der Kopf im Profil recht wuchtig und statisch wirkt. Mit diesem extremen Bildausschnitt – meine Frau meinte, das wäre jetzt aber Kunst – ergeben sich mehrere Veränderungen: Der Blick des Betrachters pendelt zwischen Auge und Ohr, der Hinterkopf scheint seltsam verformt und viel zu groß, wodurch auch der imaginäre Hals extrem stämmig wird. Ob man das mag, ist wieder eine andere Frage. Übrigens – wenn Sie, wie meine Frau, unbedingt das ganze Bild sehen möchten, schreiben Sie mir eine Mail (*info@foto-haasz.de*), ich schicke es Ihnen.

ISO 50 | Brennweite 150 mm | Blende 5.6 | Belichtungszeit 1/100 s

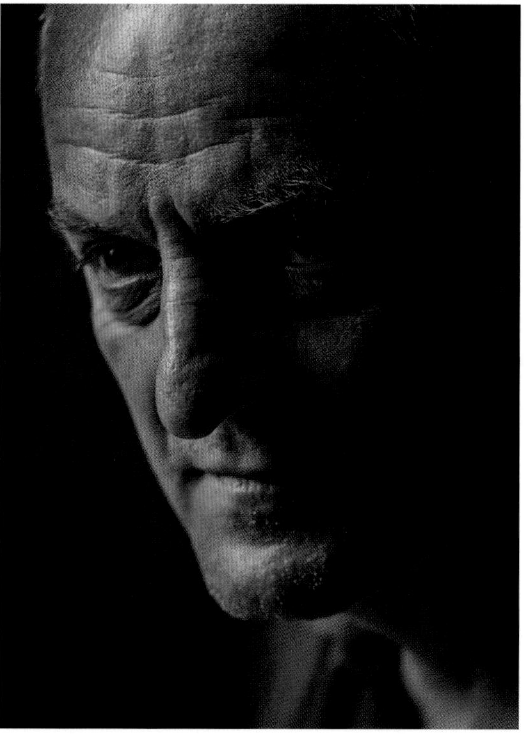

Für mich ein perfektes Porträt – Pose und Gesichtsausdruck, Licht und Bildausschnitt zeigen den Künstler so, wie ich das wollte. Stellen Sie sich einfach vor, Reinhard hätte sich einen halben Meter von seinem Werkstück entfernt und würde sich intensiv mit seiner Arbeit auseinandersetzen.

ISO 50 | Brennweite 150 mm | Blende 5.6 | Belichtungszeit 1/125 s

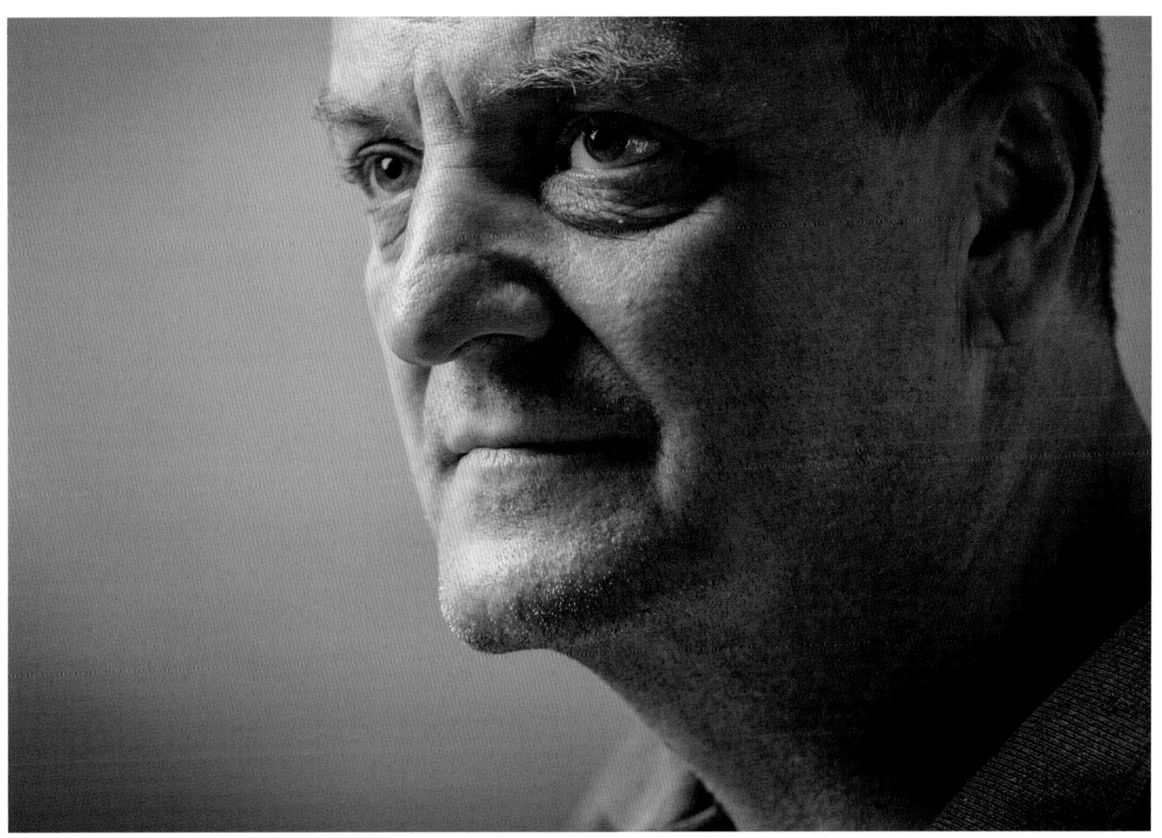

Dieser Ausschnitt ist nicht ganz so extrem, ein dermaßen drastisch angeschnittener Kopf sollte aber auf jeden Fall ergeben. Mir ging es hier vor allem darum, den Goldenen Schnitt anders als üblich zu interpretieren. Die Augen (normalerweise eher im Goldenen Schnitt platziert) werden dadurch, dass die Nase im Goldenen Schnitt angeordnet ist, in ihrer Wichtigkeit reduziert. Nase und Augen sind plötzlich ähnlich wichtig.

ISO 100 | Brennweite 150 mm | Blende 5.0 | Belichtungszeit 1/100 s

Der Mann und der Hund

Die Porträtsession mit Johannes kam, wie mehrere andere Porträtserien in diesem Buch, über meinen Facebook-Aufruf zustande. Um mich auf die Porträts einzustellen, hatte ich also nur ein paar persönliche Nachrichten, die wir ausgetauscht hatten, sowie ein paar Fotos, die ich auf der Facebook-Seite gesehen hatte. Markant, klassisch, modern, hintergründig, spannend – das waren Begriffe, die mir damals spontan in den Sinn kamen. Entsprechend wollte ich Johannes dann auch dunkel, markant, mit harten Schatten abbilden. Und dann kam der Hund ins Spiel, der all meine Pläne relativierte.

Schubladendenken

Wenn wir jemanden sehen, ordnen wir ihn oder sie sofort in diverse Schubladen ein, um uns schnell orientieren zu können. Diese Art der vorurteilsbehafteten Einordnung erleichtert uns den Alltag, weil wir nicht zu allem und jedem eine ewig dauernde Abwägung durchlaufen müssen. Als Johannes im Studio ankam, lief natürlich auch bei mir eine derartige Schnelleinordnung ab. Allerdings relativiert sich das Schubladendenken eines Fotografen, da er ja in einem Menschen potenzielle Fotomotive und Porträtbilder sieht. Anders ausgedrückt, hätte ich Johannes irgendwo in einem Café sitzen sehen, wäre meine Einordnung anders ausgefallen als in der Studiosituation.

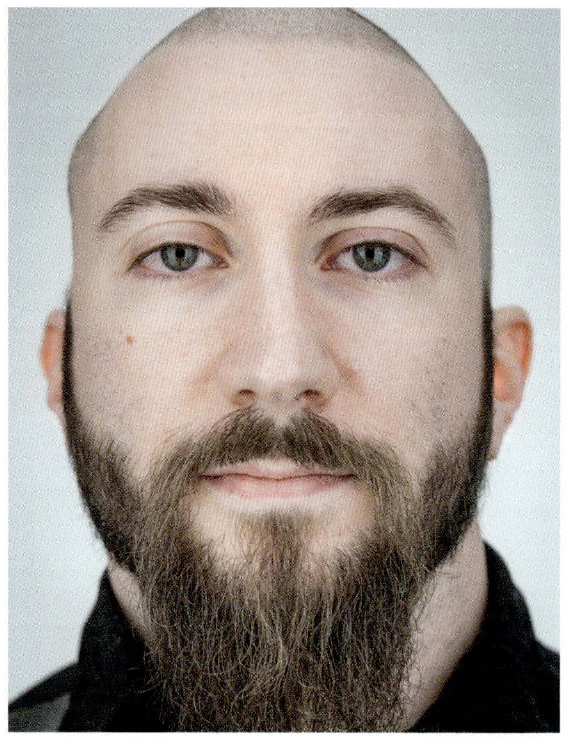

So extreme Close-ups können toll wirken, müssen es aber nicht. Im Fall von Johannes habe ich mich dazu entschieden, den Kopf oben etwas anzuschneiden, um die Aufmerksamkeit weg von der markanten Kopfform hin zum Gesichtsausdruck und den Augen zu lenken. Der extrem sanfte Übergang von scharfen zu unscharfen Bereichen ist ein Resultat der Kamera-Objektiv-Kombination im Mittelformat.

ISO 100 | Brennweite 105 mm | Blende 8.0 | Belichtungszeit 1/180 s

Sie sollten sich Ihres eigenen Schubladendenkens bewusst werden und damit arbeiten. Denn eine solche spontane Einordnung hilft mir immer wieder, schnell ein paar ins Auge springende Details zu erfassen und so quasi

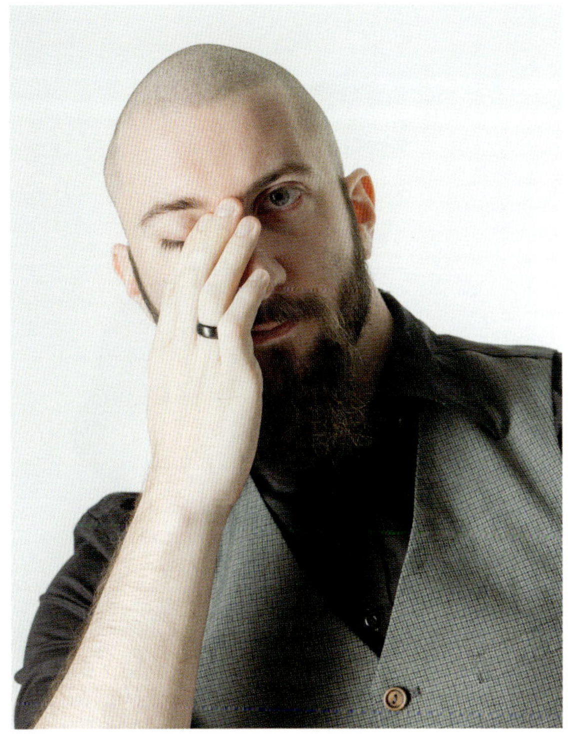

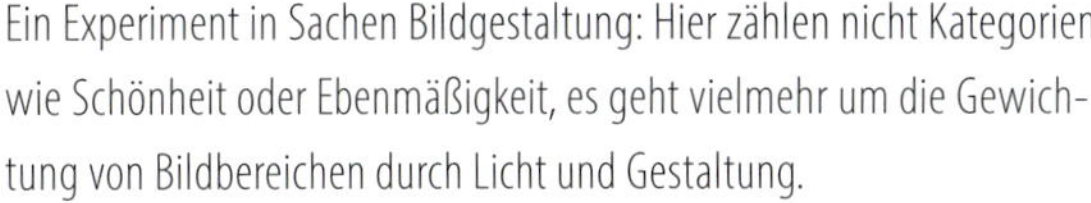

Ein Experiment in Sachen Bildgestaltung: Hier zählen nicht Kategorien wie Schönheit oder Ebenmäßigkeit, es geht vielmehr um die Gewichtung von Bildbereichen durch Licht und Gestaltung.

ISO 100 | Brennweite 110 mm | Blende 8.0 | Belichtungszeit 1/180 s

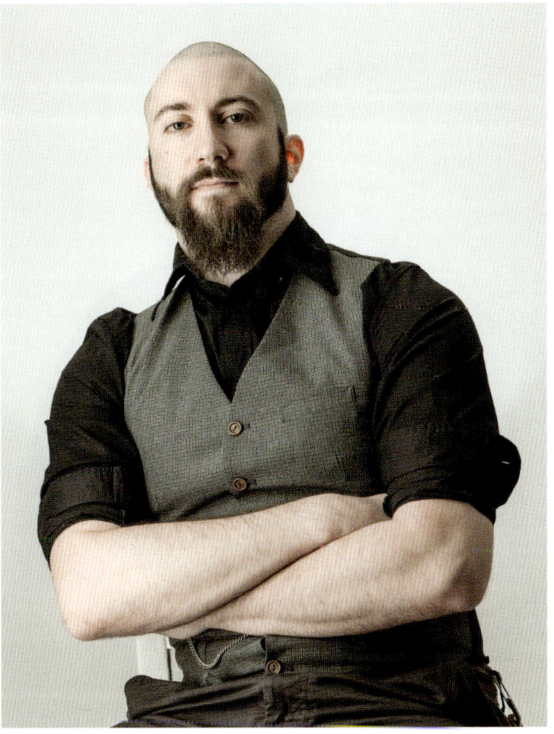

Statisch, fest, abschätzend – das Bild lebt von der ablehnenden Körperhaltung und Johannes' abschätzendem Blick. Eigentlich sollte in einem Porträt immer der Kopf der Kamera am nächsten sein – hier sind es die Arme, um die Haltung zu unterstreichen und die Distanz zum Betrachter zu vergrößern.

ISO 100 | Brennweite 100 mm | Blende 8.0 | Belichtungszeit 1/180 s

eine Art Scherenschnitt, eine Karikatur oder auch ein Comic entstehen zu lassen. Das bedeutet, man reduziert die Persönlichkeit vor der Kamera auf einige markante Gesichtspunkte, die man dann mit den Mitteln der Fotografie herausarbeitet. Daher auch die Analogie zum Comic und zur Karikatur, da es dort ebenfalls auf die Reduzierung bestimmter charakteristischer Merkmale ankommt.

Glatze und Bart und Licht

Zwei Auffälligkeiten an Johannes haben mich zu Beginn besonders beschäftigt: seine Kopfform, die durch die Glatze besonders hervorgehoben wird, und der Bart, der mich in seiner Form an einen bärtigen Araber denken ließ – warum auch immer. Das Problem bei Porträts eines Menschen, der ein paar derart markante visuelle Eigenschaften hat, liegt vor allem da-

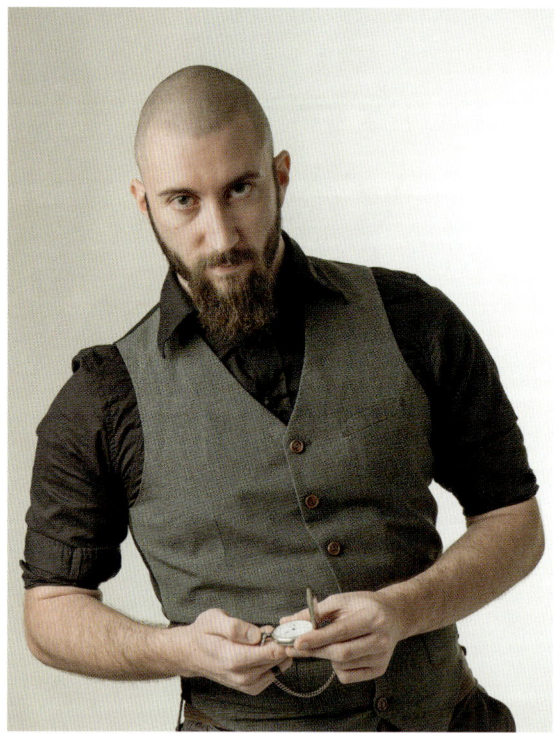

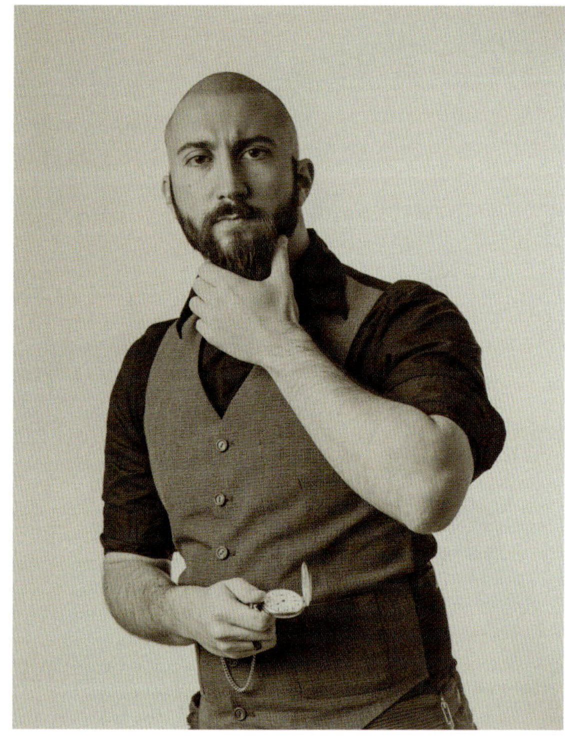

Hier sehen Sie zwei weitere Versuche, den markanten Bart ein wenig aus der Wahrnehmung zu bringen, um die Kompositionen ausgeglichener zu machen. Die Taschenuhr wird dazu als Accessoire eingeführt. Die Bildbearbeitung erfolgte übrigens ausschließlich in Lightroom. Sowohl die Sepia-Tonung als auch das „Filmkorn" (Bildrauschen) entstanden in Adobes RAW-Entwickler.

ISO 100 | Brennweite 105 mm, 110 mm | Blende 8.0 | Belichtungszeit 1/180 s

rin, eine Balance zu finden zwischen diesen offensichtlichen Blickfängen und allen anderen Charakteristika, die schnell unterzugehen drohen. In den ersten Aufnahmen habe ich daher einen hellen Hintergrund verwendet, um die Kopfform gegen den Hintergrund nicht zu deutlich hervortreten zu lassen. Auch habe ich auf ein Gegenlicht verzichtet, das in der Regel dazu dient, die Konturen gegen den Hintergrund deutlicher hervortreten zu lassen.

Das oben gezeigte Close-up von Johannes wurde schon beim Fotografieren angeschnitten, sodass die Kopfform als auch der Bart nicht mehr in den Vordergrund treten konnten. Bei den anderen Bildern vor weißem Hintergrund ist der Bildausschnitt größer, um auch die Kleidung, den Oberkörper und die Arme stärker in die Komposition einzubeziehen. Das Bild mit der Hand vor dem Gesicht bringt ein zusätzliches starkes Bildelement, da die Hand das Gesicht zerteilt. Außerdem habe ich einen extremen Kontrast durch die Gewichtung von linker und rechter Gesichtshälfte erzeugt. Die helle Gesichtsseite (hell = mehr Wahrnehmung) ist teilweise von der Hand verdeckt, das Auge geschlossen. Demgegenüber wird die dunkle Gesichtshälfte betont, indem das Auge geöffnet ist und die dunkle Seite mehr Fläche im Bild einnimmt. Weil der Bart über dem dunklen Hemd steht, fällt er nicht mehr so sehr ins Gewicht.

Mehr Schatten, mehr Kontrast ...

In einem zweiten Setting leuchtete ich Johannes härter aus und arbeitete dafür mit einem Beauty-Dish. Diese runde, etwa 40 cm große Schüssel mit weißer Beschichtung wird eigentlich vor allem bei relativ nahen Kopfporträts verwendet, da der Lichtabfall vor allem vor dunkler Umgebung beträchtlich sein kann. Das heißt, dass der Kopf korrekt ausgeleuchtet ist, während der Körper ab dem Brustkorb nach unten schon ziemlich finster wird. Zwar erzeugt der Beauty-Dish relativ weiches Licht, das aber vor allem bei kurzem Abstand zum Motiv. Dementsprechend ist dann der Lichtkegel doch wieder ziemlich begrenzt.

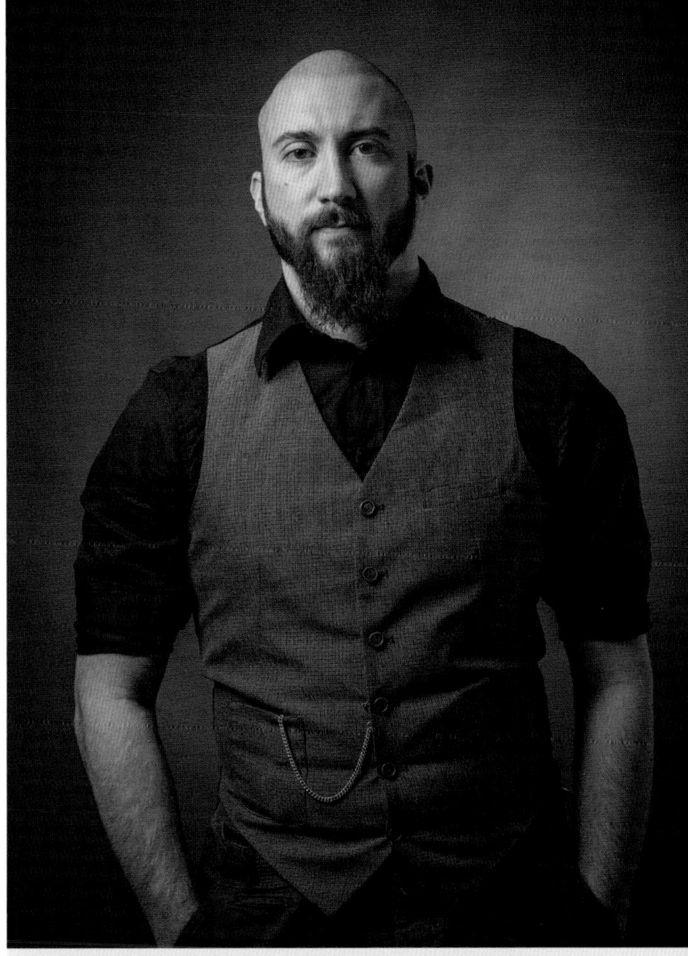

Für die Aufnahme wurde als Hauptlicht ein Beauty-Dish verwendet. Durch den relativ engen Lichtkegel wurde der untere Bereich im Bild schnell viel zu dunkel. Obwohl das Foto unten mit einem Helligkeitsverlauf in Lightroom stark (bis zu zwei Blenden) aufgehellt werden musste, gibt es an der Bildqualität nichts auszusetzen. Das Bildrauschen hält sich absolut in Grenzen, weil die Originalaufnahme mit ISO 100 geschossen wurde.

ISO 100 | Brennweite 110 mm | Blende 8.0 | Belichtungszeit 1/180 s

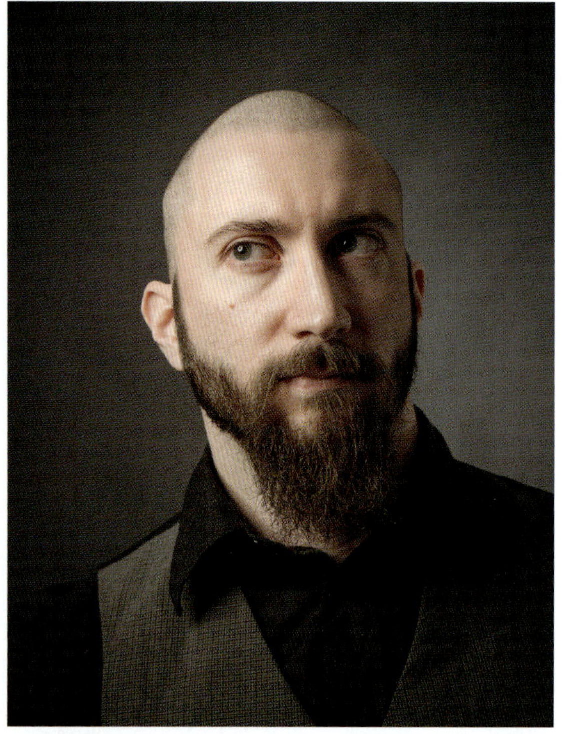

Genau genommen, mache ich bei dieser Aufnahme einen groben Fehler: Die lange Gesichtsseite, also diejenige Seite, die mehr Fläche im Bild einnimmt, sollte niemals so flächig hell ausgeleuchtet sein, wie es hier zu sehen ist. Johannes' rechte Gesichtshälfte (die von der Kamera aus gesehen linke) ist zur Kamera gedreht und bekommt das Hauptlicht voll ab. Dadurch ist es kaum plastisch, sieht flach und langweilig aus. Decken Sie mal mit der Hand die dunklere Gesichtsseite ab, dann sehen Sie, was ich meine.

ISO 100 | Brennweite 105 mm | Blende 8.0 | Belichtungszeit 1/180 s

Bei den Aufnahmen vor schwarzem Hintergrund habe ich daher mit zwei „natürlichen" und einem „künstlichen" Aufheller gearbeitet. Die Wand rechts von Johannes hat seine Schattenseite aufgehellt, der weiße Boden hat zusätzlich etwas Licht von unten auf den Körper gebracht. Der „künstliche" Aufheller war dann schließlich eine Verlaufskorrektur (Helligkeit) in Lightroom um maximal zwei Blenden. Gemessen wurde für die Aufnahmen vor schwarzem Hintergrund auf die Hauttöne. Das heißt, die Hauttöne waren meine Referenz für korrekt belichtete Aufnahmen. Diese Vorgehensweise kommt aus der Low-Key-Fotografie, in der die Kontraste und Schatten noch viel kräftiger ausfallen und man sehr exakt messen muss, um die Haut richtig zu belichten. Diese exakte Vorgehensweise hilft auch bei anderen Licht-Set-ups mit kräftigen Kontrasten und vor dunklem Hintergrund.

... und Hund

Als der Hund ins Spiel kam, änderte sich die zuvor eher ernsthafte Session. Es wurde lustiger und spontaner, da der Chihuahua nicht unbedingt ein dressierter Film- und Fotohund war. Nichtsdestotrotz konnten wir ein paar Bilder mit Mann und Hund schießen, die dank der leicht modifizierten Lichtsetzung der vorigen Motive sehr zügig entstanden. Es gibt einiges, das man in diese Bilder hineininterpretieren könnte (Mann mit Bart und Hund mit Fell, großer Mann – kleiner Hund etc.), im Grunde waren es aber nur „geplante Schnappschüsse", die allen einfach Spaß gemacht haben. Dem Hund vielleicht nicht so sehr wie uns Menschen.

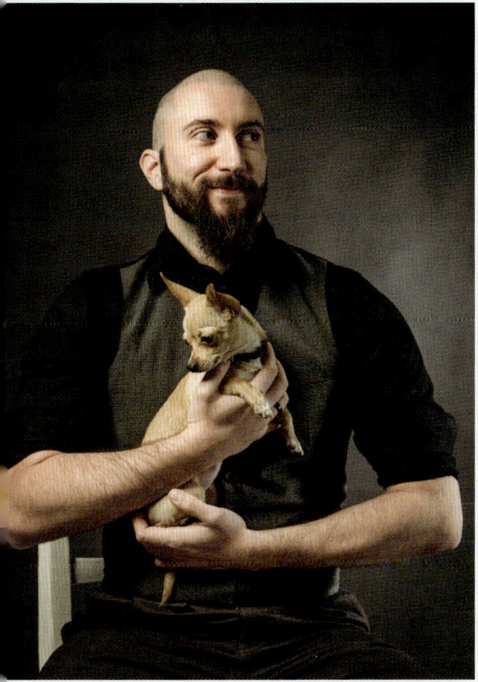

So war das anfangs eigentlich nicht geplant – hat aber dafür umso größeren Spaß gemacht. Johannes und sein kleiner Hund, die vor der Kamera ein tolles Team abgegeben haben.

ISO 100 | Brennweite 85 mm | Blende 8.0 | Belichtungszeit 1/180 s

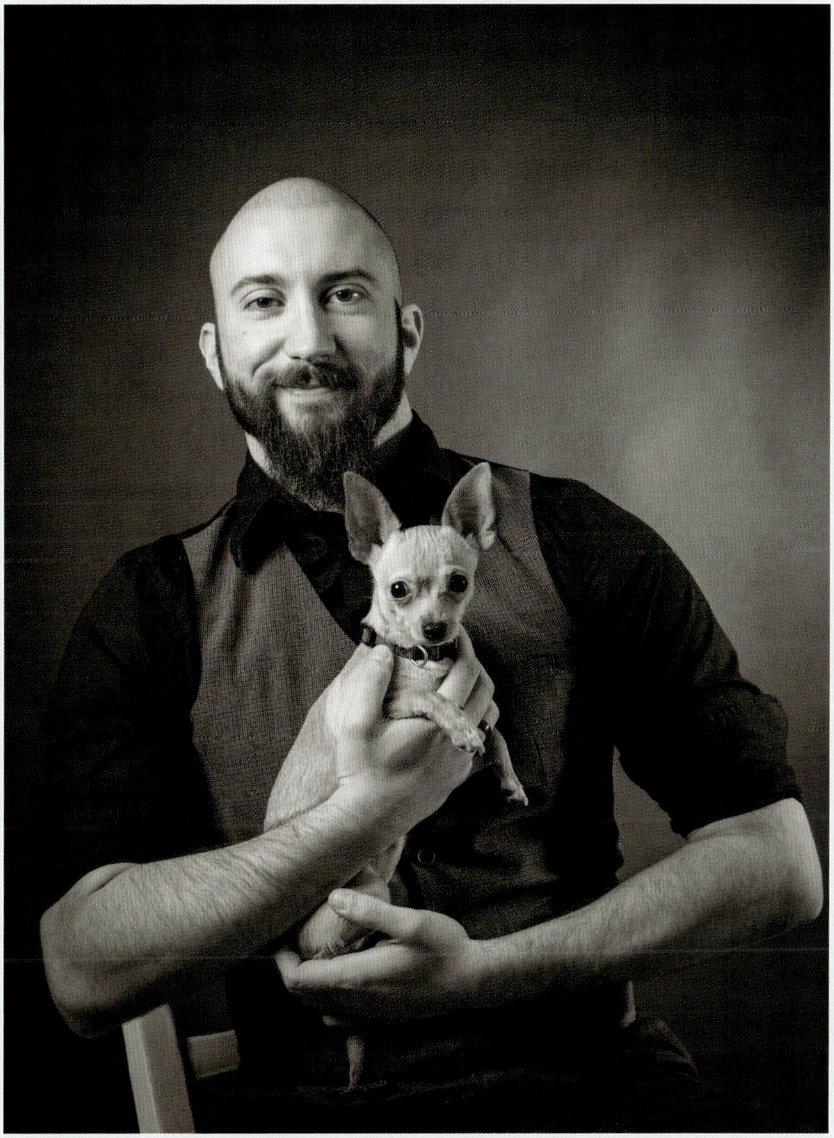

Es entstand nur eine Handvoll Aufnahmen von Johannes zusammen mit seinem Hund – Tiere haben manchmal nicht allzu viel Geduld vor der Kamera. Umso wichtiger war es, beim Licht gut vorbereitet zu sein, um nicht viel korrigieren oder experimentieren zu müssen. Das Licht-Set-up war mit einem Hauptlicht von links (aus Kamerasicht), einem Aufhelllicht (Striplight) von rechts und einem Hintergrundspot relativ simpel.

ISO 100 | Brennweite 85 mm | Blende 8.0 | Belichtungszeit 1/180 s

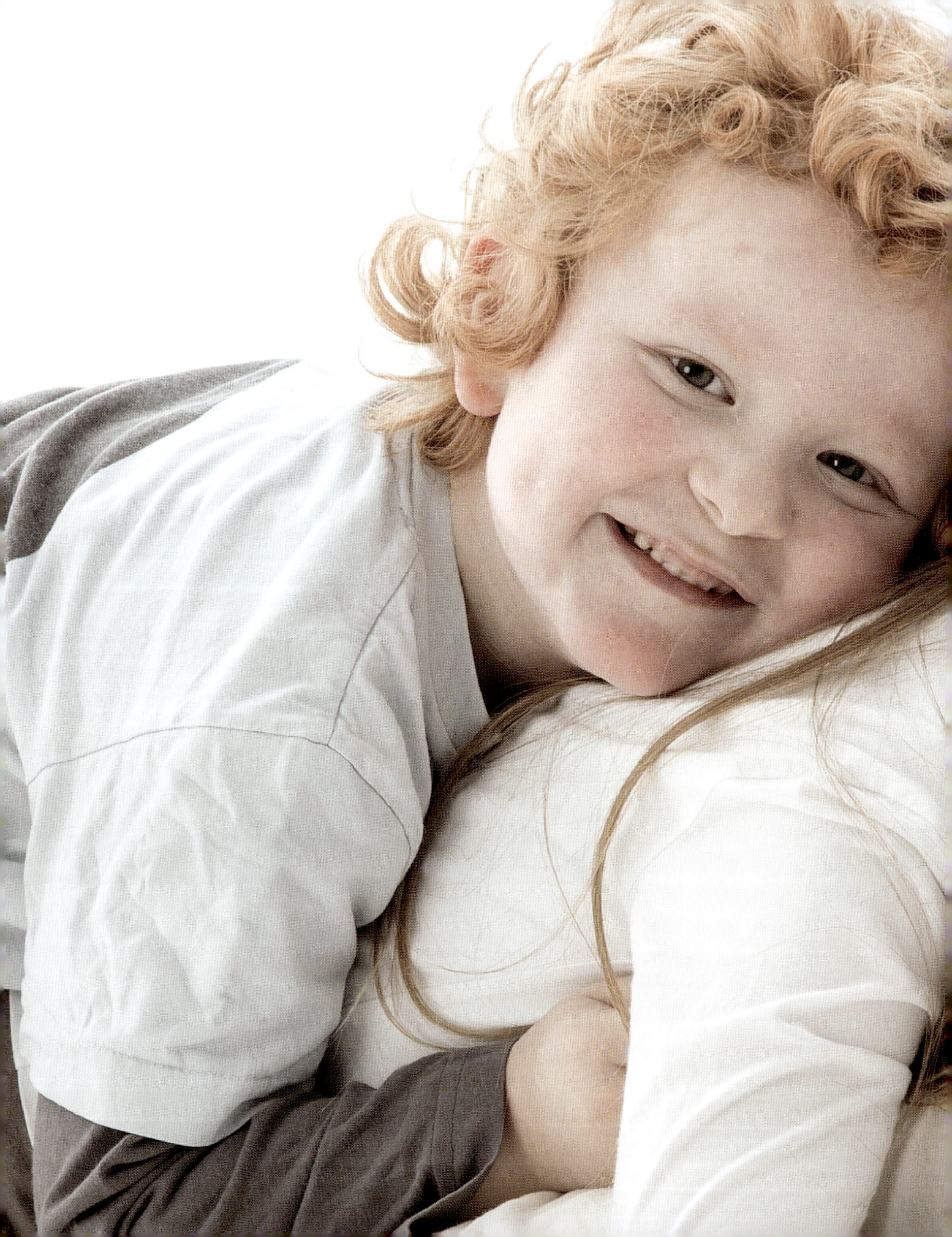

10 | KINDER VOR DER KAMERA

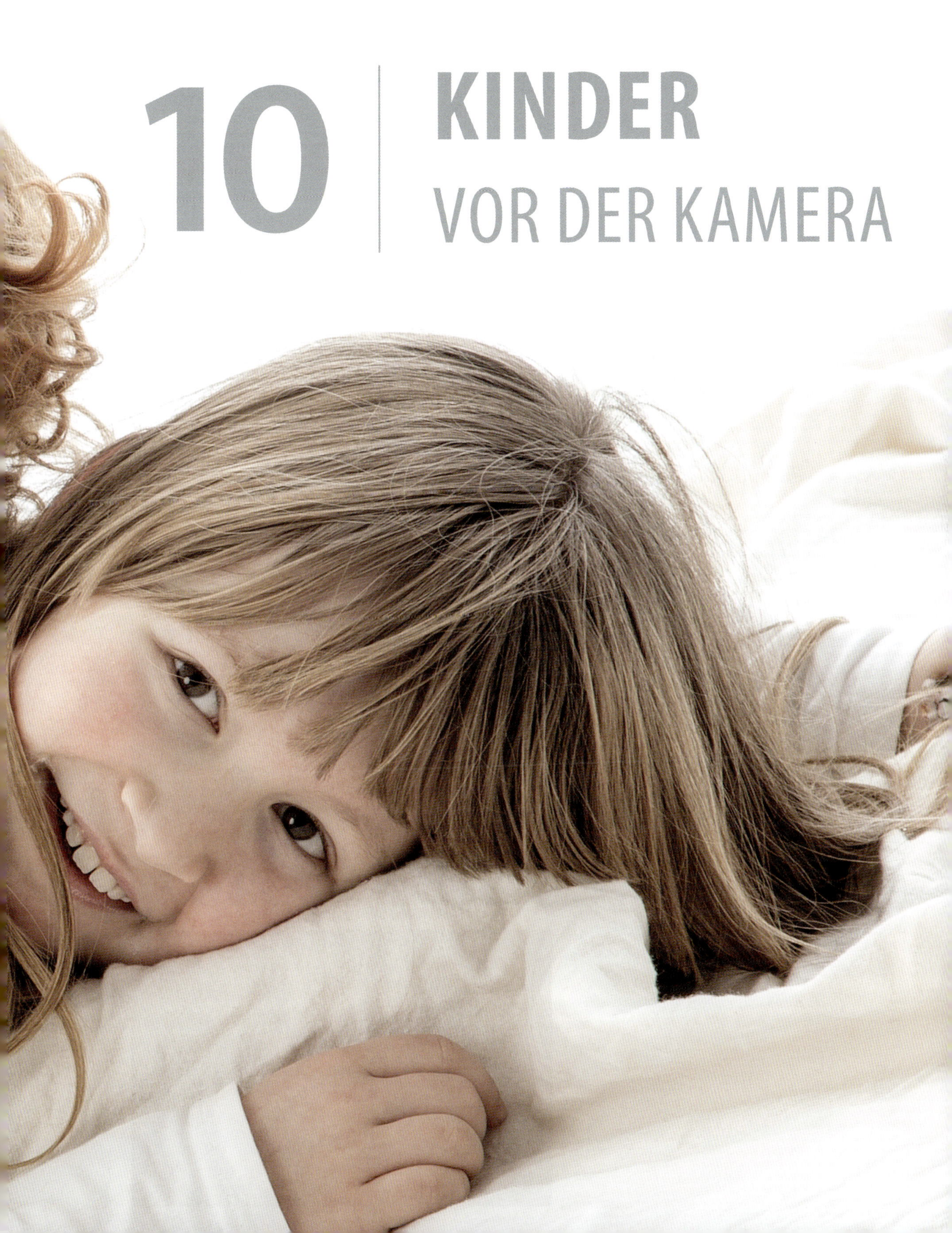

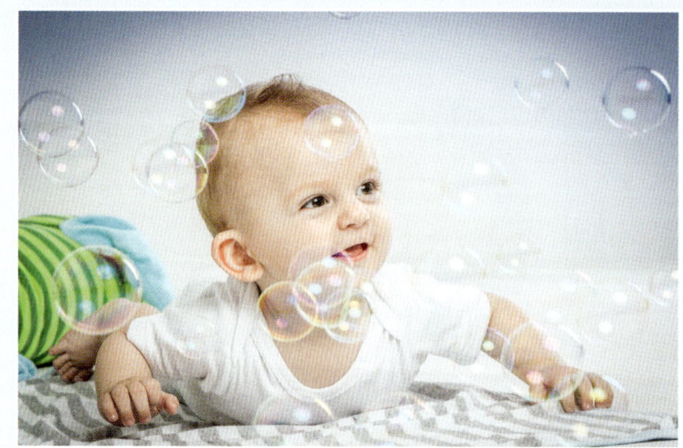

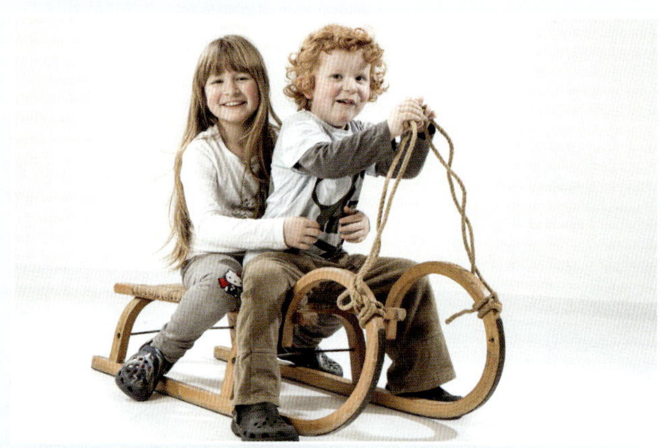

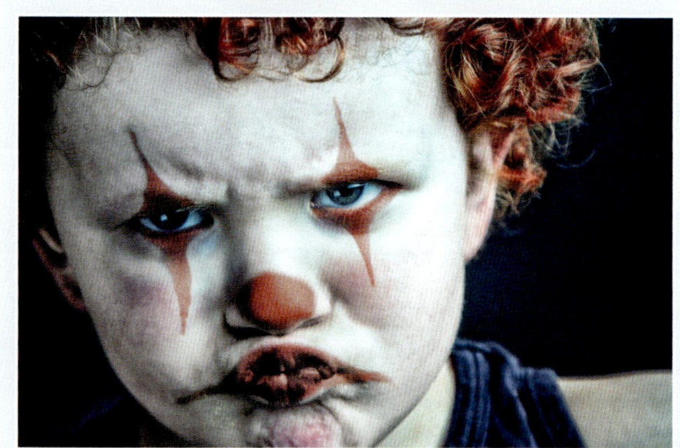

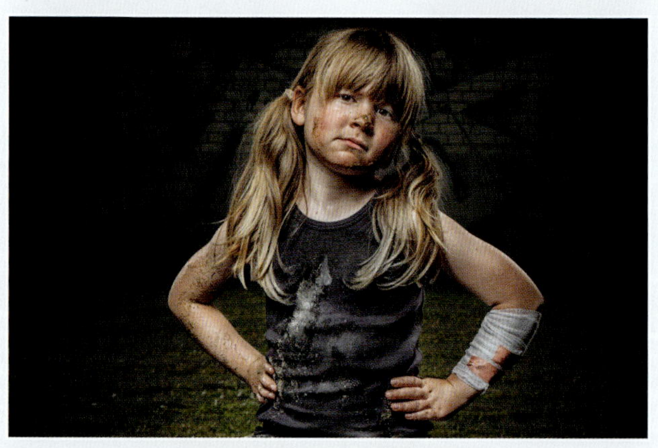

10

Kinder vor der Kamera

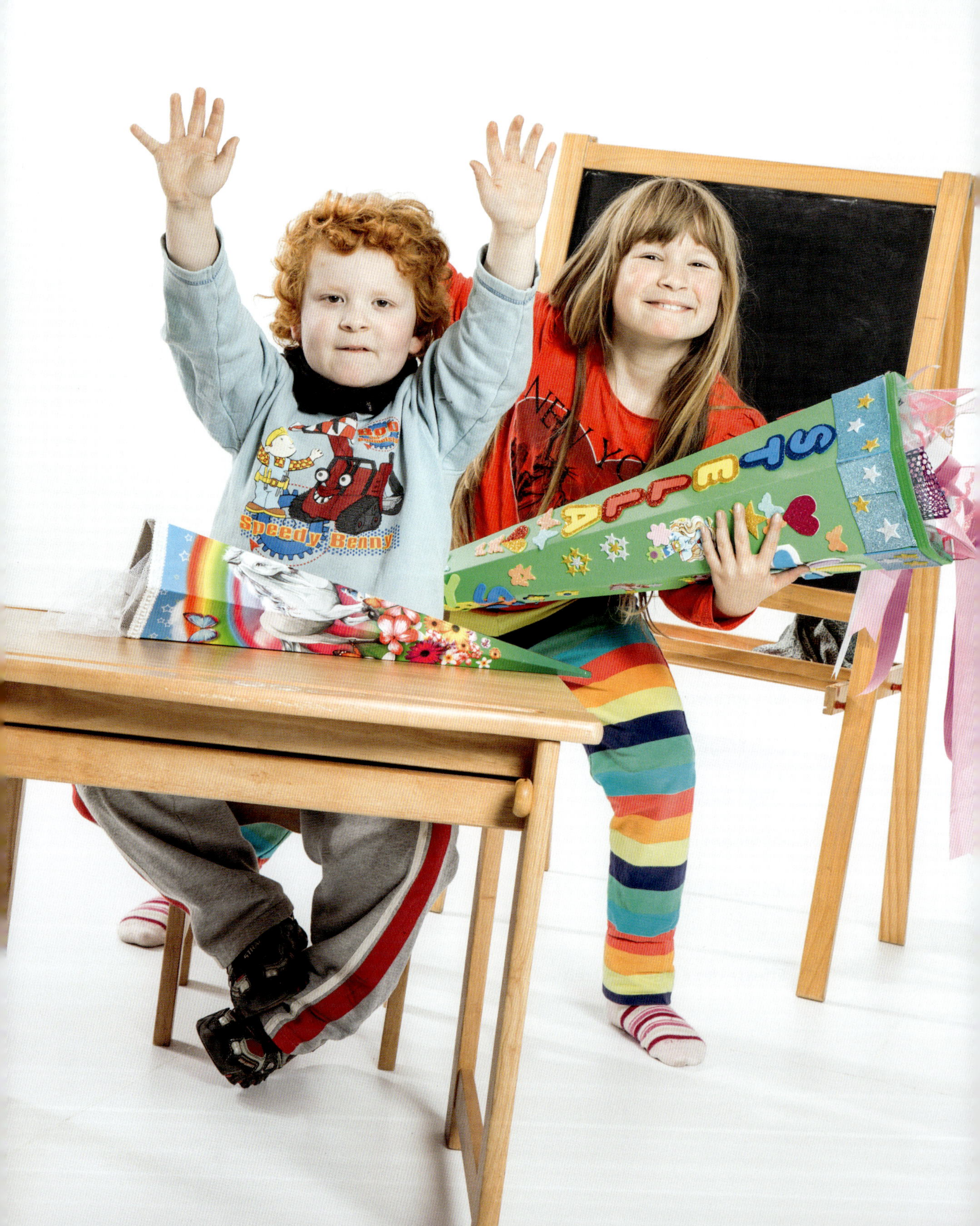
Speedy Benny

Wer Kinder hat, fotografiert sie – ständig und überall. Je lebhafter die Kinder sind, desto schwieriger wird es, bestimmte Ideen exakt umzusetzen. Gefragt sind vielmehr spontane Kreativität und ein geschärfter Blick für den Augenblick. Und gute Vorbereitung.

Ist ein Fotograf in der Lage, Kinder gut zu fotografieren, braucht er sich vor anderen Themen kaum mehr zu fürchten. Denn die Kinderfotografie hält gleich eine ganze Palette an fotografischen und organisatorischen Schwierigkeiten bereit, die in anderen Bereichen zum Teil viel unkritischer sind. Man muss seine Kamera beherrschen, das Licht einschätzen und flexibel auf Veränderungen reagieren können, man muss sich permanent Gedanken um die richtige Umgebung bzw. den passenden Hintergrund machen, man muss wahlweise den Clown oder den Kumpel spielen, um die Kinder zu motivieren.

Und man muss hinterher, wenn man seine Aufnahmen am Rechner auswählt, kritisch sein und einen Blick für Motiv und Bildgestaltung entwickeln. Denn den richtigen Bildausschnitt sowie die perfekte Belichtung und Farbigkeit wird man erst am Computer mit der Bildbearbeitung bekommen.

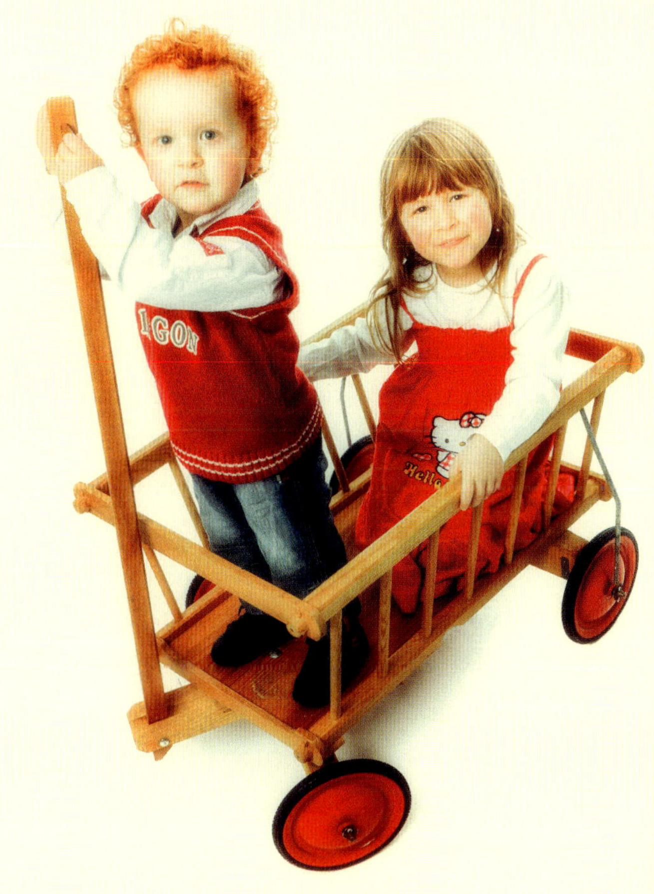

Normalerweise sollte man Kinder nicht von oben herab fotografieren, weil das die für Erwachsene gewohnte Sichtweise ist. In Kombination mit lustigen Accessoires und kurzer Brennweite kann die erhöhte Kameraposition dann aber doch wieder funktionieren.

ISO 100 | Brennweite 35 mm | Blende 13 | Belichtungszeit 1/125 s

Links: Ein Schulanfang ist immer ein guter Anlass für ein paar lockere Porträts. Mit ein wenig Vorplanung und den passenden Accessoires lässt sich ganz entspannt fotografieren.

ISO 100 | Brennweite 50 mm | Blende 9.0 | Belichtungszeit 1/80 s

Gut vorbereiten!

Es gibt verschiedene Möglichkeiten, sich auf ein Kinder-Shooting vorzubereiten. Einer der sinnvollsten Wege ist, sich auf den Homepages von Profis, Fotografen- und Modelseiten im Internet umzusehen und sich dort Anregungen zu holen. Auf der Basis dieser Anregungen kann man dann selbst Ideen entwickeln. Wenn Sie sich bei anderen Fotografen ansehen, wie diese Kinderfotos gestalten, werden Sie natürlich in Ihrer Sichtweise beeinflusst. Für Einsteiger in die Thematik ist es dennoch eine gute Idee, von Profis zu lernen und bestimmte Motive in Grundzügen nachzustellen. Auf diese Weise lernt man etwas über Bildgestaltung und Lichtführung, da man gezwungen ist, die Fotos der Vorbilder zu analysieren.

Sind Sie schon etwas erfahrener in der Fotografie und beginnen gerade damit, Kinder zu porträtieren, können Sie natürlich auch gleich eigene Ideen ausprobieren. Bezüglich der Bildgestaltung sollten Sie, soweit möglich, experimentieren. Kinderfotos leben von ungewöhnlichen Perspektiven, eine erhöhte oder niedrige Kameraposition wirkt Wunder, die Bilder erhalten durch extreme Perspektiven ganz besondere Wirkungen. Gehen Sie neben hohem und niedrigem Standpunkt außerdem auf jeden Fall auch mal auf Augenhöhe mit Ihren kleinen Models. Denn die übliche Erwachsenenperspektive von oben herab ist für erwachsene Betrachter nichts Besonderes. Blickt der Betrachter den Kindern aus gleicher Höhe in die Augen, erhalten die Kinder dadurch eine ganz andere, gewichtigere Bedeutung. Je nach Gesichtsausdruck entstehen damit sehr intensive Porträts.

Ebenfalls einen Versuch wert sind verschiedene Brennweiten. Probieren Sie ruhig auch kurze Brennweiten bei geringem Kameraabstand aus. Normalerweise vermeidet man so etwas bei Porträts, Kinder können Sie aber durchaus auch einmal lustig verzerrt zeigen, vor allem wenn sie witzige Grimassen schneiden oder komisch in die Kamera grinsen.

Und noch ein wichtiger Tipp zum Schluss: Nutzen Sie die Möglichkeiten der digitalen Fotografie und zeigen Sie den Kindern die Fotos sofort auf dem Display der Kamera. Wenn ihnen die Fotos gefallen, werden sie sich motivieren lassen, noch weiter mitzumachen. Beginnen

Obwohl das auch eine Szene in einem Kinderzimmer sein könnte, war die Kulisse doch im Studio arrangiert. Aber das muss ja nicht bedeuten, dass so ein Porträt nicht lebensecht rüberkommt.

ISO 100 | Brennweite 125 mm | Blende 6.3 | Belichtungszeit 1/125 s

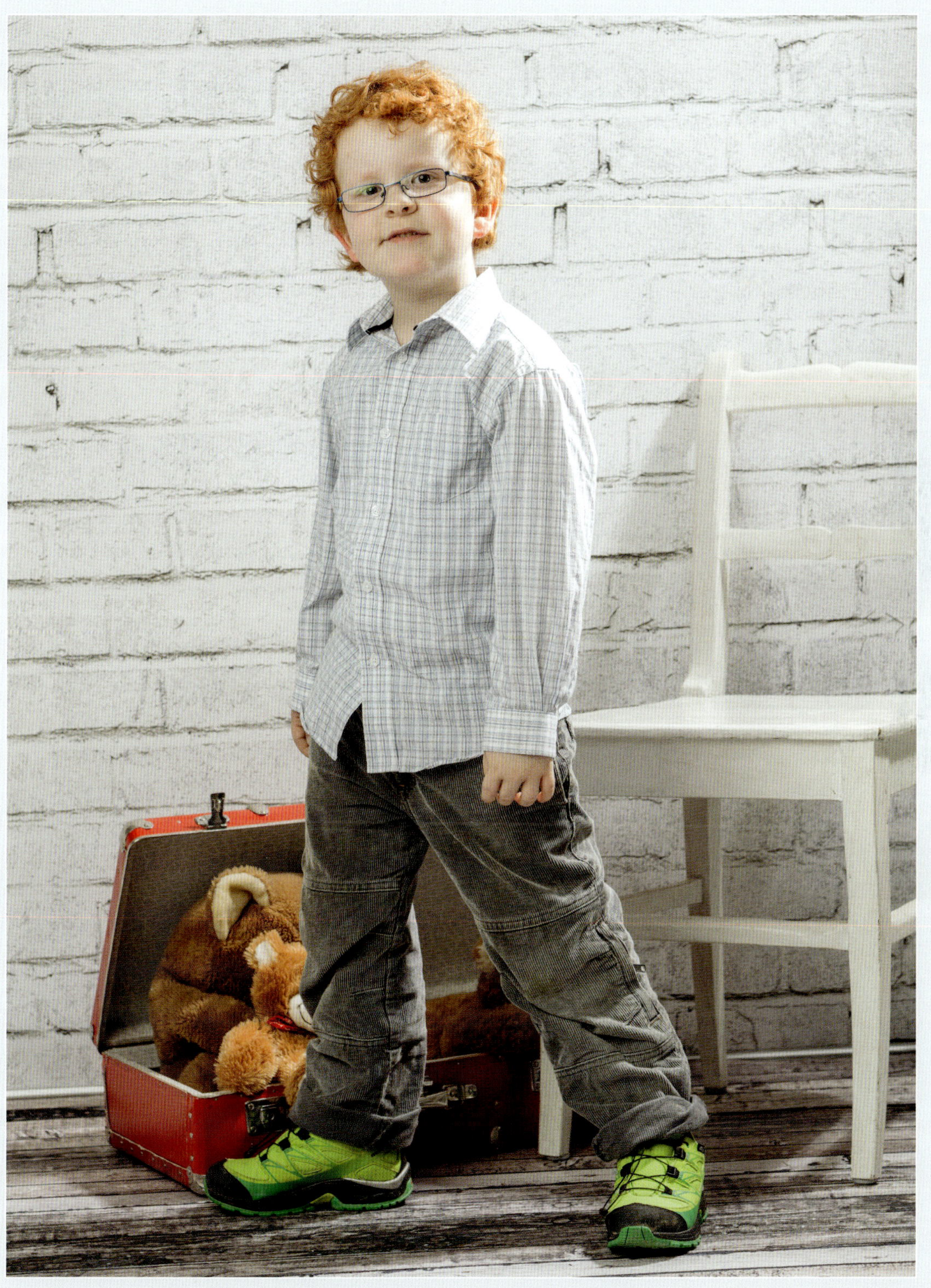

Sie am besten mit ein paar lockeren Grimassenfotos. Und wenn gar nichts geht, lassen Sie die Kinder selbst fotografieren, indem Sie Belichtungswerte und Brennweite voreinstellen und selbst das Model spielen. Natürlich nur, wenn Sie sich sicher sein können, dass das kleine Model Ihre Ausrüstung nicht aus Versehen demoliert.

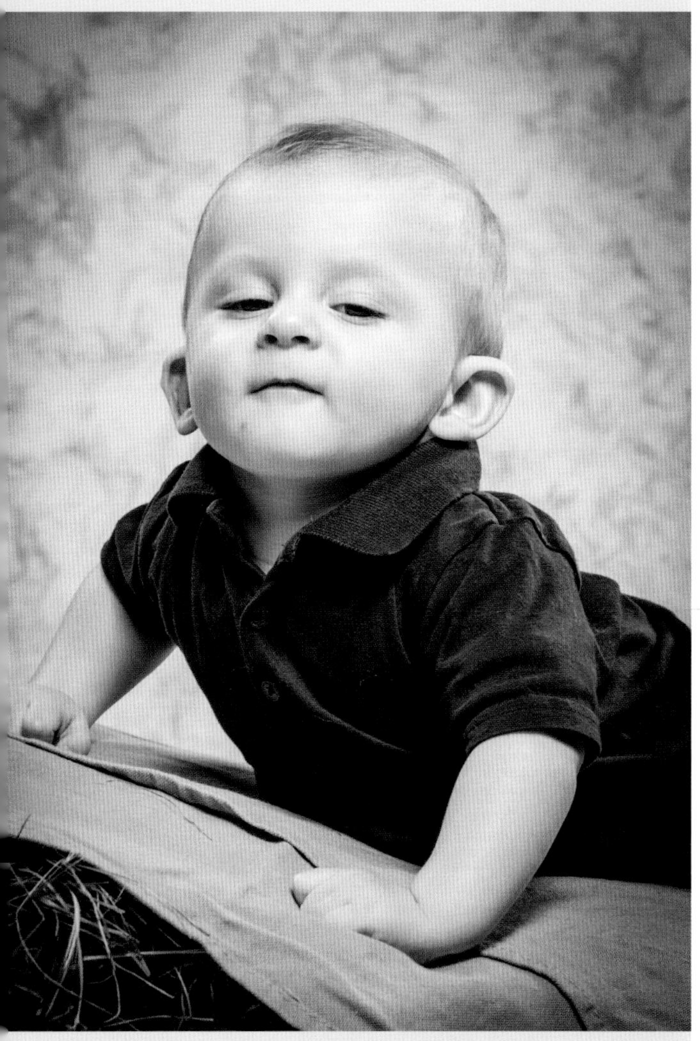

Natürlich war der Kleine mit einem Jahr nicht in der Lage, bewusst diesen verschmitzten Gesichtsausdruck zu präsentieren. Hier kommt es auf die Reaktionsschnelligkeit des Fotografen an. Man muss einfach auf alles gefasst sein.

ISO 100 | Brennweite 85 mm | Blende 11 | Belichtungszeit 1/100 s | Hauptlicht mit großer Softbox | Hintergrundlicht

Die weibliche Sicht

Gerade bei Kinderporträts kann für männliche Fotografen ein weiblicher Partner sinnvoll sein. Die Erfahrung hat gezeigt, dass die männliche und die weibliche Sicht auf Kinderporträts bzw. die Art, Kinder zu fotografieren, zum Teil sehr weit auseinanderliegen. Wo Männer eher technisch ans Werk gehen und mit Kamera und Licht hantieren, ist die Technik für viele Frauen nicht so wichtig. Dadurch entstehen oftmals natürlichere und spontaner wirkende Bilder. Außerdem gehen Frauen mit Kindern vor der Kamera tendenziell geduldiger um und gehen mehr auf die Wünsche und Eigenheiten der Kinder ein.

Eine Frage des Hintergrunds

Über die Frage, vor welchem Hintergrund bzw. in welcher Umgebung man die Porträts machen soll, kann man sich ewig den Kopf zerbrechen. Ist die Umgebung farblich und gestalterisch langweilig, wirken die Bilder vermutlich auch nicht sonderlich interessant. Andererseits kann eine atemberaubende, detail- und kontrastreiche Umgebung zu sehr vom Menschen ablenken.

- Soll das Porträt den kleinen Menschen bei einer gewohnten Tätigkeit, z. B. beim intensiven Spielen, zeigen?
- Oder ist ein künstlerisches Porträt mit einer Aussage über den Charakter das Ziel, das sich also ganz auf die Person konzentriert?

Sie müssen sich entscheiden, ob Sie besser ins Studio gehen, um unter kontrollierten Bedingungen zu fotografieren, oder die Situation locker angehen und einfach mit lichtstarkem Objektiv drinnen oder draußen bei verfügbarem Licht arbeiten. Vom farbigen Studiohintergrund bis zur weiten Landschaft steht dem Fotografen eine unendliche Vielfalt an Bildhintergründen zur Verfügung.

Die Entscheidung für (oder gegen) einen Hintergrund ist ein wichtiger Teil des Schaffensprozesses. Wenn Ihnen kein Studio zur Verfügung steht, dürfte eine hoch gewachsene Wiese oder ein Feld, eine vom Licht durchflutete Waldlichtung, ein Sportplatz oder auch das chaotische Kinderzimmer die beste Option für den Anfang sein.

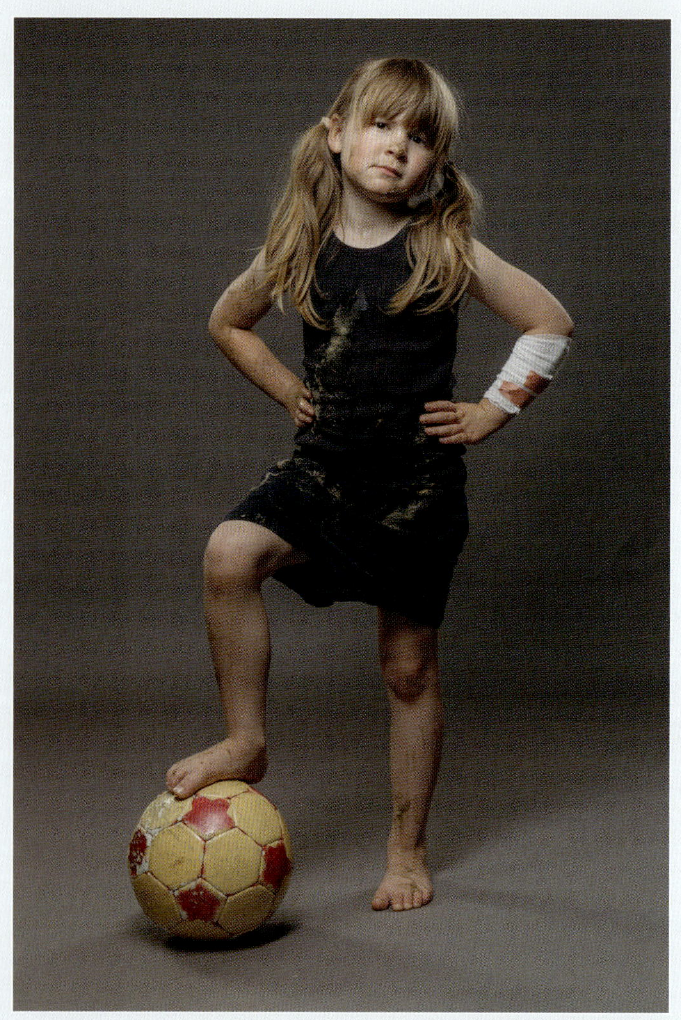

ISO 100 | Brennweite 60 mm | Blende 11 | Belichtungszeit 1/80 s

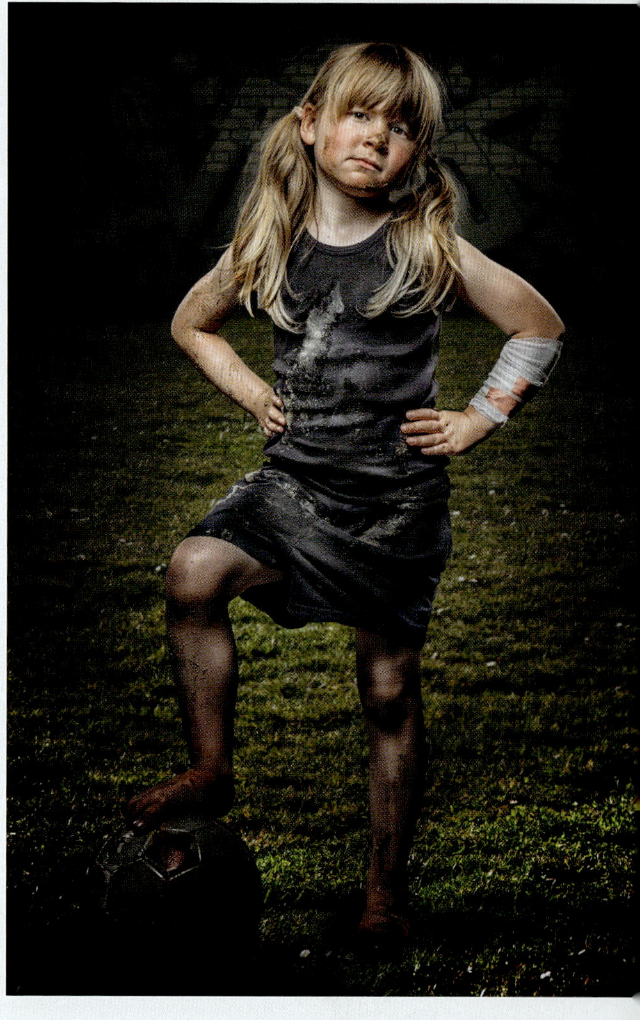

ISO 100 | Brennweite 52 mm | Blende 4.5 | Belichtungszeit 1/125 s

Ist gerade kein Sportplatz greifbar, macht man sich eben einen in Photoshop. Wenn man die Möglichkeiten der Studiofotografie und der Bildbearbeitung kombiniert, entstehen ganz außergewöhnliche Bilder – Können und entsprechende Erfahrung am Computer vorausgesetzt.

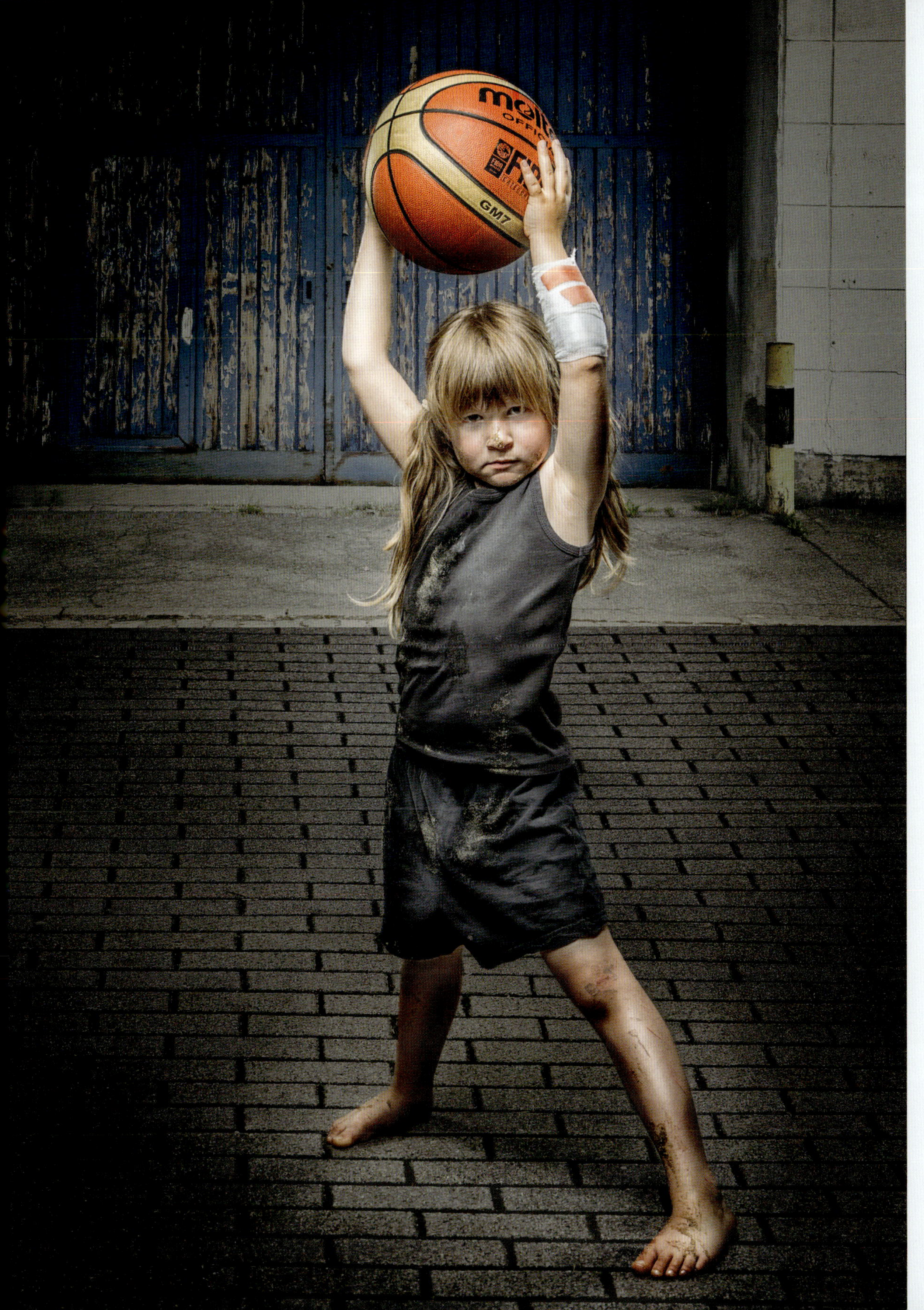
GM7

Innenraumfotos

Drinnen zu fotografieren, bedeutet, dass Sie entweder in einer Wohnung, einer interessanten Location wie beispielsweise einer alten Fabrik oder im (Heim-)Fotostudio arbeiten. Je nachdem, wie gut nutzbar die vorherrschenden Lichtverhältnisse sind, kann man möglicherweise ganz auf die üblichen Lichthelfer (Aufsteckblitz, Studioblitz, Fotolampen) verzichten. Das diffus durch einen Vorhang fallende Sonnenlicht schafft sanfte Stimmungen, die man mit künstlicher Beleuchtung nur mit etwas Aufwand und viel Equipment hinbekommt. Allerdings ist die verfügbare Lichtmenge in Innenräumen in der Regel nicht besonders groß.

Da man Porträts aber sowieso meistens mit offener Blende eines lichtstarken Objektivs (beispielsweise f/2.8) fotografiert, um den Hintergrund unscharf werden zu lassen, spielt die Lichtmenge nur eine untergeordnete Rolle. Wichtiger sind da schon die Möglichkeiten, das vorhandene Licht mithilfe von Reflektoren zu lenken und zu dunkle Schatten aufzuhellen. Und wenn die Lichtmenge viel zu gering ist, verwenden Sie einen Aufsteckblitz mit schwenkbarem Reflektor, um indirekt gegen Wand oder Decke zu blitzen. Die Wirkung ist dann trotz erhöhter Lichtmenge relativ dezent.

Outdoor-Licht

Fotografieren Sie im Freien, werden Sie an sonnigen Tagen mit dem Problem zu kämpfen haben, dass zu viel Licht da ist. Um für unscharfen Hintergrund mit offener Blende zu fotografieren, muss man schon in die fotografische Trickkiste greifen und beispielsweise mit einem Neutraldichtefilter vor dem Objektiv arbeiten. Der Filter reduziert einfach die Lichtmenge, die durchs Objektiv fällt. Strahlendes Sonnenlicht erzeugt außerdem harte Schatten und extreme Kontraste – da sind die meisten Kameras schnell überfordert, weil die Lichter ausfressen und die Tiefen zulaufen.

Was der Fachjargon meint: Helle Stellen werden in den Bildern einfach nur weiß, dunkle Stellen einfach nur schwarz. Damit fehlt es an allen Ecken und Enden an Detailzeichnung, weil der Kamerasensor nur ein bestimmtes Spektrum an Helligkeiten (Stichwort Dynamikumfang) erfassen kann.

Wenn es mit dem Licht draußen mal zu langweilig ist – der Tag war trübe und regnerisch –, kann man mit der Bildbearbeitung etwas nachhelfen. Die Sonneneinstrahlung und die Blendenflecken links vorn sind künstlich erzeugt mit dem Blendenfleckenfilter in Photoshop.

ISO 100 | Brennweite 105 mm | Blende 5.0 | Belichtungszeit 1/250 s

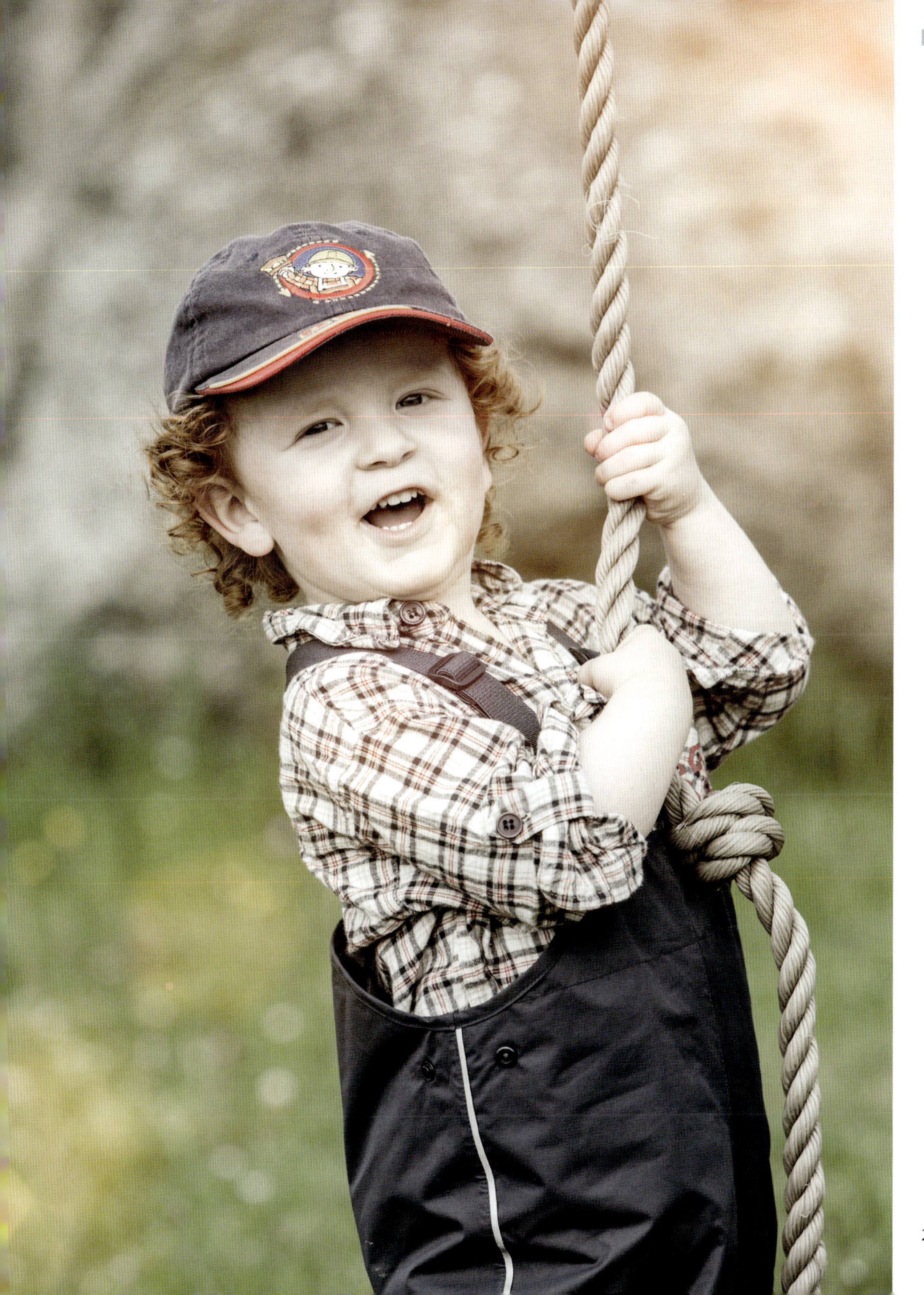

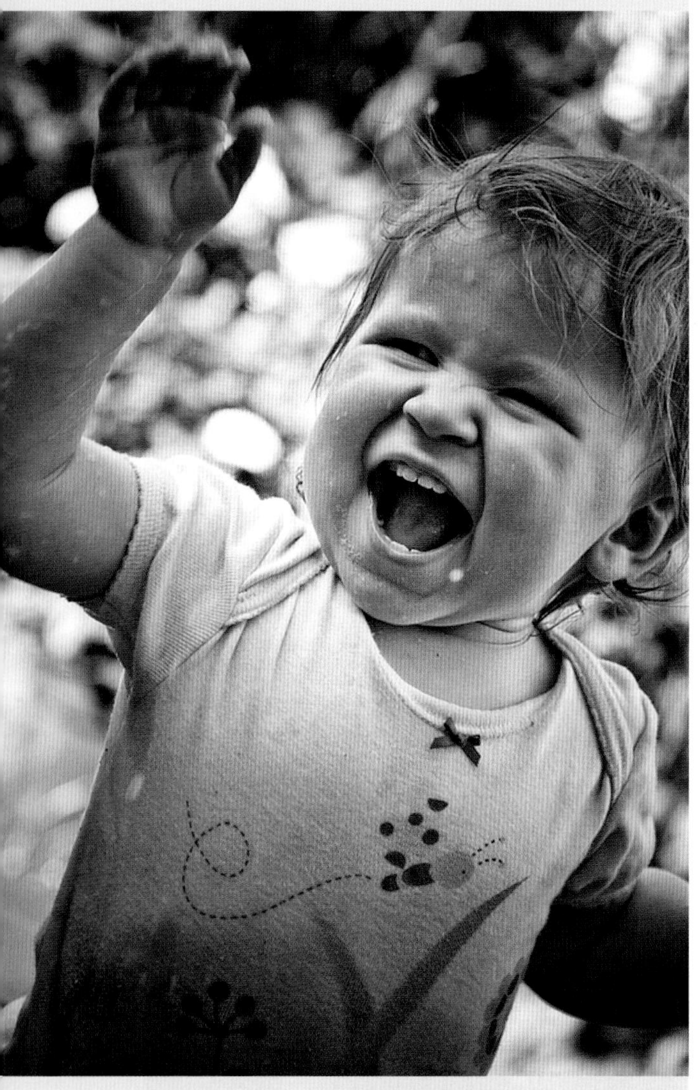

Lachen ist immer gut. Stellen Sie den kleinen Kindern einen Eimer mit Wasser, ein paar Steine und Holzstücke hin – das reicht schon aus für viel Spaß und tolle Motive. Dazu eine offene Blende für unscharfen Hintergrund – fertig ist das Geschenkmotiv für Oma und Opa.

ISO 200 | Brennweite 50 mm | Blende 4.5 | Belichtungszeit 1/250 s

Für Porträts im Freien bei hellem Sonnenlicht empfiehlt sich daher für die Lichtgestaltung ein Reflektor zum Aufhellen von Schatten, ein Diffusor (halb transparente Fläche, die das Sonnenlicht nur teilweise durchlässt) oder gleich ein Ort, der im Schatten liegt. Letzteres kann sehr reizvoll sein, wenn die Belichtung auf die Kinder im Schatten ausgerichtet wird und dadurch die im hellen Licht erstrahlende Landschaft zum traumhaften Hintergrund wird. Alternativ zum Aufnahmestandort im Schatten lässt sich auch am Tag unter der Sonne mit einem Aufsteckblitz bzw. dem Kamerablitz arbeiten, der dann lediglich dazu dient, ein wenig Licht in die schattigen Bereiche zu bringen und damit die Kontraste abzumildern.

Im Studio mit Kindern

In der Studiofotografie gibt es je nach Thema und Motiv viele Kleinigkeiten, die einem das Fotografieren erleichtern. Gerade beim Umgang mit Kindern sind es aber weniger technische Hilfsmittel als vielmehr Dinge, mit denen man die Kinder beschäftigen kann. Denn wenn Sie es nicht gerade mit einem verständigen Teenager zu tun haben, müssen Sie für gute Stimmung sorgen, damit sich die Kinder bei Ihnen wohlfühlen und ab und zu in die Kamera sehen.

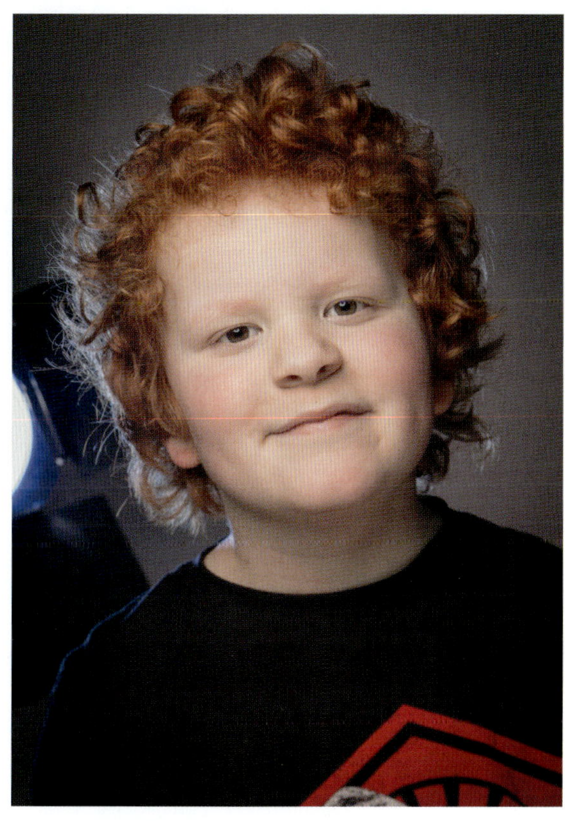

Der Blick in die Kamera intensiviert Kinderporträts. Wenn Ihr kleines Model dabei noch lächelt – umso besser. Aber auch ernstere Ausdrücke können eine Menge über Kinder sagen.

ISO 50 | Brennweite 90 mm | Blende 16 | Belichtungszeit 1/60 s

Hat ein Kind keine Lust auf Fotos und Sie fotografieren es trotzdem, sieht man die miese Stimmung auf den Bildern. Ist ein Kind im schlimmsten Fall schlecht drauf oder weint sogar, können Sie die Session meistens komplett vergessen. Stellen Sie sich also darauf ein, den Gute-Laune-Clown zu spielen – was natürlich nicht heißt, dass Sie sich lächerlich machen sollen. Bei sehr kleinen Kindern hilft schon eine bunte Handpuppe, um einen Blick in Richtung Kamera anzuregen.

Auch jede Art von Spielzeug, das kindgerechte Geräusche macht, ist hilfreich, um die Aufmerksamkeit auf Sie und die Kamera zu lenken. Machen Sie dabei aber nicht den Fehler, den wahrnehmungstechnischen Reiz überzustrapazieren. Wenn das Quietscheentchen zum zwanzigsten Mal quäkt, verliert sich seine Wirkung sehr schnell. Ein kleiner Fundus an bunten Spielsachen, mit denen sich Kinder vor der Kamera beschäftigen können, ist für Fotos sinnvoll, bei denen kein Blick in die Kamera

Gesichtserkennung und -verfolgung

Praktisch jede moderne Kamera bietet heute die sogenannte Gesichtserkennung sowie eine Fokusnachführung/AF-Nachführung. Dabei erfasst die Kamera Strukturen von Gesichtern und stellt auf Wunsch auf ein oder mehrere erkannte Gesichter scharf. Durch die Fokusnachführung bleibt ein einmal fokussiertes Gesicht auch dann in der Schärfe, wenn sich die Distanz zwischen Kind und Kamera ein wenig verändert. Das ist gerade in sehr lebendigen Fotosituationen äußerst hilfreich, wobei man allerdings keine Wunder von der Technik erwarten sollte. Rennt ein Kind wild in kurzem Kameraabstand herum, wird auch die beste Kamera aufgeben.

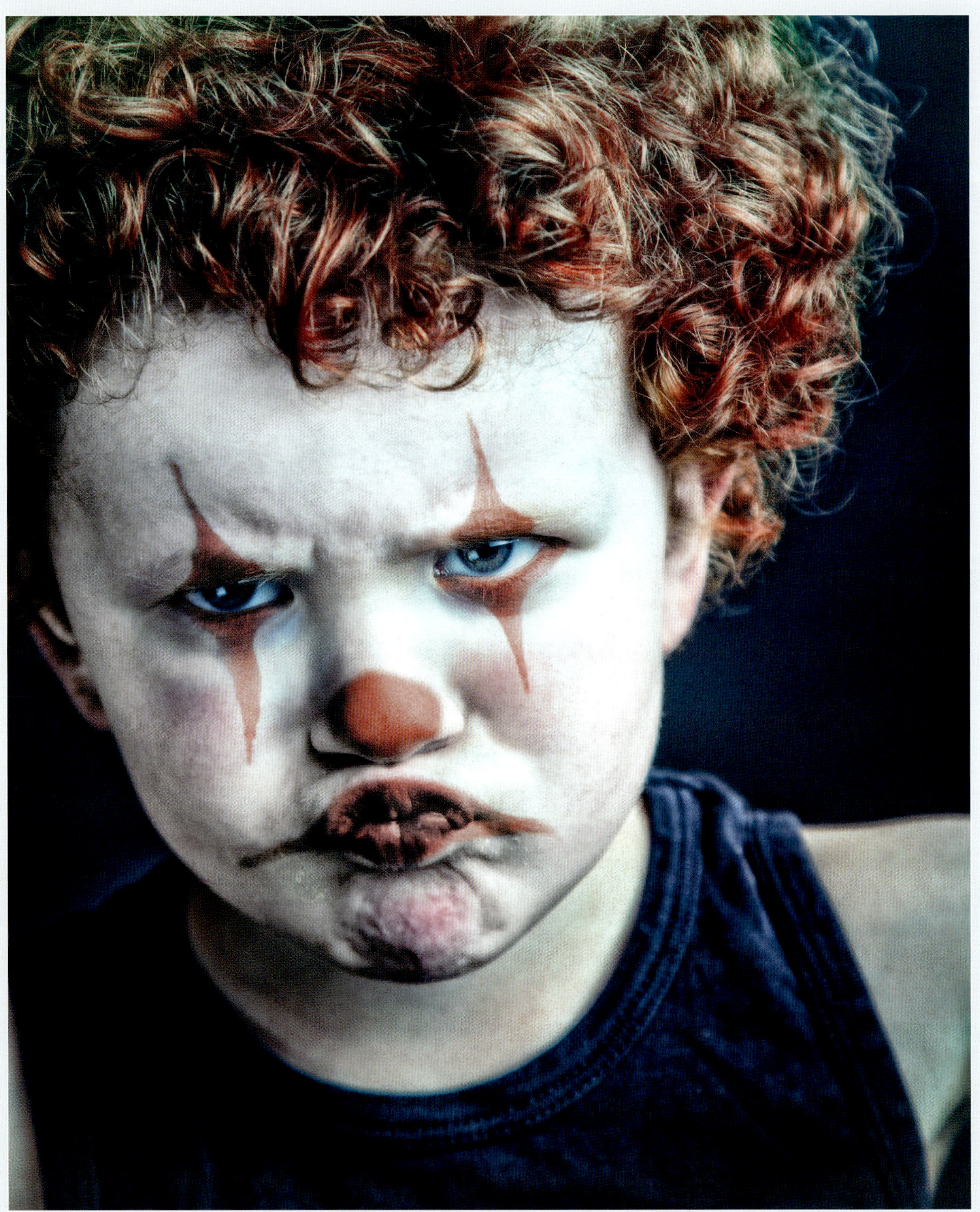

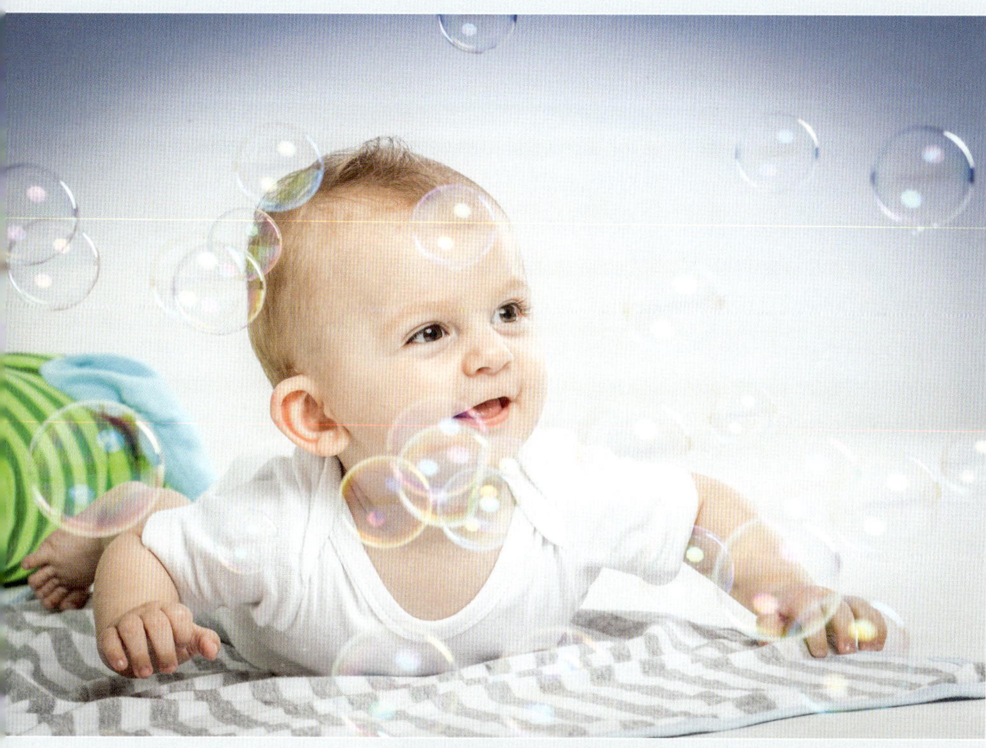

Seifenblasen sind immer eine tolle Möglichkeit, die Aufmerksamkeit eines Kleinkinds zu wecken.

ISO 100 | Brennweite 85 mm | Blende 5.6 | Belichtungszeit 1/160 s

Links: Da der kleine Mann immer ziemlich furchteinflößend aussah, wenn er einen Zornanfall bekam, wollte ich ihn unbedingt auch mal in diesem Zustand fotografieren. Allerdings entstand dieses Porträt geplant, der Gesichtsausdruck war gespielt. Das Clowns-Make-up habe ich nachträglich per Photoshop hinzugefügt.

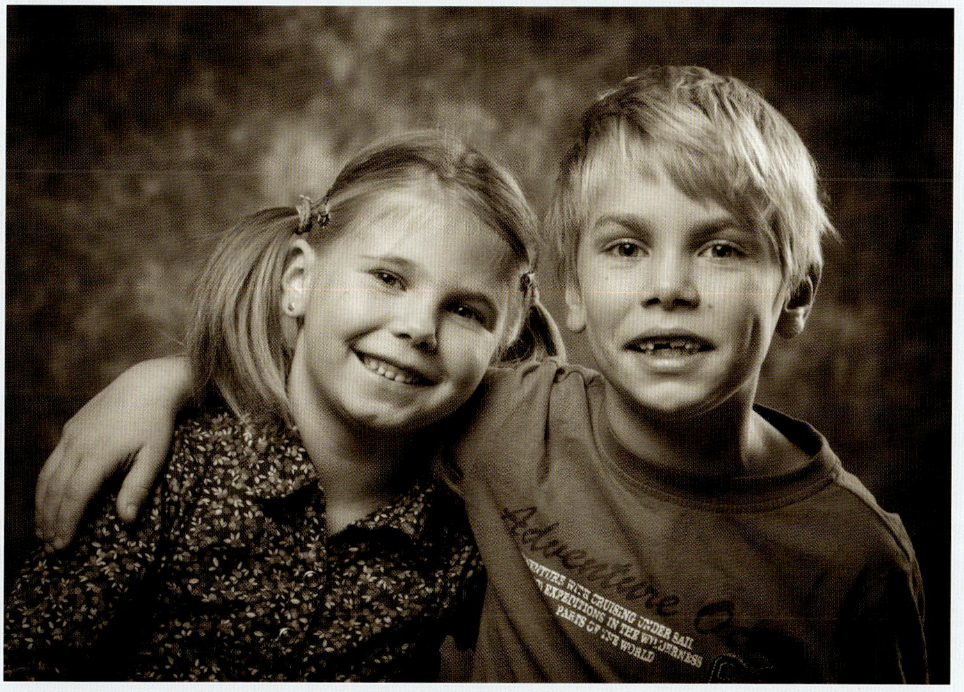

Ein Stoffhintergrund, hochfrontales Licht einer großen, runden Softbox und ein Effektlicht auf den Haaren – so sehen klassische Studioporträts aus, wie man sie vom professionellen Familienfotografen kennt.

ISO 100 | Brennweite 80 mm | Blende 8.0 | Belichtungszeit 1/125 s

Schatten aufhellen

In der Porträtfotografie ist es fast immer notwendig, die Schatten auf der dem Licht abgewandten Seite aufzuhellen. Arbeiten Sie mit nur einer mehr oder weniger seitlich aufgestellten Lichtquelle (Fenster) oder mit Tageslicht, erzeugt die Lichtquelle je nach Art und Intensität tiefe Schatten. Besonders ausgeprägte Schatten sind vielleicht bei kantigen Männerporträts angebracht, bei Kinderfotos dürften in den allerwenigsten Fällen finstere Schatten sinnvoll sein. Schatten lassen sich ganz einfach aufhellen, indem Sie das Hauptlicht reflektieren. Dazu können Sie mit Styroporplatten oder spiegelnden Flächen (Alufolie, Spiegel) arbeiten. Falls es professioneller sein soll, finden Sie im Fachhandel Reflektoren, die silber- oder goldfarben bespannt sind oder weiß, transparent bzw. schwarz sein können. Faltreflektoren sind besonders zu empfehlen, da man sie zusammenfalten und gut verstauen kann. Außerdem lassen sich Reflektoren mit Klammern oder speziellen Haltevorrichtungen auch an Stativen befestigen.

erforderlich ist. Ein ins Spiel versunkenes Kind ist immer ein starkes Symbol für die Sorglosigkeit, die uns mit zunehmendem Alter abhandenkommt.

Technik ist nicht alles

Betrachtet man in einschlägigen Communitys zum Thema Fotografie ganz gezielt Kinderporträts, sollte man auf das Geschlecht des Fotografen achten. Man hat oft den Eindruck, dass es Unterschiede zwischen den Bildern gibt, je nachdem, ob ein Fotograf oder eine Fotografin hinter der Kamera stand. Das Vorurteil, dass Männer sich mehr auf die Technik, Frauen mehr auf das Motiv konzentrieren, lässt sich gerade im Amateurbereich sehr häufig belegen.

Die meisten Frauen, die ich kenne, interessieren sich nur dafür, wie man eine Kamera einschaltet und die Brennweite verstellt. Alles andere an technischen Details hat sich dem Ziel, einen Augenblick so schön wie möglich festzuhalten, unterzuordnen. Im Grunde ist diese Vorgehensweise auch jedem Mann beim Fotografieren von Kindern anzuraten. Denn das oberste Ziel der Porträtfotografie ist nicht, jederzeit das technisch Machbare, das technisch Optimale aus seiner Kamera herauszuholen, sondern das beste Licht, die schönste Pose, den intensivsten Blick festzuhalten.

Weichzeichnen ist zwar schon etwas aus der Mode gekommen, bei romantischen Kinderporträts kann man es trotzdem immer mal versuchen. Die Mamas stehen drauf …

ISO 100 | Brennweite 50 mm | Blende 5.6 | Belichtungszeit 1/125 s

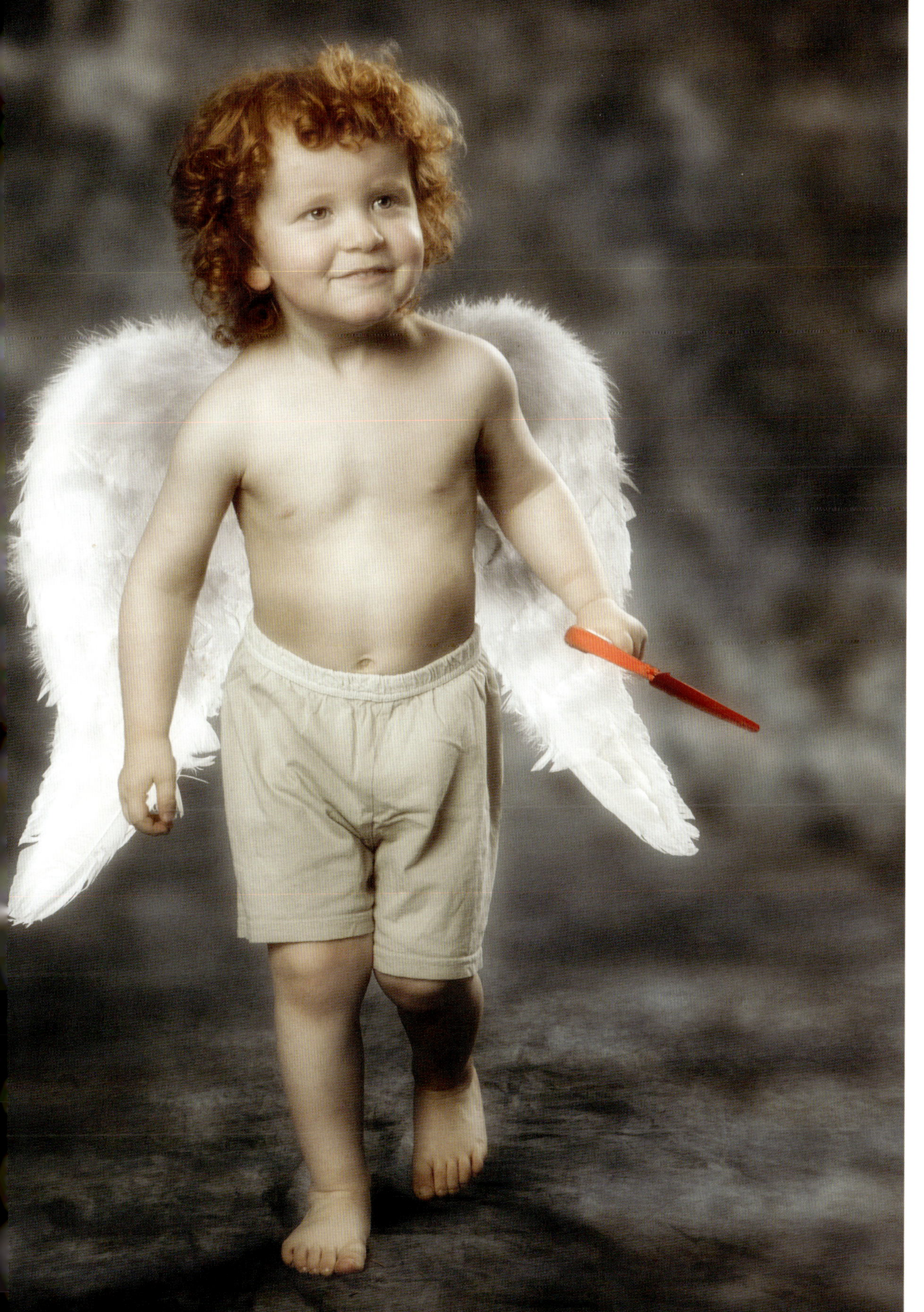

Denn das ist sicher der erste Schritt auf dem Weg zum erfolgreichen Kinderfotografen: Man muss zunächst auf die emotionalen und gestalterischen Feinheiten in der Porträtfotografie achten und erst dann über Möglichkeiten nachdenken, wie man die vorhandene Technik dem Ziel, gute Kinderporträts zu machen, unterordnen kann. Es ist anfangs also eigentlich vollkommen egal, mit welcher Kamera Sie arbeiten. Bringen Sie die Kinder vor der Kamera für ein gutes Porträt zum Lachen, zum Träumen, zum Schreien oder Toben und drücken Sie immer wieder auf den Auslöser. Mit der Vollautomatik oder dem Aufnahmeprogramm für Porträts können Sie sich in den meisten Situationen belichtungstechnisch auf die Kamera verlassen.

Effekte der Kamera nutzen

Je nachdem, ob Sie Ihre Kamera JPEG- oder RAW-Dateien speichern lassen, sollten Sie sich mit den Möglichkeiten der Bildverarbeitung durch die Kamera vertraut machen. Über Bildstile/Picture-Styles lässt sich der Look Ihrer Fotos schon bei der Aufnahme beeinflussen. Farbsättigung, Farben, Kontraste und Schärfe können mithilfe spezieller Kameramenüs verändert werden. Für die Arbeit mit JPEG-Dateien ist die Bildverarbeitung der Kamera wichtig, da sich diese Manipulationen nicht mehr rückgängig machen lassen. Fotografieren Sie dagegen mit RAW-Daten, haben Sie später am Computer mit dem passenden RAW-Programm noch alle Möglichkeiten, den Look Ihrer Fotos zu verändern.

Expertentipp

An Retro geht kein Weg vorbei. Wenn man sich Kinderbilder von talentierten Fotografen im Internet ansieht, findet man heute sehr oft einen ganz bestimmten Look. Die Rede ist von Bildern im Retrostil von Instagram. Diese Art der Bildbearbeitung mit einfachen, aber wirkungsvollen Effekten hat mittlerweile auch in die Portfolios von eher konservativen Porträtstudios Einzug gehalten.
Der Vorteil solcher Effekt-Apps: Die Retroeffekte lassen sich schnell und einfach anwenden, und die Ergebnisse sehen verblüffenderweise meistens ziemlich gut aus. Natürlich sollte das Ausgangsmaterial passen (Schärfe, Bildausschnitt, Gesichtsausdruck). Aber wenn man ohne tiefere Kenntnisse in der Bildbearbeitung seine Bilder veredeln möchte, sollte man sich unbedingt mit den Möglichkeiten von Instagram, Hipstamatic & Co. befassen.

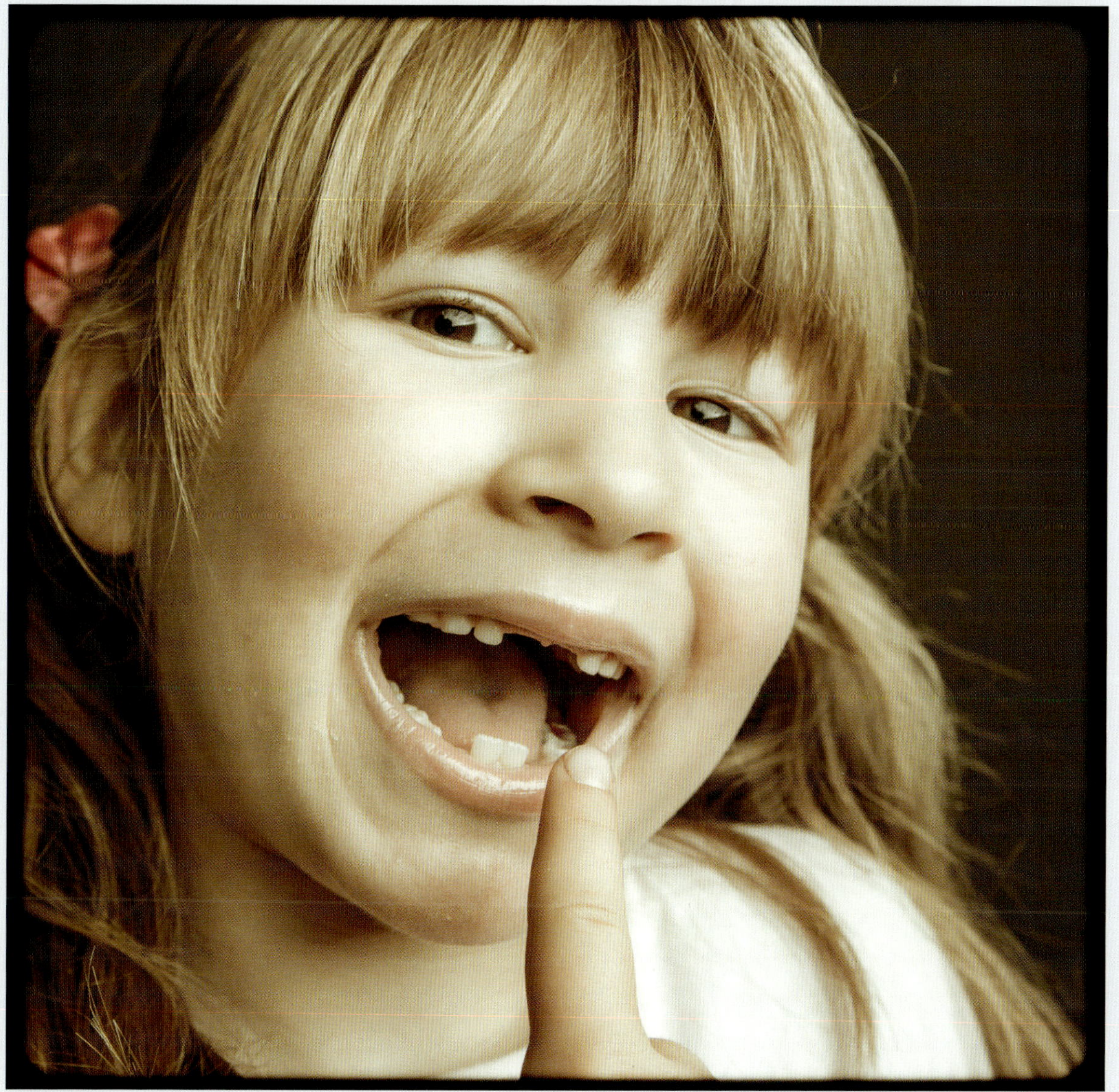

Klar, dass die riesige Zahnlücke im Foto festgehalten werden muss. Das Motiv wurde mit Lightroom ein wenig „retrofiziert“, um den eher nüchternen Look des Originals farblich interessanter zu gestalten. So etwas funktioniert auch mit den Bildstilen, die alle modernen Digitalkameras schon während einer Aufnahme anwenden können.

ISO 100 | Brennweite 35 mm | Blende 8.0 | Belichtungszeit 1/60 s

11 SCHRÄGE WEITWINKEL-PORTRÄTS

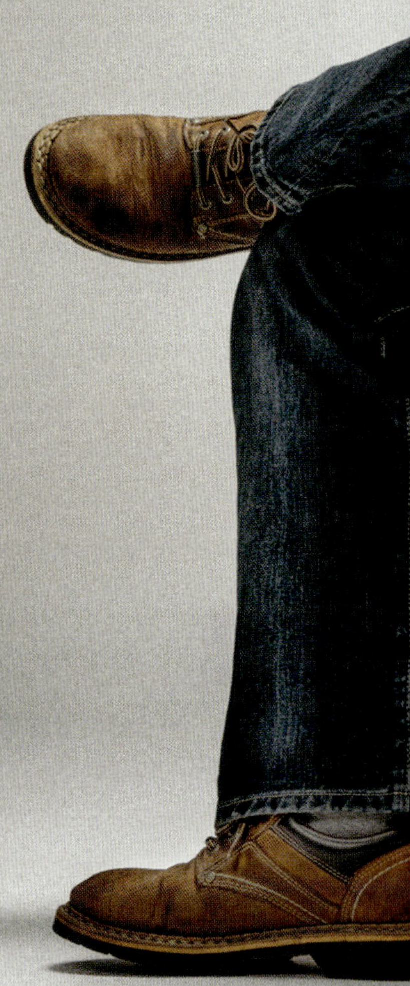

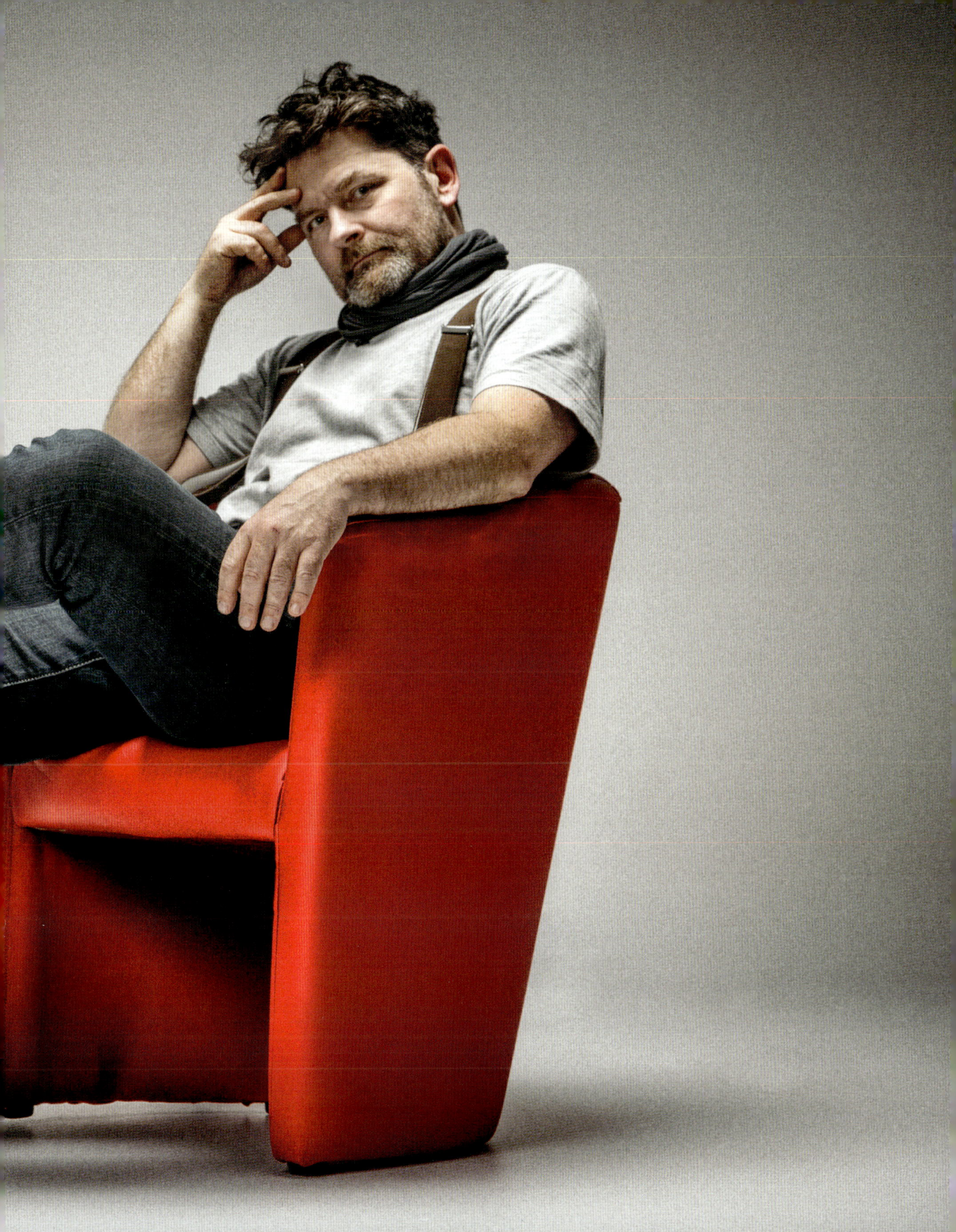

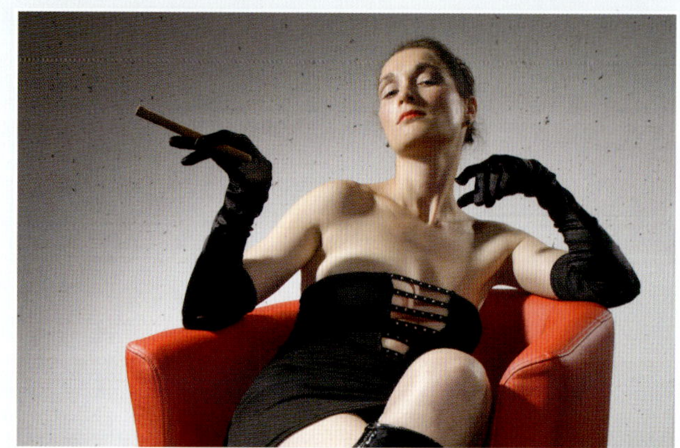

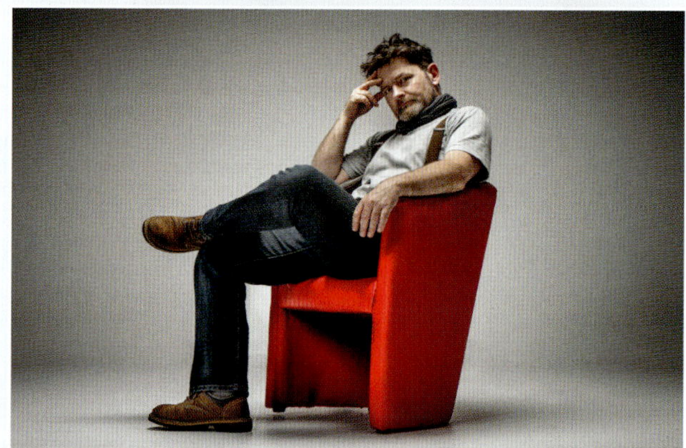

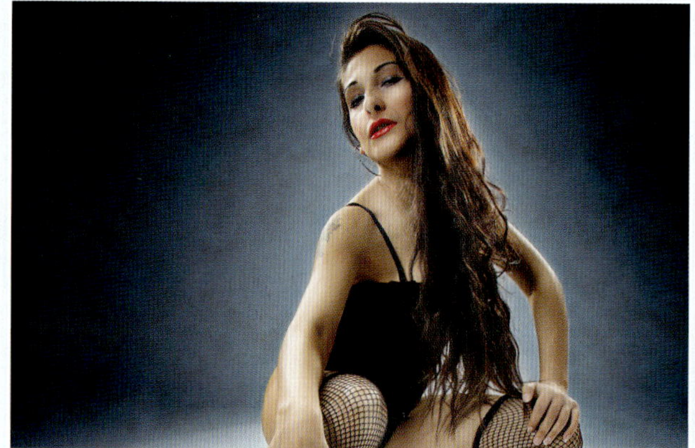

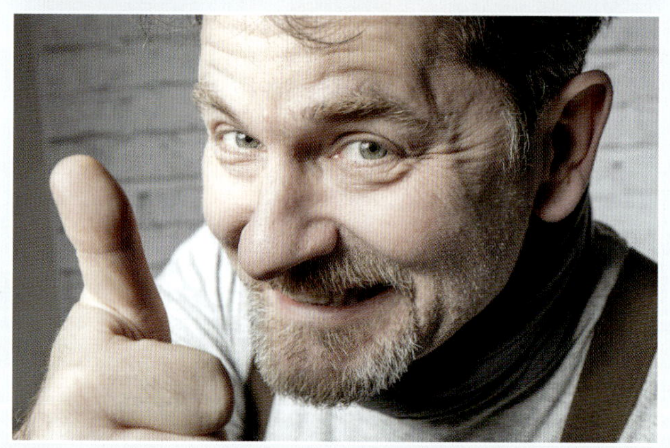

11

Schräge Weitwinkelporträts

Porträts mit Weitwinkel? Solche Fotos werden regelmäßig in einschlägigen Fotoforen verrissen. Begründung: So etwas macht man doch nicht! Ganz im Gegenteil! Denn an den ewig gleichen, langweilig-korrekten Sichtweisen haben wir uns längst sattgesehen.

Kein Fachbuch, kein Fachartikel über die Fotografie von Menschen wird so weit gehen, Weitwinkelbrennweiten als Heilsbringer und Kreativkanone für knackig-neue Menschenbilder zu deklarieren. Aber wenn man zwischen den Zeilen liest, erspürt man durchaus den Wunsch der Fachleute, mal etwas jenseits des Mainstreams zu machen und so was auch den Lesern oder Zuhörern bei einem Workshop zu vermitteln. Zu oft schon haben wir toll geschminkte, nett lächelnde und süßlich ausgeleuchtete Püppchen und kantige, von schwarzen Schatten modulierte Kerle gesehen. So stimmig diese Aufnahmen auch sein mögen – sie sind nur gut gemachtes Handwerk und kommen über das Offensichtliche einfach nicht hinaus. Darüber können, mit etwas kritischer Distanz betrachtet, auch Tausende wohlwollender Kommentare leicht zu beeindruckender Anfänger nicht hinwegtäuschen. Sorry, aber da geht doch wirklich mehr.

Auf die Umwelt achten!

Wer mit Weitwinkel fotografiert, bekommt oft mehr, als er geplant hatte. Denn die kurze Brennweite bringt einen großen Betrachtungswinkel mit sich. Um das Motiv herum wird also eine Menge mehr zu sehen sein als auf Fotos, die mit langer Brennweite geschossen werden. Fotografieren Sie im Studio, bedeutet das, dass Sie auf jeden Fall eine Hintergrundbreite von mindestens 2,5 m einplanen sollten. Steht Ihr Model sehr nah am Hintergrund, genügt möglicherweise eine geringere Breite, dann werden Sie aber je nach Lichtsetzung Probleme mit den Schatten haben, die das Model auf dem Hintergrund erzeugt. In der Regel liegt der Abstand zwischen Model und Hintergrund bei rund 2 m und mehr.

Die Brennweite muss ja nicht gleich extrem kurz sein, um etwas schräge Porträts hinzubekommen. Vor allem der Abstand zur Kamera ist entscheidend für die Wirkung eines Weitwinkelporträts.

ISO 100 | Brennweite 31 mm | Blende 5.6 | Belichtungszeit 1/50 s

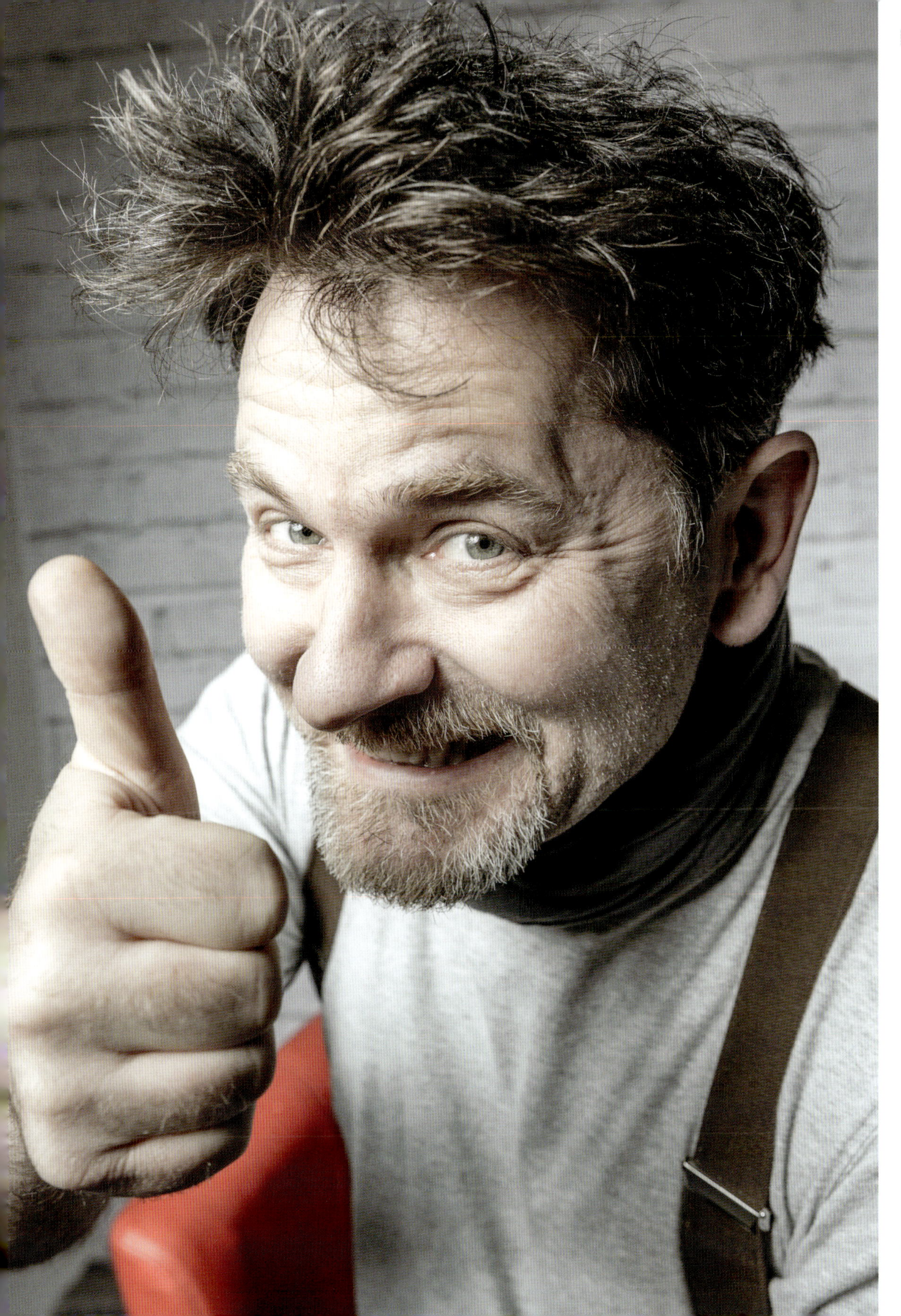

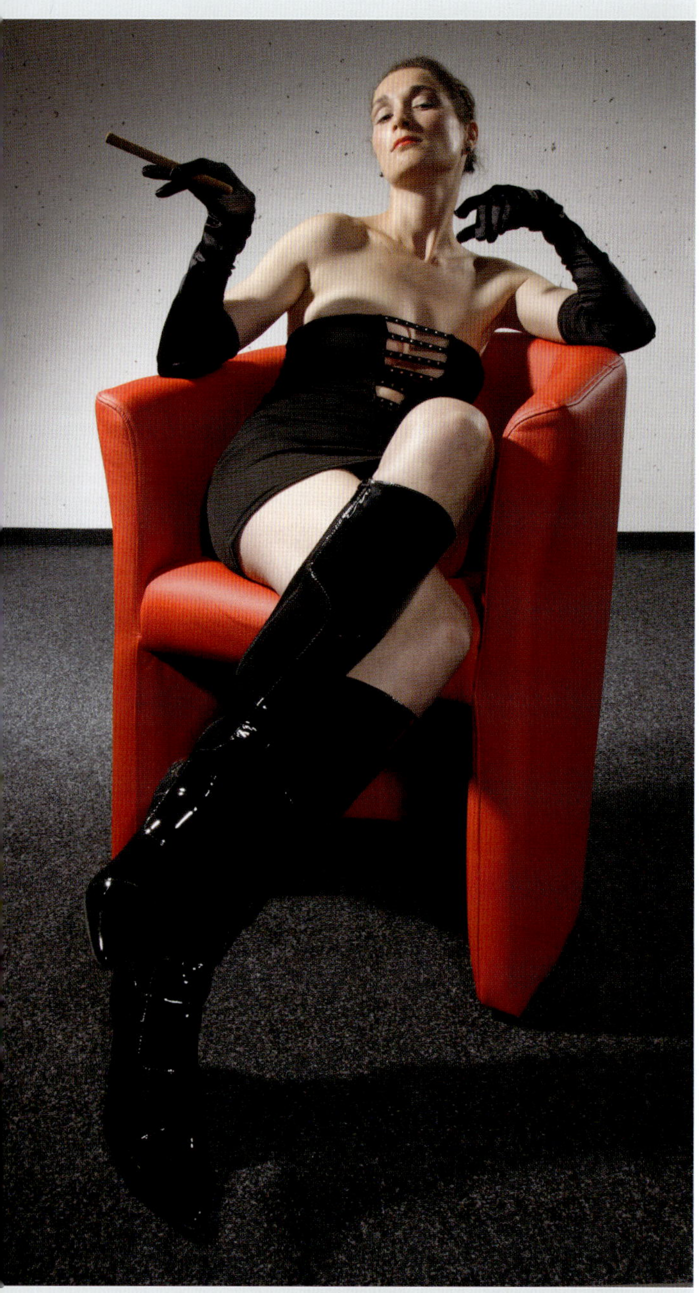

Im Studio kann man den Hintergrund ganz gut kontrollieren. Wenn Sie Weitwinkelporträts on Location oder im Freien machen, achten Sie auf störende Dinge im Blickfeld. Denn nicht alles lässt sich mal eben in Photoshop wegstempeln.

ISO 100 | Brennweite 24 mm | Blende 8.0 | Belichtungszeit 1/125 s

Auf einer Weitwinkelaufnahme werden Sie also mehr oder weniger die gesamte Studiobreite sehen. Im Studio kann man den Hintergrund relativ einfach kontrollieren, draußen geht das nicht immer. Daher ist bei einer Aufnahmesession im Freien die Wahl der Umgebung sehr wichtig. Sicher, ein im Hintergrund aufragender Strommast lässt sich am Computer retuschieren. Wenn sich solche Störfaktoren aber vermeiden lassen, sparen Sie sich eine Menge Zeit bei der Nachbearbeitung.

Man sollte den Hintergrund bei einem Weitwinkelporträt allerdings nicht nur als Gefahr und Fehlerquelle betrachten, sondern auch die Chancen erkennen, die sich für die Bildgestaltung bieten. Fotografieren Sie z. B. einen Adeligen vor seinem weitläufigen Anwesen, kann ein schräges Weitwinkelporträt, bei dem ein Schloss oder ein Park im Hintergrund des durch die Brennweite verzerrten Gesichts zu sehen ist, eine Menge Ironie in die Bildaussage bringen.

Aus niedriger Perspektive

Kürzere Brennweiten verzerren ein Gesicht aus der Nähe so extrem, dass kaum mehr ernst zu nehmende Bilder möglich sind. Kommt zum Gesicht der Oberkörper hinzu, kann man ruhig alle verfügbaren Weitwinkelbrennweiten ausprobieren und dabei den Abstand zum Model variieren. Je kürzer die Brennweite, desto mehr verlängern sich die Proportionen. Nehmen Sie mit der Kamera eine relativ zum Model niedrige Perspektive ein, können Sie dadurch den Oberkörper strecken, während der Kopf schon wieder kleiner wird. Umgekehrt lässt sich der Kopf in Relation zum Oberkörper betonen, wenn Sie

Mögliche Bildausschnitte

Wie das Posing bzw. der Bildausschnitt auszusehen hat, ist schnell beantwortet, da es eigentlich nur drei offensichtliche Möglichkeiten bei Weitwinkelporträts gibt. Sie können entweder nur den Kopf, Kopf und Oberkörper oder den gesamten Menschen zeigen. Einen Kopf mit Weitwinkel aufzunehmen, erfordert vom Fotografen viel Erfahrung, wenn die Bilder nicht einfach lächerlich aussehen sollen. Zudem sollte die Brennweite nicht zu kurz sein, sondern eher zwischen 35 und 50 mm (Kleinbildäquivalent) liegen. Fotografieren Sie mit einer Kamera mit APS-C-Sensor (Faktor 1,6) bzw. einer Nikon mit Crop-Faktor 1,5, müssen Sie ungefähr mit 25 mm arbeiten. Besitzer von Four-Thirds-Kameras (Crop-Faktor 2) stellen zwischen 17 und 25 mm ein.

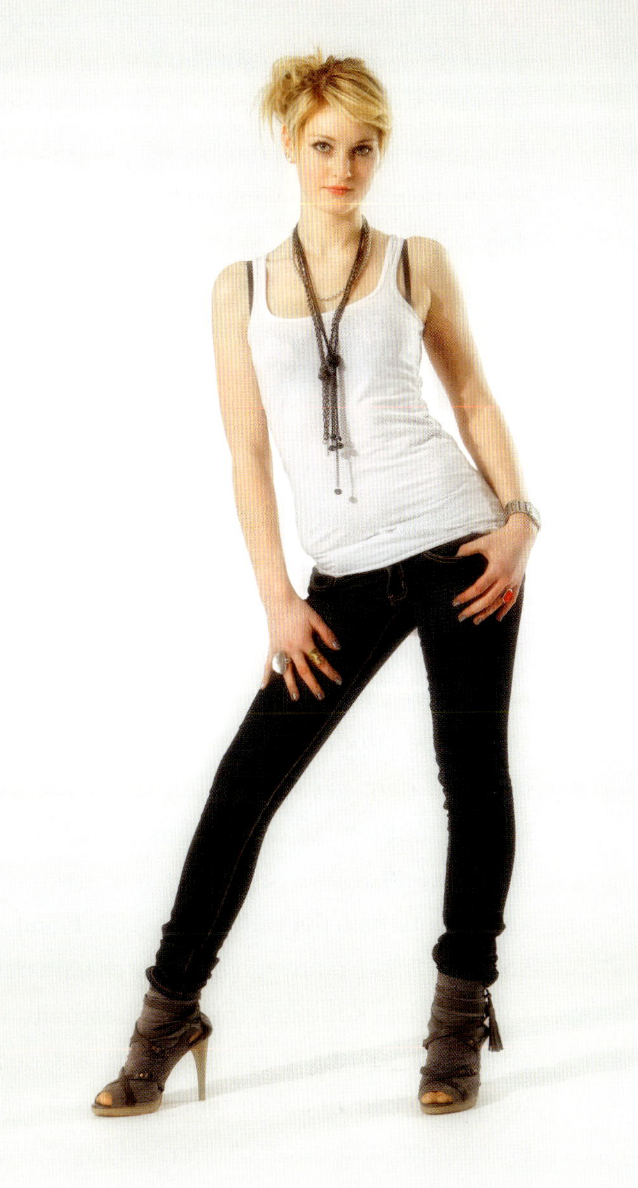

Eine leicht tiefe Perspektive knapp unterhalb der Gürtellinie bewirkt, dass die Beine des Models noch länger werden, als sie sowieso schon sind.

ISO 100 | Brennweite 50 mm | Blende 5.6 | Belichtungszeit 1/80 s

von oben fotografieren – wobei damit nicht gemeint ist, dass Sie dazu auf einen Stuhl steigen müssen. Selbst kleine Veränderungen in der Aufnahmehöhe bewirken beim Fotografieren mit Weitwinkelbrennweiten schon deutlich andere Sichtweisen auf den Menschen.

Ganzkörperbilder

Möchten Sie einen Menschen komplett aufs Bild bringen und dabei kurze Brennweiten ausprobieren, gelten die eben festgestellten Regeln im Prinzip genauso. Hohe und niedrige Perspektiven betonen die Wirkung derjenigen Körperbereiche, die der Kamera am nächsten sind. In der Modefotografie wird dieser Effekt übrigens gern verwendet, um die Beine der Models optisch zu verlängern. Eine relativ niedrige Perspektive bzw. eine Kameraposition knapp unterhalb der Hüfte streckt die Beine.

So einen Effekt kann man auch durch eine perspektivische Korrektur per Bildbearbeitung erreichen. Soll Ihr Model komplett auf dem Weitwinkelbild zu sehen sein, müssen Sie die Brennweite und auch die Perspektive sowie den Motivabstand sehr bewusst wählen. Kleine Veränderungen der drei genannten Faktoren wirken sich deutlich aus. Und wenn es besonders extrem und skurril sein soll, verwenden Sie doch mal Frosch- oder Vogelperspektive. In Kombination mit einem etwas schrägen Outfit und entsprechendem Gesichtsausdruck lassen sich so Motive erzeugen, die man – eine gute Ausleuchtung vorausgesetzt – sogar in der Werbung verwenden kann.

Licht setzen

Weitwinkelporträts im Studio macht man mit künstlichem Licht. Sie haben also volle Kontrolle darüber, was auf welche Weise beleuchtet wird. Welche Art der Lichtsetzung infrage kommt, hängt zum großen Teil vom Bildausschnitt ab. Eine Ganzkörperaufnahme wird man anders beleuchten als ein Close-up, bei dem die Augen der wichtigste Motivteil sind. Für einen kompletten Menschen brauchen Sie mehr Licht bzw. müssen darauf achten, dass von Kopf bis Fuß jeder Bereich passend ausgeleuchtet ist. Natürlich kann man den Ober-

Was im Vordergrund ist, wirkt viel größer. Abhängig davon, was man im Weitwinkelporträt betonen möchte, muss man den Standort verändern oder das Model bitten, eine andere Pose einzunehmen. Das funktioniert übrigens nicht nur bei Weitwinkelporträts. Wichtiges sollte in jedem Foto tendenziell weiter vorne, also näher bei der Kamera stehen.

ISO 100 | Brennweite 24 mm | Blende 8.0 | Belichtungszeit 1/160 s

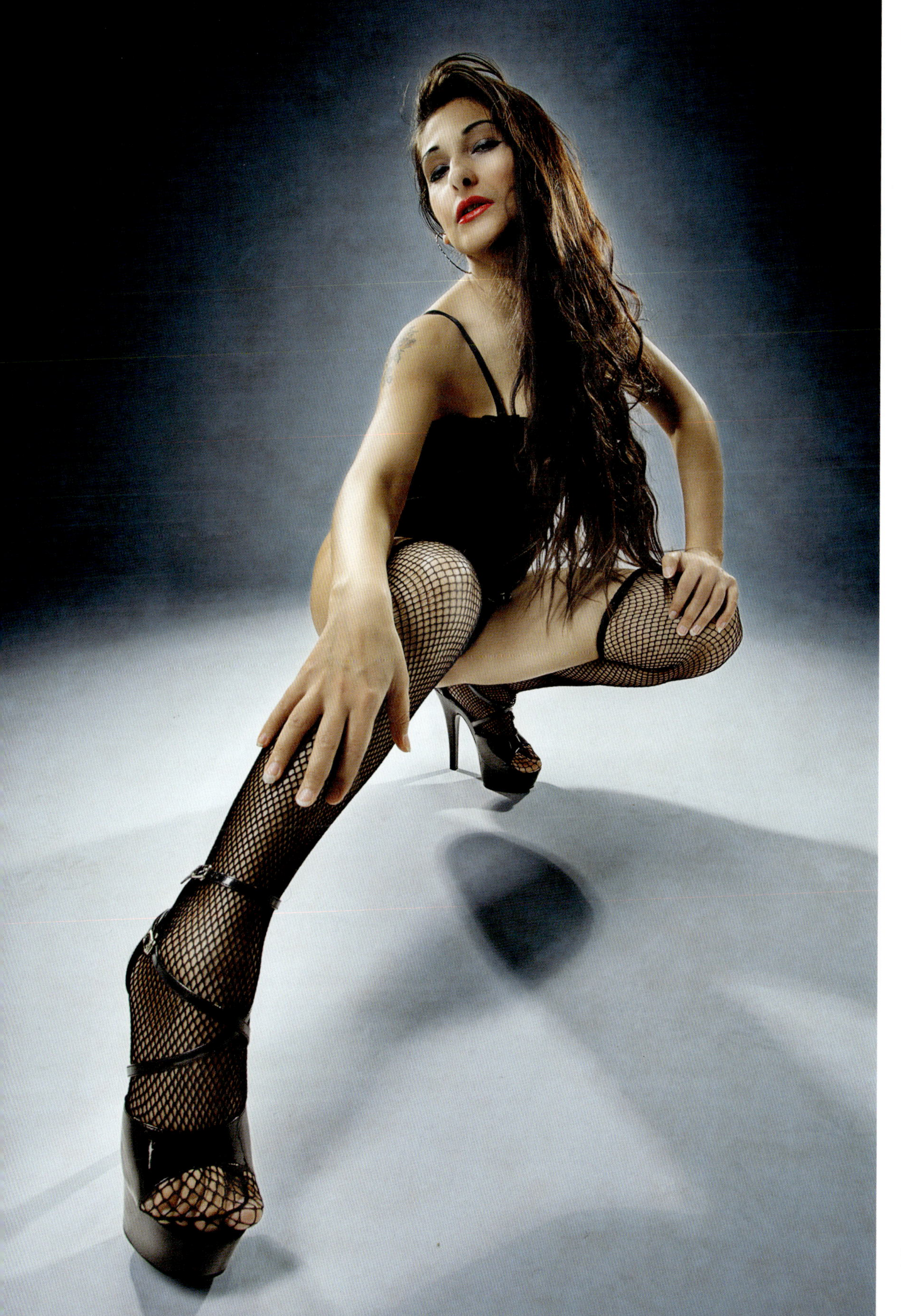

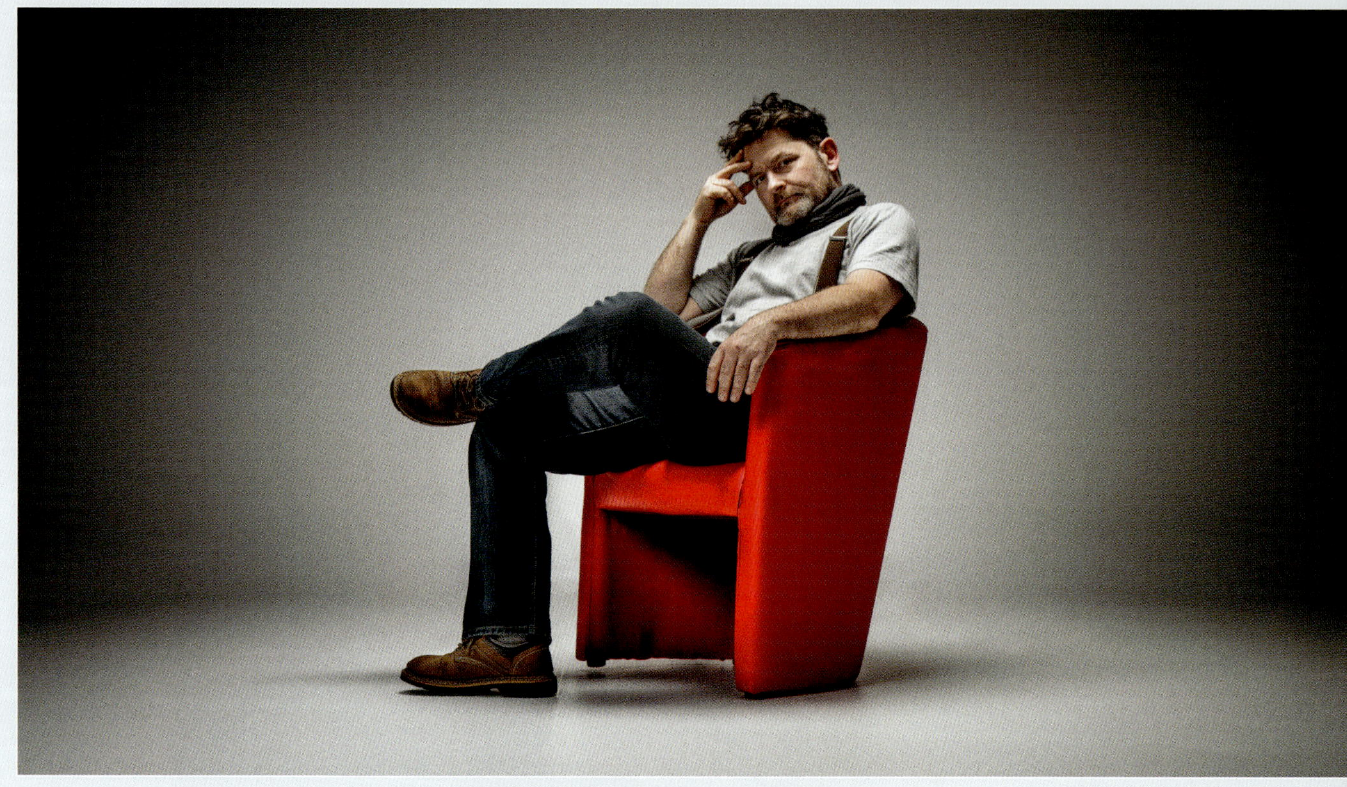

Der Lichtverlauf im Hintergrund entstand durch ein hoch aufgehängtes Blitzgerät mit Weitwinkelreflektor.

ISO 100 | Brennweite 28 mm | Blende 8.0 | Belichtungszeit 1/125 s

Lichtfleck im Hintergrund

Wollen Sie einen Verlauf oder Lichtfleck im Hintergrund haben, brauchen Sie einen passenden Lichtformer wie einen Spot oder ein Striplight. Soll der Hintergrund flächig und ohne Verlauf ausgeleuchtet werden, hilft meistens indirektes Licht weiter. Dazu werden zwei Lichtquellen gegen die (weiße!) Decke oder die Wände gerichtet.

Soll der Hintergrund im Stil einer High-Key-Aufnahme beleuchtet werden, müssen die Lichtquellen direkt auf die Wand hinter dem Model ausgerichtet werden. Achten Sie in diesem Fall darauf, dass kein unerwünschtes Streulicht von hinten auf Ihr Model fällt und die Konturen ausfressen lässt.

körper oder den Kopf mit einem Spot anstrahlen und den Rest in Dunkelheit verschwinden lassen. So eine Aufnahme sollte dann aber geplant sein, damit der Lichtabfall zum Motiv passt und nicht einfach wirkt, als wäre beleuchtungstechnisch etwas schiefgelaufen.

Im Grunde funktioniert die Lichtsetzung bei Weitwinkelporträts nicht anders als bei normalen Porträts. Man achtet auf die Licht-Schatten-Verläufe, leuchtet den Hintergrund passend zur Bildgestaltung aus und kann die Formen der Lichtquellen im Fall einer Nahaufnahme dazu nutzen, interessante Spitzlichter in den Augen zu erzeugen. Eine runde Softbox erzeugt runde Spitzlichter, ein Striplight bringt helle Lichtstreifen in die Augen.

Lichtsetzung für skurrile Porträts

Zu skurrilen Porträts passen ungewöhnliche Winkel bei der Ausleuchtung. Ein Spot von unten erzeugt klassisches Grusellicht wie aus einem schlechten Horrorfilm, hartes Licht von der Seite moduliert die sowieso schon überdeutlichen Formen noch mehr. Bei Grenzwertfotos wie einem Weitwinkelporträt gibt es keine Tabus, die man nicht zumindest mal testweise brechen dürfte.

Eine etwas andere Beleuchtung

Da es bei Weitwinkelporträts um eher schräge Bildauffassungen geht und der inhaltliche Mittelpunkt eines Porträts auf dem Menschen liegt, sollten Sie Hintergrundbeleuchtung und Motivlicht gut aufeinander abstimmen. Ein dunkler, unbunter Hintergrund lenkt weniger ab als eine wilde Struktur, die hell angestrahlt wird. Ist der Hintergrund aber ein wichtiger Teil der Bildgestaltung – Sie setzen z. B. eine ätzende 70er-Jahre-Tapete ein –, muss die Ausleuchtung entsprechend ausgewogener gestaltet werden. Ansonsten dürfte es in der Regel angebracht sein, den Menschen im Vordergrund mit dem Hauptlicht so auszuleuchten, dass der Blick des Betrachters sofort am Hauptmotiv hängen bleibt.

12 | FINEART-DRUCK UND GALERIEPRINT

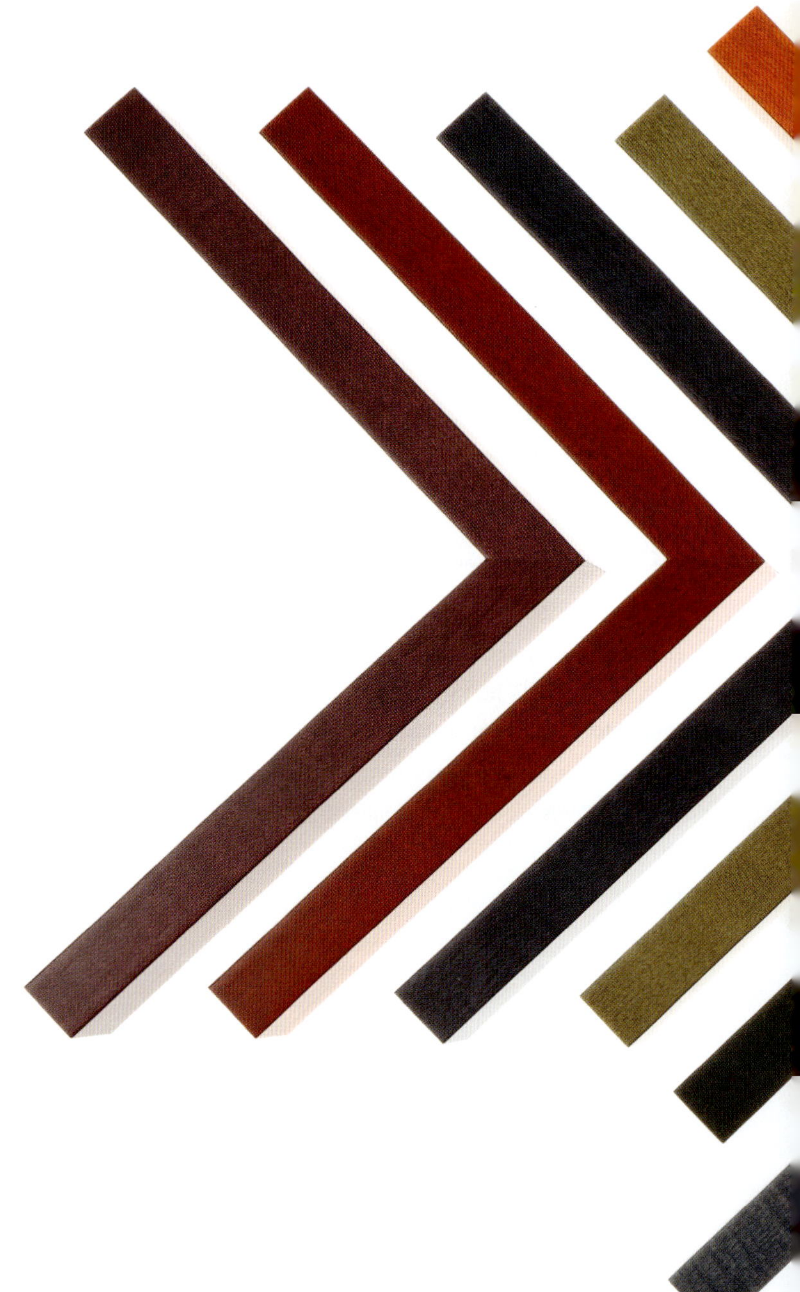

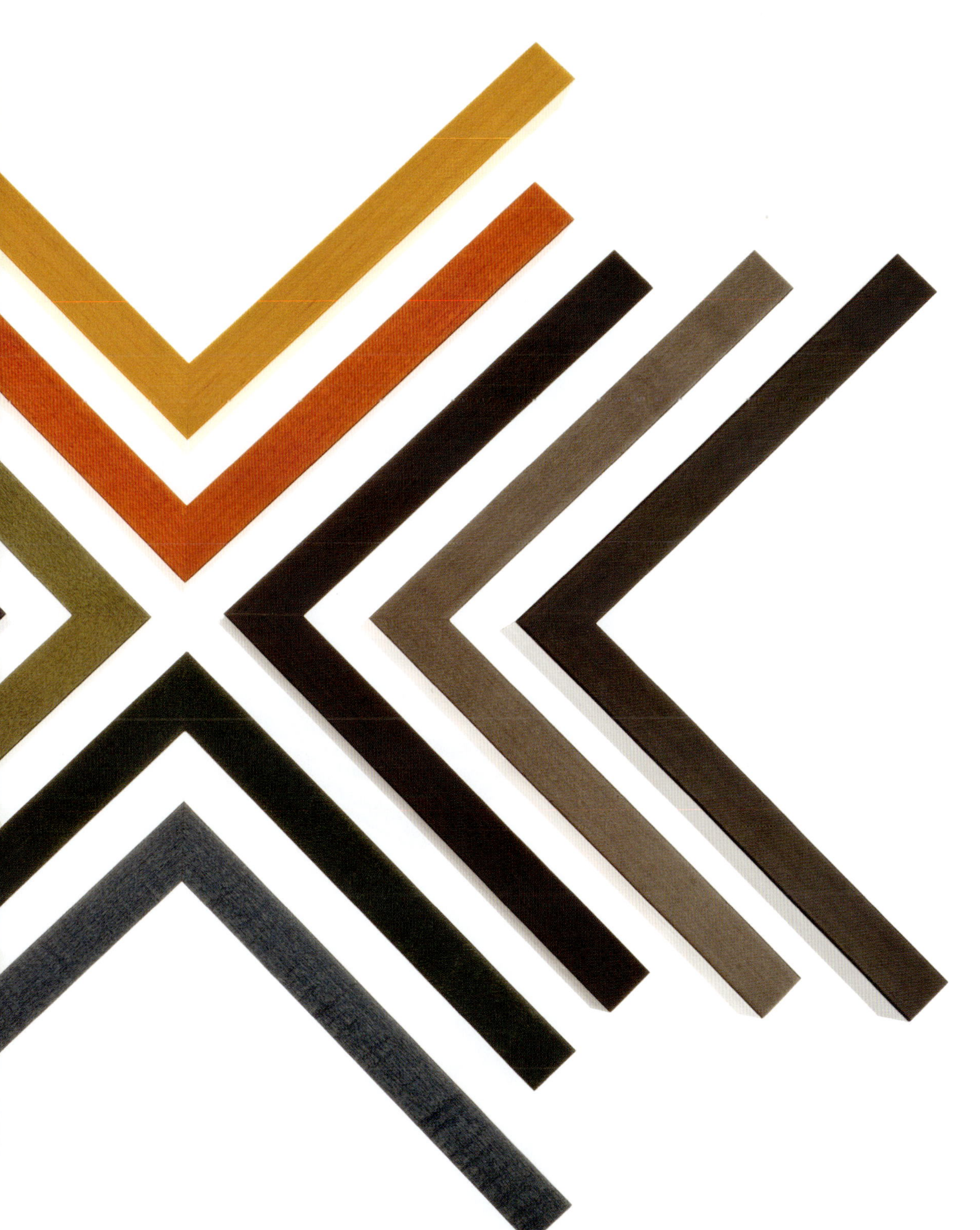

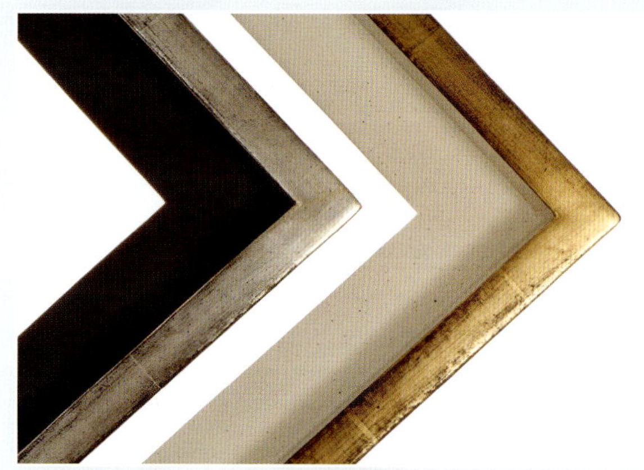

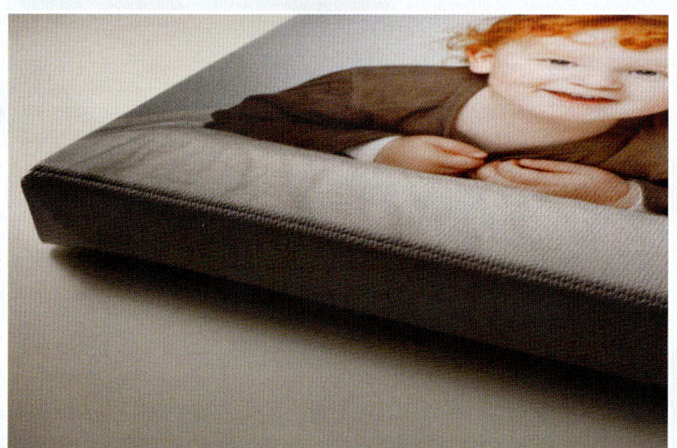

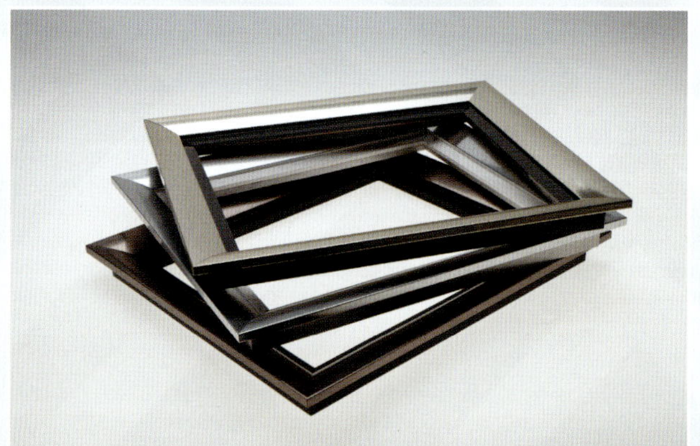

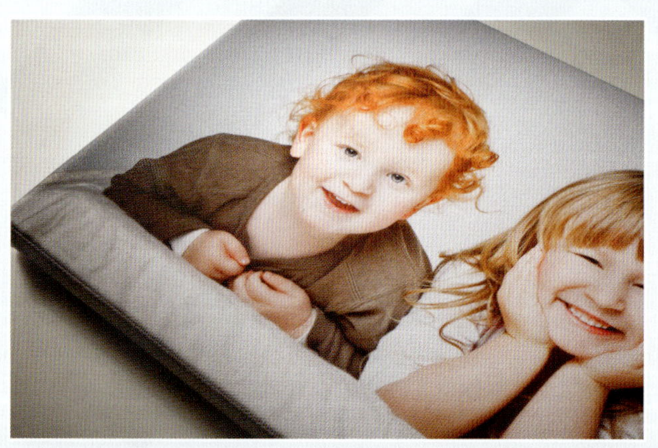

12

FineArt-Druck und Galerieprint

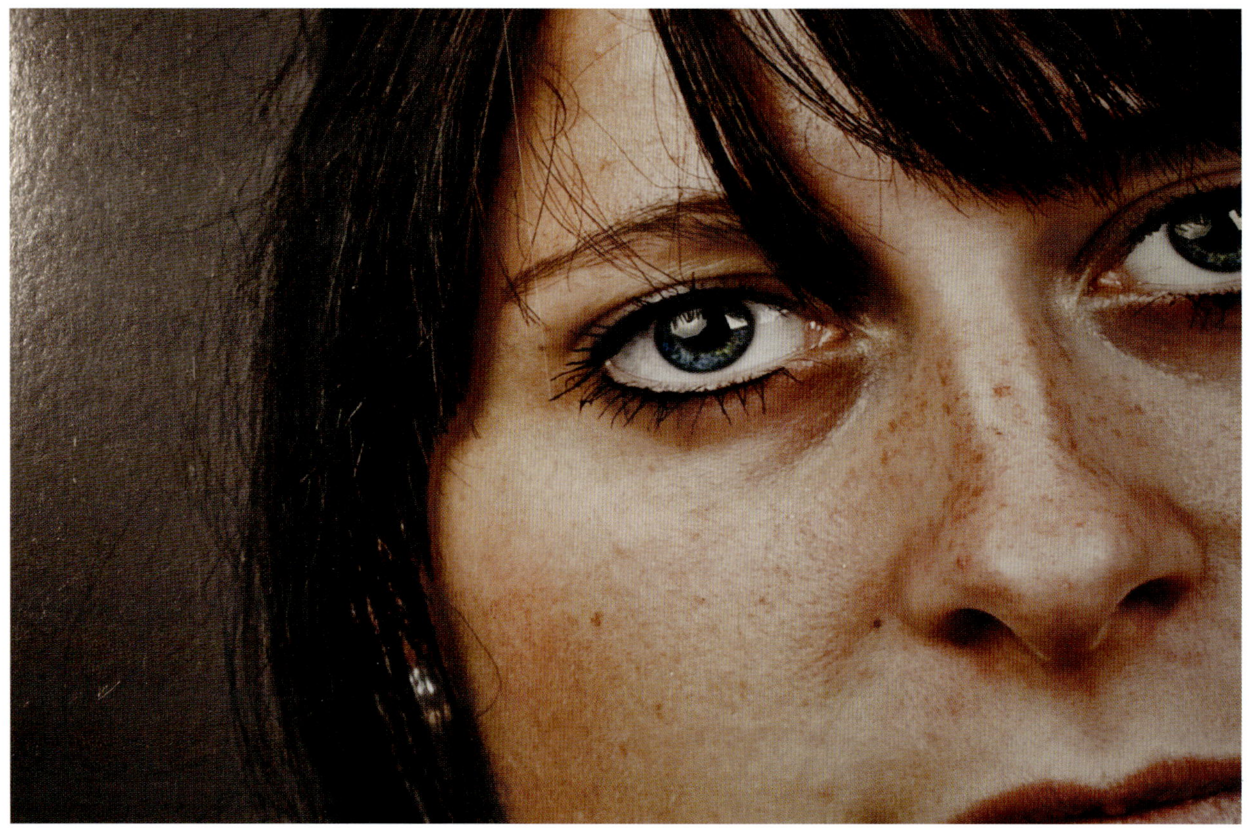

Wenn es um die Ausdifferenzierung von Farben und Tonwerten geht, kommt man nicht um einen FineArt-Print herum. Der Aufwand für maximale Qualität ist sehr hoch, weshalb man sich anfangs einem spezialisierten Labor anvertrauen sollte.

FineArt-Druck und Galerieprint kann jeder, könnte man meinen. Jedes Onlinefotolabor bietet Fotodrucke in Galeriequalität an. Aber was heißt das eigentlich? Und genügen solche Drucke tatsächlich den Ansprüchen eines Galeristen? Eine Aufklärung.

Haben Sie schon einmal Ihre Fotos einer mehr oder weniger breiten Öffentlichkeit präsentiert? Dann haben Sie sich vermutlich auch schon intensiv darüber Gedanken gemacht, auf welche Weise Sie Ihre Bilder ausdrucken, belichten, rahmen und aufhängen. Da man heute im Internet an jeder Ecke Fotolabors oder Dienstleister für Ausbelichtungen findet, scheint es sehr einfach zu sein, Leistungen und Preise zu vergleichen, um ein passendes An-

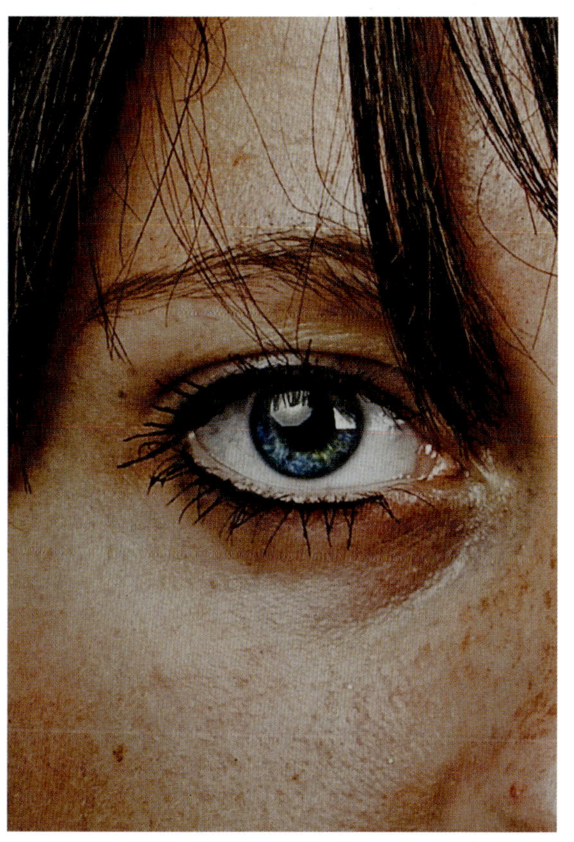

gebot zu finden. Wenn es vor allem auf den Preis ankommt – immerhin sind hochwertige Großformatdrucke durchaus teuer –, ist der Vergleich via Internet sicher vernünftig. Wenn Sie Ihre Fotos aber tatsächlich in einer Ausstellung oder sogar einer Galerie zeigen und zum Verkauf anbieten möchten, kommt es auf Qualität an. Und zwischen diesen beiden Extremen – „günstiger Preis" auf der einen und „beste Qualität" auf der anderen Seite – gibt es etliche Abstufungen und Variationen, über die man sich spätestens zu Beginn der Bildbearbeitung Gedanken machen muss.

FineArt bedeutet …

Fasst man den Begriff FineArt oder auch Galerieprint sehr eng, versteht man darunter den Druck oder Abzug eines Fotos, der höchsten künstlerischen Ansprüchen genügt. Der Druckprozess wird dabei sowohl vom Künstler als auch vom Druckdienstleister überwacht, um bestmögliche Qualität im Sinne des vom Künstler angestrebten Ausdrucks zu gewährleisten. Vor einer etwaigen Reproduktion in limitierter Auflage gibt der Fotograf einen ersten Referenzdruck frei, der Fortdruck orientiert sich dann an diesem Referenzdruck. Zu den Prints gibt es üblicherweise ein Echtheitszertifikat mit einer laufenden Nummer und dem Hinweis auf Künstler, Titel, verwendete Materialien, Motiv und so weiter.

Welches Medium der Künstler für sein Werk auswählt, ob er eine Fotografie auf Papier, Leinwand oder einem anderen Träger sehen möchte, ist zunächst zweitrangig. Wichtig beim Galerieprint ist, dass auf dem ausgewählten Medium die bestmögliche Druckqualität erzielt wird. Qualität bedeutet hier, dass Farben exakt reproduziert werden, Details und Schärfe stimmen und dass der Tonwertumfang von den Lichtern bis in die Schatten exakt wie auf dem vom Fotografen bereitgestellten Original wiedergegeben wird. Sind Farb- und Tonwertumfang des Originals größer, als durch ein bestimmtes Druckverfahren oder auf einem Trägermedium darstellbar, scheiden bestimmte Verfahren von vornherein aus. Diejenigen Verfahren und Träger, die sehr große Farb- und Kontrastumfänge erlauben, sind naturgemäß kostspieliger. Das erhöht einerseits die Herstellungskosten, andererseits lässt sich aber auch nur durch hohe Druckqualität ein entsprechender Verkaufspreis erzielen.

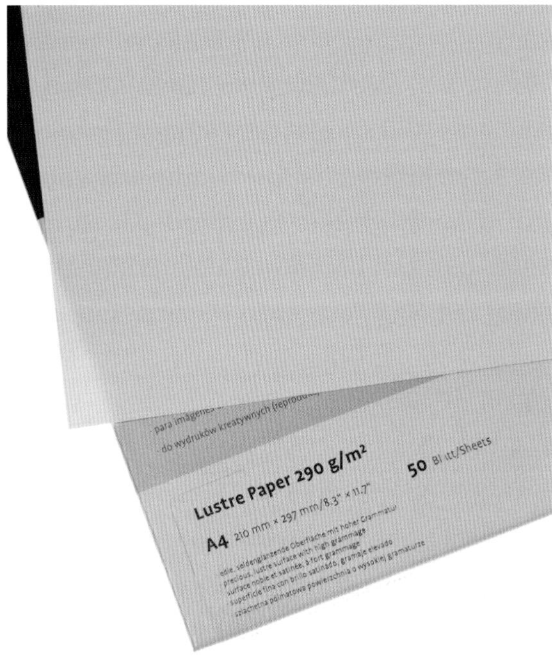

Die Grammatur ist für die Stabilität eines FineArt-Papiers entscheidend. Profis arbeiten für hochwertige Fotoprints immer mit Papieren, die ein Flächengewicht von mindestens 200 g haben.

FineArt bedeutet nicht ...

Wenn man ein Foto einfach nur beliebig groß ausdruckt, ist das noch lange kein FineArt-Druck. Wenn man ein schlechtes Foto mit mangelhaftem Tonwertumfang, ungewolltem Bildrauschen und Unschärfe, Farbstich und nichtssagender Bildgestaltung mit dem bestmöglichen und damit teuersten Verfahren ausdruckt, ist das zwar ein Galerieprint, aber aufgrund mangelhafter Qualität trotzdem Müll. Ein FineArt-Druck lebt sowohl von der Qualität des Fotos als auch von der des Drucks bzw. der Präsentation.

Oft sieht man Bilder von mittelmäßigen und die eigenen Fähigkeiten maßlos überschätzenden Fotografen, die einfach nur viel Geld in ihre Prints und deren Rahmung stecken und damit glauben, ihre gestalterische Arbeit aufzuwerten. Das Gegenteil ist der Fall. Je hochwertiger Druck und Rahmung, desto eher fällt minderwertige Fotoarbeit auf. Seien Sie deshalb kritisch, holen Sie sich ehrliche Meinungen von Verwandten, Freunden oder Kollegen und entscheiden Sie erst dann, wenn Sie wirklich von Ihrer Arbeit überzeugt sind, welche Art des Galerieprints für die gewünschte Art der Präsentation sinnvoll ist.

Standort des Drucks

Beginnen wir von vorn: Sie öffnen ein Foto, das Sie für einen hochwertigen Druck vorgesehen haben, am Computer zur Ansicht und Bearbeitung. Bevor Sie ins Detail gehen, sollten Sie sich bereits jetzt ein paar grundlegende Gedanken darüber machen, wo Ihr Bild später mal hängen soll. Es spielt eine große Rolle, ob das Bild an einer weißen oder farbigen Wand hängen wird, ob es unter Tageslicht oder Kunstlicht mit direkter oder indirekter Beleuchtung präsentiert wird und ob es als Teil einer Bilderreihe daherkommt. Im Idealfall zeigt man galeriewürdige Bilder an einer weißen Wand in einem Raum mit kontrollierten Lichtverhältnissen und Lichtquellen, die das gesamte Tageslichtspektrum emittieren. Kellerlichtartige Glühfunzeln mit einer Farbtemperatur kurz vor der Beleuchtung einer Rotlichtbar kommen definitiv nicht infrage.

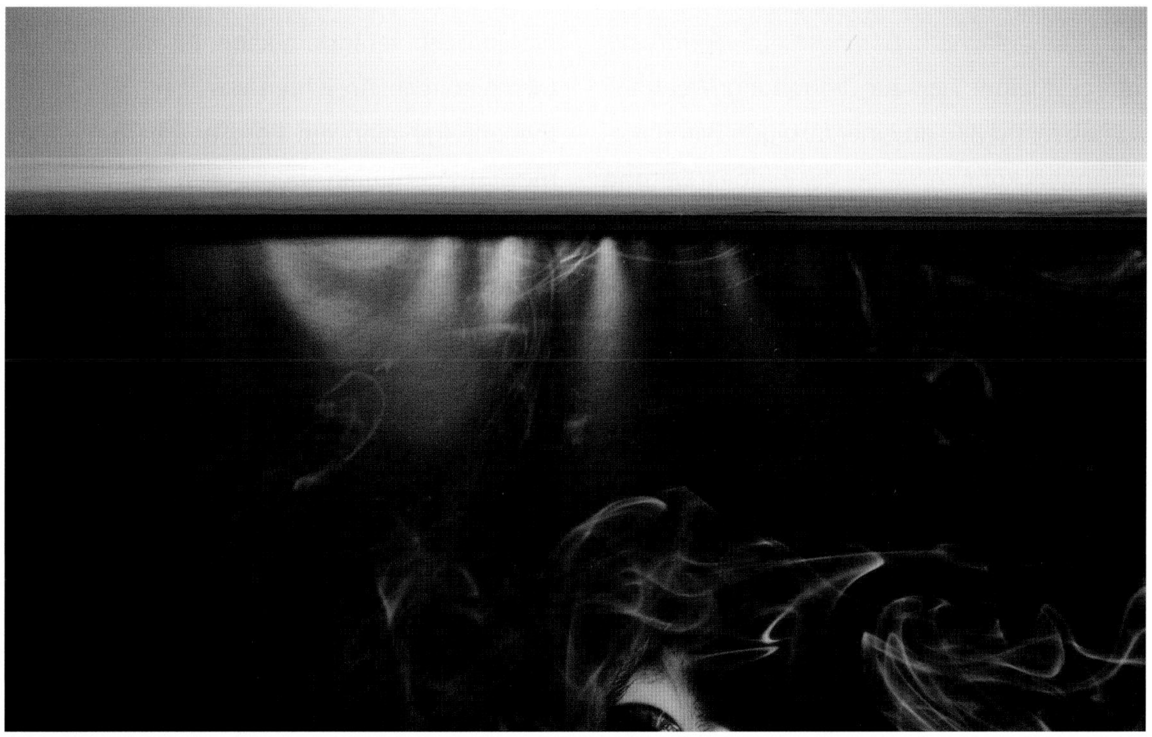

Wenn man normale Fotoprints nicht auf einen Träger wie Karton oder Kunststoff aufzieht, wellt sich das Papier mit der Zeit aufgrund der Luftfeuchtigkeit. Der hier gezeigte Abzug auf 220-g-Papier ist zwar gerahmt, nicht aber aufgezogen, und wirft sichtbare Falten.

Direktes Sonnenlicht führt möglicherweise zu Spiegelungen, eine farbige Wand verändert die ursprüngliche Farbwirkung eines Fotos. Zeigen Sie ein Schwarz-Weiß-Bild, kann das an einer farbigen Wand wiederum ganz interessant wirken. Eine Präsentation im eigenen Wohnzimmer sollte sich an die vorhandene Farbgebung des Zimmers anpassen, die Art der Beleuchtung im Zimmer beeinflusst die Entscheidung für Oberfläche/Trägermaterial, Rahmung und Glas. Sind mehrere Lichtquellen vorhanden, würden sie sich im Schutzglas spiegeln, je nach Motiv käme dann eher die matte Oberfläche z. B. eines Leinwanddrucks infrage. Kleiner Tipp zur Umgebung: Wenn Sie vorhaben, Ihr Bild an einer farbigen Wand aufzuhängen, können Sie bei der Bildbearbeitung die Wand simulieren, indem Sie das Bild einfach auf einen entsprechend farbigen Hintergrund ziehen. Auf diese Weise lässt sich mit ein wenig Aufwand auch der Rahmen simulieren.

Bilder aufbereiten

Haben Sie sich überlegt, wo Ihr Bild einmal bevorzugt hängen soll, geht es an die Bildbearbeitung. Sollte noch nicht klar sein, in welchem Umfeld Sie Ihr Bild später präsentieren, gehen Sie am besten von einer neutralen Umgebung mit weißer Wand und indirektem Tageslicht aus. Öffnen Sie Ihr Bild im Programm Ihre Wahl. Für professionelle Ergebnisse muss es nicht unbedingt Photoshop sein, auch mit Photoshop Elements, Gimp oder einem anderen Bildbearbeitungsprogramm kann man die meisten Korrekturen und Verbesserungen vornehmen. In jedem Fall sollte eine nicht destruktive Bildbearbeitung möglich sein, um Fehlentwicklungen bei der Korrektur jederzeit rückgängig machen zu können.

Sinnvoll ist bei der Bildbearbeitung für ein High-End-Motiv die ebenenbasierte Arbeit, bei der Korrekturen auf separaten Ebenen vorgenommen werden, die man auch im Nachhinein noch verändern kann. Es gibt zwar unterschiedliche Ansichten darüber, in welcher Reihenfolge man ein Foto bearbeiten sollte, meistens geht man aber in dieser für die meisten Bilder sinnvollen Reihenfolge vor: Legen Sie als Erstes den Bildausschnitt fest, anschließend werden die Belichtung, die Tonwertverteilung und der Kontrast global bearbeitet. Global bedeutet, dass Sie Korrekturen gleichermaßen auf das gesamte Bild anwenden. Partielle Korrekturen sollten erst später erfolgen, wenn Belichtung und Tonwertverteilung stimmen. Nach der globalen Kontrastkorrektur sollten Sie, ebenfalls global, die Farben falls nötig anpassen und Farbstiche oder einen falschen Weißabgleich korrigieren. Im Anschluss daran geht es um Detailkorrekturen. Das beginnt beim Entfernen von Flecken, Fusseln, Staub und anderen ungewollten Details, geht

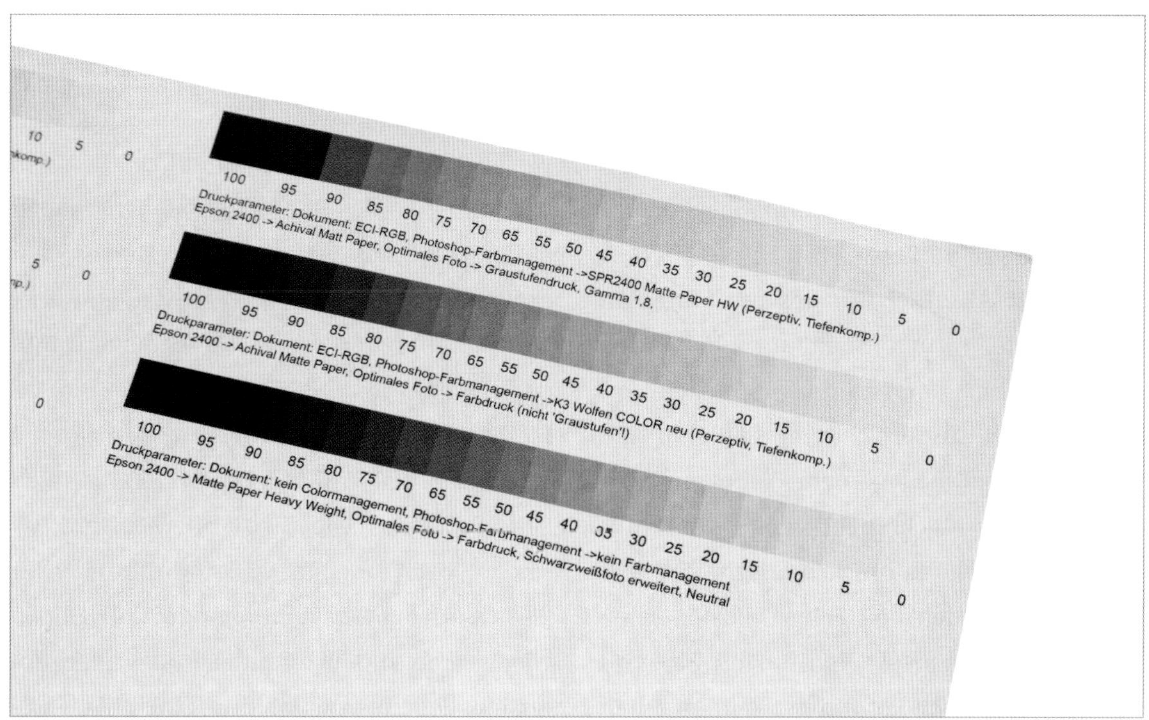

Beim Schwarz-Weiß-Druck kommt es noch mehr als beim Farbdruck auf die Ausdifferenzierung von Tonwerten an, weshalb man hier spezielle Schritte zur Profilierung unternimmt.

weiter mit der Detail- oder Beauty-Retusche, in der bestimmte Details betont oder hinzugemalt werden, und endet beim klassischen Abwedeln und Nachbelichten. Hierbei werden partiell Helligkeit und Kontrast mit den Werkzeugen Abwedler und Nachbelichter oder mithilfe einer Einstellungsebene samt Maske aufgetragen.

Die letzten Schritte der Bildbearbeitung drehen sich um die Ausgabegröße. Wenn Sie bereits wissen, in welcher Größe Ihr Bild gedruckt wird, können Sie es nun entsprechend skalieren und – ganz wichtig – am Ende scharfzeichnen. Der Grad der Schärfung hängt vom ausgewählten Druckverfahren und von der Bildgröße ab. Einfach gesagt: Je größer das Bild und je größer der Betrachtungsabstand, desto intensiver kann geschärft werden. Gerade diese letzten Arbeitsschritte sind bei einem Galerieprint ganz entscheidend. Macht man beim Skalieren und Schärfen etwas falsch, bringt der beste Druck nichts.

Drucktechniken

Praktisch jeder Druckdienstleister bietet heutzutage hochwertige Prints in Tintenstrahltechnik an. Die Technik des großformatigen Tintenstrahldrucks ist mittlerweile so ausgereift, dass man damit Ausdrucke in riesigen Formaten mit perfekter Farbreproduktion und feinsten Details erzielen kann. Im professionellen Umfeld, also mit ausgezeichneten Papieren und perfektem Farbmanagement, kann man mit der Tintenstrahltechnik jederzeit seine Fotos für eine Ausstellung drucken lassen. Und falls Sie mit dem Gedanken spielen, selbst in einen guten Drucker zu investieren, um Ihre Fotos bis zu einem gewissen Format in Eigenregie herzustellen, sollten Sie sich nach einem Gerät mit mindestens sechs separaten Tintentanks und einer Druckgröße bis DIN A3+ umsehen. Die Großformatdrucker von Epson mit K3-Tinten haben für die Eigenproduktion hochwertiger Fotoprints einen sehr guten Ruf.

Wenn Sie sich dazu gutes Papier z. B. von Hahnemühle, Ilford, Monochrom oder Tetenal zulegen und die von den Herstellern angebotenen Farbprofile verwenden, lassen sich ausgezeichnete FineArt-Prints erzielen. Eine alternative Drucktechnik ist die klassische Fotobelichtung. Die von Fotolabors verwendeten Lambda-Belichter arbeiten mit Lasertechnik. Es handelt sich hierbei um eine traditionelle fotochemische Entwicklung, es gibt also kein Druckraster wie im Sieb- oder Tintenstrahldruck.

Die Fotos werden auf Silberhalogenidpapier ausbelichtet; das Verfahren bietet einen sehr großen Farbumfang sowie Farbstabilität über etliche Jahre und lange Haltbarkeit. Lambda-Prints werden z. B. vom renommierten Anbieter White Wall bis zu einer Maximalgröße von 122 × 180 cm angeboten. Alle anderen Druckverfahren wie Sieb- oder Offsetdruck sind lediglich für einfache Fotodrucke, z. B. für Plakate, geeignet. Farbumfänge und Detailwiedergabe sind nicht mit Lambda- oder professionellem Tintenstrahldruck inklusive Farbmanagement vergleichbar.

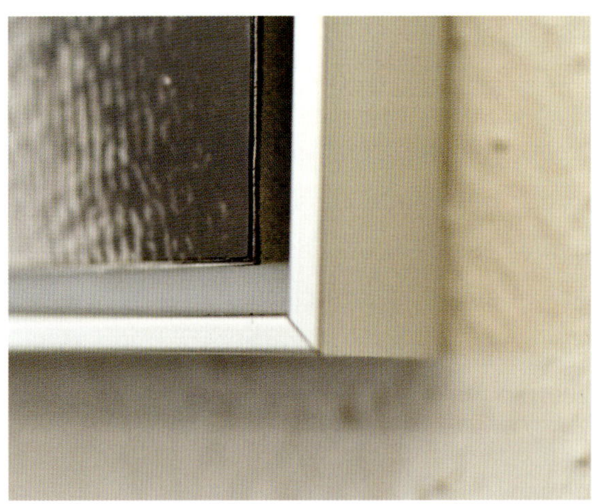

Hier sieht man den Aufbau eines FineArt-Prints, der aus einer dicken Leichtschaumplatte, dem eigentlichen Print und einer UV-Schutzfolie besteht.

Eine Frage des Papiers

Wenn Sie Bilder auf eine stabile Kunststoffplatte (hier Forex) aufziehen lassen, benötigen Sie keinen Rahmen. Vielmehr werden mit den Platten in der Regel Abstandhalter und spezielle Aufhängungen mitgeliefert, die hinten auf die Platte geklebt werden müssen.

Das Papier ist nicht nur Trägermedium für ein Foto, es verändert den Charakter eines Fotodrucks ganz entscheidend. Man unterscheidet zunächst nach der Oberfläche. Es gibt matte, semimatte und glänzende Papiere, ebenfalls gebräuchlich sind Bezeichnungen wie glossy oder semi-glossy. Das zweite wichtige Unterscheidungsmerkmal ist die Grammatur. Einfaches Kopierpapier hat selten mehr als 100 g (pro Quadratmeter), schweres Tintenstrahlpapier mit Barytoberfläche kann auch durchaus mal 350 g haben. Je schwerer das Papier, desto formstabiler ist ein Ausdruck natürlich auch.

Den Aufbau eines Papiers bestimmen Grammatur und Beschichtung gleichermaßen. Profis verwenden für eigene Ausdrucke in Studioqualität in der Regel Papiere mit Grammaturen zwischen 200 und 300 g. Falls Sie Ihre Fotos selbst im Tintenstrahldruckverfahren produzieren, sollten Sie sich im Handbuch Ihres Druckers darüber informieren, bis zu welchem Papiergewicht der Drucker arbeiten kann. Ist das Papier zu dick/zu schwer, kann es zum Papierstau kommen, oder – was noch schlimmer ist – der Farbauftrag funktioniert nicht mehr, und die Farben verschmieren. Zudem sollten Sie bedenken, dass schweres und dickes Papier meistens nur über den manuellen Papiereinzug – also flach eingeführt – und nicht

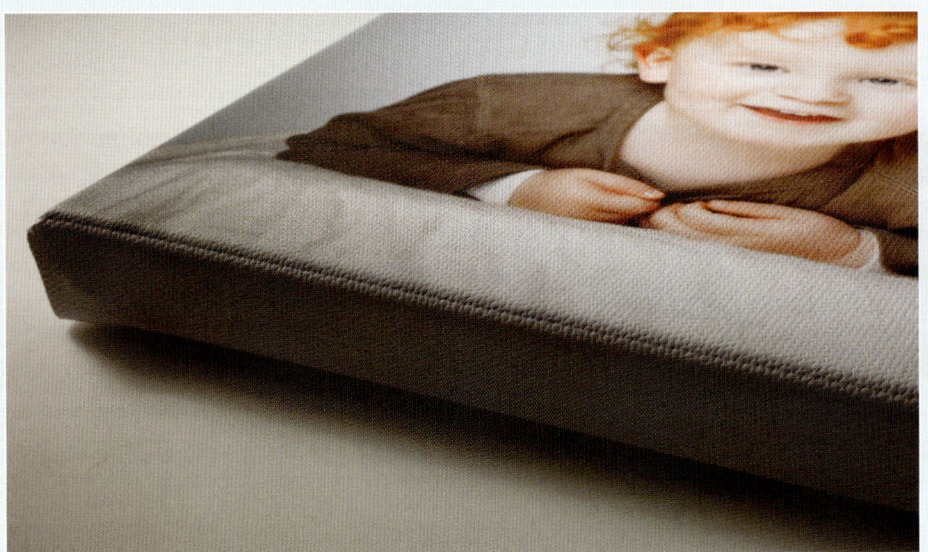

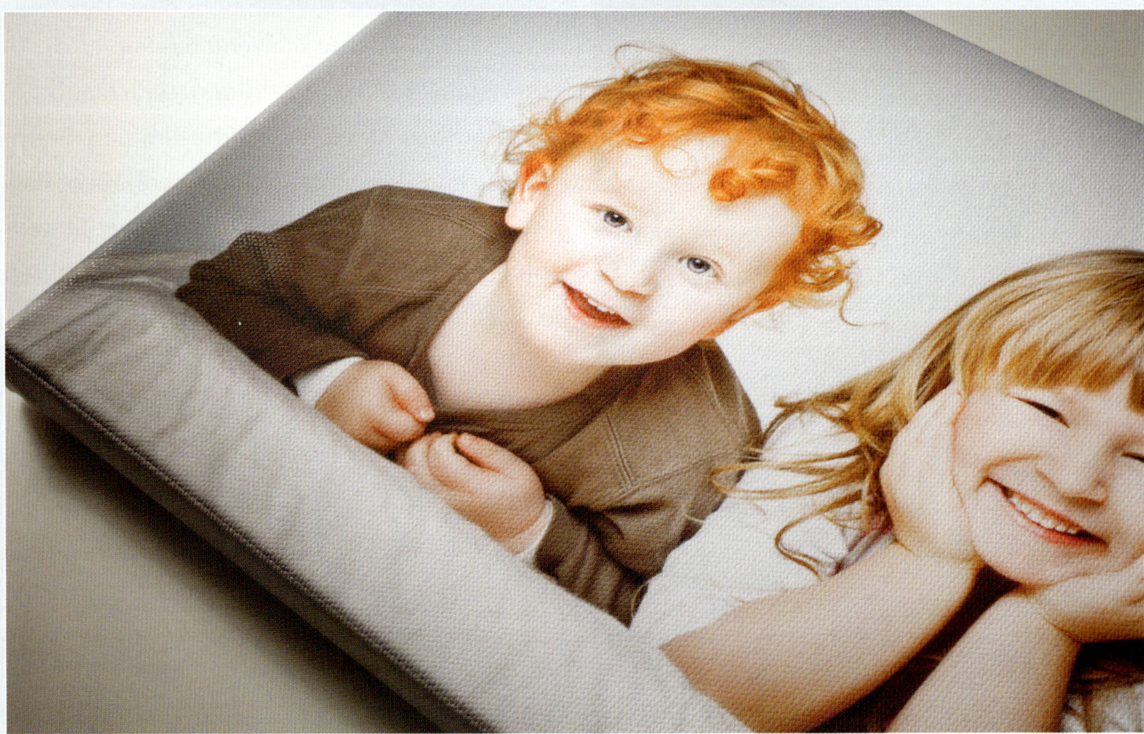

Die Struktur macht den Reiz von Leinendrucken aus. Die Leinwand ist so beschichtet, dass man sie mit einem normalen Tintenstrahldrucker bedrucken kann. Die Farben wirken insgesamt etwas matter und weniger leuchtend als auf Fotopapier.

über den Standardschacht verarbeitet werden kann, über den das Papier gerollt würde.

Um sich einen Überblick über die Möglichkeiten und Looks verschiedener Papiere zu verschaffen, ist es ratsam, sich bei den größeren Anbietern Muster zukommen zu lassen. Denn erst wenn Sie Ihre Fotos auf einem ausgesuchten Papier gedruckt sehen, können Sie sich vorstellen, welche Wirkung bestimmte Papiere haben. Je nachdem, um welche Motive es geht – Schwarz-Weiß-Motive werden häufig auf schweren, matten Papieren gedruckt – und wie Sie Ihre Bilder präsentieren, können Sie sich für das für einen bestimmten Zweck beste Papier entscheiden. Im Übrigen gilt das natürlich auch, wenn Sie Ihre Fotos bei einem FineArt-Labor in Auftrag geben, das eine große Auswahl an individuellen Papieren vorrätig haben sollte. Die Beschreibung „350 g Barytpapier mit hellweißer Oberfläche" sagt Ihnen erst dann etwas, wenn Sie das Papier in der Hand gehalten haben.

Hochglanzpapiere sind zwar sehr effektvoll, wenn es um die Präsentation von kontrastreichen und farbenfrohen Motiven geht, allerdings muss man schon sehr saubere Hände haben, um das Papier mit der gebotenen Vorsicht zu behandeln. Hochglanzfotos sollten nach dem Druck schnell hinter Glas, um sie vor Staub zu schützen.

Druck auf Leinwand

Der Druck auf Leinwand, die dann auf einen Keilrahmen aufgezogen wird, hat natürlich schon aufgrund des Materials etwas von „Kunst". Aber täuschen Sie sich nicht. Wenn Künstler auf Leinwand malen, wirken die Bilder nicht nur aufgrund des Motivs, sondern auch aufgrund der Oberflächenstruktur, die die Farbe erzeugt. Bei dicken Ölfarben ist der Effekt besonders ausgeprägt, man sieht jeden Pinselstrich. Dünne Farben wie Lasuren oder Aquarellfarben erzeugen nur geringe oder kei-

Drei Papiere, drei Oberflächen. Das mittlere Papier ist ein spezielles Papier für Schwarz-Weiß-Drucke mit feiner Tonwertdifferenzierung. Die anderen Papiere sind matt und semimatt für Farb- und Schwarz-Weiß-Drucke. Man erkennt gut die unterschiedlichen Weißtöne der Papiere.

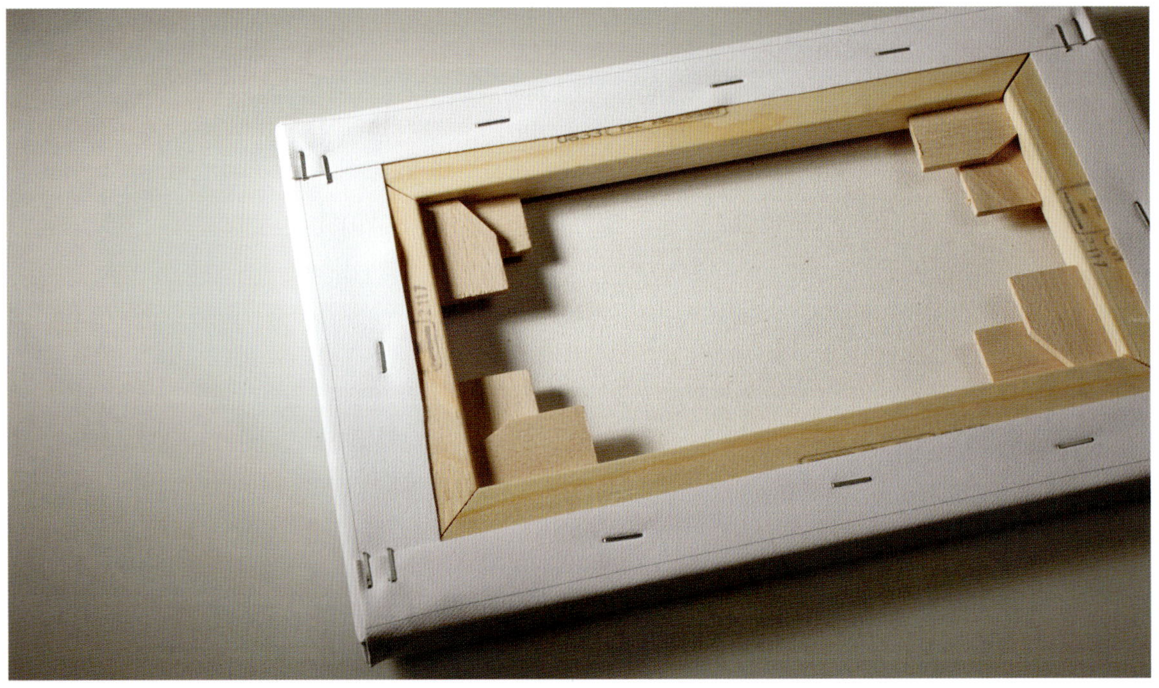

Leinenbilder werden ganz traditionell auf einen Holzrahmen, den Keilrahmen, aufgezogen, an den Ecken umgeschlagen und hinten mit Klammern befestigt. Solche Keilrahmenbilder kann man natürlich zusätzlich noch mit einem Außenrahmen versehen.

ne Oberflächenveränderung, und die Struktur des Trägermaterials bleibt erhalten.

Ebenso sieht es beim Fotodruck aus. Die Tinten, mit denen auf Leinwand gedruckt wird, verändern die Oberfläche praktisch nicht. Der haptische Effekt wird allein durch die Leinwand erzeugt. Die Wirkung eines an der Wand hängenden Bilds, das man aus einiger Entfernung betrachtet, ist dennoch im Vergleich zu mehr oder weniger glattem Fotopapier eine andere. Die Leinenoberfläche ist matt, die Farben entsprechend nicht so leuchtend und kontrastreich wie beim Fotopapier. Da der Farbumfang von beschichtetem Leinen nicht so hoch ist wie bei Fotopapieren, bieten sich vor allem Motive mit unkritischen Farben an. Knallig-schrille Motive mit hoher Farbsättigung wirken auf Leinen nicht, die sanften Pastellfarben z. B. eines Stilllebens sind ideal für den Leinendruck. Das heißt natürlich nicht, dass man nicht auch einen chromglänzenden Ami-Schlitten auf Leinwand drucken kann. Gerade der Kontrast zwischen einem kontrastreichen, vielleicht sogar flippigen Motiv und der gediegen wirkenden Leinenoberfläche kann eine Präsentation noch interessanter machen.

Farbräume von Druckmaterialien

Thema Farbraum: Je größer der Farbraum, desto mehr Farben lassen sich darstellen. Der gängigste und am weitesten in der Computerwelt verbreitete Farbraum ist der sRGB-Farbraum. Dieser Quasi-Standard wird von praktisch jedem Computermonitor, jeder Digitalkamera und jedem Drucker verstanden und gleichmäßig umgesetzt. Einfach gesagt: Wenn Sie ein Foto im Farbraum sRGB speichern, es anschließend am Computer bearbeiten, es dann wieder im sRGB-Farbraum speichern und schließlich auf einem modernen Drucker mit Standardeinstellungen ausgeben, bekommen Sie mit großer Wahrscheinlichkeit eine gute Farbreproduktion. Warum sollte man sich nun aber Gedanken über Farbräume machen?

Erster Grund: Der von allen guten Digitalkameras zusätzlich angebotene Farbraum Adobe RGB ist umfangreicher als sRGB, Sie haben also bei der Bildbearbeitung später mehr Möglichkeiten, Farben zu verändern, ohne dass es zu Farbabrissen kommt, weil bestimmte Farben nicht mehr vom Farbraum dargestellt werden können.

Zweitens müssen Sie sich klarmachen, dass jedes Druckverfahren, also im Tintenstrahldruck jede Kombination aus Drucker, Tinte und Papier, einen anderen Farbraum hat. Einfache Drucker mit lediglich den vier Druckfarben Cyan, Magenta, Gelb und Schwarz können Farben bei Weitem nicht so differenziert wiedergeben wie ein Drucker, der mit beispielsweise acht Farben und Pigmenttinten arbeitet.

Um sich die Problematik bewusst zu machen, können Sie ja mal ein Bild, das Sie im Farbraum sRGB gespeichert haben, auf normalem Kopierpapier und auf hochwertigerem Fotopapier mit den vom Druckertreiber empfohlenen Einstellungen ausdrucken. Der Unterschied in der Farbwiedergabe, insbesondere bei der Farbsättigung, ist dabei offenkundig. Die Unterschiede zwischen einzelnen High-End-Fotopapieren sind natürlich nicht so eklatant, im direkten Vergleich und bei farbkritischen Motiven mit hoher Farbsättigung kann man aber durchaus Unterschiede feststellen.

Falls Sie Ihre Motive selbst in Galeriequalität drucken möchten, müssen Sie Ihre Bilder vor dem Druck in den Farbraum umwandeln, den das Farbprofil der verwendeten Drucker-Tinte-Papier-Kombination vorgibt. Sie erhalten z. B. von Hahnemühle vorgefertigte Farbprofile für deren Papiere, wenn diese mit bestimmten Druckern ausgegeben werden. Verwenden Sie z. B. einen Epson-Drucker mit K3-Pigmenttinten, müssen Sie sich auf der Homepage des Papierherstellers dasjenige Farbprofil herunterladen, das für die Tinte-Papier-Kombination passt.

Sobald das Profil im System eingebunden ist – Rechtsklick auf die Profildatei und einfach installieren –, können Sie das zu druckende Bild in den Farbraum umwandeln und ausdrucken.

Lassen Sie Ihre Bilder in Galeriequalität drucken, kommt als Arbeitsfarbraum z. B. in Photoshop eigentlich nur ECI-RGB infrage. Diesen sehr umfangreichen Standardfarbraum kennt jeder Druckdienstleister, allerdings verlangen die meisten Druckereien und Labors nach Dateien in den Farbräumen sRGB oder Adobe RGB. Erkundigen Sie sich vor einem Druckauftrag, welcher Farbraum unterstützt wird, und wandeln Sie Ihre Bilder vor dem Upload oder Versand in den entsprechenden Farbraum um.

Farbmanagement

Wenn Sie die Begriffe Farbraum, Arbeitsfarbraum, Farbprofil, sRGB, ECI-RGB und so weiter verwirrt haben – der Oberbegriff Farbmanagement bringt Ordnung in das begriffliche Chaos. Unter Farbmanagement versteht man sämtliche Bemühungen und Technologien, Farben reproduzierbar zu machen. Das heißt konkret, der gesamte Prozess von der Aufnahme bzw. vom Scan über die Bildverarbeitung am Computer bis zur Ausgabe auf einem beliebigen Ausgabegerät wie Drucker, Monitor oder Handy muss so normiert sein, dass die Farben von Anfang bis Ende gleich bleiben. Die Grundlage für erfolgreiches Farbmanagement bilden Geräteprofile, also Farbprofile, die jeweils einem Gerät im Prozess zugeordnet sind.

Eine Digitalkamera bzw. die Bilddaten, die eine Digitalkamera produziert, benötigen ein Farbprofil. Der Computer, mit dem Bilder bearbeitet werden, kümmert sich um das Farbmanagement mittels einer darauf spezialisierten Systemsoftware (CMS – *Color Management System*). Besonders wichtig ist hier der Monitor, der kalibriert und mit einem speziellen Farbprofil ausgestattet sein muss. Und schließlich muss das Ausgabegerät, z. B. ein Drucker, Farbmanagement unterstützen, indem es Farbprofile für das Ausgabemedium besitzt. Wie oben schon gesagt, ist der Farbraum/das Farbprofil sRGB ein Quasi-Standard, mit dem man von der Aufnahme bis zur Ausgabe gut fahren kann.

Die Möglichkeiten einer modernen digitalen Spiegelreflexkamera und der Bildbearbeitung am Rechner lotet sRGB aber bei Weitem nicht aus. Für Galerieprints in höchster Qualität kommt daher bei der Aufnahme ausschließlich das RAW-Format infrage. Da RAW-Daten erst am Rechner entwickelt werden, gibt es zunächst bei der Aufnahme keine Einschränkung bezüglich des Farbraums. Programme wie Adobe Lightroom, mit denen man RAW-Bilder entwickeln kann, erkennen anhand der Metadaten eines RAW-Bilds, mit welcher Kamera ein Foto geschossen wurde, und wenden intern zunächst ein standardisiertes Kameraprofil an. Nach der Grundentwicklung des RAW-Bilds kann man dann frei entscheiden, in welchem Arbeitsfarbraum die Bilddatei gespeichert werden soll. Profis wenden für 8-Bit-Dateien üblicherweise den Farbraum ECI-RGB v2 an, den man sich auf der Seite *www.eci.org* herunterladen kann. Falls Sie mit 16-Bit-Dateien arbeiten – für Galerieprints ist die Bildbearbeitung in 16 Bit sinnvoll, auch wenn die Daten vor der Weitergabe in 8-Bit-TIFFs oder 8-Bit-JPEGs umgewandelt werden müssen –, speichern Sie die Daten am besten mit dem Farbprofil ProPhoto RGB.

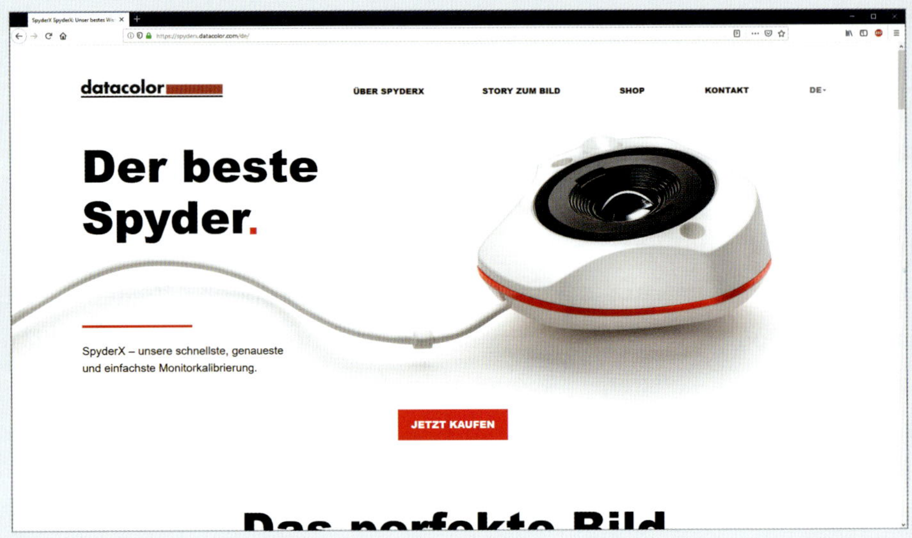

Egal ob Sie selbst drucken oder Ihre Fotos drucken lassen – ein kalibrierter Bildschirm ist bei der Bildbearbeitung auf FineArt-Niveau absolute Pflicht, da jede Farbkorrektur ansonsten reine Glückssache wäre. Die Messgeräte zum Kalibrieren eines Monitors kosten wie der hier gezeigte Spyder von Datacolor rund 180 Euro.

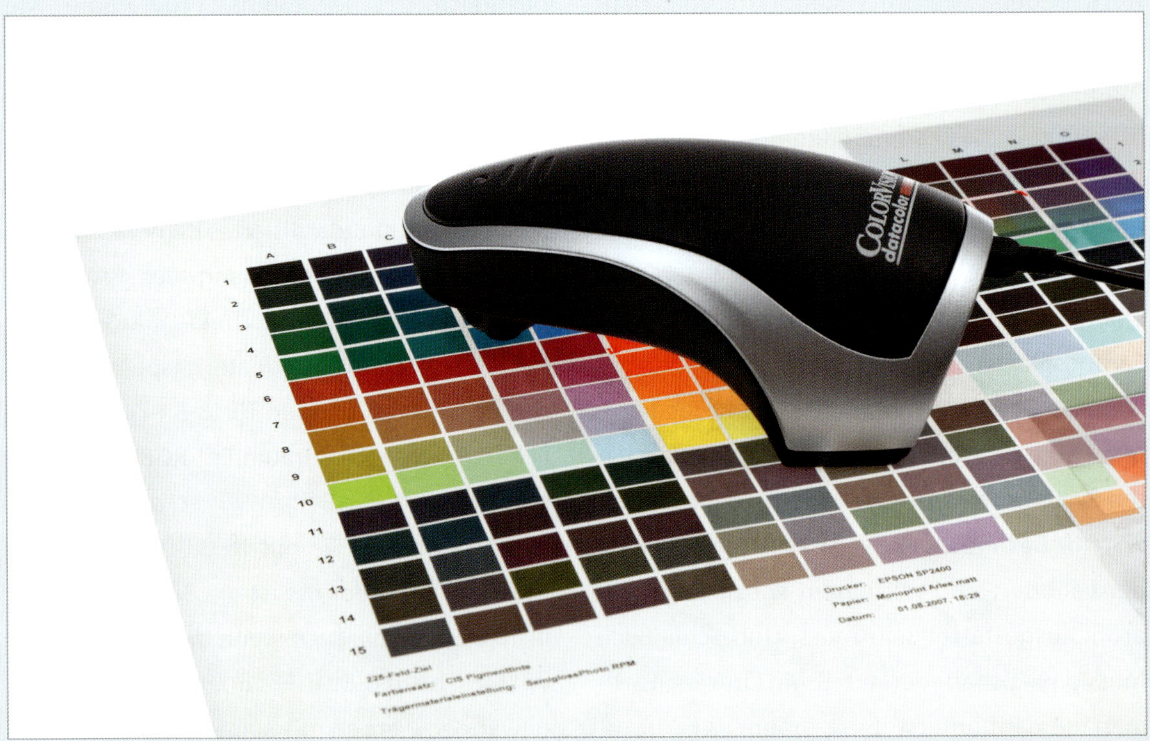

Professionelle FineArt-Druckereien erzeugen für ihre Druckmaschinen/Tintenstrahldrucker und die verwendeten Papiere ganz spezielle Farbprofile. Nur so lassen sich Farben möglichst exakt reproduzieren.

Sobald Ihr Bild mit Photoshop oder einem anderen Programm bearbeitet ist und Sie es als 8-Bit-Datei weitergeben, sollten Sie es in den Farbraum umwandeln, der vom Fotolabor unterstützt wird. Mit sRGB haben Sie nie Probleme, Adobe RGB ist sinnvoll, ECI-RGB der professionelle Standard. Und wenn Sie Ihre Bilder in Galeriequalität bei einem FineArt-Druckdienstleister drucken lassen, wird er Ihnen möglicherweise spezielle Farbprofile für seine Papiere und Druckmaschinen zur Verfügung stellen. Das ist allerdings nur dann sinnvoll, wenn Sie mit Farbmanagement vertraut sind und wissen, wie man solche speziellen Farbprofile auf die eigenen Fotos anwendet.

In Photoshop lautet der Befehl hierzu beispielsweise *Bearbeiten/In Profil umwandeln*. Diese Umwandlung in das Farbprofil des Ausgabegeräts ist wichtig, da es dabei zu sichtbaren Veränderungen kommen kann und Sie diese Veränderungen am (kalibrierten) Bildschirm kontrollieren sollten. Falls Sie mit der Vorgehensweise nicht vertraut sind und dem Druckdienstleister Ihre Daten in einem Standardprofil schicken, übernimmt dieser die Umwandlung für Sie und wird dabei auf möglichst exakte Reproduktion der Originalfarben achten.

Rahmung

Die allermeisten Fotografien, die man in Galerien sieht, sind gerahmt. Mit einem passenden Rahmen wirken die Bilder einfach professioneller und hochwertiger. Für eine Galerie oder Ausstellung ist dieser Faktor sehr wichtig, vor allem wenn man seine Werke verkaufen möchte. Wenn Fotos nicht gerahmt sind, wurden sie zumindest auf irgendein Trägermaterial aufgezogen/kaschiert. Das kann Alu-Dibond sein, ein extrem stabiles Aluminiumverbundmaterial, es kann Fotokarton sein, oder es werden Kunststoffplatten wie Forex (Hartschaum) oder Kapa (Leichtschaum, Polyurethan) verwendet.

Wichtig ist in jedem Fall zunächst, dass die Fotografie absolut eben befestigt wird, damit das Papier nicht durch die sich verändernde Luftfeuchtigkeit wellig wird. Denn das würde mit ziemlicher Sicherheit sehr bald passieren, wenn man einen Fotoausdruck einfach so an die Wand hängen würde. Je stabiler der Träger ist, desto besser. Wenn Sie ein Foto ganz klassisch rahmen möchten, darf der Verbund aus Trägermaterial und Fotoausdruck nicht zu dick sein. Aufgezogene Fotos werden bei einem normalen Rahmen zwischen Frontglas und Rückplatte eingelegt, die Rückplatte wird von hinten mit Klammern oder Nägeln fixiert.

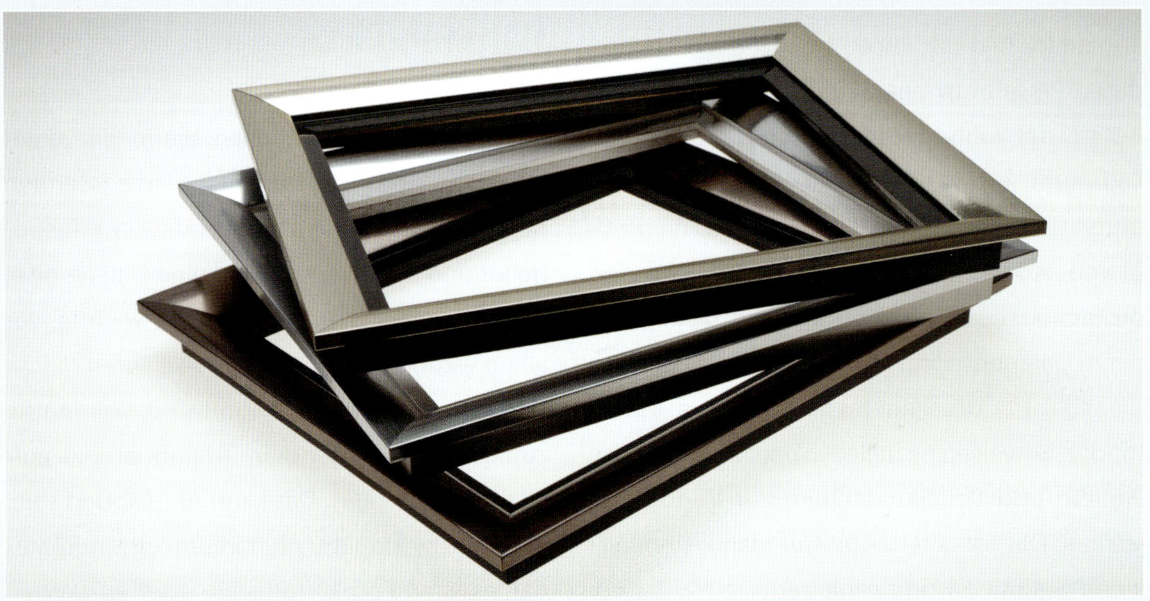

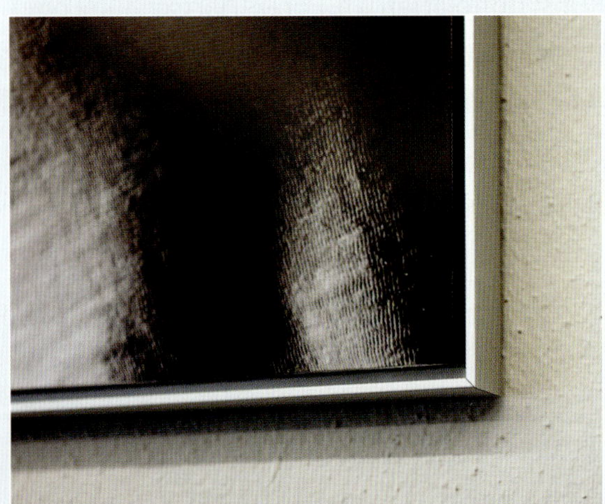

Oben: Welches Material, welche Form und welche Oberfläche ein Rahmen für ein Foto haben soll, hängt vom Motiv ab. Der Rahmen soll das Motiv unterstützen, „einrahmen" eben. Ist der Rahmen zu schrill, zu bunt oder zu ausgefallen, lenkt er möglicherweise ab.

Links: Großformatige FineArt-Prints, die auf Kunststoffplatten aufgezogen sind, sieht man oft in Schattenfugenrahmen. Der hier gezeigte Alu-Rahmen ist sehr dezent gehalten und verfügt auf der Rückseite über stabile Aufhängungen.

Rechts unten: Wenn Sie ein Bild mit Passepartout rahmen, sollten der dafür verwendete Karton eine gewisse Stärke haben. Die Aussparung für das Bild wirkt besonders edel, wenn sie als Schrägschnitt gestaltet wird.

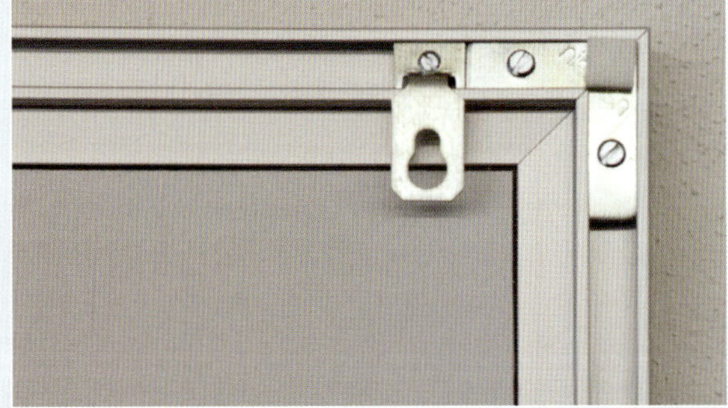

Aber auch dickere Fotoprojekte lassen sich rahmen, hier kommen am ehesten Schattenfugenrahmen infrage. Zwischen Rahmen und Bild bleibt ein kleiner Abstand, die Schattenfuge, bestehen. Die Auswahl eines Rahmens und eines passenden Passepartouts ist keine banale Angelegenheit, denn die Rahmung kann die Bildwirkung verstärken oder im schlimmsten Fall völlig zunichtemachen. Machen Sie sich zunächst Gedanken über das Rahmenmaterial. Von billigem Plastik über Holz bis zu Metall gibt es eine riesige Auswahl. Besonders edel wirken Fotos natürlich in vergoldeten oder versilberten Holzrahmen, die in Handarbeit hergestellt werden und entsprechend teuer sind. Ob das allerdings zu Ihren Fotografien passt, hängt vom Motiv ab. Für Schattenfugenrahmen, die oft bei Leinwanddrucken verwendet werden, sind oft schlichte Holz- oder Metallrahmen empfehlenswert.

Haben Sie sich für eine Rahmenart und eine Rahmenfarbe entschieden, müssen Sie überlegen, welche Farbe und Struktur das Passepartout haben soll. Auch hier gibt es eine sehr große Auswahl an Farben, die Strukturen gehen von leichter Leinenoptik bis zu glatt-matten Oberflächen. Damit ein Passepartout wirklich hochklassig wirkt, sollte der Passepartout-Karton einige Millimeter dick sein. Die Aussparung für das Foto kann dann per Schrägschnitt erzeugt werden. Der schräge Schnitt bringt nochmals eine gewisse Tiefe in den Aufbau der Fotopräsentation.

Übrigens, das Passepartout dient nicht nur der optischen Einfassung eines Motivs, es hat auch einen ganz praktischen Zweck, indem es einen Abstand zwischen Fotooberfläche und Glas erzeugt. Das Foto berührt also nicht das Rahmenglas, und es kommt nicht zu ungewollten Glanzstellen.

Glas oder nicht Glas

Da wir schon beim Glas sind – soll man ein Foto hinter Glas präsentieren? Darauf gibt es viele Antworten. Zeigen Sie Ihre Fotos als Ausstellung in einer verrauchten Kneipe – eigentlich sollte ja in Kneipen nicht mehr geraucht werden, aber trotzdem –, ist ein zusätzlicher Schutz natürlich sehr zu empfehlen. Qualm und Nikotin lagern sich mit der Zeit überall ab und können die Oberfläche eines Fotodrucks beeinträchtigen. Das gilt natürlich auch für zu Hause und ebenso für einen offenen Kamin als Qualmquelle. Wenn Ihre Bilder in rauchfreier Umgebung hängen, hat das Glas eines Rahmens unter anderem die Funktion, Staub vom Bild fernzuhalten. Gerade bei Hochglanzprints wirkt sich Staub mit der Zeit unschön aus.

Alternativen zu Glas sind die zusätzliche Beschichtung des Fotos mit einer Schutzfolie oder Acryl. Alle großen Fotolabors bieten die Möglichkeit, Fotoprints hinter einer Acrylglasschicht von zwei oder mehr Millimetern Stärke

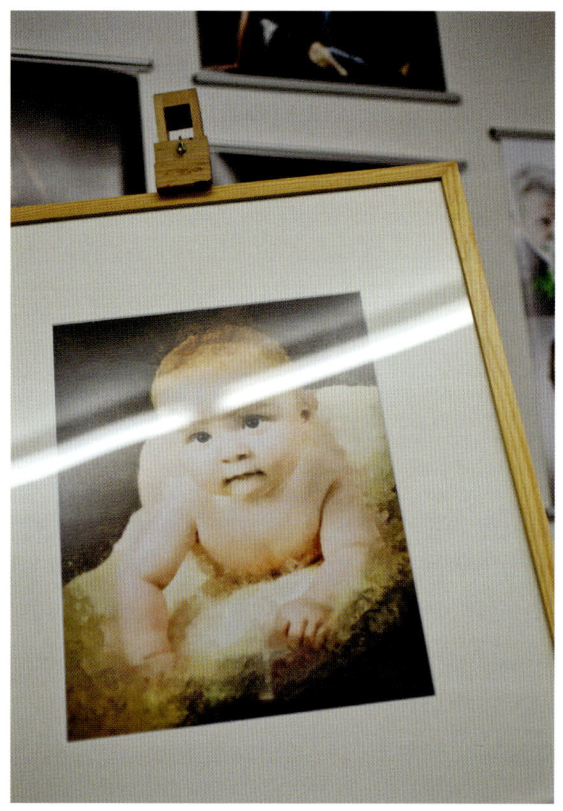

Glas hat in einem Rahmen vor allem den Zweck, das Bild zu schützen. Wenn Ihre Bilder aber in einem Raum mit mehr oder weniger direkter Beleuchtung hängen, können Spiegelungen den Kunstgenuss ziemlich schmälern. Dafür gibt es jedoch entspiegeltes Glas (Reflo-Glas).

aufzubringen. Der Print wird dazu auf eine Trägerschicht wie z. B. Alu-Dibond geklebt, darüber wird abschließend das Acrylglas vollflächig aufgeklebt. Auf diese Weise kann dem Bild auch nach Jahren nichts passieren, das Acrylglas kann man gefahrlos mit einem geeigneten Reiniger wieder auf Hochglanz bringen. Auch die Möglichkeit, seine Fotos zusätzlich mit einer Schutzfolie zu versiegeln, hat jedes moderne Labor im Programm. Solche Folien, die es in verschiedenen Varianten von hochglänzend bis seidenmatt bzw. mit feiner Rasterung gibt, bewahren die Fotos vorm Verblassen (UV-Schutz) und vor Verschmutzungen.

Wenn Sie sich darüber Gedanken machen, ob Sie Ihre Fotos in einem Glasträger oder einem Glasrahmen präsentieren, sollten Sie die Beleuchtung mit einbeziehen. Werden die Werke in einer Ausstellung direkt angestrahlt, erzeugt Glas – übrigens auch entspiegeltes Glas in gewissem Umfang – störende Spiegelungen. Sind im Ausstellungsraum Fenster mit direktem

Onlinefotolabors für Abzüge und Großformatdrucke

- PixelfotoExpress – *www.pixelfoto-express.de*
- Snapfish – *www.snapfish.de*
- Pixum – *www.pixum.de*
- Cewe – *www.cewe.de*
- PosterXXL – *www.posterxxl.de*
- Feinwand – *www.feinwand.de*

Sonneneinfall, kann auch das zu Spiegelungen führen, die vom Bild ablenken. In diesem Fall sind matte Printoberflächen ohne Verglasung sicher die bessere Lösung. In Räumen mit diffusem und nicht direktem Licht wirken Hochglanzprints samt Glasrahmen deutlich knackiger. Natürlich kommt es in erster Linie auf die gezeigten Motive an, wenn es darum geht, ob matte, semimatte oder Hochglanzprints sinnvoller sind. Trotzdem sollten Sie vor der endgültigen Entscheidung auch die Location checken und Beleuchtung und Farben zumindest mit in die Überlegungen einbeziehen.

Dienstleister für FineArt-Prints

- Digiphotopro – *www.digiphotopro.de*
- Whitewall – *www.whitewall.de*
- Fineartprint.de – *www.fineartprint.de*
- Jam Fineartprint – *www.jam-fineartprint.de*
- Fine Art Imaging – *www.fineartimaging.de*

Index

Bildnachweis

Alle Bilder in diesem Buch wurden
von **Christian Haasz** erstellt.

Ausgenommen dieser Bilder: **S. 51** Canon.
S. 55 Canon. **S. 64** Fujifilm. **S. 66** Canon.
S. 310 Datacolor.